广视角 · 全方位 · 多品种

权威 · 前沿 · 原创

皮书系列为
“十二五”国家重点图书出版规划项目

中国社会科学院创新工程学术出版资助项目

法治蓝皮书

BLUE BOOK OF RULE OF LAW

中国法治发展报告

No.12（2014）

ANNUAL REPORT ON CHINA' S RULE OF LAW No.12 (2014)

中国社会科学院法学研究所
主 编/李 林 田 禾

社会科学文献出版社
SOCIAL SCIENCES ACADEMIC PRESS (CHINA)

图书在版编目（CIP）数据

中国法治发展报告. 12，2014/李林，田禾主编. —北京：社会科学文献出版社，2014.2
（法治蓝皮书）
ISBN 978-7-5097-5632-4

Ⅰ.①中… Ⅱ.①李… ②田… Ⅲ.①社会主义法制-研究报告-中国-2014 Ⅳ.①D920.0

中国版本图书馆 CIP 数据核字（2014）第 021874 号

法治蓝皮书
中国法治发展报告 No.12（2014）

主　　编 / 李 林 田 禾

出 版 人 / 谢寿光
出 版 者 / 社会科学文献出版社
地　　址 / 北京市西城区北三环中路甲 29 号院 3 号楼华龙大厦
邮政编码 / 100029

责任部门 / 社会政法分社（010）59367156
电子信箱 / shekebu@ssap.cn
项目统筹 / 王 绯
责任编辑 / 曹长香
责任校对 / 朱润锋
责任印制 / 岳 阳
经　　销 / 社会科学文献出版社市场营销中心（010）59367081 59367089
读者服务 / 读者服务中心（010）59367028

印　　装 / 北京季蜂印刷有限公司
开　　本 / 787mm×1092mm 1/16
印　　张 / 25.25
版　　次 / 2014 年 2 月第 1 版
字　　数 / 406 千字
印　　次 / 2014 年 2 月第 1 次印刷
书　　号 / ISBN 978-7-5097-5632-4
定　　价 / 98.00 元

撰稿人名单 （按照姓氏笔画排列）

丁　一	王小梅	王　旭	田　禾	冉井富
吕升运	吕艳滨	刘小妹	刘洪岩	刘雅茜
祁建建	李永群	李　刚	李庆明	李　林
李顺德	李德通	李　霞	杨延超	吴新辉
余少祥	应金鑫	张文广	张宏伟	张　誉
陈有为	陈如良	陈欣新	陈　洁	陈　甦
林　峰	周方冶	赵千羚	赵建文	宦盛奎
姚　东	夏小雄	徐建新	栗燕杰	诸　悦
高长见	高兴兵	郭文利	黄　晋	常云云
董文勇	楼伊丽	慕寿成	蔡乐渭	廖　凡
熊秋红	冀　放	冀祥德	戴瑞君	

主要编撰者简介

主编　李林

中国社会科学院学部委员、法学研究所所长、研究员。

主要研究领域：

法理学、宪法学、立法学、法治与人权理论、宪政与民主理论。

主编　田禾

中国社会科学院法学研究所法治国情调研室主任、研究员。

主要研究领域：

实证法学、刑法学、亚洲法。

摘　要

《中国法治发展报告 No. 12（2014）》从立法、人权保障、政府法治、司法改革、廉政法治、刑事法治、民商法治、社会法治等方面，分析了2013年中国相关领域的法治热点和重点问题，如犯罪形势分析、反腐败形势分析、证券业监管、知识产权保护、工业园区规范、环境决策、灾害应急管理、公共卫生治理、慈善立法等。

2014年蓝皮书重磅推出多篇法治指数测评报告。继续以政府网站为基础，对55个国务院部门、31个省级政府、49个较大的市政府的信息公开情况进行了调研和评估；以法院网站为基础，对31个省、自治区、直辖市的高级人民法院和49个较大的市的中级人民法院实施司法公开的情况进行调研和评估，并首次对最高人民法院的司法透明度作出评估；以检察院网站为基础，对31个省、自治区、直辖市和49个较大的市的检察院实施检务公开的情况进行调研和评估，并首次对最高人民检察院的检务公开作出评估；启动中国海事司法透明度指数项目，对10个海事法院通过网站进行司法公开的情况进行调研和评估；启动浙江法院阳光司法指数项目，对浙江省103个法院的阳光司法工作进行了调研和评估。

2014年蓝皮书继续推出了多篇法治国情调研和地方法治调研报告，涉及群体性事件的规模、诱因及其应对，广东人大监督的实践与创新，广东公众参与重大决策的实践，浙江余杭重构中国基层社会秩序的探索，以及法院内部管理创新、金融改革的司法保障、涉村委会案件审理的相关实践。

目录

𝔹 Ⅰ　总报告

𝔹 Ⅱ　专题报告

B Ⅲ 法治指数测评报告

B Ⅳ 法治国情调研报告

BV 地方法治调研报告（浙江法院篇）

皮书数据库阅读**使用指南**

总 报 告

General Report

B.1

2013年中国法治状况与2014年形势预测

中国社会科学院法学研究所法治国情调研组*

摘　要：

本文总结了2013年中国在立法、法治政府、司法改革、廉政法治、民商经济法治、社会法治、涉外法治等方面取得的进展，分析了法治发展过程中面临的问题，并对2014年中国法治发展的形势进行了预测。

关键词：

2013　中国　法治状况　形势预测

---

* 调研组负责人：李林、田禾，中国社会科学院法学研究所。总报告参与人：丁一、王小梅、冉井富、刘洪岩、吕艳滨、祁建建、余少祥、李庆明、李顺德、陈欣新、夏小雄、栗燕杰、高长见、董文勇、廖凡、熊秋红、戴瑞君（按照姓氏笔画顺序排序）。执笔人：田禾、吕艳滨，中国社会科学院法学研究所。

2013年是落实中国共产党十八大精神的开局之年，中国共产党第十八届中央委员会第三次全体会议顺利召开，并通过了《中共中央关于全面深化改革若干重大问题的决定》，对今后一段时间的全面深化改革作出了全方位的具体部署。决定提出，深化改革开放永无止境，要以经济建设为中心，发挥经济体制改革牵引作用，推动生产关系同生产力、上层建筑同经济基础相适应，推动经济社会持续健康发展。

2013年，中国继续加快科学立法步伐，修改法律法规，完善社会主义法律体系；法治政府建设紧紧围绕简政放权、实施有效治理的目标，规范权力运行，提升透明度，探索改革管理体制和管理方式；司法改革以司法公开为推进力和重要抓手，着力提升司法公信力，维护司法公正；反腐治权的力度空前加大，不仅查办了一批大案要案，更着力加强预防工作；社会法治逐步完善，人权保障机制进一步加强。

一 立法工作

2013年，相关立法主体围绕进一步提高立法质量、不断完善中国特色社会主义法律体系的目标，立足科学立法、民主立法，着重加强法律法规的修改完善，推动弥补法律空白。2013年，全国人民代表大会常务委员会发布了《十二届全国人大常委会立法规划》，明确了47件第一类立法项目（即条件比较成熟、任期内拟提请审议的法律草案）、21件第二类立法项目（即需要抓紧工作、条件成熟时提请审议的法律草案）。总体而言，2013年的立法活动呈现如下特点。

（一）加强法律法规的修改完善

2013年，全国人民代表大会常务委员会新制定2部法律，修改21部法律。国务院新制定6部行政法规，修改48部法规，废止4部法规。这表明，中国特色社会主义法律体系建成后，立法活动除了继续弥补法律空白外，更主要的是立足中国国情，提升立法质量，加强法律法规的修改、完善。

（二）为深化改革提供法治保障

进一步深化改革是中国当前的重要任务，立法活动也着力于为深化改革提供法治保障，消除改革道路上的法制障碍。例如，《全国人民代表大会常务委员会关于修改〈中华人民共和国文物保护法〉等十二部法律的决定》及《全国人民代表大会常务委员会关于修改〈中华人民共和国海洋环境保护法〉等七部法律的决定》就是通过一揽子修改法律的方式，取消和下放了部分法律设定的行政审批事项，为依法推进行政审批制度改革和政府职能转变提供了法律保障。《国务院关于废止和修改部分行政法规的决定》（国务院令第 638 号）、《国务院关于修改部分行政法规的决定》（国务院令第 645 号）也是着眼于依法推进行政审批制度改革和政府职能转变，进一步激发市场、社会的创造活力，发挥好地方政府贴近基层的优势，对相关行政法规规定的行政审批事项进行修改和清理，强调要促进和保障政府管理由事前审批更多地转为事中事后监管。

（三）注重立法机关自身作用发挥

相对于过去立法机关较为依赖国务院送审的法律草案，较少对草案内容进行实质性修改的情况，2013 年，立法机关表现得更加积极主动，在立法中更加注重发挥自身作用，对法律草案的审查力度明显加大。比如，《商标法》修改过程中，全国人民代表大会常务委员会对国务院送交的草案进行了大幅修改，明确规定驰名商标不得做广告宣传，确定了有混淆可能性的侵权标准，加大了商标侵权的赔偿力度。这表明，立法机关自身能力正在逐步提升，这也有助于不断提升立法的科学性。

二　法治政府

2013 年，法治政府建设立足于简政放权的要求和目标，注意处理好政府与市场、政府与社会的关系，助力经济体制改革，转变政府职能，全面正确履行政府职能，进一步向市场释放改革红利。

（一）改革行政审批制度

改革行政审批制度仍然是 2013 年法治政府建设的重要内容之一。《国务院机构改革和职能转变方案》明确提出，减少和下放投资审批事项、减少和下放生产经营活动审批事项、减少资质资格许可和认定、改革工商登记制度。配合职能转变的要求，国务院 2013 年分三批共取消行政审批项目 145 项，下放管理层级的行政审批项目 57 项，部分取消和下放管理层级的行政审批项目 13 项①。《国务院关于严格控制新设行政许可的通知》（国发〔2013〕39 号）提出，设定行政许可，对人民群众生产生活影响很大，必须从严控制，今后起草法律文件、行政法规文件一般不新设行政许可，确需新设的，必须严格遵守《行政许可法》的规定，严格设定标准。此外，如前所述，全国人民代表大会常务委员会及国务院相继修改了一批法律法规，以配合行政审批事项削减工作。在改革工商登记制度方面，为进一步减少企业经营负担、释放经济活力，国务院提出，改革注册资本登记制度，放宽市场主体准入，创新政府监管方式，建立高效透明公正的公司登记制度，其中主要涉及放宽注册资本登记条件、将企业年检制度改为年度报告制度、放宽市场主体住所（经营场所）登记条件、推进企业诚信制度建设、将注册资本由实缴登记制改为认缴登记制等内容。

（二）实施机构改革、优化机构设置

作为转变政府职能、深化行政管理体制改革的一部分，中国在 2013 年继续开展机构改革。改革仍然将进一步转变政府职能、确保各部门有效履行政府管理经济社会的职能作为主要目标，将减少部门职责交叉和分散作为主要手段，着力于整合分散在国务院不同部门相同或相似的职责，理顺部门职责关系。此次改革对食品药品监管、广播电视出版管理、海洋执法等部门的职能职责进行了大幅整合，撤销了铁道部，推动铁路运输市场化。此外，国务院还决定整合不动产登记职责，将分散在多个部门的不动产登记职责整合由一个部门承担。

（三）着力转变公共服务提供方式

转变职能、简政放权要求不断清理政府提供的公共服务，把那些不该政府

① 见《国务院关于取消和下放一批行政审批项目等事项的决定》（国发〔2013〕19 号）、《国务院关于取消和下放 50 项行政审批项目等事项的决定》（国发〔2013〕27 号）、《国务院关于取消和下放一批行政审批项目的决定》（国发〔2013〕44 号）。

管、相比市场提供的服务成本更高的事务从政府职能中剥离出去，通过市场机制，让市场主体、社会主体成为服务的主要提供者，让政府留出更多精力做好管理，给市场主体、社会主体提供更多的发展机会。为此，《国务院办公厅关于政府向社会力量购买服务的指导意见》（国办发〔2013〕96 号）提出，通过发挥市场机制作用，把政府直接向社会公众提供的一部分公共服务事项，按照一定的方式和程序，交由具备条件的社会力量承担，并由政府根据服务数量和质量向其支付费用，并规定了可购买服务的内容以及推进机制。

（四）继续加大政府信息公开力度

透明政府是法治政府的内在要求和实现保障。2013 年，国家继续推进政府信息公开工作。《国务院办公厅关于进一步加强政府信息公开　回应社会关切　提升政府公信力的意见》（国办发〔2013〕100 号）、《国务院办公厅关于印发当前政府信息公开重点工作安排的通知》（国办发〔2013〕73 号）等文件发布，明确了政府信息公开工作的重点领域，要求加强政府信息公开平台建设，健全舆情收集和回应机制，完善主动发布机制。

财政信息公开方面，财政部发布《关于推进省以下预决算公开工作的通知》（财预〔2013〕309 号），要求各省应逐步推动地市级和县级地区开展“三公”经费预决算公开工作，并应于 2015 年之前在省内所有县级以上政府开展包括财政预决算、部门预决算及“三公”经费预决算、市（县）级汇总“三公”经费预决算等方面在内的公开工作。《教育部关于进一步做好高等学校财务信息公开工作的通知》（教财函〔2013〕96 号）还对高等学校财务信息的公开提出了具体要求。

三　司法改革

2013 年是司法改革的重要一年。长期以来，因体制等原因造成矛盾积累，一方面各类法律纠纷数量不断攀升，另一方面，司法的权威正在经受巨大的挑战，司法体制到了非改革不可的关头，也是未来全面深化改革的重点之一。《中共中央关于全面深化改革若干重大问题的决定》用大量篇幅指出了司法改革的方向，要求确保司法机关依法独立行使审判权和检察权，健全权责明晰的司法权力运行机制，提高司法透明度和公信力，更好地保障人权。

（一）健全防范冤假错案的工作机制

2013年，中央政法委制定了《关于切实防止冤假错案的规定》，要求人民法院、人民检察院、公安机关办理刑事案件，必须以事实为依据，以法律为准绳，不能因为舆论炒作、当事人及其亲属上访闹访和“限时破案”、地方“维稳”等压力，作出违反法律规定的裁判和决定。最高人民法院发布了《关于建立健全防范刑事冤假错案工作机制的意见》，最高人民检察院发布了《关于切实履行检察职能　防止和纠正冤假错案的若干意见》，公安部发布了《关于进一步加强和改进刑事执法办案工作　切实防止发生冤假错案的通知》（公通字〔2013〕19号），相关文件的内容覆盖了刑事诉讼活动的侦查、批捕、起诉、审判等全部环节，刑事案件办理过程中防错纠错的“制度链”正在形成。

（二）推进独立行使审判权、检察权

《中共中央关于全面深化改革若干重大问题的决定》明确提出，要确保依法独立公正行使审判权、检察权。最高人民法院发布的《关于切实践行司法为民　大力加强公正司法　不断提高司法公信力的若干意见》提出，坚持依法独立行使审判权。坚决贯彻人民法院依法独立行使审判权的宪法原则，坚决抵制各种形式的地方和部门保护主义，坚决排除权力、金钱、人情、关系等一切法外因素的干扰，不断健全保障人民法院依法独立公正行使审判权的制度机制，坚决维护宪法法律的尊严和权威。

（三）推进司法公开工作和司法民主

及时全面公开司法信息，是保障公众知情权、当事人诉讼权利，提升司法公信力的保障，也是倒逼司法改革、提升司法水平、维护司法公正的重要路径。2013年，最高人民法院、最高人民检察院重点加大了司法公开的工作力度。最高人民法院发布的《关于切实践行司法为民　大力加强公正司法　不断提高司法公信力的若干意见》对司法公开工作提出了原则要求，《最高人民

法院关于推进司法公开三大平台建设的若干意见》《最高人民法院关于人民法院在互联网公布裁判文书的规定》两部重要的司法公开规范性文件的发布对审判流程公开、裁判文书公开、执行信息公开提出了具体的措施，并强调了信息化技术在推进公开透明中的重要性。最高人民检察院发布《2014～2018 年基层人民检察院建设规划》，要求细化执法办案公开的内容、对象、时机、方式和要求，健全主动公开和依申请公开制度。此外，最高人民法院开通了“裁判文书网”，集中发布全国法院的裁判文书，最高人民法院还开通了官方微博、微信，加强与公众的沟通互动。

（四）专项整治执行难问题

最高人民法院针对社会反映强烈的执行难问题，开展了专项整治工作。《最高人民法院关于公布失信被执行人名单信息的若干规定》明确了公布具有履行能力而不履行生效法律文书确定义务的被执行人信息的规则，并开通了“全国法院失信被执行人名单信息公布与查询系统”。此外，最高人民法院公布了《关于网络查询、冻结被执行人存款的规定》，规范人民法院办理执行案件过程中通过网络查询、冻结被执行人存款及其他财产的行为，进一步提高执行效率。

（五）废除劳动教养制度

自 2013 年初开始，劳动教养制度就被严格控制适用，对缠访、闹访等对象，不再采取劳动教养措施。全国人民代表大会常务委员会作出了《关于废止有关劳动教养法律规定的决定》。至此，在中国社会管理中存续多年且广受诟病的劳动教养制度正式退出历史舞台。

（六）加强司法人员队伍建设

最高人民法院《关于切实践行司法为民　大力加强公正司法　不断提高司法公信力的若干意见》提出，扎实推进公正司法能力建设，特别是要高度重视对法官及法院其他工作人员的司法综合能力培养，不断强化法学理论与法律知识的教育与培训，拓展其他相关领域的知识教育。最高人民法院印发

《关于新形势下进一步加强人民法院队伍建设的若干意见》，要求以分类管理改革为基础加强正规化建设，以提升司法能力为核心加强专业化建设，以完善职业保障为重点加强职业化建设。教育部、中央政法委员会、最高人民法院、最高人民检察院、公安部、司法部联合印发《关于实施高等学校与法律实务部门人员互聘“双千计划”的通知》，决定实施高等学校与法律实务部门人员互聘“双千计划”，推动学术界与实务界的人才交流。

此外，最高人民法院下发《关于人民陪审员制度改革试点方案》，扩大陪审员选任范围，落实随机抽取原则，完善陪审工作机制，落实陪审员阅卷权、参审权、异议权等，解决陪而不审的问题。

（七）进一步清理司法解释

最高人民法院、最高人民检察院继续开展清理司法解释工作。《最高人民法院关于废止1980年1月1日至1997年6月30日期间发布的部分司法解释和司法解释性质文件（第九批）的决定》《最高人民法院关于废止1997年7月1日至2011年12月31日期间发布的部分司法解释和司法解释性质文件（第十批）的决定》共计废止510件司法解释和司法解释性质文件，《关于废止1980年1月1日至1997年6月30日期间制发的部分司法解释和司法解释性质文件的决定》《最高人民检察院关于废止1997年7月1日至2012年6月30日期间制发的部分司法解释性质文件的决定》共计废止36件司法解释性质文件，“两高”还废止了两单位共同发布的48件司法解释性质文件。

（八）促进律师业均衡发展

改革开放以来，律师行业持续稳步发展，但律师行业在地区之间、城乡之间的发展极不均衡，律师资源主要集中在大城市、中心城市，西部地区存在着律师队伍数量严重不足、业务素质亟待提高、办公条件困难等问题。截至2013年7月，全国共有174个县（市、区）没有律师①。为了改变这种不均

① 周斌：《今年7月前我国仍有174个县没律师　目前87个县已解决无律师问题》，载《法制日报》2013年11月14日。

衡状况，促进欠发达地区律师行业发展，进而支持欠发达地区的经济、政治、文化建设，近年来，司法部和全国律师协会采取了一系列措施。2013年，全国各地继续深入开展“1+1”法律援助志愿者行动，进一步扩大“1+1”法律援助志愿者行动的覆盖面；扎实推进“百千千工程”和“千人计划”，为欠发达地区律师事务所建设、律师业务开展和人才培养提供帮助和支持。2013 年 7 月，司法部发布《关于加快解决有些地方没有律师和欠发达地区律师资源不足问题的意见》，提出鼓励支持设立分所，组建国资律师事务所，通过公共财政支持欠发达地区的法律服务产品供给、组织选派志愿律师等措施支持欠发达地区和县域律师发展。截至 2013 年 11 月，174 个没有律师的县中，已有 87 个县（市、区）解决了无律师问题，占全国无律师县总数的 50%，其中设立分所 23 家，建立国资所 33 家，派驻志愿律师及“1+1”法律援助律师 31 名。河北、山西、福建、海南、贵州、云南、陕西 7 省已全部解决县域无律师问题，实现了律师事务所及律师县域地区全覆盖；陕西、河北、福建等省还解决了一批县域地区只有 1 名到 2 名律师的律师资源不足问题①。

积极维护律师的权利一直是律师协会和司法行政机关的重要工作。近年来，这项工作的力度不断加大，成效显著。2013 年 3 月，全国律师协会首次制定和发布了《关于进一步加强和改进维护律师执业合法权益工作的意见》。意见进一步明确加强和改进维护律师执业合法权益工作的指导思想、主要任务和基本原则，明确全国律师协会和地方律师协会维权工作职责，并对建立健全维权工作机制和进一步提高维权工作水平提出了新的要求。

四　廉政法治

2012 年 12 月，中共中央发布了《关于改进工作作风、密切联系群众的八

① 周斌：《今年 7 月前我国仍有 174 个县没律师　目前 87 个县已解决无律师问题》，载《法制日报》2013 年 11 月 14 日。

项规定》。改进作风成为2013 年重要的关键词之一，也成为中国反腐败的重要指导文件。2013 年度是中国反腐败和廉政法治建设的重要一年，国家采取多项措施严格规范公权力运行，预防和惩治腐败行为。

（一）加大监督与案件查办力度

2013 年度，中国共产党加大了巡视工作力度。2013 年内，中央巡视组开展了两轮巡视，发现了不少腐败线索。巡视是中国共产党党章规定的一项重要制度，是加强党内监督的重要形式，也是中国反腐败的重要手段。国家进一步加大了查办腐败案件的力度，仅中央纪委、监察部已结案处理和正在立案检查的涉嫌违纪违法的中央管理的干部就有 31 人之多。此外，中国人民大学原招生办主任被调查，进一步拉开了对教育等社会领域腐败案件查处的序幕。

（二）厉行节约，反对浪费

挥霍浪费也是腐败。为此，2013 年中共中央、国务院印发了《党政机关厉行节约反对浪费条例》《关于严禁中央和国家机关使用“特供”“专供”等标识的通知》《关于党政机关停止新建楼堂馆所和清理办公用房的通知》《中央和国家机关会议费管理办法》《关于严禁公款购买印制寄送贺年卡等物品的通知》《国务院办公厅关于对贯彻落实“约法三章” 进一步加强督促检查的意见》《党政机关国内公务接待管理规定》等多项规定，要求各级部门和国家工作人员厉行节约、反对浪费。其中，《党政机关厉行节约反对浪费条例》是一部较为系统地规定党政机关厉行节约、反对浪费相关规范的法规，要求强化预算管理，遵循先有预算、后有支出的原则，严格执行预算，严禁超预算或者无预算安排支出，严禁虚列支出、转移或者套取预算资金，严格控制国内差旅费、因公临时出国（境）费、公务接待费、公务用车购置及运行费、会议费、培训费等支出。条例还对国内差旅和因公临时出国（境）、公务接待、公务用车、会议活动、办公用房等事项提出了细化要求，并规定，党政机关应当建立健全厉行节约、反对浪费的信息公开制度，按照及时、方便、多样的原则，以适当方式公开本单位预算和决算信息以及政府采购、国内公务接待、召开会议、举办培训、办公用房、公务支出和公款消费的审计结果等方面的信息。《党政机关国内公务接待管理规定》则进一步明确了公务接待的标准、监督措施等。《国务院办公厅关于对贯彻落实“约法三章”进一步加强督促检查的意见》就政府性楼堂馆所一律不得新建，财政供养人员只减不增，公费接待、公费出国、公费购车只减不增的规定，提出建立行政首长负责制，强化相关监督措施。

五　民商经济法治

2013 年，国家继续在民商经济领域完善立法，加强制度建设，加大执法力度，维护市场主体合法权益。

（一）推动制度完善，助力深化改革

《旅游法》《商标法》《消费者权益保护法》的修改，进一步明晰了相关领域市场行为的界限。国务院修改《计算机软件保护条例》《著作权法实施条例》《信息网络传播权保护条例》《植物新品种保护条例》，配合打击侵犯知识产权和制售假冒伪劣商品工作，加大了知识产权行政执法处罚力度。推动对《证券法》进行全面修订，是 2013 年中国证券法治建设中的一件大事。同时，“期货法”的制定也已进入监管部门和立法机关的视野。

在广东地区试点商事登记制度改革之后，国务院对公司注册资本登记制度改革作出了专门部署，以放宽市场主体准入条件、创新政府监管方式，这对于降低创业成本、鼓励市场主体创新、促进社会投资有积极作用。

税制改革方面，经国务院批准，财政部、国家税务总局联合下发《关于在全国开展交通运输业和部分现代服务业营业税改征增值税试点税收政策的通知》，在全国范围内开展交通运输业和部分现代服务业的营改增试点。截至 2013 年 12 月，交通运输业已全部纳入营改增范围。由于营改增涉及中央与地方税收收入的调整，这也将倒逼地方税体系的构建，并触及政府间收入重新划分，推动系列税制改革的启动与深化。《税收征收管理法》作为目前中国唯一的也是最重要的一部程序税法，对于规范政府征税权力和保障纳税人权利关系

重大，2013年也进行了修订。

在金融领域，《国务院办公厅关于金融支持小微企业发展的实施意见》要求，加快丰富和创新小微企业金融服务方式，强化对小微企业的增信服务和信息服务，发展小型金融机构，拓展小微企业直接融资渠道，降低小微企业融资成本，加大对小微企业金融服务的政策支持力度。为深化金融体制改革，支持实体经济发展，《国务院关于开展优先股试点的指导意见》决定开展优先股试点。作为逐步推进股票发行从核准制向注册制过渡的重要步骤，中国证券监督管理委员会制定并发布了《关于进一步推进新股发行体制改革的意见》。中国银行业监督管理委员会对《消费金融公司试点管理办法》进行了修订，着重对主要出资人条件、业务范围和经营规则等方面作了修改和调整。为进一步发挥保险对经济结构调整和转型升级的支撑和服务作用，推动保险业在现代金融体系、社会保障体系、农业保障体系、防灾防损体系和社会管理体系中发挥更大作用，中国保险监督管理委员会出台了《关于保险业支持经济结构调整和转型升级的指导意见》，从加强对重点领域和薄弱环节的保险支持、服务小微企业和科技创新、完善农业生产保障体系、创新保险资金运用方式、优化经济转型升级外部环境等十个方面对保险业提出了要求。

为了加快社会诚信建设，国务院发布了《征信业管理条例》，规定了征信机构的设立、管理及征信规则，明确了信用信息的范围和异议处理机制。为配合条例实施，中国人民银行出台了《征信机构管理办法》，对征信机构管理进行了具体的制度设计。《最高人民法院关于公布失信被执行人名单信息的若干规定》则加大了对失信被执行人的公开力度。

司法机关继续颁布司法解释，落实民商经济法领域的制度措施。《最高人民法院关于适用〈中华人民共和国保险法〉若干问题的解释（二）》细化了法律条文、统一了裁判标准，以更好地保护保险消费者尤其是投保人、被保险人和受益人的合法权益；《最高人民法院关于适用〈中华人民共和国企业破产法〉若干问题的规定（二）》着力解决企业破产法律程序较为烦琐，各地法院在审理破产案件时对债务人财产认定的法律适用不统一，影响债权人合法权益保护的问题。

（二）查处违法违规行为，保护市场主体合法权益

2013 年，各市场监管主体加大力度查处违法违规行为，切实保障市场主体合法权益。

证券监管部门在 2013 年加大了对证券市场违法违规行为的查处力度，查办了一些典型案件，为进一步加强证券执法工作树立了标杆，指明了方向。代表性案件有：绿大地欺诈发行上市案、万福生科创业板欺诈发行上市案和光大证券“乌龙指”事件。尤其是对光大证券因自营策略交易系统出现问题而引发的证券交易异常事件，中国证券监督管理委员会将其定性为内幕交易，对光大证券卸任总裁等四位相关决策责任人处以终身证券市场禁入，没收光大证券非法所得 8721 万元，并处以 5 倍罚款，共计 5.23 亿元，堪称中国证券市场有史以来最严罚单。

打击侵权假冒依然是中国知识产权执法的重点。国家发布《2013 年全国打击侵犯知识产权和制售假冒伪劣商品工作要点》，就打击制售假冒伪劣商品违法行为、打击侵犯知识产权违法行为、保持刑事司法打击高压态势、推进长效机制建设、加强基础工作等方面作出部署。

在消费者权益保护方面，《消费者权益保护法》的修订在网上购物等新型消费方式、个人信息保护、格式条款、欺诈赔偿等方面都有新规定，进一步强化了对消费者的保障机制。《家用汽车产品修理、更换、退货责任规定》经过多次讨论，酝酿 8 年之久，终于出台实施。该规定突出了生产者的质量第一责任，延长了保修期、明确了新车包退换的期限和“三包”主要零件，加大了对违反“三包”规定的处罚力度。中国银行业监督管理委员会发布了《银行业消费者权益保护工作指引》，针对侵害银行业消费者权益的行为提出了八项禁止性规定。

六　社会法治

保障和发展民生，是建设中国特色社会主义法治国家的必然要求。2013 年，有关部门继续着力于加强和谐劳动关系建设、推进社会保障制度完善、提升食品安全监管水平、完善医疗卫生法治建设。

（一）推动构建和谐劳动关系

为了加强对劳务派遣的监督管理，人力资源和社会保障部根据《全国人民代表大会常务委员会关于修改〈中华人民共和国劳动合同法〉的决定》，制定公布了《劳务派遣行政许可实施办法》，规定了劳务派遣许可条件和监督检查内容。

针对非公有制企业内部劳动争议协商解决机制不健全、劳动争议预防调解制度尚未全面建立、劳动争议仍易发多发的问题，人力资源和社会保障部、中华全国工商业联合会发布了《关于加强非公有制企业劳动争议预防调解工作的意见》，提出推动非公有制企业普遍建立劳动争议协商调解机制，加强非公有制企业劳动争议调解与仲裁工作的衔接。

《最高人民法院关于审理劳动争议案件适用法律若干问题的解释（四）》《最高人民法院关于审理拒不支付劳动报酬刑事案件适用法律若干问题的解释》相继出台，进一步加强了对和谐劳动关系的司法保障力度。

中组部、中编办、财政部、人力资源和社会保障部、国资委、国家公务员局、中国残疾人联合会（以下简称“中国残联”）联合出台了《关于促进残疾人按比例就业的意见》，要求到2020年，所有省级党政机关、地市级残工委主要成员单位至少安排1名残疾人就业。

（二）强化社会保障制度体系

在社会保障领域，国务院发布了《关于加快发展养老服务业的若干意见》（国发〔2013〕35号），提出到2020年，全面建成以居家为基础、社区为依托、机构为支撑的，功能完善、规模适度、覆盖城乡的养老服务体系。国家卫生和计划生育委员会发布《关于做好2013年新型农村合作医疗工作的通知》（国卫基层发〔2013〕17号），提出要进一步提高筹资水平，完善筹资政策，提高新农合保障水平，减轻群众经济负担，同时推进重大疾病保障工作，加快推进商业保险机构参与新农合经办服务和大病保险工作。

在社会救助方面，民政部发布《关于加强医疗救助与慈善事业衔接的指导意见》（民发〔2013〕132号），要求积极探索建立医疗救助与慈善事业的衔接机制，建立需求导向机制、信息共享机制、统筹协调机制和激励扶持机制，切实做好医疗救助与慈善事业衔接的基础保障工作。

在慈善立法方面，《江苏省慈善事业促进条例》出台，首次对慈善活动、慈善组织、慈善募捐的概念进行定义，规定了慈善组织的内部管理和信息公开制度，明确了自主管理、民主监督的慈善组织内部结构，对慈善组织的设立、活动范围、组织机构、受赠财产管理、财务管理制度、信息公布、终止后的财产清算等方面进行了详细具体的规定。

在社会优抚和补偿方面，国务院、中央军委发布《关于批转人力资源和社会保障部、总参谋部、总政治部〈军人随军家属就业安置办法〉的通知》（国发〔2013〕42 号），规定各级政府负有做好随军家属就业安置工作的重要责任，应根据国家有关政策法规，结合当地实际，制定具体办法，指导、督促有关部门和单位具体落实。民政部转发了中国残联《关于残疾军人享受社会残疾人待遇有关问题的通知》，规定残疾军人除享受国家给予的特殊待遇外，应同时享受当地社会残疾人的相应待遇。通知要求，各地民政、残联部门要密切协作，加强政策宣传，加大工作力度，建立信息共享机制，确保政策落到实处。

针对中国逐步步入老龄社会的现状，《国务院关于加快发展养老服务业的若干意见》（国发〔2003〕35 号）提出，完善投融资政策、土地供应政策、税费优惠政策、补贴支持政策、人才培养和就业政策，鼓励公益慈善组织支持养老服务，统筹规划发展城市养老服务设施，大力发展居家养老服务网络，大力加强养老机构建设，切实加强农村养老服务，繁荣养老服务消费市场。

（三）提升食品安全监管水平

针对长期以来食品安全分段监管的弊端，2013 年机构改革中，国家进一步整合了食品安全监管职能，将国务院食品安全委员会办公室的职责、国家食品药品监督管理局的职责、国家质量监督检验检疫总局的生产环节食品安全监督管理职责、国家工商行政管理总局的流通环节食品安全监督管理职责整合，组建国家食品药品监督管理总局；并明确其主要职责是，对生产、流通、消费环节的食品安全和药品的安全性、有效性实施统一监督管理等；将工商行政管理部门、质量技术监督部门相应的食品安全监督管理队伍和检验检测机构划转食品药品监督管理部门。《国务院关于地方改革完善食品药品监督管理体制的指导意见》（国发〔2013〕18 号）要求地方政府加快推进地方食品药品监督管理体制改革，整合监管职能和机构、整合监管队伍和技术资源、加强监管能力建设、健全基层管理体系。新一轮的改革将有助于进一步提升各领域的执法水平。国务院办公厅还印发了《2013 年食品安全重点工作安排》，提出加强能力建设，夯实基层基础，加强诚信建设，落实主体责任等一系列监管要求。国家食品药品监督管理总局发布了《婴幼儿配方乳粉生产企业监督检查规定》，以期进一步加强对婴幼儿配方乳粉生产企业的监督检查，督促婴幼儿配方乳粉生产企业落实质量安全责任，切实保障婴幼儿配方乳粉质量安全。

此外，司法机关强化了对危害食品安全犯罪行为的惩治，《最高人民法院、最高人民检察院关于办理危害食品安全刑事案件适用法律若干问题的解释》进一步明确了危害食品安全刑事案件的定罪量刑问题。

（四）完善医疗卫生法治建设

为了落实《职业病防治法》，原卫生部颁布施行了新的《职业病诊断与鉴定管理办法》，实现了基干立法和配套立法的大致同步、协调。为应对严峻的传染病威胁和适应中国主要传染性疾病防治的新形势，原卫生部及时修订了均在 1991 年颁布实施的《结核病防治管理办法》和《性病防治管理办法》，两部规章的修订体现了卫生立法的针对性和有效性。

国务院办公厅发布了《关于巩固完善基本药物制度和基层运行新机制的意见》，提出完善基本药物采购和配送工作，加强基本药物使用和监管，完善稳定长效的多渠道补偿机制，进一步提升基层医疗卫生服务能力，稳定和优化乡村医生队伍，加强基层医疗卫生服务监管。

（五）加大环境保护治理力度

2013 年，随着中国环境问题的不断凸显，雾霾大气污染、血铅事件等严重影响到人民群众的生产生活，环境法规和环境政策制定修改引起社会各界广泛关注。十二届全国人大常委会第五次会议进行了《环境保护法修正案（草案)》的三审。

国务院印发《大气污染防治行动计划》，提出防治大气污染的奋斗目标和具体指标，加大综合治理力度，减少污染物排放，调整优化产业结构，推动产业转型升级，加快企业技术改造，提高科技创新能力，加快调整能源结构，增加清洁能源供应，严格节能环保准入，优化产业空间布局等一系列举措。

国务院还印发了《全国资源型城市可持续发展规划（2013～2020 年)》，提出以加快转变经济发展方式为主线，依靠体制机制创新，统筹推进新型工业化和新型城镇化，加强生态环境保护和治理，保障和改善民生，建立健全可持续发展长效机制，加快资源枯竭城市转型发展，提升城市综合服务功能，促进资源富集地区协调发展，走出一条中国特色的资源型城市可持续发展之路。

为了有效加大对环境犯罪的打击力度，最高人民法院、最高人民检察院会同公安部、环保部等有关部门在深入调研的基础上，制定了《最高人民法院、最高人民检察院关于办理环境污染刑事案件适用法律若干问题的解释》，界定了严重污染环境的 14 项认定标准，降低了污染环境的入罪门槛。环境保护部和公安部发布《关于加强环境保护与公安部门执法衔接配合工作的意见》，两部门将建立联席会议制度等 7 项衔接配合的工作机制和制度，开展部门联动，形成打击环境污染犯罪的强劲合力。

七　涉外法治

在涉外法治领域，中国继续依法维护国家领土主权，在多领域积极开展跨国法律合作，积极履行国际法律义务，加强涉外民商事法律适用。

（一）依法维护国家各项权益

2013 年，中国继续依照国际法相关规则，维护国家领土主权。中国海警编队连续在中国钓鱼岛领海巡航宣示主权。此外，中国政府宣布划设东海防空识别区，中国国防部发布了《东海防空识别区航空器识别规则公告》，表明中国积极运用国际法规则维护领土主权的决心。在国际贸易领域，中国就美国对华产品采取反倾销措施，提出与美国在世贸组织争端解决机制下进行磋商，正式启动世贸争端解决程序。这表明，中国正越来越积极主动地运用国际法规则维护国家各项权益。

（二）多领域开展跨国法律合作

2013 年，中国在反恐、打击跨国犯罪、环境保护、文化等领域缔结了多项国际条约。2013 年 6 月 29 日，第十二届全国人大常委会第三次会议批准了《上海合作组织成员国组织和举行联合反恐演习的程序协定》和《关于在上海合作组织成员国境内组织和举行联合反恐行动的程序协定》。这两项协定适用于澳门特别行政区，在中国政府另行通知前，暂不适用于香港特别行政区。2013 年 6 月，中国与加拿大草签了《返还财产和分享被没收资产协定》。该协定旨在打击腐败犯罪分子向境外转移犯罪所得，这是中国缔结的首个境外追赃专门协定。2013 年 8 月 16 日，中瑞两国政府签署了《中华人民共和国政府与瑞士联邦委员会关于非法进出境文化财产及其返还的协定》，以防止文化财产的流失。2013 年 10 月，中国签署了《关于汞的水俣公约》，这是里约 +20 会议后国际社会通过的第一个多边环境条约，对于控制汞污染具有重要意义。中国签署该公约，通过承担国际法律义务来促进对国内汞及其他重金属的污染防治工作。

（三）积极履行国际法律义务

作为负责任的大国，中国在多个领域积极履行国际法律义务。在人权领域，中国根据国际人权条约规定，按期提交履约报告，积极配合并认真对待国际人权机构的审议工作。2013 年 9 月 26 ~27 日，联合国儿童权利委员会审议了中国政府提交的履行《儿童权利公约》的第三、四次合并报告，以及《儿童权利公约关于儿童卷入武装冲突问题的任择议定书》的首次报告。10 月 22 日，中国政府接受了联合国人权理事会关于中国人权状况的第二轮普遍定期审议。

（四）支持上海自贸区建设

2013 年 9 月 18 日，国务院发布《中国（上海）自由贸易试验区总体方案》，众所瞩目的上海自贸区正式开闸试水。上海自贸区虽以“贸易”冠名，但实际内涵和期待功能远远超过单纯的贸易范畴，是以新形势下推进改革开放为着眼点，以加快政府职能转变为切入点，广泛涉及贸易、投资、金融等各个方面。其中，自贸区内金融开放和金融创新尤为引人关注，被公认为上海自贸区建设最大的看点。为了支持自贸区建设，中国人民银行出台了《关于金融支持中国（上海）自由贸易试验区建设的意见》，中国证券监督管理委员会公布了《资本市场支持促进中国（上海）自由贸易试验区若干政策措施》。

上海市人民政府公布了《中国（上海）自由贸易试验区外商投资准入特别管理措施（负面清单）（2013年）》，以外商投资法律法规、《中国（上海）自由贸易试验区总体方案》《外商投资产业指导目录（2011年修订）》等为依据，列明了中国上海自由贸易试验区对外商投资项目和设立外商投资企业采取的与国民待遇等不符的准入措施。

（五）加强涉外民商事法律适用

2013年1月，中国政府正式通知联合国秘书长，撤回对《联合国国际货物销售合同公约》所作“不受公约第十一条及与第十一条内容有关的规定的约束”的声明。至此，在合同是否需要书面形式这一问题上，《合同法》与公约的规定与适用趋于一致，二者之间的冲突得以解决，从而有助于进一步消除其他国家及其国民对中国“合同形式的法律适用不平等”的误解，进一步减少中国国际经济贸易发展的法律障碍，加快积极融入国际社会的进程，有助于充分利用国际资源发挥中国在国际舞台上的作用。

为正确适用《民事诉讼法》《关于向国外送达民事或商事司法文书和司法外文书的公约》《关于从国外调取民事或商事证据的公约》和双边民事司法协助条约的规定，最高人民法院制定了《最高人民法院关于依据国际公约和双边司法协助条约办理民商事案件司法文书送达和调查取证司法协助请求的规定》。该规定明确了人民法院提出、办理民商事案件司法文书送达、调查取证国际司法协助请求时应当遵循的原则，以及人民法院国际司法协助工作的管理机制。

八 2013 年法治发展存在的问题

《中共中央关于全面深化改革若干重大问题的决定》明确提出，全面深化改革的总目标是完善和发展中国特色社会主义制度，推进国家治理体系和治理能力现代化。在建设法治国家方面，必须坚持依法治国、依法执政、依法行政共同推进，坚持法治国家、法治政府、法治社会一体建设。要维护宪法法律权威，深化行政执法体制改革，全面正确履行政府职能，改革司法体制，确保依法独立公正行使审判权、检察权，健全司法权力运行机制，完善人权保障机制，强化权力制约机制和监督机制。

对照这一系列改革部署，2013 年的中国法治发展虽然取得了很大进步，但也存在不少问题和不足，需要关注。

（一）立法

加强科学立法仍然是各级立法机关面临的最大课题。

第一，立法活动的公开度还有待提升。以全国人民代表大会常务委员会的立法活动为例，2013 年通过的法律及法律修正案都经过了公开征集意见的环节，但征集意见的情况以及意见采纳情况、理由等并未公开。法律通过后，有关部门虽然对相关法律的出台进行了解读和说明，但内容很不系统，今后有必要进一步加大立法公开力度。

第二，排除部门利益对立法的影响应是科学立法要着力解决的问题。当前，立法活动还主要依赖部门立法，相关部门在起草草案时难免会站在方便自身管理的角度进行制度设计。因此，如何进一步做到开门立法，消除部门利益在立法中的反映仍是落实科学立法、提升立法质量的关键。

第三，树立正确的立法观念是摆在立法者面前的重要课题。执法不严的症结之一是立法不科学，制度设计缺乏可操作性。2012 年修订、2013 年实施的《老年人权益保护法》规定，家庭成员老年人分开居住的，子女应当经常看望或者问候老年人，其本意值得肯定，但该规定操作性不强；《北京市大气污染防治条例（草案）》拟规定，在不影响车辆正常行驶的地段，提倡机动车驾驶员在停车 3 分钟以上时熄灭发动机，但对不遵守规定的当事人并无有效的监管手段，且监管成本较高。此外，由于法律规定不明确，往往还需要出台司法解释，具体明晰相关问题的法律适用。

第四，制度设计需根据社会发展需要不断完善。随着社会的发展、认识的转变，不少法律法规中规定的制度已经难以适应形势发展需要，不能平等保护各方当事人的合法权益，引导构建良好的社会秩序，亟须修改完善。《刑法》规定的嫖宿幼女罪就很典型。2013 年，最高人民法院、最高人民检察院、公安部、司法部联合发布了《关于依法惩治性侵害未成年人犯罪的意见》，最大限度地压缩了嫖宿幼女罪的实施空间，但这也要求立法机关及时启动修法程序。

因此，未来立法中还必须防止立法万能的观念，注意立法的刚性特点，并明确法律只是调节社会关系的一种手段，对那些应通过道德约束或者实践中难以执法、执法成本较高的事项，应考虑优先适用其他手段来解决。

（二）法治政府

行政审批制度改革还需整体推进。行政审批制度改革是处理好政府与市场关系、推动简政放权的最直接要求，也是深化改革、加快行政管理体制创新的突破口。2013 年，各地都在加快清理行政审批事项，甚至都将削减行政审批事项的情况作为一个重要的评判标准。但改革中应注意以下几个问题。

第一，行政审批事项削减不是行政审批制度改革的唯一考核指标。行政审批事项不削减、不清理不行，但“行政审批事项最少”绝不是考核行政审批制度改革成败的最优指标。行政审批制度改革既要把政府不该管、管不好的事项还给市场和社会，也要注意优化审批流程，降低办事成本。

第二，防止缺乏配套措施影响改革推进。随着行政审批事项自上而下进行层层取消、下放、转移，大量事务会推向市场、社会乃至基层政府，但在法律修改完善迟缓、社会组织培育滞后、公众依赖政府包打天下的惯性思维犹存，基层政府管理力量薄弱、政府监管手段落后、法律纠纷的司法救济渠道不畅等问题没有有效解决的情况下，行政审批制度改革很可能遭遇到阻力。

第三，如何走出行政审批事项清理、回潮、再清理、再回潮的怪圈，是决定行政审批制度改革成败的关键之一。

政府职能整合仍需加大力度。虽然政府机构改革不断深化，不少部门进行了职能调整，但多头管理的问题仍然普遍存在，容易出现谁都管、谁都不管、谁都管不了的尴尬局面。如何实现政府职能的无缝衔接、高效运转，仍是政府机构改革的重点问题。

规范性文件的制定水平还有待提升。以食品药品监管为例，规范性文件制定明显缺乏整体规划，存在头痛医头、脚痛医脚的弊病。例如，2013 年度制定的《国务院食品安全办关于进一步加强农村儿童食品市场监管工作的通知》（食安办〔2013〕16 号）仅针对农村的儿童食品市场制定了规范性文件，而实际上，农村食品市场、儿童食品市场均是食品安全链的薄弱环节，完全可以在此前农村餐饮食品安全监管专门规定的基础上，继续就农村食品市场监管问题进行系统规定。而且，出台重复性、相似性规范性文件的情况还比较突出。例如，在医药立法方面，2013 年度国家食品药品监管部门制定了 5 个有关药品、医疗器械、保健品广告的规范性文件，其中仅对个别企业严重违法广告保健食品采取暂停销售、限期整改措施先后发布了两次通知，而在年初国家食品药品监督管理部门已经对严重违法广告涉及的药品、医疗器械、保健食品采取暂停销售措施制定了文件；与之类似，国家食品药品监督管理部门还就整治虚假违法广告发布了两个文件。此外，国家食品药品监督管理部门还就收回严重违法企业涉案的保健食品广告批准文号问题专门发布了文件。这些情况表明，现行医药立法的效率尚显不足，医药立法还有待作系统规划并要具有一定的前瞻性。

决策的贯彻落实效率有待提升。仍以食品安全监管职能调整为例，国务院 2013 年 4 月 10 日就已发布《国务院关于地方改革完善食品药品监督管理体制的指导意见》（国发〔2013〕18 号），将食品生产环节的监督管理职能由地方质量监督管理部门调整给同级的食品药品监督管理部门。但从课题组的调研情况看，各地进展参差不齐。截至 2013 年 11 月底，全国 49 个较大的市中，除深圳市本就由市场监督管理局负责、无须调整，另有 14 个城市电话长期无法接通、难以确认外，其余仅有 4 个显示已经完成了职能调整。这表明，决策的执行力还需加强。

推进改革还需加强配套措施。个别新措施、新政策的出台，缺乏相应的配套措施。例如，行政审批事项的转移、下放，由于很多社会组织还在培育过程中、一些基层政府力量有限，有可能无法及时改革到位。再如，政府购买社会服务还没有对如何防止通过购买服务转嫁“三公”经费、增加寻租空间作出相应的制度安排。

一些领域仍面临不少管理难题。例如，医疗体制改革仍然举步维艰，拟定出台的“关于药品流通行业改革发展意见”因部门意见不一而未能出台；社会保障的一些主干法律，如社会救助法、社会福利法、慈善法等还未能出台；安全生产监管还存在许多薄弱环节，重大、恶性的安全生产事故仍时有发生。

（三）司法改革

在司法领域，司法体制改革的落实亟须明确具体推进的路径。法官职业化水平仍需提升，个别法官仍存在行为失范的问题，影响法官全体的形象，损害司法公信力。司法权威还需逐步重树，如何在提升法院自身水平基础上，实现案结事了，真正起到公平正义最后一道防线的作用，仍是司法机关面临的最大课题。司法公开工作取得明显进展，但仍存在各地发展不均衡、公开与公众需求之间差距较大等问题。此外，律师执业规范化程度还有待提升，传媒与审判良性互动活动的关系有待确立。

（四）廉政法治

在廉政法治领域，相关法律制度缺失，制度规定不明晰，缺乏执行力，公职人员行为规范方面缺乏有效规定等问题仍是制约反腐败成效的重要障碍。从高级官员的落马，到上海法官的嫖娼事件，再到一批基层干部的违纪被查，一批腐败案件的相继被查处，彰显了国家反腐治权的决心，也表明当前的反腐败工作任重而道远。

九　2014 年法治发展预测

2014 年，国家将会根据《中共中央关于全面深化改革若干重大问题的决定》，在深化改革、建设法治国家的道路上，进一步完善立法、加强法治政府建设、推进司法体制改革。

国家会进一步加强立法，为深化改革提供充分的立法保障，充分发挥立法在引领、推动和保障改革方面的重要作用，把改革决策与立法决策结合起来。为此，立法机关必将加快法律法规的制定、修改工作，及时把改革开放的成熟经验上升为法规制度，巩固改革开放成果。十二届全国人大常委会已经对外发布了立法规划，一大批法律面临修改完善。同时，国家还会进一步提高立法质量，压缩司法解释空间，提升立法的执行力。

法治政府建设将会进一步提速。随着经济体制改革的深化，根据让市场在资源配置中发挥决定性作用的改革方向，政府管理将会进一步沿着简政放权的路径，加快政府职能转变，推动行政审批制度改革，提高政府透明度，提升公共服务水平。与此同时，政府执法、监管力量将会进一步整合，逐步减少权责交叉、多头执法的问题。

深化财税体制改革将会着力改进预算管理制度，实施全面规范、公开透明的预算制度；完善税收制度，深化税收制度改革，完善地方税体系，建立事权和支出责任相适应的制度，逐步理顺事权关系。

推进社会事业改革创新需要国家进一步改革教育体制，推进教育均等化，保障广大人民群众平等接受教育的基本权利；需要继续着力构建和谐劳动关系，提高劳动者权益保护水平；需要适应人口老龄化形势，不断改革社会保障制度，慎重研究延迟退休等相关政策；需要改革医疗卫生体制，降低就医成本，提升医疗水平。

建设美丽中国必须逐步改善人们赖以生存的自然生态环境。2014 年，环境资源确权保护、生态补偿标准制定、大气污染防治、环境公益诉讼等将是中国环境法制发展的重点方向。国家将加快修订已列入立法计划的《大气污染防治法》，以应对当前日益严重的大气污染。在节能减排方面，国家将会进一步加快节能减排政策实施，鼓励群众参与，共同建设社会主义和谐社会生态文明。此外，如何提高环境执法力度和执法水平也将是环境保护领域的重要课题。

2014 年，司法体制改革将会沿着十八届三中全会确定的方向，不断落实相关措施。国家有望在推动省以下地方法院、检察院人财物统一管理、建立与行政区划适当分离的司法管辖制度方面出台具体举措。法官任免、人员编制、人事管理将有望提高到省一级统一管理，经费保障纳入省级和国家财政预算，法院跨地区管辖将会有所突破，高级法院和最高法院对下级法院和全国法院的监督力度将会进一步加大。司法公开工作将在信息化支持下，进一步扩大范围、提升效果，检察机关信息公开有望有明显进展。律师执业环境会进一步优化，但对律师执业规范也会提出更多的要求。

廉政法治建设方面，国家将会在 2013 年反腐倡廉工作基础上，继续对腐败行为保持高压态势，并将就如何进一步巩固反腐败工作的成果，研究有效制约和监督权力运行的体制机制。国家有望在公职人员财产监督、行为规范、“裸官”监管等方面进一步推动制度确立与完善，并将通过预算监督、审计监督以及推进公开透明、加强权力制约等措施，健全惩治和预防腐败的法律体系。此外，教育、科研等社会领域的反腐败工作将成为廉政建设的又一重点领域。

专题报告

Special Reports

B.2

2013年的中国立法

刘小妹*

摘　要：

2013年是中国深化改革的新起点，全面配套改革需要与全面的法治建设相辅相成。2013年的立法以引领行政体制改革、推进经济发展方式转变、加强民生保障和社会管理、推动科技创新和文化建设、加强生态环境和城市安全管理为着力点，既发挥了立法对于改革发展的引领作用，又在推进权利保障、提高立法质量和增强立法实效方面取得了进展。今后的立法工作仍需及时跟进改革发展和社会现实的需要，审慎稳妥地发挥立法的制度引领作用。

关键词：

立法　改革发展　法治建设

---

* 刘小妹，中国社会科学院国际法研究所。

中国特色社会主义法律体系形成以后，中国立法工作站在了一个新的起点上，也面临着新的任务。2013 年，中国立法工作的重点，就是因应社会实践的发展，继续加强法律体系建设，提高法律体系的质量和水平，推进法律体系的不断完善。2013 年，法律体系的完善主要着力于六个方面：一是加强重点领域立法，二是修改与经济社会发展、民主法治建设不相适应的法律法规和规章，三是加强和完善地方立法，四是加强改革重点领域和改革关键环节的立法，五是加强配套立法，六是加强法律法规和规章的执法检查、立法后评估和清理工作。2013 年，全国人民代表大会常务委员会（以下简称全国人大常委会）共制定法律 2 部，废止法律 2 部，修改法律 21 部（见表 1）；国务院制定行政法规 6 部①，废止行政法规 4 部，修改行政法规 48 部（见表 2 ）；国务院各部委制定或修改了部门规章 100 余件；有立法权的地方人民代表大会（以下简称地方人大）、人大常委会和地方政府制定或修改了 700 余件地方性法规和大量的政府规章②。

表 1　2013 年全国人大常委会立法情况

序号	颁布时间	法律名称
1	2013 年 4 月 25 日	《中华人民共和国旅游法》(制定)
2	2013 年 6 月 29 日	《中华人民共和国特种设备安全法》(制定)
3	2013 年 12 月 28 日	《全国人民代表大会常务委员会批准国务院关于劳动教养问题的决定的决议》(废止)
4	2013 年 12 月 28 日	《全国人民代表大会常务委员会批准国务院关于劳动教养的补充规定的决议》(废止)
5	2013 年 10 月 25 日	《中华人民共和国消费者权益保护法》(修正)
6	2013 年 8 月 30 日	《中华人民共和国商标法》(修正)
7	2013 年 6 月 29 日	《中华人民共和国种子法》(修改)
8	2013 年 6 月 29 日	《中华人民共和国传染病防治法》(修改)
9	2013 年 6 月 29 日	《中华人民共和国民办教育促进法》(修改)
10	2013 年 6 月 29 日	《中华人民共和国证券法》(修改)
11	2013 年 6 月 29 日	《中华人民共和国动物防疫法》(修改)
12	2013 年 6 月 29 日	《中华人民共和国煤炭法》(修改)

① 其中《征信业管理条例》经 2012 年 12 月 26 日国务院第 228 次常务会议通过，2013 年 1 月 21 日第 631 号国务院令公布。

② 数据来源：全国人大网法律法规数据库，http：//law. npc. gov. cn：87/home/begin1. cbs，2013 年 12 月 10 日访问。

续表

序号	颁布时间	法律名称
13	2013 年 6 月 29 日	《中华人民共和国固体废物污染环境防治法》(修改)
14	2013 年 6 月 29 日	《中华人民共和国税收征收管理法》(修改)
15	2013 年 6 月 29 日	《中华人民共和国进出口商品检验法》(修改)
16	2013 年 6 月 29 日	《中华人民共和国海关法》(修改)
17	2013 年 6 月 29 日	《中华人民共和国草原法》(修改)
18	2013 年 6 月 29 日	《中华人民共和国文物保护法》(修改)
19	2013 年 12 月 28 日	《中华人民共和国海洋环境保护法》(修改)
20	2013 年 12 月 28 日	《中华人民共和国药品管理法》(修改)
21	2013 年 12 月 28 日	《中华人民共和国计量法》(修改)
22	2013 年 12 月 28 日	《中华人民共和国渔业法》(修改)
23	2013 年 12 月 28 日	《中华人民共和国海关法》(修改)
24	2013 年 12 月 28 日	《中华人民共和国烟草专卖法》(修改)
25	2013 年 12 月 28 日	《中华人民共和国公司法》(修改)

数据来源：全国人大常委会公报。

表 2　2013 年国务院行政法规立法情况

序号	颁布时间	行政法规名称
1	2013 年 11 月 11 日	《畜禽规模养殖污染防治条例》(制定)
2	2013 年 10 月 2 日	《城镇排水与污水处理条例》(制定)
3	2013 年 9 月 9 日	《长江三峡水利枢纽安全保卫条例》(制定)
4	2013 年 8 月 17 日	《铁路安全管理条例》(制定)
5	2013 年 7 月 12 日	《中华人民共和国外国人入境出境管理条例》(制定)
6	2013 年 1 月 21 日	《征信业管理条例》(制定)
7	2013 年 12 月 28 日	《国务院关于劳动教养问题的决定》(废止)
8	2013 年 12 月 28 日	《国务院关于劳动教养的补充规定》(废止)
9	2013 年 9 月 1 日	《中华人民共和国外国人入境出境管理法实施细则》(废止)
10	2013 年 7 月 18 日	《煤炭生产许可证管理办法》(废止)
11	2013 年 12 月 11 日	《全国年节及纪念日放假办法》(修改)
12	2013 年 12 月 7 日	《国务院关于修改部分行政法规的决定》(修改 16 部)
13	2013 年 11 月 9 日	《国际收支统计申报办法》(修改)
14	2013 年 7 月 18 日	《国务院关于废止和修改部分行政法规的决定》(修改 25 部)
15	2013 年 5 月 30 日	《中华人民共和国外资保险公司管理条例》(修改)
16	2013 年 1 月 31 日	《中华人民共和国植物新品种保护条例》(修改)
17	2013 年 1 月 30 日	《信息网络传播权保护条例》(修改)
18	2013 年 1 月 30 日	《中华人民共和国著作权法实施条例》(修改)
19	2013 年 1 月 30 日	《计算机软件保护条例》(修改)

数据来源：国务院公报。

一　2013 年度立法特点

（一）加强规范政府行为的立法，推进法治政府建设

中国共产党的第十八次全国代表大会把“法治政府基本建成”作为实现 2020 年全面建成小康社会目标的新要求，给各级政府建成法治政府提出了时间表。在中共中央和国务院的大力推动下，2013 年中国法治政府建设迈出了很大步伐。2013 年 3 月 20 日召开的国务院第一次全体会议通过了《国务院工作规则》，规定了国务院组成人员职责和全面正确履行政府职能、坚持依法行政、实行科学民主决策、推进政务公开以及健全监督制度、会议制度、公文审批、工作纪律、廉政和作风建设等内容，为建设职能科学、结构优化、廉洁高效、人民满意的服务型政府提供了制度基础。规则要求国务院及各部门要把公开透明作为政府工作的基本制度。凡涉及公共利益、公众权益，需要广泛知晓的事项和社会关切的事项，以及法律法规规定需要公开的事项，均应通过政府网站、政府公报、新闻发布会以及报刊、广播、电视、网络等方式和途径，依法、及时、全面、准确、具体地向社会公开。

为了依法推进行政审批制度改革和政府职能转变，进一步激发市场、社会的创造活力，2013 年 6 月 29 日，全国人大常委会修改了《税收征收管理法》《海关法》等 12 部法律的部分条款。2013 年 12 月 28 日，全国人大常委会修改了《海洋环境保护法》等 7 部法律，内容涉及取消、下放 11 项行政审批项目和改革工商登记制度。2013 年 7 月 18 日，国务院对有关的行政法规进行了清理，并对包括《税收征收管理法实施细则》《出版管理条例》在内的 25 部行政法规的部分条款予以修改。2013 年 12 月 7 日，国务院再次对取消和下放的 125 项行政审批项目涉及的行政法规进行了清理，并对《城镇土地使用税暂行条例》等 16 部行政法规的部分条款予以修改。这些法律法规的修订，从顶层设计上为简政放权和行政体制改革提供了法律依据。

（二）完善经济领域立法，加强外资立法

全国人大常委会修正了《消费者权益保护法》，这是《消费者权益保护法》实施近20年来启动的首次修改。新修改的《消费者权益保护法》加强了对消费者权益的保护，如将举证责任倒置，提高消费者胜诉几率；加重违法经营责任，提高惩罚性赔偿额度；明确代言、荐言应承担的法律责任；赋予消费者协会公益诉讼权；把召回制度上升到了法律层面，并且适用所有的产品和服务，还从民事责任、行政责任和刑事责任三个方面来保证缺陷产品的召回义务必须得到履行；等等。这些都是很大的进步。

近年来网络购物规模不断扩大，网络购物使快递与老百姓生活的关系越来越密切，社会上对于网络购物快递服务也越来越关注。2013年1月11日，交通运输部公布了修订后的《快递市场管理办法》。新法规定了快递企业分拣作业时不得野蛮分拣，否则将被处罚款；赔偿额度不受“资费三倍”的限制，而是适用《民法通则》《合同法》等民事法律关于损失赔偿的规定；经营快递业务的企业和快递从业人员不得违法提供从事快递服务过程中知悉的用户信息等内容，回应了群众日益增长的网络购物需求。

为了规范征信活动，保护当事人合法权益，引导、促进征信业健康发展，推进社会信用体系建设，国务院制定了《征信业管理条例》。条例严格规范个人征信业务，明确规定禁止和限制征信机构采集的个人信息，明确规定个人对本人信息享有查询、异议和投诉等权利，严格法律责任。这些规定有利于在征信业务活动中，切实加强对个人信息安全的保护。

全国人大常委会修改《证券法》部分条款，规定证券公司设立、收购或者撤销分支机构，变更业务范围，增加注册资本且股权结构发生重大调整，减少注册资本，变更持有百分之五以上股权的股东、实际控制人，变更公司章程中的重要条款，合并、分立、停业、解散、破产，必须经国务院证券监督管理机构批准。国务院修订了《国际海运条例》《期货交易管理条例》《国际收支统计申报办法》，进一步完善经济领域的立法。

国务院修订了《外资保险公司管理条例》，要求外国保险公司分公司应当由其总公司无偿拨给不少于2亿元人民币或者等值的自由兑换货币作为营运资

金。新条例适应对外开放和经济发展的需要，加强了对外资保险公司的监督管理，将促进保险业的健康发展。国务院修改了《中外合作办学条例》，规定中外合作办学机构住所、法定代表人的变更，应当经审批机关核准，并办理相应的变更手续；中外合作办学机构校长或者主要行政负责人的变更，应当及时办理变更手续。

（三）着力民生领域立法，加强权益保障

加强民生保障，是 2013 年立法的一个突出特点。国务院制定《铁路安全管理条例》，取消了《铁路运输安全保护条例》中设定的部分行政许可项目，充实了保障高速铁路安全的规定，如增加了对存在安全性缺陷的铁路机车车辆及其他专用设备实行召回制度的规定，增加了实施火车票实名购买、查验制度的相关规定，增加了危及铁路安全的禁止性规定，增加了对铁路监管部门的职责规定，等等。国务院还通过制定《长江三峡水利枢纽安全保卫条例》，修改《大中型水利水电工程建设征地补偿和移民安置条例》《全民健身条例》，加强了对人民生命财产安全的保障。

2013 年的民生立法在地方立法中占据了“主角”，如《四川省人民政府 2013 年立法计划》，在 62 件立法项目中，涉及民生类的项目占比超过 50%。此外，江西省、山东省、天津市和深圳市、广州市、合肥市等地方出台了一批涉及民生的地方性法规立法项目和政府规章立法项目。有学者认为，地方立法如能确立“以人为本”的立法理念，以“民生权利”为核心范畴，以保障公民具体的经济、社会和文化权利为建构路径，就可以构筑起一个保障和改善民生的基本法律架构①。

（四）加强和创新社会管理立法，促进社会公平正义

2013 年 4 月 25 日，全国人大常委会制定了《旅游法》。针对社会上反映强烈的旅游市场秩序混乱等问题，《旅游法》分别对旅游者、旅游规划和促进旅游经营、旅游服务合同、旅游安全、旅游监管、权利救济等内容作了具体规

① 左权：《地方民生立法的建构路径及其基本架构》，《理论月刊》2013 年第 4 期。

定。该法同时满足保护旅游者权益、明确旅游服务提供者的权利义务、建立国家旅游发展协调机构、构建统一的多元化纠纷解决机制等多方面需求，让中国旅游业真正形成优胜劣汰的市场机制。其中，关于门票涨价要举行听证、旅行社不得以不合理低价“揽客”、旅行社要与导游签订劳务合同、禁止景区超载接待游客等规定，回应了社会需求，保护了旅游者、导游和旅行社的合法权益。这部法律的实施，将给中国的旅游业带来一个全新的局面。

（五）探索科技创新和文化建设立法，推进文化事业发展

数字时代，全世界共同呼唤知识产权保护。2013 年 8 月 30 日，全国人大常委会修正《商标法》，增加诚实信用原则条款，禁止抢注因业务往来等关系明知他人已经在先使用的商标；增加惩罚性赔偿的规定，提高侵权赔偿额度；增加侵权人举证责任，增加关于商标注册审查和案件审理时限的规定，修改异议复审制度；加强对商标代理组织的规范；增加声音商标，设置“一标多类”，严格限制“驰名商标”的宣传与使用等，实现了进一步方便申请人注册、进一步维护公平竞争的市场秩序、进一步加大对商标侵权的处罚力度的三大定位。2013 年 1 月 16 日，国务院修改了《计算机软件保护条例》《著作权法实施条例》《信息网络传播权保护条例》和《植物新品种保护条例》，四部条例的共同点是加大处罚力度，包括提高非法经营额的罚款倍数和罚款的最高限额。《商标法》以及四部条例的修改，表明中国致力于对知识产权予以全面保护，对于推进科技创新和文化发展意义重大。

全国人大常委会和国务院还分别修改了《文物保护法》《民办教育促进法》《国家科学技术奖励条例》《中外合作办学条例》等法律法规的部分条款，对丰富教育资源的社会供给、加强非国有文物的保护和监管、鼓励科技创新发挥引领和规范作用，是深入推进教育、科技、文化体制机制改革的积极举措。

（六）加强生态环境和城市安全管理立法，推进生态文明建设

随着现代化建设的推进和经济的发展，生态、资源和城市安全成为全社会关注的问题，也是 2013 年立法的重点领域。全国人大常委会制定了《特种设备安全法》。该法旨在进一步强化特种设备领域的安全保障，从制度上最大限

度地降低“安全陷阱”对民众生命和财产的侵害。国务院制定了《外国人入境出境管理条例》，规范普通签证签发管理，加强停留居留管理。外国人入境出境管理事关中国国家安全和社会经济发展的大局，该条例特别加强了对“三非”（非法入境、非法居留、非法就业）外籍人员的管理，并实现信息共享，金融、教育、医疗、电信等单位办理业务时可申请核实外国人身份信息。

2013 年，中国有 30 个省份遭受洪涝灾害。2013 年 10 月 2 日，国务院制定《城镇排水与污水处理条例》，规定城镇排水主管部门应会同有关部门根据当地经济社会发展水平以及地理、气候特征，编制本行政区域的城镇排水与污水处理规划。该条例还规定通过信息公开来保障公众知情权，并对特许经营的监管提出更高要求。该条例是中国城镇排水与污水处理领域第一部国家层面的专门法规，是城市建设中生命线工程系统规划的重要组成部分，施行后将改变一些城市“逢雨必涝”的局面，强化对公众生命财产安全的保护。

良好的生态环境是经济社会可持续发展的重要条件。2013 年 11 月 11 日，国务院制定《畜禽规模养殖污染防治条例》，规定了畜禽养殖污染防治的措施，推进畜禽养殖废弃物的综合利用和无害化处理，保护和改善环境，保障公众身体健康，促进畜牧业的持续健康发展。全国人大常委会和国务院还修改了《草原法》《煤炭法》《固体废物污染环境防治法》《动物防疫法》《传染病防治法》《对外合作开采海洋石油资源条例》《实验动物管理条例》《卫星电视广播地面接收设施管理规定》《对外合作开采陆上石油资源条例》《水文条例》《防治船舶污染海洋环境管理条例》《煤矿安全监察条例》《安全生产许可证条例》《进出口商品检验法实施条例》《国务院关于预防煤矿生产安全事故的特别规定》等法律法规。通过不断完善有利于节约能源资源和保护生态环境的法律法规，切实增强经济社会可持续发展能力。

二　2013 年立法评析

（一）加强改革重点领域立法，发挥立法引领作用

深入推进行政体制改革，是 2013 年改革工作的重点。为了引领和推动国

务院及其有关部门认真贯彻落实党的十八大精神和全国人大及其常委会的决定，继续简政放权，加快政府职能转变，改善服务，加强监管，激发经济社会发展活力，全国人大常委会经过审议先后作出了关于修改《文物保护法》等12部法律的决定、关于修改《海洋环境保护法》等7部法律的决定。为了落实《国务院机构改革和职能转变方案》任务分工和有关要求，依法推进行政审批制度改革和政府职能转变，促进和保障政府管理由事前审批更多地转为事中事后监管，国务院对有关的行政法规进行了清理，并对《对外合作开采海洋石油资源条例》等25部行政法规、《城镇土地使用税暂行条例》等16部行政法规进行了集中修改。这些法律法规的修改，体现了在法治框架内推进改革的法治思路，使法律既具有稳定性又具有适度前瞻性，发挥了立法的引领和推动作用，实现了改革决策与立法决策的结合。

（二）落实以人为本的法治理念，推进权利保障

2013年的立法落实以人为本的法治理念，从三个维度同时推进公民权利的保障。一是从政府与公民的关系维度，全国人大常委会废止劳动教养制度，彰显了中国人权司法保障制度的进步；国务院制定《城镇排水与污水处理条例》《铁路安全管理条例》《长江三峡水利枢纽安全保卫条例》，修改《大中型水利水电工程建设征地补偿和移民安置条例》，强化政府职责，保障公民生命财产安全。二是从政府与市场的关系维度，全国人大常委会制定《旅游法》，修改《消费者权益保护法》，国务院修改《快递市场管理办法》，明确旅游、快递市场以及消费交易中各方当事人的权利义务，增加违法成本，加强政府对市场的监管力度，更好地保障消费者、旅游者和快递服务购买者的合法权益。三是从政府提供公共产品、公共服务的维度，大量的地方立法涉及医疗、教育、住房、养老、就业、环境、资源、收入分配等关系群众切身利益的领域。例如，《广东省城镇住房保障办法》对符合条件的住房困难家庭或者个人通过申请租住保障性住房或者领取住房保障租赁补贴工作进行规范，保障了城镇住房困难居民的基本居住需求；《广东城乡居民社会养老保险实施办法》的发布，意味着广东新型农村社会养老保险和城镇居民社会养老保险正式合二为一，全省统一的城乡居民社会养老保险制度正式建立。

（三）坚持科学立法、民主立法，提高立法质量

在深化改革过程中，各种群体、阶层的利益关系日益复杂，充分发挥立法在社会利益的表达、协调、平衡方面的作用，使法律更加充分地体现人民群众的共同意愿，是立法民主的重要体现。向社会公布法律草案公开征求意见，广泛听取各方面意见，集思广益、凝聚共识，是协调利益关系、提高立法质量的有效途径。2013 年全国人大常委会公布了《消费者权益保护法修正案（草案）》以及《环境保护法修正案》《消费者权益保护法修正案》《资产评估法》的草案二次审议稿，共向社会征集近 4 万条意见（见表 3）。

表 3　2013 年法律草案公开征集意见情况

法律草案名称	征求意见时间	参与人数(人)	意见条数(条)
《资产评估法》(草案二次审议稿)	2013 年 9 月 6 日至 2013 年 10 月 5 日	1360	32642
《消费者权益保护法修正案》(草案二次审议稿)	2013 年 9 月 6 日至 2013 年 10 月 5 日	640	1344
《环境保护法修正案》(草案二次审议稿)	2013 年 7 月 19 日至 2013 年 8 月 18 日	822	2434
《消费者权益保护法修正案(草案)》	2013 年 4 月 28 日至 2013 年 5 月 31 日	1408	3240

数据来源：中国人大网，http：//www. npc. gov. cn/。

在地方立法层面，公民参与立法的渠道和程度都在不断推进。例如，2013 年 7 月 27 日，甘肃省人大常委会制定的国内首部引导、鼓励和规范公众参与立法活动的专门性、创制性地方性法规——《甘肃省公众参与制定地方性法规条例》。该条例使公众能更多地参与立法过程，更加清晰地了解立法意义、立法目的和立法的主要内容，使所制定的法规更容易得到社会的认可和支持，有利于进一步提高地方性法规的执行力。

北京、广州、深圳等地方立法中推行的政府法律顾问制度，对于加强立法论证，提高立法的针对性、及时性、系统性，保证法律各项制度衔接协调，保障法律体系和谐统一等，发挥了积极的作用。

全国人大常委会按照能具体尽量具体、能明确尽量明确的原则，高度重视

《特种设备安全法》的立法质量，对草案二次审议稿作了较大幅度的补充和细化，增强了法律的可执行性和可操作性。

（四）注重立法后评估制度，推进法律实施

立法后评估是加强和改进立法工作的一项重要举措。立法后评估俗称“立法回头看”，是指法律法规施行一段时间后，立法机关组织有关部门和单位，采用科学的评估方法，通过对法律法规实施绩效的分析，对法律法规的立法质量进行评价，发现存在的缺陷，以便及时启动修改或者废止的立法程序予以矫正①。

2013 年，全国人大常委会执法检查组对《防震减灾法》《保守国家秘密法》《民族区域自治法》《可再生能源法》《传染病防治法》《未成年人保护法》《义务教育法》《气象法》《行政复议法》《种子法》等多项法律进行执法检查，通过调研了解这些法律的贯彻实施情况，到实践中检验立法质量，并提出下一步修改完善的建议。例如，通过对《气象法》的执法检查，形成《气象法》实施情况的报告。报告认为，中国是世界上遭受气象灾害影响最严重的国家之一，建议尽早启动气象灾害防御法的立法进程，完善配套气象法律法规，以更好地适应防灾减灾的需要。

三　2014 年立法展望

（一）推进司法体制和行政体制改革的配套立法

《中共中央关于全面深化改革若干重大问题的决定》确立了“审判独立”的司法体制改革方向，其中改革司法管理体制，健全法官、检察官、人民警察职业保障制度，改革审判委员会制度，推进司法公开等，引起了社会各界的热切关注。司法体制改革的深入推进，司法管理体制的去地方化、去行政化，必将涉及人民法院、人民检察院与同级地方人大人事任命权和监督权关系的重新

① 陈丽平：《加强重点领域立法　发挥立法引领作用——解读全国人大常委会 2013 年立法工作计划》，《法制日报》2013 年 4 月 29 日第 3 版。

调整；“让审理者裁判、由裁判者负责”使得审判委员会制度改革迫在眉睫；司法公开对审判流程管理、裁判文书的管理提出了新的要求和挑战。按照在法治框架内推进改革的法治思路，现行《人民法院组织法》《人民检察院组织法》《地方各级人民代表大会和地方各级人民政府组织法》《监督法》将作出相应的修改。建立健全法官、检察官的职业保障制度，现行《法官法》《检察官法》《公务员法》也需要作相应的修改。

推进行政审批制度改革，加大简政放权力度，是深化行政体制改革、加快转变政府职能的必然要求。可以预测，修改与行政审批制度改革相关的法律法规，仍将是2014 年立法工作的一项重要内容。《行政诉讼法》是中国诉讼法律的重要组成部分，是一部约束政府行政行为的重要法律。2013 年 12 月，全国人大常委会审议《行政诉讼法修正案（草案)》，并向社会公开征求意见。《行政诉讼法》的修改对于排除中国目前“民告官”的种种法律障碍和困难，保障官民争议解决法律渠道的顺畅将发挥重要的作用[①]。按照立法程序，2014 年全国人大常委会将继续推进《行政诉讼法》的修改。基于地方行政复议委员会改革试点的推行，以及 2013 年全国人大常委会对《行政复议法》的执法检查，《行政复议法》的修改也将成为 2014 年立法的一个重点。《行政复议法》修改应扩大行政复议受案范围，将抽象行政行为、内部行政行为、“公法人”行为、事故责任认定等行为纳入行政复议范围，并增加对“行政不作为”争议的救济渠道。

2013 年 12 月，全国人大常委会审议《军事设施保护法修正案（草案)》，并向社会公开征求意见。《军事设施保护法》的修改也将成为 2014 年立法的一项重要内容。

（二）加强财税领域立法，回归“税收法定”原则

1982 年《宪法》确立了税收法定原则，但考虑到中国建立现代税制的经验和条件不够，1984 年和 1985 年，全国人大及其常委会两次授权国务院进行税收立法。目前，中国 18 个税种中只有个人所得税、企业所得税和车船税属

① 《行政诉讼法大修，为“民告官”清障》，《新华每日电讯》2013 年 12 月 24 日第 4 版。

于人大立法，其他15个税种，包括增值税、营业税、消费税等主要税种，都是由国务院制定暂行条例开征的。

十八届三中全会决定提出的财税改革一大亮点是要“完善立法”。财税界权威专家建议尽快出台一系列财政税收法律，完善税收立法体系。具体来讲，在财政方面，《预算法》的修订是首要的。除此之外，还应制定“转移支付法”“国债法”，修改《政府采购法》。税收方面，通过近年来的立法准备，以及“营改增”财税体制改革试点的加速推进，制定“增值税法”的条件已经成熟。推进房地产税改革、资源税改革，推进环境保护费改税，也需要加快房产税、资源税、环境税的立法。最后，建立完善的财税法律体系，除了加快立法，还要规范税收立法的授权，在条件成熟的时候将国务院暂行条例上升为法律。

（三）积极推进制定电子商务法，规范网络消费

在国内商务运行中，近年来的一个突出现象是网络消费的爆炸性增长。尤其是网络零售，更是5年间增长将近30倍。2013年“双十一”当天，天猫和淘宝平台总成交额350.19亿元，同比增长83%。业内预计，到2015年，中国网络零售额将占到社会消费品零售总额的10%以上①。与这种爆炸性增长相比，行业的规范化发展却相对滞后，尤其体现在立法上。

2013年中国人民银行颁布了《第三方支付管理办法》。但是，中国还没有制定专门的电子商务法，主要通过《合同法》《海关法》《计算机信息系统安全保护条例》《中国互联网络域名注册实施细则》《互联网电子公告服务管理规定》《电子签名法》等法律法规来规范电子商务。目前，商务部正在牵头起草“电子商务促进法”，推动中国电子商务特别是中小电商企业的发展。

（四）继续推进民生保障和社会管理立法

民生立法在近些年取得了很大进步，但一些重要法律还需要推进，如住

① 商务部：《〈电子商务法〉将出台规范网购》，中国电子商务研究中心网站，http://b2b.toocle.com/detail—6138261.html，2013年12月10日访问。

房制度改革、遗产继承限制等都需要法律加以支撑，财税法律还不能满足初次分配的要求，环境健康保护法律在实践中暴露出诸多缺陷和漏洞。今后一个时期，应对经济、土地、收入分配、住房保障、教育就业、医疗卫生、生态环境、食品药品安全、社会保险、社会救助等民生领域已有的法律进行修改和完善，辅之以切实可行的实施细则。因此，在新的历史阶段，法治建设应当继续为推进以保障和改善民生为重点的社会建设和社会管理作出新的贡献①。

具体来看，《食品安全法》修订将成为 2014 年民生保障与社会管理立法的首要之举。2013 年 10 月 29 日至 11 月 29 日，国务院法制办通过中央政府门户网站、中国政府法制信息网、国家食品药品监管总局网站向社会公开征求《食品安全法（修订草案）》修改意见和建议。草案从落实监管体制改革和政府职能转变成果、强化企业主体责任落实、强化地方政府责任落实、创新监管机制方式、完善食品安全社会共治、严惩重处违法违规行为六个方面对现行法律作了修改、补充。《环境保护法修正案》（草案二次审议稿）已于 2013 年 7 月 19 日 至 8 月 18 日第二次向社会公开征集意见，其中将环境维权的公益诉讼主体确定为中华环保联合会一家，引发舆论争议。10 月 21 日，全国人大常委会再次审议《环境保护法修正案（草案）》。新的草案修改了有关提起环境公益诉讼主体的规定。根据立法程序，可以预计《环境保护法》修订也将成为 2014 年的立法重点。此外，2013 年 11 月 18 日，国家质检总局宣布正式启动“消费品安全法”立法研究工作，提出力争在 2015 年底前形成送审稿。“消费品安全法”将与《产品质量法》《食品安全法》等其他法律法规相互衔接，也将成为 2014 年立法领域关注的重点。

① 参见胡艳香《推进法治建设　创新社会管理》，《光明日报》2011 年 7 月 18 日第 11 版。

B.3

2013年中国人权保障的成就、问题及改革趋势

赵建文*

摘　要：

2013年，中国如期实现了《国家人权行动计划（2012~2015年）》提出的相关目标，在公民权利和政治权利保障，经济、社会和文化权利保障以及特殊群体权利保障方面均取得了重要进展。中国开展了国际人权对话，接受了联合国有关条约机构的履约审议和人权理事会的普遍定期审议。关于中国人权方面存在的主要问题，《中共中央关于全面深化改革若干重大问题的决定》已经提出改革的目标和措施，有关方面已经根据该决定开始了改革进程。

关键词：

人权　公民权利和政治权利　经济、社会和文化权利

2013年，在中国共产党第十八次全国代表大会报告提出的"人权得到切实尊重和保障"的精神指引下，中国如期实现了《国家人权行动计划(2012~2015年)》提出的相关目标。本文通过列举国家在尊重和保障人权方面的若干进展来说明2013年中国人权保障的成就，同时也涉及存在问题及改革趋势。

一　公民权利和政治权利

（一）全国人大代表选举实现同票同权

2013年2月27日全国人大常委会公布了2987名十二届全国人大代表。这

* 赵建文，中国社会科学院国际法研究所。

是中国在2010年修改《选举法》，取消城乡差别、实行城乡按相同人口比例选举人大代表后，首次选举产生的中国最高国家权力机关的人民代表。这标志着中国城乡选民在全国人大代表的选举方面实现了同票同权，在城乡居民政治权利的实际平等方面取得了新的进步。

（二）废止劳动教养制度

《中共中央关于全面深化改革若干重大问题的决定》（以下简称《决定》）宣布，废止劳动教养制度，完善对违法犯罪行为的惩治和矫正的相关法律，健全社区矫正制度。2013 年 12 月 28 日，全国人民代表大会常务委员会作出决议，废止了劳动教养制度。劳动教养制度不符合人权的司法保障要求，废止该制度是中国人权事业发展的里程碑，是建设法治中国的整体理念的必然要求。北京市等地自 2013 年夏天开始陆续释放了全部劳教人员。

（三）知情权、参与权和监督权

依法实施政府信息公开是政府联系群众，保障公众知情权、参与权、监督权的必要举措。2013 年 10 月 15 日《国务院办公厅关于进一步加强政府信息公开 回应社会关切 提升政府公信力的意见》发布。意见提出，要进一步加强组织领导、业务培训和督查指导，加强平台建设和机制建设、完善保障措施，做到政府经济社会政策透明、权力运行透明，让群众看得到、听得懂、能监督。

（四）被剥夺自由者的权利

2012 年 12 月 14 日发布的《拘留所条例实施办法》正式施行。根据该办法，拘留所应当安装并使用监控录像等技术防范设备，以便对被拘留人员实行实时全方位安全监控。监控录像资料至少保存 15 天。被拘留人在拘留期间死亡、身体受到伤害，可能提起国家赔偿要求的，拘留所应当将相关监控录像资料予以刻录留存。

（五）公正审判权

1. 完善国家赔偿案件的审理程序

2011 年 3 月，《最高人民法院关于人民法院赔偿委员会审理国家赔偿案件程序的规定》发布，该规定适用于中级以上人民法院赔偿委员会审理以其他国家机关或下级人民法院作为赔偿义务机关的国家赔偿案件的程序事项。2013年8月9日，为统一、规范人民法院办理自赔案件的各项工作，确保及时、公正处理赔偿请求人提出的国家赔偿请求，最高人民法院公布了《关于人民法院办理自赔案件程序的规定》。至此，人民法院审理的两类国家赔偿案件都有了可操作的程序规定。

2. 完善防止冤假错案制度

2013年8月12日，《中央政法委关于切实防止冤假错案的指导意见》发布。意见要求：建立健全合议庭、独任法官、检察官、人民警察权责一致的办案责任制；建立法官、检察官、人民警察在职责范围内对办案质量的终身负责制；建立健全冤假错案的责任追究机制；明确冤假错案标准、纠错启动主体和程序；对于刑讯逼供、暴力取证、隐匿伪造证据等行为，依法严肃查处。

3. 完善案件公正审理制度

2013年10月28日最高人民法院出台《关于切实践行司法为民　大力加强公正司法　不断提高司法公信力的若干意见》。意见提出注重司法审判工作与社会生活的融合，切实保障当事人行使诉讼权利，降低当事人的诉讼成本等实现公正司法的思路。意见还提出了保证公正司法的四项新措施：①强化庭审质量，真正做到事实调查在法庭、证据展示在法庭、控诉辩护在法庭、裁判说理在法庭，切实突出庭审的中心地位；②强化案件质量管理，真正构建人民法院“点、线、面”多角度、全方位的案件质量控制体系，实现全程管理；③完善案件质量评估体系，合理设定各种评估指标及其权重，不断提升审判质量评估体系的科学化水平；④健全和完善错案评价标准和问责机制，完善错案分析和问责的相关程序，通过全面建立健全防范错案的工作机制，最大限度地避免冤假错案。

4. 继续全面完善人权司法保障制度

在以公正审判为核心内容的人权司法保障方面，立法和司法实践方面还有不足之处。《决定》提出：“完善人权司法保障制度。国家尊重和保障人权。进一步规范查封、扣押、冻结、处理涉案财物的司法程序。健全错案防止、纠正、责任追究机制，严禁刑讯逼供、体罚虐待，严格实行非法证据排除规则。

逐步减少适用死刑罪名。”通过“健全司法权力运行机制”，“完善人权司法保障”，是中国人权发展的内涵升华。人权的司法保障涉及法院公正的审理程序、裁判的拘束力既判力得到充分尊重、司法裁判得到迅速有效的执行等。刑事案件的公正审判还涉及法院、检察院和公安机关在有关办案环节的真正相互制约，尊重犯罪嫌疑人、被告人的沉默权、辩护权、人格尊严，杜绝刑讯逼供等问题。

二　经济、社会和文化权利

（一）健康权

1. 精神障碍患者的合法权益保障

2013 年 5 月 1 日，《精神卫生法》开始实施。该法规定，精神障碍患者的住院治疗实行自愿原则，但诊断结论、病情评估表明，就诊者为严重精神障碍患者并已经发生伤害自身、危害他人安全的行为，或者有伤害自身、危害他人安全的危险的，应当对其实施住院治疗。

2. 建立健全基本药物制度

为保障百姓享有安全价优的药品，2009 年 8 月 18 日，卫生部、发改委等 9 部委局发布《国家基本药物目录管理办法（暂行）》，《国家基本药物目录》随之公布。目录包括化学药品、生物药品、中成药和中药饮片，共计 307 个品种。4 年以来，国家基本药物已达 520 种。基本药物制度是国家药品政策的核心和药品供应保障体系的基础。问题是中国目前的医疗服务价格机制是扭曲的，医护人员工作中的劳动价值没有得到正常合理的体现，医疗机构倾向于通过药品加成来补偿收入。《国务院办公厅关于巩固完善基本药物制度和基层运行新机制的意见》正式公布，目的是使老百姓能更方便、更便宜地看病就医。

3. 建立健全食品药品监督管理体制

2013 年发布的《国务院关于地方改革完善食品药品监督管理体制的指导意见》旨在“减少监管环节，保证上下协调联动，防范系统性食品药品安全风险”。意见要求省、市、县三级政府，“原则上参照国务院整合食品药品监督管理职能和机构的模式，结合本地的实际，将原来的食品安全办、原来的食品药品监管部门、工商行政管理部门、质量技术监督部门的食品安全监管和药品管理职能进行整合，组建食品药品管理机构，对食品药品实行集中统一监管，同时承担本级政府食品安全委员会的具体工作”。

4. 国家促进健康服务业的发展

2013年，国务院印发《关于促进健康服务业发展的若干意见》。意见提出，要在切实保障人民群众基本医疗卫生服务需求的基础上，促进基本和非基本健康服务协调发展，力争2020年基本建立覆盖全生命周期的健康服务业体系。根据该意见，今后一个时期的主要任务是大力发展医疗服务和健康养老服务，积极发展健康保险，全面发展中医药医疗保健服务，支持发展健康体检咨询、全民体育健身、健康文化和旅游等多样化健康服务。例如，肝功能、血常规等常规化验，在社区卫生服务中心取样，由第三方医学检验机构检验，达到三甲医院服务的标准，按照社区医疗服务的价格收费。医院的这种外包服务可以节约资源，降低成本，提高服务质量和效率。过去通常情况下，医院做检验时为降低耗材、人员等方面的成本往往要凑足数量，但样本放久了会影响检验的结果。由专业服务公司进行检验，分工专业，可以提高检测的质量和效率。意见规定，放宽民营资本进入健康服务业领域的门槛，对医疗服务实行非禁止即准入政策，按高新技术企业享受税收优惠。让民资和外资参与市场竞争，有助于提高健康服务业的服务质量、增加服务供给，缓解看病难的问题。

5. 深化医疗卫生体制改革，建立契约服务关系

《决定》指出：“深化医药卫生体制改革，统筹推进医疗保障、医疗服务、公共卫生、药品供应、监管体制综合改革”；“完善合理分级诊疗模式，建立社区医生和居民契约服务关系”。

（二）社会保障权

1. 医疗保障

目前，以城镇职工基本医疗保险、城镇居民基本医疗保险、新型农村合作医疗、城乡医疗救助制度四项基本医疗保障制度为主体的全民基本医疗保障体系逐步形成。就新型农村合作医疗来说，继2010年将儿童白血病、儿童先天性心脏病纳入新农合大病医保范围，2011 年将妇女乳腺癌、宫颈癌、终末期肾病、重型精神病、耐药结核、艾滋病机会性感染纳入新农合医保范围，2012 年将肺癌、食道癌、胃癌、结肠癌、直肠癌、慢性粒细胞白血病、急性心肌梗死、脑梗死、血友病、Ⅰ型糖尿病、唇腭裂、甲亢纳入新农合大病医保范围，在三分之一的新农合统筹地区进行试点以来，2013 年将上述 20 类保障病种的医保在全国范围内推开。参加新农合的农民如生大病，将先由新农合按照政策范围内不低于 70% 的比例进行报销；对报销后个人自付超过城乡居民大病保险补偿标准的部分，再按照不低于 50% 的比例给予补偿，最终报销比例可达 90%。2013 年新型农村合作医疗参合率超过 98%，人数达 8.05 亿人，人均筹资水平达到 340 元左右。

2. 建立健全社会救助制度

2013 年 10 月 30 日，国务院常务会议讨论建立健全社会救助制度以及如何形成保障困难群众基本生活的安全网问题。会议决定，要以法治方式推进社会救助制度建设，立足国情、借鉴国际经验，抓紧把已有的成功做法上升为法规制度，坚持统筹城市和农村，兼顾当前和长远，政府救助与动员社会力量救助并举，突出重点、消除“盲点”，综合构建和完善包括最低生活保障、特困人员供养、受灾人员救助以及医疗、失业、义务教育、住房、临时救助等专项救助在内的社会救助体系基本框架，切实使困难群众“求助有门”、受助及时①。根据上述会议精神，今后国家将进一步放宽救助范围，将目前救助低保、五保家庭的救助措施延伸至低收入家庭，将根据《城市生活无着的流浪乞讨人员救助管理办法》扩大临时救助的救助对象范围，帮助打工不着、寻亲不遇、被偷被抢等各类困难人员渡过难关。

2013 年 12 月初，在北京市朝阳区丽都花园附近，有几个白天打工或捡废品，晚上在城市热力井下过夜的农民工，引起了广泛的社会关注。这样的“井居者”数量很少，但反映了不可忽视的社会问题。他们同样有权利体面地劳动，过有尊严的生活。这就需要国家提供最低的或“兜底”的社会保障，

① 《李克强主持召开国务院常务会议——讨论建立健全社会救助制度，推进以法治方式织牢保障困难群众基本生活的安全网》，《人民日报》2013 年 10 月 31 日第 1 版。

特别是住房保障。这种最低保障应当打破户籍门槛，使类似“井居者”的外来务工人员能够住得起廉租房、公租房；在他们暂时住不起或住不上廉租房或公租房的情况下，使他们在救助站能够有张夜间休息的床。

（三）消费者权益

2013年10月25日，全国人大常委会通过了《关于修改〈中华人民共和国消费者权益保护法〉的决定》。修改后的《消费者权益保护法》充实或细化了关于消费者权益的规定，强化了经营者的义务与责任。例如，根据修改后的《消费者权益保护法》第55条和第51条，“经营者提供商品或者服务有欺诈行为的，应当按照消费者的要求增加赔偿其受到的损失，增加赔偿的金额为消费者购买商品的价款或者接受服务的费用的三倍”；“经营者有侮辱诽谤、搜查身体、侵犯人身自由等侵害消费者或者其他受害人人身权益的行为，造成严重精神损害的，受害人可以要求精神损害赔偿”。上述规定比修改前的《消费者权益保护法》有明显的进步。但是，很多消费者并不感到乐观，因为这样额度不高的惩罚性赔偿，在司法实践中很难落实。如果商家不认账，商品真伪鉴定、损害责任鉴定、商品或服务的质量鉴定是惩罚性赔偿的必经程序，配套措施不到位，对消费者而言，法律规定的赔偿不过是画饼而已。

三　特殊群体的权利

（一）儿童权益

1. 防止未成年人遭受身心侵害

2013年5月29日最高人民法院公布“鲍某某强奸、猥亵儿童案——利用教师身份侵害学生身心健康”“李艳勤故意伤害案——继母借‘教育’之名打骂虐待继女”和“邓家文组织未成年人进行违反治安管理活动案——组织、指使未成年人入户盗窃”三起侵犯未成年人身心健康犯罪典型案例，表明各级法院将进一步加大对侵犯未成年人权益犯罪的惩治力度。2013年8月29日最高人民法院要求各级法院，对于奸淫幼女、猥亵儿童、强迫未成年少女卖淫等严重侵害未成年人身心健康的犯罪行为，坚持依法从重处罚，特别是对未成年人负有监护、教育、培训等特殊职责的人员、国家工作人员实施性侵害未成年人犯罪的，进入学生宿舍强奸未成年人的，以及具有性侵犯罪记录的累犯，该重判的要坚决依法重判。教育部等 7 部门联合下发了《关于做好预防少年儿童遭受性侵工作的意见》，要求各地开展性知识教育、预防性侵犯教育，并加强隐患排查，重点关注女生有无无故旷课、精神恍惚等异常表现。

2. “合适成年人参与制度” 和 “附条件不起诉制度”

这两项制度是 2013 年 1 月 1 日正式实施的新《刑事诉讼法》的两项制度突破。根据《刑事诉讼法》的规定，在讯问和审判未成年犯罪嫌疑人时，应有“合适成年人在场”。如果未成年人的法定代理人不能到场，涉案未成年人的其他成年亲属，所在学校、单位、居住地基层组织、未成年人保护组织的代表，均可担任“合适成年人”。实践中，在父母不能到场的情况下，一般是由办案人员决定通知其他“合适成年人”到场。“附条件不起诉”是对未成年犯罪嫌疑人设一段时间的考察期，检察机关视其履行义务的情况来决定是否起诉。法定考察期最少是 6 个月。在考察期内，检察官的考察监督可能会涉及诸如心理辅导、行为矫治、社会公益活动、禁止进入特定场所以及戒瘾等方方面面的工作。实践中，许多地方在对涉罪未成年人进行帮教考察时，大多是由检察机关牵头，委托学校、社区、公安机关或社会组织进行。这两项制度在实践中都显示出了保护未成年人合法权益的作用，尽管在实施过程中还存在不少问题。

3. 嫖宿幼女罪待废

2013 年 5 月，对于全国人大代表孙晓梅提出的研讨取消嫖宿幼女罪的建议，全国人大法工委表示将根据全国人大常委会立法规划和计划，纳入下一步《刑法》修改完善工作中认真考虑。7 月，最高人民法院在答复孙晓梅代表的上述建议时，明确表示赞成废除。从未成年人权利保护角度看，《刑法》规定嫖宿幼女罪，间接承认了幼女可以“卖淫”、具备性自主能力。这实际上是对幼女的侮辱。在不少国家，与不满 14 周岁的女童发生性行为，不论有关女童是否自愿，都以强奸罪来定罪量刑，绝无所谓的嫖宿幼女罪。值得一提的是，中国是《消除对妇女一切形式歧视公约》和《儿童权利公约》的缔约国。依照这些人权条约的精神，《刑法》规定“嫖宿幼女罪”也是不适当的。

（二）老年人权益

1. 建立健全养老制度

2013 年 7 月 1 日，新修正的《老年人权益保障法》开始实施。为适应中国逐渐步入老龄化社会的需要，该法规定重阳日为老年节，要求子女常回家看看。2013 年 8 月 16 日召开的国务院常务会议确定了深化改革、加快发展养老服务业的任务措施。会议指出，到 2020 年全面建成以居家为基础、社区为依托、机构为支撑的覆盖城乡的多样化养老服务体系，把服务亿万老年人的“夕阳红”事业打造成蓬勃发展的朝阳产业。2013 年 9 月 15 日国务院印发的《关于加快发展养老服务业的若干意见》提出，中国将有规划地试点“以房养老”，即“老年人住房反向抵押养老保险”。

2. 渐进式延迟退休

《决定》提出，“研究制定渐进式延迟退休年龄政策”。渐进式延迟退休是指设定几年的缓冲期或准备期，采取小步慢走的方式，逐步缓慢地延长退休年龄。假如退休年龄延长一岁需要经过两年时间，那么在政策实施之后的第一年只将退休年龄延长半岁，第二年再延长半岁，以此类推。渐进式延迟退休，也是许多国家通行的做法。但是，如果不首先解决好利益集团的养老并轨问题，就很难顺利通过延迟退休解决普通民众的养老问题。无须个人缴纳养老保险费的人可以提前退休、必须个人缴纳养老保险费的人要延迟退休的制度是没有说服力或公信力的。

（三）残疾人权益

2013 年 8 月 29 日中国残疾人联合会发布《中共中央组织部等 7 部门关于促进残疾人按比例就业的意见》。根据该意见，到 2020 年，所有省级党政机关、地市级残工委主要成员单位应至少安排 1 名残疾人就业。

（四）农民或农民工权益

1. 农民的土地财产权益

农民现在最重要的财产权利是对土地的权利。放开承包地和农房抵押融资，有利于农民获取财产性收益。农民能够以产权保生存、谋发展，才可能真正实现城乡一体化。为解决农民的土地权益问题，《决定》提出“赋予农民更多财产权利”，“保障农户宅基地用益物权，改革完善农村宅基地制度，选择若干试点，慎重稳妥推进农民住房财产权抵押、担保、转让，探索农民增加财产性收入渠道”。

2. 农民工权益

农民工有从“流动”向“移民”转变的趋势。“流动”与“移民”可以从“是否改变户籍关系”“是否重新定居”来区分。过去以户籍为标准区分身份，政策的落脚点和出发点都放在“外来”和“流动”上，以致农村“流动人口”被大量排除在城市社会保障以及各项公共服务之外。对于这样歧视性的身份制度安排，老一代农民工大多是无可奈何地接受，新生代农民工则表现出了更多的反感和质疑。推动农村流动人口的“制度化进入”，需要继续深化户籍制度改革，赋予他们合法的市民身份，还需要跟进社会服务建设，实现农村流动人口与本地居民公共服务的均等化。然而，解决这些问题受城市资源和政府财力的制约，而且大城市规模也不可能无限扩大。这需要地方政府努力挖潜增加投入，应当从体制上入手，全国一盘棋地加以解决。《决定》提出：“推进农业转移人口市民化，逐步把符合条件的农业转移人口转为城镇居民。创新人口管理，加快户籍制度改革，全面放开建制镇和小城市落户限制，有序放开中等城市落户限制，合理确定大城市落户条件，严格控制特大城市人口规模。”

四　国际人权合作与交流

（一）中欧、中美人权对话

2013 年 6 月 24 ~ 25 日，中国—欧盟第 32 次人权对话在贵州举行。中欧双方介绍了各自在人权领域取得的新进展，并就人权合作、少数民族、刑事处罚等问题交换了意见。2013 年 9 月 9 ~ 18 日欧盟人权事务特别代表兰普里尼季斯访华，与全国人大、最高人民法院、外交部、国家民委、国务院新闻办、国家宗教局等部门相关领导或负责人分别会见。中方还安排他走访中央党校和燕城监狱以及参访西藏、青海。他积极评价中方在促进经济社会发展、减贫、发展教育等领域取得的成就，表示欧盟在人权问题上亦面临许多问题，如种族歧视、排外、移民人权未得到充分保障等，愿与中方加强交流，增进理解，寻求合作，共同促进人权事业发展。

2013 年 7 月 30 ~ 31 日，中美第 18 次人权对话在云南昆明举行。中美介绍了各自在人权领域取得的新进展，就人权保护与国家安全关切、国际人权领域合作、司法问题与人权保护、言论自由与隐私权保护等问题深入交换了意见。双方认为此次对话坦诚、深入和全面，富有建设性，有助于加深相互了解。美方充分肯定中方在促进经济社会发展、消除贫困等方面取得的进步。中方向美方提出了美国的种族歧视、土著人权得不到保障、反恐中使用酷刑等人权问题。

（二）接受联合国人权条约机构的审议和人权理事会的普遍定期审议

2013 年 9 月 26 ~ 27 日联合国儿童权利委员会在日内瓦审议了中国履行《儿童权利公约》的第三、四次合并报告以及履行《儿童权利公约关于儿童卷入武装冲突问题的任择议定书》的首次报告。在审议过程中，中国代表团与委员会开展对话，回答了委员们提出的关于中国儿童教育、健康、福利、法律保护等方面的问题。委员会充分肯定中国的履约情况，也提出了若干改进建议。

2013 年 10 月 22 日，中国接受联合国人权理事会第二轮国别人权审议。中国代表团介绍了中国过去四年在促进和保护人权方面所做的努力以及面临的困难。代表团成员还就发展问题、中国司法公正和死刑问题、司法改革、言论自由、少数民族权利保障、言论表达与网络自由、妇女和儿童权利、宗教信仰等问题回答了各国代表提出的质询。2013 年 10 月 25 日联合国人权理事会国别人权审查工作组顺利通过中国接受第二轮审查的报告，报告客观记录了工作组对中国的审查情况，绝大部分内容积极评价了中国的人权成就。中方表示欢迎善意的建议与批评，愿意结合中国的实际情况予以采纳。

五 今后的改革趋势

改革开放35年来，特别是“人权入宪”以来，中国已经走出一条符合本国国情的中国特色社会主义人权发展道路。中国的人权状况并非十全十美，还存在这样或那样的问题。根据《决定》加快和深化改革，是解决这些问题的必由之路。人权与国家的政治、经济、社会、文化环境是密切联系在一起的，人权的改革趋势与国家的改革趋势是一致的。《决定》提出：“推动可持续发展，促进共同富裕，弥补市场失灵”，“推动经济更有效率、更加公平、更可持续发展”。《决定》强调指出：“建立更加公平可持续的社会保障制度。坚持社会统筹和个人账户相结合的基本养老保险制度，完善个人账户制度，健全多缴多得激励机制，确保参保人权益，实现基础养老金全国统筹，坚持精算平衡原则。”这说明，经济和社会的可持续发展是我国改革的趋势和目标之一，也是人权领域改革的趋势和目标之一。

中国人权事业取得了一定成就，但也存在是否能够持续的问题。建立或创造人权可持续发展的环境，是中国人权保障工作的长期任务。中国将人权事业的发展与经济建设、政治建设、文化建设、社会建设和生态文明建设相结合，正是一条符合中国国情的可持续的人权发展道路。

为“建设可持续的人权发展环境”，中国人权事业的多方面改革一定会深入进行下去。例如：在建设民主政治、法治中国的大背景下，为人权可持续发展提供法治保障，包括《决定》明确提出的“完善人权司法保障制度”；在坚持以人为本，以民生为本，推进经济、社会改革的大背景下，为人权可持续发展打造坚实的经济及社会基础，如建立《决定》所指出的“可持续的社会保障制度”；在中国不断对外开放、日益融入全球化趋势的大背景下，加强国际人权合作，为人权可持续发展营造良好国际环境，如实现《决定》所指出的“领事保护”目标，更好地保护“走出去”的中国人的人权。

B.4

2013年中国反腐败路径及2014年形势预测

田禾 吕艳滨 姚东*

摘要：

反腐败是一个世界性的难题，也是当前中国共产党和国家的一项重要工作。十八大后，特别是十八届三中全会以来，中央对反腐倡廉有一些新的思路，出台了一些新的举措。本文结合中央反腐倡廉的精神，通过梳理2013年中国的反腐败实践，归纳2013年反腐败的特点，分析了2013年中国反腐败的路径、反腐传统的群众路线方式和反腐倡廉法律制度建设，并预判了2014年中国反腐败的形势。

关键词：

反腐败　制度创新　路径　预测

中国共产党第十八次全国代表大会以来，新的领导班子倡导政治“三清”，即干部清正、政府清廉、政治清明。经过一年的实践，中国在依法执政、依法行政、反腐败方面呈现出崭新气象，获得了民众的赞许。本文分析了中国一年来的反腐败状况，使用广义的腐败概念，既包括狭义的公职人员个体的贪污受贿腐败，也包括机构的作风建设，如铺张浪费、形式主义等问题。后者，是在过往的反腐败斗争中并不为重视的内容。

一　2013年中国反腐败路径

2013年，中国反腐败路径按照党中央部署的2013年党风廉政建设和反腐

---

* 田禾、吕艳滨，中国社会科学院法学研究所；姚东，中国人民大学法学院博士后。

败工作要求，加大预防腐败工作力度，加强反腐倡廉教育，强化对权力运行的制约和监督，推进反腐倡廉法规制度建设；加强基层党风廉政建设，深入开展纠风和专项治理，认真解决发生在群众身边的不正之风和腐败问题①。

（一）群众路线教育是 2013 年反腐败的重要路径

群众路线是中国共产党的三大法宝之一，在中国共产党夺取政权和巩固政权、建设社会主义的过程中发挥了积极作用。它也是以毛泽东为核心的中国共产党第一代领导集体所采取的反腐措施的重要特点。其具体做法是，组织上成立专门机构，采用群众运动的方式，把反腐作为一项专门工作，从思想上开展教育和批评与自我批评，革除腐败的思想根源，建立广泛的监督体制。不过，这种方式在毛泽东的晚年出现了偏差，走向了极端。因此，此后的领导集体特别注意反腐措施的合法性，提出依法治国，把制度建设的重要性提到一个很高的高度，并强调抓大案要案的示范作用。

十八大以来，中央经过总结反腐败的历史经验和不断创新，探索出一条在发展社会主义市场经济的条件下，围绕经济建设中心，把反腐败同法治、改革、发展、稳定有机结合起来，依靠党的自身力量和人民群众的参与，有效开创反腐败斗争的新路线。这条新路线重提群众路线，进行群众路线教育，发扬了党依靠群众、发动群众的光荣传统。长期以来，一些党政公职人员脱离群众、高高在上，不知民间疾苦，使曾经的干群鱼水之情受到较大损害，一些民众甚至产生了“仇官”心理。为了改变这种疏离现象，2013 年，中共中央政治局决定从 2013 年下半年开始，用一年左右时间，在全党自上而下分批开展党的群众路线教育实践活动。教育的主要内容是要求党政干部“为民、务实、清廉”；教育的主要任务是引导党员干部树立群众观点，转变干部作风，密切干群关系；教育的重点对象是县处级以上领导机关、领导班子、领导干部；教育的切入点是贯彻落实中央八项规定精神；教育的总要求是“照镜子、正衣冠、洗洗澡、治治病”。中国共产党希望以这种方式改变公职人员的工作作

① 《中央部署 2013 年反腐败工作　提出“加大预防腐败工作力度”》，《法制日报》2013 年 1 月 4 日。

风，拉近官民关系，巩固执政基础。

特别需要指出的是，群众路线教育与传统群众路线不同的是，其强调在法治的框架下，用法治的思维和法治的手段推进反腐败斗争。

（二）规范公职人员行为是2013年反腐败的突出内容

一般而言，反腐败斗争主要关注的是公职人员的贪污受贿和渎职问题，公职人员行为规范并未纳入反腐败工作的范围。2013年，中共中央将规范公职人员的行为作为党风政风建设的重要内容，扩大了反腐败的范围，升华了廉政建设的内涵。从2012年12月到2013年12月，中共中央发布了一系列规范公职人员的文件，其中最主要的是“八项规定”和“反四风”相关规定。“八项规定”是2012年12月中共中央政治局审议通过的，事关改进工作作风、密切联系群众，具体内容为：改进调查研究，精简会议活动，精简文件简报，规范出访活动，改进警卫工作，改进新闻报道，严格文稿发表，厉行勤俭节约。八项规定特别强调，各级党政机关干部改进工作作风，加强调查研究，“切忌走过场、搞形式主义”，“开短会、讲短话，力戒空话、套话”，“没有实质内容、可发可不发的文件、简报一律不发”，等等。这些规定不仅具体详细，而且具有很强的可操作性，便于实施和群众监督。

“反四风”的“四风”是指“形式主义、官僚主义、享乐主义和奢靡主义”。随着中国市场经济改革的成功和深化，中国人民的生活水平得到了极大的改善，随之而来的是，党政机关讲排场、讲形式，享乐之风也逐渐盛行。2013年6月18日，中国共产党提出进行群众路线教育实践活动，其主要任务是改进作风，集中解决形式主义、官僚主义、享乐主义和奢靡主义“四风”问题，要求党政机关针对群众反映突出的“四风”问题，全面开展专项整治行动，整治文山会海、检查评比泛滥，整治“门难进、脸难看、事难办”，整治公款送礼、公款吃喝、奢侈浪费，整治超标配备公车、多占办公用房、滥建楼堂馆所，整治“三公”经费开支过大，整治“形象工程”和“政绩工程”，整治侵害群众利益的行为等现象。

“八项规定”和“四风”都是对公职人员行为的基本界定，与传统的腐败定义具有明显的差异。中共中央之所以将公职人员行为规范纳入反腐败的范围，是因为从本质上说，此类行为也是权力异化行为，同样损害了公共利益，同属于应当禁止并旗帜鲜明反对的行为。

（三）制度化反腐的路径

1. 派驻制度进入党内机构

在党政机关和国有企业设置纪检监察部门和派驻人员开展反腐败工作，是中国特色反腐倡廉体系的重要组成部分，也是一种特殊的制度安排。长期以来，派驻制度并未充分发挥其作用，主要是因为工作方式和机制存在问题，如管辖范围不明确、办案经费不足、调查权限不明、预防主体不清晰、缺乏有效的腐败风险管理能力等①。《中共中央关于全面深化改革若干重大问题的决定》（以下简称《决定》）提出了改革派驻制度的要求："全面落实中央纪委向中央一级党和国家机关派驻纪检机构，实行统一名称、统一管理。派驻机构对派出机关负责，履行监督职责。"这是党内监督体制的重大改革。改革涉及以下几个方面。一是全面派驻。中央纪委原来主要在政府部门设置派驻机构，除个别情况以外不在党内部门设立派驻机构。2013 年开始，中纪委将派驻工作扩大到中央一级党和国家机关，即中组部、中宣部、统战部、中央办公厅都将派驻纪检人员。二是派驻机构对派出机关负责。派驻纪检组长不从驻在部门产生，但应担任驻在部门党组成员，只履行监督职责，不参与驻在部门的业务活动。三是各项工作保障由驻在部门负责，工作经费应列入驻在部门预算。

派驻制度的改革意味着党的系统全面进入了反腐败的视野，使中国的反腐败斗争达到了一个新的高度。

2. 巡视制度实现全覆盖

巡视制度是指中央和省、自治区、直辖市党委建立专门巡视机构，对下级党组织领导班子及其成员进行巡视监督的制度。《中国共产党党内监督条例（试行）》（2003）把巡视制度确定为党内监督的十项制度之一。为了更好地发挥巡视制度的作用，《决定》对巡视制度也提出了具体的改革要求：

---

① 《过勇：中国纪检监察派驻制度研究》，中央纪委监察部网站，2013 年 10 月 12 日，http：//www. mos. gov. cn/lzlt/lzbk/gy/201310/t20131012_ 11557_ 1. html。

“改进中央和省区市巡视制度，做到对地方、部门、企事业单位全覆盖。”这是党内监督体制的重大改革。改革的主要内容包括以下几个方面。一是全面覆盖。对所有地方、部门、企事业单位都开展巡视工作，以形成震慑。二是抓好重点。巡视组的任务是，无论是谁，即使是中央政治局委员兼任的地方党委书记都在巡视监督的范围之内。三是快速发现和解决问题。例如，领导干部是否存在违纪违法、违反八项规定、违反政治纪律、选人用人不正之风等问题，真正做到问题早发现、早报告、早解决。2013 年 12 月，中央第二轮巡视已在进行，10 个中央巡视组已全部进驻被巡视单位、地区开展巡视工作。

3. 反腐败协调小组切实履责

1996 年，中央纪委第六次全会报告提出，各省、自治区、直辖市要在党委领导下成立有纪检、法院、检察、监察、审计等单位主要领导参加的反腐败协调小组。之后，全国县级以上各级党委基本上都建立了反腐败协调小组，主要承担查办腐败案件的协调工作。但在实践中，反腐败协调小组工作存在诸多滞碍，如协调会议的召集不定期、会议形成的意见缺乏约束力和执行力，大多只是情况沟通，组织协调反腐败的作用发挥得很不够。2013 年，借十八届三中全会《决定》的春风，改革和完善各级反腐败协调小组职能提上议事日程。改革的原则是使党能更充分地发挥领导作用，纪委能更充分地发挥组织协调作用，有效地整合各方面的反腐败力量，充实与反腐败工作紧密相关的部门作为成员单位，进一步明确应当履行的具体职责，形成健全、规范、有序的工作模式。

（四）2013 年反腐败的制度创新

1. 纪检双重领导制度程序化

纪检双重领导体制是指中国共产党的地方各级纪律检查委员会和基层纪律检查委员会在同级党的委员会和上级纪律检查委员会的双重领导下开展工作。实践中，这一体制暴露出不少缺陷，地方纪委如果发现本地重大案件线索或者查办重大腐败案件，必须向同级党委主要领导报告，得到同级党委的首肯后才能进行初核或继续查处，这样就给压案不报和瞒案不查提供了可能和机会。

为了切实解决这个问题，《决定》把党的纪律检查工作双重领导体制予以程序化和制度化，并将其作为深化改革的重要内容，具体内容如下。一是强化上级纪委对下级纪委的领导。“查办腐败案件以上级纪委领导为主，线索处置和案件查办在向同级党委报告的同时必须向上级纪委报告。”掌握案件线索和查办腐败案件是反腐败工作的核心内容。如果案件线索处置和查办必须同时向上级纪委报告，那么就对同级党委主要领导形成了有效制约，有利于更深入地开展反腐败斗争，打击腐败犯罪。二是加大监督力度。《决定》明确规定，“各级纪委书记、副书记的提名和考察以上级纪委会同组织部门为主”。这是加强反腐败体制机制创新、强化上级纪委对下级纪委领导的重要举措。纪委书记、副书记是一级纪委的主要领导，承担着一个单位纪律检查工作的主要领导责任，其提名和考察以上级纪委会同组织部门为主，有利于强化其同上级纪委的沟通和联系，有利于他们更加负责地发挥职能作用，为各级纪委协助党委加强党风建设和组织协调反腐败工作、更好地行使党内监督权，提供了有力的体制保障。

2. 禁止领导干部违规兼职

少数党政领导干部在企业兼职任职是公众舆论关注、关乎党风政风的重大问题。2013 年，中共中央组织部印发《关于进一步规范党政领导干部在企业兼职（任职）问题的意见》，在以往相关规定的基础上，对党政领导干部在企业兼职任职作出了更加明确、严格的规定：党政领导干部不得在企业兼职任职，工作需要兼职的必须要有严格的限制。该意见划出了公职人员兼职制度“高压线”，目的就是要消除隐患，堵塞漏洞，切断灰色利益链，防止公权力异化成为少数人谋取私利的工具。一些经验丰富、有专业特长的党政领导干部在离职或退（离）休后，以适当方式发挥作用或余热虽有积极作用，但必须合规合法，不允许其脱离监督和约束，用特殊身份干扰市场秩序，在机关和企业两头得利。该意见的实施，就是要将权力关进制度笼子，以防止公权私用，从严管理干部，规范领导干部廉洁从政行为，改进干部作风形象，营造公平竞争的市场环境。

3. “厉行节约、反对浪费”制度化

成由节俭败由奢，奢侈浪费是败家败国的祸根。节约是一种美德，节约是一种智慧，节约更应该成为一种习惯和风气，更是中国共产党的优良作风。中共中央、国务院印发的《党政机关厉行节约反对浪费条例》要求，党员干部身体力行，杜绝浪费；《党政机关国内公务接待管理规定》要求，党政机关国内公务接待管理要厉行勤俭节约，反对铺张浪费，加强党风廉政建设。按照上述规定，各级领导干部，都要率先垂范，严格执行公务接待制度，严格落实各项节约措施，坚决杜绝公款浪费现象；同时要加强监督检查，鼓励节约，整治浪费。上述文件规定改变了以往浪费没有具体标准、处罚没有依据的状况。“厉行节约、反对浪费”，并不是中国共产党今天才提出来的，但重申这项制度并推动“厉行节约、反对浪费”制度化，使“厉行节约、反对浪费”相关规定成为干部心中的戒尺，无疑是希望广大党员干部铭记传统的重要性。

4. 推动新提拔公职人员财产公开

提拔公职人员时，考察公职人员的思想、能力，以及征求群众的意见至关重要，但对公职人员财产的公开也不能忽略。从某种程度上说，公职人员的财产状况可以反映其工作作风和生活状况。财产公开在干部提拔过程中的作用在于：一是公示财产增加了社会了解公职人员品行的渠道；二是公示财产可以体现公职人员的作风和工作状况，便于群众和社会的监督；三是通过公示财产可以严密提拔程序，增强选拔程序的严谨性和全面性，保证提拔的严肃性。公职人员财产公开提了很多年，但并未真正“落地”。一些地区自行对公职人员财产公示进行了试点，大多是“蜻蜓点水”式的公开，效果也都不明显，从内容和形式上都难以满足群众和社会的要求。《决定》指出，要推行新提任领导干部有关事项的公开的制度试点，这可以说是制度建设顶层设计的一个重大创新。

5. 探索官邸制度

官邸制在中国古代就实行过，世界上很多国家也在实行官邸制。官邸制是指公职人员在职期间由国家为其提供居住场所的一种制度，该场所只可由其在任时使用，离任后须交出。实行官邸制有其合理性与可行性。公职人员任职期间的住所由国家提供，是工作需要，这样的安排摆在明处，合乎情理，民众多半不会说三道四。配偶及未成年子女可与公职人员同住官邸，也很人性化，但公职人员离任后仍然居住在由国家提供的住宅里，显然缺乏法律依据且违背常理。因此，《决定》提出，探索实行官邸制。此观点一经提出便成为社会讨论的热点，但以中国现状而言，新中国成立 60 余年来，退休的国家级副职以上领导人数较多，在现有制度下，如何配置其退休后的住房值得研讨。官邸制要顺利推行，有多重障碍。别的且不说，何种级别干部配备官邸，如何合理配备官邸，如何退出官邸，制度安排和操作将颇费周折。

二　2013 年反腐败的特征

（一）一改对腐败问题遮掩的暧昧态度

中国共产党的十八大鲜明指出："要坚定不移反对腐败，永葆共产党人清正廉洁的政治本色。"要求全党"始终保持惩治腐败高压态势，坚决查处大案要案，着力解决发生在群众身边的腐败问题。不管涉及什么人，不论权力大小、职位高低，只要触犯党纪国法，都要严惩不贷"。习近平总书记在多次重要讲话中提出，要加大反腐倡廉力度，中央纪委书记王岐山在全国政协十二届一次会议上再次强调，"反腐败既要坚持打持久战，也要打好歼灭战"。这充分表明中国共产党反腐败斗争的旗帜更加鲜明，对反腐败的态度更加坚决，采取的措施更加有力。在这里没有对腐败问题的回避，没有对党风问题的粉饰，更没有强调"腐败分子只是极少数"，而是坦诚地指出了腐败在党内是客观存在的。

（二）注重反腐倡廉理论和制度创新

首先，明确了反腐倡廉走什么路的问题。十八大报告指出，"要坚持走中国特色反腐倡廉道路"，走符合中国国情的路。中央政治局通过"八项规定"，率先垂范，带头从中央政治局做起，要求别人做到的自己先要做到，要求别人不做的自己坚决不做，以良好党风带动政风民风；全党上下，从自身做起，改进作风，抵制腐败，形成了一股简、实、勤、廉的清风。此外，中央把开展群众路线教育作为反腐败的重要途径，中纪委和省级市区纪委都推出了自己的网站，接受群众的投诉举报，进一步畅通了群众参与支持反腐败的渠道；纪检监察机关与群众的互动增强，让群众明了监督的途径，有序发挥好群众的监督作用。

其次，反腐倡廉理论创新。十八大报告将过去的“反腐倡廉工作”变为“反腐倡廉建设”，虽然只有两字之差，但更具科学性、全面性和稳定性，符合反腐败斗争长期性、艰巨性和重要性的特点，意味着中国共产党把反腐倡廉当作一项常态化工作不断推进。同时，十八大报告明确地界定了反腐倡廉建设与经济建设、政治建设、文化建设、社会建设、党的建设之间的辩证关系，为其制度化、法制化奠定了理论基础，为进一步探索反腐倡廉新方式新措施指明了方向。

最后，中央有关部门加强了反腐败制度建设，颁布了一系列规范文件，如《建立健全惩治和预防腐败体系 2013～2017 年工作规划》《关于进一步规范党政领导干部在企业兼职（任职）问题的意见》《党政机关厉行节约反对浪费条例》《关于严禁中央和国家机关使用“特供”、“专供”等标识的通知》《关于严禁公款购买印制寄送贺年卡等物品的通知》《党政机关国内公务接待管理规定》《中央党内法规制定工作五年规划》等。这些规定为反腐败工作提供了明确的党内法规依据。

（三）“四个一起打”，查腐速度明显加快

以前的反腐败斗争往往是：打“苍蝇”多，打“老虎”少；打下头的多，打上头的少；打贪贿的多，打其他犯罪的少；打现职的多，打退位的少。2013 年的反腐败斗争则是坚持“四个一起打”，“老虎”“苍蝇”一起打、上头下头一起打、贪贿腐败分子与作风败坏的腐败分子一起打、在职的与退位的一起打。这种反腐败斗争是一种立体式的、全方位的，目的是绝不允许腐败分子有藏身之地，绝不让腐败现象有再生之虞。

反腐案件查处明显增速。重庆市北碚区区委书记雷政富从不雅照曝光到立案调查只用了 63 个小时。中共中央纪委对内蒙古自治区党委原常委、统战部原部长王素毅从立案检查到最高人民检察院立案侦查并采取强制措施只用了 7 天。薄熙来涉嫌受贿、贪污、滥用职权犯罪一案，一审公开宣判到二审宣判只有 32 天。其他公职人员犯罪从发现到立案、移交司法机关和启动司法程序所用的时间都有所缩短，彰显了一个“快”字。

三　2013 年中国反腐败实践成效

（一）“八项规定”“反四风”成效显著

从 2013 年 9 月起，中纪委建立了月报制度，每月发布各省市查处违反八项规定问题汇总表，并对楼堂馆所建设违规、公款大吃大喝问题、公车问题、公款国内与出国（境）旅游问题、大操大办婚丧喜庆 6 个具体问题的查处情况向社会通报，另外单列了“其他”一项，主要是指收送节礼、接受或用公款参与高消费娱乐活动和健身活动、违反工作纪律、庸懒散等方面的问题。2014 年 1 月，中纪委监察部官方网站公布了全国查处违反中央八项规定精神问题汇总表（截至 2013 年 12 月 31 日）（见表 1）。该表显示，自八项规定实施以来，全国共查处问题 24521 起，处理 30420 人，其中给予党政纪处分人数为 7692 人。居违规“榜首”即“发案量”最高的，是“车轮上的腐败”，即违反公车使用规定案件，共计 6352 起，处理 6208 人，其中受党政纪处分的有 1155 人。其次是“大操大办婚丧喜庆”，有 1369 起，处理人数为 1701 人，受党政纪处分的有 834 人；“公款大吃大喝”1134 起，处理 1206 人，受党政纪处分的有 440 人。根据汇总表，截至 12 月 31 日，在给予党政纪处分的 7692 人中，省部级干部 1 人，地厅级干部 41 人，县处级干部 485 人，乡科级干部所占比例最大，7165 人，占被处理人数的 93%。“其他”一项的处理情况则为，查处 14903 起，处理 20337 人，其中受党政纪处分的 4802 人。目前，对八项规定问题的查处仍处于高压态势。

表 1　全国查处违反中央八项规定精神问题汇总表（截至 2013 年 12 月 31 日）

单位：起，人

内　容	项　目	数　量				
		总计	省部级	地厅级	县处级	乡科级
2013 年 12 月份查处违反八项规定问题情况	查处问题数	3387	0	25	183	3179
	处理人数	3847	0	26	211	3610
	给予党政纪处分人数	1269	0	11	79	1179

续表

内　　容	项　目	数　量				
		总计	省部级	地厅级	县处级	乡科级
八项规定实施以来查处问题情况	查处问题数	24521	1	110	1369	23041
	处理人数	30420	1	107	1510	28802
	给予党政纪处分人数	7692	1	41	485	7165

内　　容	项　目	类　型						
		楼堂馆所违规问题	公款大吃大喝问题	违反公务用车管理使用有关规定问题	公款旅游问题（国内）	公款出国（境）旅游问题	大操大办婚丧喜庆问题	其他*
2013年12月份查处违反八项规定问题情况	查处问题数	13	117	403	92	8	226	2528
	处理人数	20	151	435	127	4	258	2852
	给予党政纪处分人数	8	50	141	66	4	134	866
八项规定实施以来查处问题情况	查处问题数	108	1134	6352	564	91	1369	14903
	处理人数	120	1206	6208	699	149	1701	20337
	给予党政纪处分人数	44	440	1155	322	77	834	4802

* 注："其他"，指其他违反中央八项规定精神的问题，主要包括收送节礼、接受或用公款参与高消费娱乐活动和健身活动、违反工作纪律、慵懒散等方面的问题。

资料来源：中央纪委监察部网站，http：//www.ccdi.gov.cn/，2014年1月8日访问。

"反四风"立竿见影。国务院办公厅停发每日、每周、每旬经济指标类信息刊物。以国务院部门为例，审计署取消一年一度的年中全国审计工作座谈会；民政部、气象局下发简报降幅分别达94.3%、67.8%。水利部转变文风会风，以部名义召开的全国性业务会议同比减少32%，公文数量同比减少20%。

（二）腐败案件查处情况分析

根据中纪委公开的数据，截至2013年12月，其2013年查处的公职人员中，共披露了123人的详细信息，以下据此简要分析腐败案件的基本特点。这123人中，有31名涉嫌违纪违法的中管干部（即中央管理的干部）已结案处理和正在立案检查，其中，周镇宏、刘铁男、倪发科、王素毅、李达球、童名谦、杨琨、齐平景等 8 人涉嫌犯罪已被移送司法机关依法处理；正在立案调查的有蒋洁敏、李东生、李崇禧、李春城、郭永祥、季建业、廖少华、陈柏槐、郭有明、陈安众、杨刚、王永春、许杰、戴春宁等①。

1. "59 岁现象" 依然显著

"59 岁现象"是指公职人员在临近退休年龄之际，利用手中的权力大肆贪腐的现象。根据中纪委监察部公布的案件数据，被查处公职人员年龄最大的 64 岁，最小的 39 岁；其中，51～60 岁年龄段人数最多，占总人数的 53.7%，"59 岁现象"明显（见图 1）。

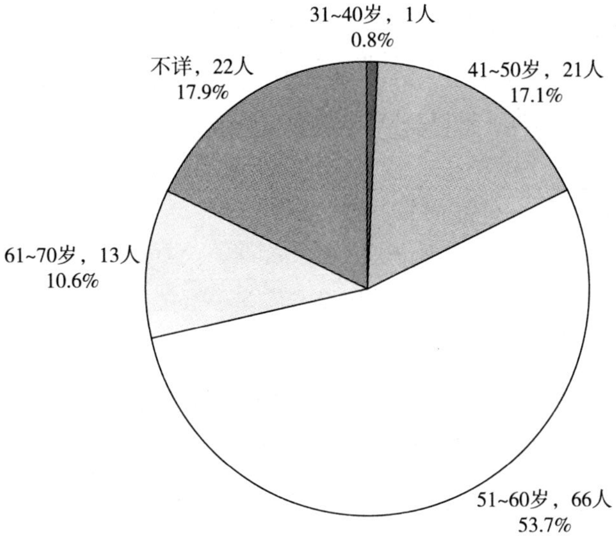

图 1　2013 年被查处腐败公职人员的年龄分布

2. 文化程度呈高学历化倾向

被查处公职人员的最低学历为大专，最高学历为博士。其中，文化程度为大学（含大专）的有 36 人，占总数的 29.3%；研究生以上的有 60 人，占 48.8%；另有 27 人学历不详，占 22.0%（见图 2）。

① 《中央纪委监察部通报 2013 年度党风廉政建设和反腐败工作情况》，中央纪委监察部网站，http://www.ccdi.gov.cn/xwtt/201401/t20140110_16784.html，2014 年 1 月 8 日访问。

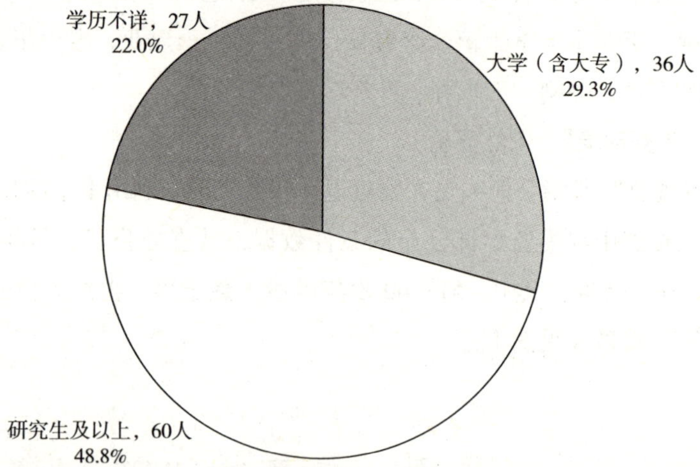

图2　2013年被查处腐败公职人员的文化程度

3. 被查处的腐败公职人员中司局级占多数

被查处的123名腐败公职人员中，省部级（含副职）27人，占22.0%；厅局级（含副职）人数最多，为70人，占56.9%；县处级（含副职）26人，占21.1%（见图3）。

4. 党政机关仍是重灾区，但其他领域也呈蔓延之势

从2013年查处的腐败公职人员所属单位情况看，党政机关的公职人员所占比例较高，其中，党委机构犯罪公职人员占21.1%，政府机构为39.0%，人大为4.9%，司法机关为1.6%，人民团体为8.9%，国有企业为12.2%，事业单位（主要是学校、医院、广播电视台）为12.2%（见图4）。这说明，2013年查处腐败风暴的旋涡仍然在党政部门，但正势头迅猛地逐渐移向其他部门，特别是事业单位、国有企业、人民团体中涉案人员比例不低，应引起关注。

5. 被查处腐败公职人员涉嫌案由复杂

从公开披露的信息来看，2013年查处的腐败案件往往是一人具有多种违纪违法行为，贪污受贿、渎职、生活腐化交织。2013年被处理完毕和正在被处理的123名公职人员中，尚未定案的既涉嫌违法也违纪的，占62.6%，仅涉嫌违纪的为37.4%。

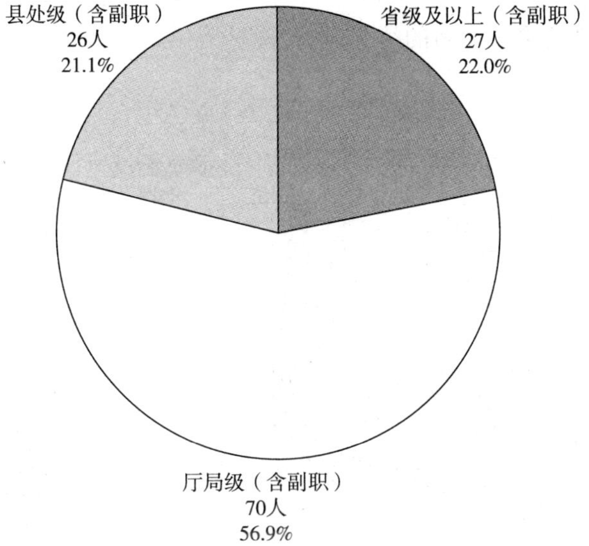

图 3　2013 年被查处腐败公职人员的行政级别

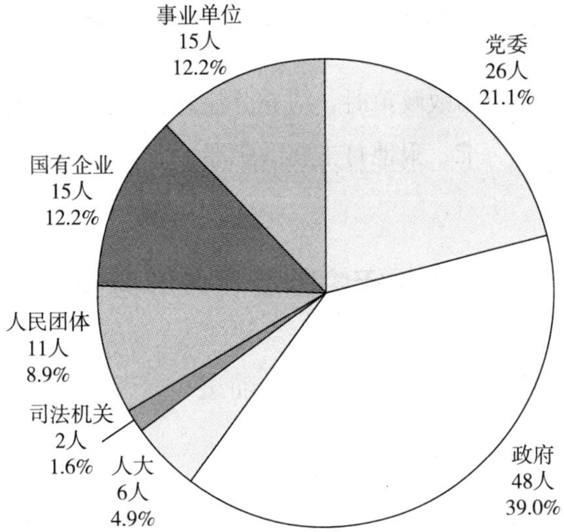

图 4　2013 年查处腐败公职人员的单位性质

从违法腐败公职人员涉嫌的罪名看，涉嫌受贿的公职人员最多，占63.9%，随后分别是滥用职权罪（9.7%）、贪污罪（5.6%）、挪用公款罪

(5.6%)、巨额财产来源不明罪(4.2%)等(见图5)。应当注意的是，一个腐败公职人员涉嫌多个罪名的情况较为普遍。

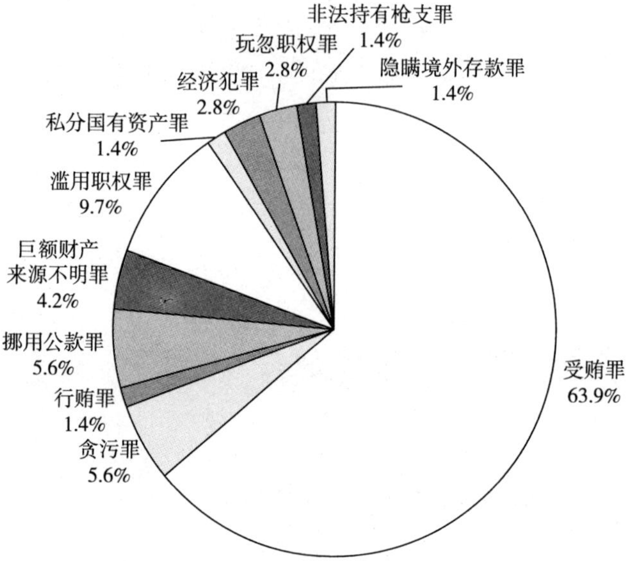

图5　2013年被查处腐败公职人员涉嫌罪名

有关部门在制定反腐败政策时，应充分注意腐败犯罪的上述几个特点，真正做到有的放矢，稳、准、狠地打击腐败犯罪。

四　2014年中国反腐败形势预测

(一) 2014年反腐败斗争将乘胜前进

1. 反腐败法律法规将进一步完善并落实

2013～2017年反腐败规划将进一步得到落实。2013年12月，中共中央印发了《建立健全惩治和预防腐败体系2013～2017年工作规划》，这是指导今后5年党风廉政建设和反腐败斗争的重要依据。全面推进惩治和预防腐败体系建设，是党的十八大和十八届三中全会的重要部署，是全党的重大政治任务和全社会的共同责任，对于实现“两个一百年”奋斗目标和中华民族伟大复兴的中国梦，具有重大意义。2014 年国家将继续落实好该工作规划，加强调查研究和科学论证，注重顶层设计和总体规划，推进反腐败国家立法。例如，相关部门从 2013 年 7 月中旬开始到 2014 年 5 月结束的《关于实行党风廉政建设责任制的规定》立法评估等。又如，2013 年 5 月，《中国共产党党内法规制定条例》和《中国共产党党内法规和规范性文件备案规定》发布，中国共产党首次拥有正式的党内“立法法”。因此，2014 年落实规划就要贯彻党的十八大提出的“运用法治思维和法治方式”反腐败和“拓展人民有序参与立法途径”的要求。

2014 年，依照《决定》完善并严格执行领导干部亲属经商、担任公职和社会组织职务、出国定居等相关制度规定，防止领导干部利用公共权力或自身影响为亲属和其他特定关系人谋取私利，坚决反对特权思想和作风。有关领导干部的亲属管理、特定关系人的约束等一系列的规章制度相继出台。反腐败制度将进一步完善，实现行为有规范、违纪有追究、违法有制裁、犯罪有刑罚。

2. 党风政风将大幅度好转

近年来，一些党政机关讲排场、比阔气、大手大脚、奢侈浪费现象时有发生，广大干部群众对此反映强烈。党的十八大以来，中央提出“八项规定”，党的群众路线教育实践活动中，采取有效措施狠刹“四风”，取得明显成效。从“光盘行动”、晚会节日“瘦身”到现在，中央印发《党政机关厉行节约反对浪费条例》，厉行节约、反对浪费工作使“三公”经费大幅度减少，民生支出越来越多。2013 年中秋节期间，由于中央制定了“月饼禁令”，机关团体消费大幅度下降；贺卡生产销售也因“贺卡禁令”大幅下降，党风政风好转已初见成效。2014 年，随着制度的完善健全，有关规章制度的全面实施，党风政风将进一步大幅度好转。

3. 查处贪腐行为力度将进一步加大

面对腐败问题，在顶层制度设计方面，新一届中央领导集体提出，在制度层面、机制层面、立法层面采取全方位行动，规范约束权力，强化监督。无论是“老虎苍蝇一起打”的反腐广度，还是标本兼治、治标为先的反腐策略，种种迹象显示，遏制腐败蔓延势头成为中央的重要任务和工作目标。在具体操作层面，中纪委、监察部内设 27 个职能部门，与原来相比增加了 2 个负责案件工作的纪检监察室。10 个纪检监察室的职能分工明确，4 个室负责中央国家机关和国有大型企业的纪检监察，6 个室分别负责华北、东北、华东、中南、西南、西北等地方的纪检监察。随着中央惩治腐败力度的不断增大，不敢腐的惩戒机制、不能腐的防范机制、不易腐的保障机制将加快形成。

4. 财产公开制度有望取得突破

公职人员财产公开作为新提任领导干部有关事项的公开制度试点内容在 2014 年将有所突破。一是新任公职人员公开财产，相对已任职的公职人员，其涵盖的范围较小，涉及的利益关系相对简单，比较容易推进。二是从新任公职人员单轨制试点，再过渡到所有公职人员的双规制。因此，预计有关新任公职人员的财产公开制度将于 2014 年在部分地区率先试点。三是相关部门将出台财产公开制度，对财产公开的具体内容，即哪些应该公开、哪些不公开有所规定。四是明确财产公开接受社会监督的途径。有关部门在 2013 年底就出台了申报海外资产的规定，将对贪官隐匿财产、规避制裁是一个沉重的打击。

5. 网络仍是反腐败的重要渠道

近年来，网民参与网络反腐的热情很高，从被“天价烟”“天价表”拉下马的公职人员，到因“艳照视频”落马的公职人员，再到被调查乃至拘捕的“房叔”“房姐”，网络反腐的巨大威力令人鼓舞。以中纪委、监察部为代表设立的网络举报，一方面加强了对网络反腐的正确引导，以有效地监测、搜集和研判网络舆情；另一方面建立完善了网络反腐的处理与反馈机制，使得网络反腐信息受理及时便捷、处理公开公正、反馈及时公开，发挥了网络反腐的最大威力。因此，2014 年在不断完善网络举报制度的过程中，网络将继续成为反腐败的重要渠道。但也应当看到，网络在将一些贪腐公职人员拉下马的同时，也存在网络谣言猖獗、网络暴力等负面现象。在网络反腐的时候，应及时甄别相关信息，尽量做到不冤枉一个好人，也绝不放过一个坏人。

（二）2014 年反腐败将面临新的挑战

在高压态势下，2013 年反腐败斗争取得的成效空前。这场斗争对公职人员形成了极大的震慑，对官场风气起到了明显的改善作用。但我们也应当认识到，反腐败绝不是一蹴而就的事，2014 年，反腐败仍然会遇到诸多障碍，出现诸多问题。

1. 公职人员的贪腐行为将更加隐蔽

毫无疑问，面对如此全方位的反腐败行动，腐败行为将更加隐蔽。随着反腐败制度的日益完善和反腐败工作的不断推进，公职人员腐败行为受到越来越严厉的监督和制裁，为了规避腐败风险，一些公职人员策略性地“翻新”腐败行为。例如：采取期权腐败，降低查处几率；实行家庭利益输送，减少金钱交易；利用中介组织出具假证明文书，掩饰其贪污腐败行为；等等。在作风方面，一些反腐败措施如清理办公用房、领导干部住房限制会遇到消极抵制，公车、公款消费等奢靡之风将转入地下、进入会所，以躲避监管。因此，需要继续巩固 2013 年的反腐败成果，使腐败成为不能、不敢、不愿的行为。

2. 反腐败的领域需要进一步拓展

司法、国企、医疗、教育科研、公用事业单位等领域的反腐败工作还存在漏洞，还需要更深入地推进，尤其应关注相关领域的官商勾结问题。这些领域的腐败程度事关社会风气的好坏、事关人民群众的根本利益，任重道远，绝不可等闲视之。2013 年暴露的湖南衡阳贿选事件说明，腐败的领域、腐败的内容和腐败形式翻新的情况可能会超出人们的想象。

3. 腐败公职人员外逃现象可能加剧

中国相关的法规和管理体制不完善，加之中国与西方一些发达国家在引渡、罪赃移交等方面存在制度差异，如双重犯罪原则、死刑不引渡原则、政治犯不引渡原则等等，使得腐败公职人员外逃后能够得到某种庇护。2013 年，反腐倡廉工作全面深入开展，在各个领域都取得瞩目成就。在高压之下，腐败公职人员在国内的生存空间越来越小。因此，2014 年腐败公职人员外逃现象可能加剧，特别是前期已经有关系人和资金在国外境外的公职人员外逃风险增大，有关部门应当密切关注这一现象，加大对“裸官”及其他可能外逃公职人员的监管。此外，经过多年的调查研究，2014 年有关部门是否会公开“裸官”的数量也很值得期待。

4. 警惕腐败公职人员联手反弹

2013 年的高压反腐对官场造成了巨大震动和威慑，一部分公职人员因利益受到挑战，心理失衡难免会形成反弹。在 2014 年的反腐败斗争中，一方面应注意可能会出现腐败公职人员联手或默契抵制中央政策、阳奉阴违、消极怠工，形成“旋转门”现象，要及早发现、及早处理。另一方面，在高压的反腐败形势下，还应注意方式方法，甄别腐败犯罪和违纪的界限，体现打击少数人，教育团结大多数的政策，避免干部队伍出现大的动荡，从而使社会出现大的动荡，以保证改革能够顺利推进。

5. 公职人员任免应当成为反腐败的重点

综观2013年的反腐败斗争和历年来的反腐败历程，不难发现，不少贪腐公职人员被带病提拔或任命，他们甚至在政治成长关键时期一路春风得意，这说明公职人员的任命提拔存在较大问题。从公职人员任免制度规定来看，各项约束性规定合法合理合情，但实际操作中却存在诸多障碍。在现实政治中，这些制度规定在具体的情境下，往往会演变成一种形式，甚至助长逆向淘汰，即最坏的人未必得不到升迁，最好的人也未必能得到任用。在2014年的反腐败斗争中，应加大对公职人员任免中各种负面现象的监督，力求避免“金钱政治”“秘书政治”“裙带政治”的危害，因为这些现象实际上已经影响到干部队伍的整体素质，不仅易形成“官官相护”的氛围，而且易成为滋生“窝案”“大案”的土壤。

6. 群众路线教育成效需要评估

2013年群众路线教育是党风廉政建设的重要内容，也是预防腐败发生的必要的前置措施。通过群众路线教育以及公职人员行为规范，如推进八项规定和反“四风”，党风出现明显好转。但是，群众路线教育的效果如何，需要在2014年给予评估。首先，要分析群众路线教育在各部门、各地方、各单位落实过程中是否存在形式主义的倾向，对端正党风是否真正有效，各级党政干部是否都能“正衣冠”“照镜子”。其次，还必须考虑群众路线教育效果的可持续性。运动式的教育往往会存在一阵风问题，运动到来时不正之风可能会得到遏制，但运动过后就会出现回潮。巩固群众路线教育的成效还需要制度化机制化的保障。

总之，反腐败是党和人民共同的心声，反腐败任重道远，齐心协力反腐败，党政清廉，公权规范，中国未来才会更美好。

B.5

2013年犯罪形势分析及预测

冀祥德　吕升运　冀 放*

摘　要：

2013年，中国社会治安形势总体稳定，民众的安全感有所提升。但是，犯罪形势依然严峻，一些严重影响社会治安的犯罪仍然处于高位运行态势，在有些方面甚至有所加剧，一些社会不稳定因素尚未从根本上消解。随着"法治中国"建设的深入推进和司法体制改革的不断深化以及其他一些积极因素的影响，从2014年开始，我国刑事犯罪总量的增幅有望得到控制；贪污贿赂类犯罪、渎职类犯罪、性侵害未成年人犯罪以及与散布谣言有关的犯罪等会有所遏制；极端暴力类犯罪、与互联网有关的特定犯罪、间谍情报类犯罪以及暴力恐怖主义犯罪等仍然可能持续高发。

关键词：

犯罪形势　现状分析　发展预测

一　2013年犯罪总体形势

2013年，中国社会治安总体形势稳定，民众的安全感较2012年有所提升，但一些严重影响社会治安的犯罪在总体上仍然处于高位运行态势，社会的不稳定因素依旧存在，在有些方面甚至有所加剧。概括而言，严重威胁民众人身安全、财产安全和社会正常秩序的恐怖主义犯罪有所抬头，相关的编造、故

* 冀祥德，中国社会科学院法学研究所；吕升运、冀放，北京大学法学院。

意传播虚假恐怖信息的犯罪呈明显上升态势。“犯罪狠化”现象加剧，灭门惨案、爆炸案件和纵火案件多发。新型网络违法犯罪明显呈现上升趋势，网络造谣、网络诈骗和网络敲诈成为网络犯罪的三个主要类型。针对未成年人的犯罪和未成年人犯罪的问题更加突出。在反贪污贿赂犯罪取得重大进展的同时，该类犯罪继续高发，涉及数额触目惊心；因渎职导致生态环境破坏的犯罪依然多发。毒品犯罪形势不仅没有良好改观，并呈现出微量化、网络化、智能化趋势。食品医药、农资仍然是犯罪高发领域；洗钱犯罪形势依然严峻。这些现象表明，“法治中国”建设不能一蹴而就，需要凝聚全社会的力量，齐心协力，稳步而积极地推进。

二　2013 年主要犯罪类型形势分析

（一）恐怖主义犯罪

在国际恐怖活动处于活跃上升期的现阶段，恐怖主义犯罪依然是威胁中国民众人身安全和正常社会秩序的一个重要因素。2013 年 4 月 23 日，新疆喀什巴楚县色力布亚镇发生暴力恐怖案件，致使民警、社区工作人员 15 人死亡，2 人受伤。6 月 26 日，新疆吐鲁番地区鄯善县鲁克沁镇再次发生暴力恐怖袭击案件，造成 24 人遇害，21 名民警和群众受伤。10 月 28 日，发生天安门恐怖袭击事件。乌斯曼·艾山及其母亲、妻子 3 人驾车快速行驶冲撞游人群众，造成 2 人死亡，40 人受伤，后撞向金水桥护栏，点燃车内汽油致车辆起火燃烧，车内 3 人当场死亡。12 月 15 日，新疆喀什地区疏附县萨依巴格乡发生一起多名暴徒持刀砍杀及投掷爆炸装置事件，造成 2 名民警死亡。12 月 30 日，新疆莎车县公安局遭 9 名恐怖分子投掷爆炸装置袭击，警方现场缴获爆炸装置 25 枚、自制砍刀 9 把等作案工具。

2013 年，编造、故意传播虚假恐怖信息犯罪呈明显上升态势，特别是以此来威胁民航飞行安全的刑事案件屡有发生，严重扰乱了社会秩序，给相关各方造成了重大损失。2 月 21 日，深航 ZH9786 合肥—深圳航班起飞后，合肥机场收到匿名电话称机上有爆炸物，迫使该航班备降南昌进行排查。根据公开的消息，2013 年 5 月 15 日至 18 日短短四天之内，全国连续发生 6 起编造虚假爆炸信息威胁民航飞行安全的事件，造成北京、上海、广州等地共 22 架次航班返航、备降或延迟起飞，给民航企业和广大乘客造成了重大损失[①]。为打击此类犯罪，公安部于 5 月 21 日发布《关于依法严厉打击编造虚假恐怖信息 威胁民航飞行安全犯罪活动的通知》，明确要求对上述“诈弹”行为应当严格按照刑事案件进行立案侦查，不得“以行代刑”，以治安管理处罚等形式予以降格处理。5 月 27 日，最高人民检察院发布第三批指导性案例（包括李泽强编造、故意传播虚假恐怖信息以及卫学臣、袁才彦编造虚假恐怖信息等案例），强调应加大对该类犯罪的刑事惩处力度，进一步遏制以编造和故意传播虚假恐怖信息的方式来威胁民航飞行安全的行为[②]。9 月 29 日，最高人民法院发布《最高人民法院关于审理编造、故意传播虚假恐怖信息刑事案件适用法律若干问题的解释》，并公布了张琬奇、潘君、熊毅等三起编造虚假恐怖信息犯罪的典型案例，以期通过以案说法的形式，达到震慑犯罪的目的[③]。

（二）严重暴力犯罪

“犯罪狠化”是当下社会管理中值得警惕的一个现象。尽管公安部门对暴力恐怖活动、个人极端暴力犯罪、涉枪涉爆等严重刑事犯罪始终保持着严打高压态势，但是一些极端的个案仍然在不断冲破社会公众的心理底线。

据媒体公开报道，2013 年全国发生了一系列惨绝人寰的灭门惨案。分别是，甘肃安定区符川镇长丰村新窑沟村民张明全案、江苏省东海县林鹏飞案、连云港东海县驼峰乡南榴村杨某案、安徽省淮南市凤台县朱马店镇马店村朱敬四案、湖北省长阳土家族自治县鸭子口乡古坪村余金龙案、河北省泊头市泊彩濠庭小区赵某案、云南省保山市隆阳区朱家庄 2 组案、云南省西双版纳州勐腊县城区案、江苏连云港市灌云县郑鲁案、宁夏回族自治区彭阳县红河乡文沟村

① 张先明：《六种严重扰乱社会秩序情形将追究刑事责任》，《人民法院报》2013 年 9 月 30 日。

② 徐日丹：《编造虚假恐怖信息并敲诈勒索从一重罪处断》，《检察日报》2013 年 5 月 29 日。

③ 张先明：《最高法院公布三起编造虚假恐怖信息犯罪典型案例》，《人民法院报》2013 年 9 月 30 日。

麻永东案、广东佛山市南海区里水镇案、江苏省常熟梅里镇案、四川南充市蓬安县徐家镇东街案。

2013 年，全国还发生了一系列影响较大的爆炸和放火案件。2 月 13 日，陈某因婚姻家庭矛盾，在广东省湛江市坡头区官渡镇黎田村针对女方家庭制造了一起爆炸案，造成 7 人死亡，18 人受伤①。6 月 7 日，厦门人陈水总因社保问题无法解决，携带汽油等易燃物，致使厦门一辆公交车在行驶中突然发生爆炸起火，导致 47 人死亡、34 人受伤、8 名学生下落不明，其本人被当场烧死。7 月 20 日傍晚，在首都机场 T3 航站楼到达大厅 B 出口处，冀中星携带的自制爆炸装置爆炸，爆炸致其左手受伤被截肢，并使现场一名民警受伤。7 月 26 日，王贵由于怀疑自己的 200 元钱被盗，在黑龙江省海伦市联合敬老院住院处制造了一起重大放火刑事案件，造成 11 人死亡，2 人受伤。11 月 6 日，丰某在太原市迎泽大街迎泽桥东制造一起爆炸案件，引起社会广泛关注。

除上述灭门、爆炸和放火案件之外，2013 年还发生了一系列其他类型的惨案，如吉林省长春市周喜军杀婴案、北京市大兴区旧宫镇韩磊摔婴案、河南省驻马店市丁金华连环杀人案等。

尽管任何国家都无法避免出现一些极端个案，但是，从维护社会治安稳定、保障公众生命安全的角度出发，国家对于恶性暴力犯罪应当秉持零容忍的态度。事实上，从总体上看，通过科学的治理手段，严重的暴力犯罪是可以得到有效控制的。例如，在构建立体化防控体系中，广东 2013 年前 5 个月治安形势明显好转，爆炸、放火、劫持、杀人、绑架、强奸、伤害、抢劫等八类严重暴力犯罪发案数同比下降 5.6%，其中绑架案件与抢劫案件同比分别下降 14.3% 和 9.1%，在抢劫案件中，入室抢劫、抢机动车、抢汽车等三种案件发案率降幅较大，同比分别下降 25.1%、28.8% 和 53.4%；破坏社会主义市场经济案件发案率降幅近半，同比下降 44%（其中制贩假币下降 6.7%，金融诈骗下降 19.9%）；涉枪案件立案数同比下降 28.1%②（其中持枪抢劫案件立案数明显下降，降幅达 76.7%）。可见，在始终保持对暴力恐怖活动、个人极端

① 吴涛：《湛江特大爆炸案系因恶意报复》，《新华每日电讯》2013 年 2 月 18 日。

② 陈捷生、刘芷薇、黄轩：《粤八类严重暴力犯罪发案同比下降》，《南方日报》2013 年 6 月 27 日。

暴力犯罪、涉枪涉爆等严重刑事犯罪的严打高压态势的同时，积极探寻科学的犯罪治理手段也是十分必要的。

（三）网络犯罪

互联网在极大改变人们生活的同时，也引发了很多问题。2013 年，中国网络违法犯罪明显呈现上升趋势。据统计，2013 年第一季度，上海共受理网络违法犯罪案件 860 多起，同比增幅达到 64.7%[①]。山西共查破各类网络违法犯罪案件 144 起，刑事拘留 49 人，治安处罚 29 人，23 人因网络违法犯罪被批捕[②]。从网络犯罪的形式上看，主要有三类：第一类是利用网络发布信息或者联络，主要犯罪活动在网下实施；第二类是直接通过网络空间实施犯罪，如利用网络非法贩卖公民个人信息等；第三类是将网络作为攻击目标，如非法侵入计算机系统等。从网络犯罪的趋势上看，主要呈现以下四个特点。第一，从年龄层次上看，网络犯罪人员呈低龄化趋势，违法犯罪人员多在 30 岁以下，其中“85 后”“90 后”居多，低龄人员的比例越来越高。第二，从技术特征上看，一方面，违法犯罪群体从互联网专业技术人员逐渐向非技术人员扩展，一般企业员工及其他社会无业人员也越来越多地参与到网络违法犯罪中；另一方面，技术的更新越来越快，在便利人们交往的同时，也加快了犯罪的蔓延。第三，从犯罪设备上看，网络犯罪从个人电脑逐渐转向移动设备。移动设备不仅逐步沦为犯罪的工具与媒介，而且也越来越多地成为犯罪攻击的目标。第四，从组织形式上看，网络犯罪呈集团化趋势，分工也日益明显。有统计显示，各地公安机关查处的网络犯罪案件基本可以分为三类：网络造谣、网络诈骗和网络敲诈[③]。

第一，网络造谣。2013 年，网络造谣已经对网络环境造成了严重污染。截至 2013 年 8 月份，上海公安机关已依法查处网络造谣传谣案件 380 余起，

① 杨洁：《网络犯罪新动向：集团化低龄化》，《东方早报》2013 年 5 月 24 日。

② 胡建华、李吉莲：《山西查破各类网络违法犯罪案件 144 起》，中国警察网，http://sx.cpd.com.cn/n62143/c85699/content.html，最后访问时间：2013 年 11 月 27 日。

③ 徐维维：《多地警方突击网络犯罪　数百案例集中于三大罪名》，《21 世纪经济报道》2013 年 8 月 27 日。

涉案170余人[①]；浙江共查处网络造谣等违法犯罪67起，刑拘2人，治安处罚46人，教育训诫22人，关闭违法的网站、栏目、网店1978家，关停相关网络账号、码号207个[②]。从全国范围来看，发生了一系列影响较大的网络造谣犯罪案件。其中以秦火火（秦志晖）和立二拆四（杨秀宇）案件影响为最。2013年度，以秦火火和立二拆四为首的北京尔玛互动营销策划有限公司，专门通过互联网策划制造网络事件，蓄意制造传播谣言及低俗媚俗信息，扰乱网络秩序并非法牟取暴利。2013年还发生了傅学胜造谣事件。为泄愤报复、诽谤他人，傅学胜在网上一手制造传播“‘情妇’举报副区长、公安分局长”“中石化‘非洲牛郎门’”等谣言，并雇用网络水军进行转载顶帖、恶意炒作，造成恶劣影响。2013年，制造“自来水里的避孕药”“舟山人头发里汞超标”“惠州猪肝铜超标”“南京猪肉含铅超标”等虚假信息的知名“环保专家”董良杰被依法刑事拘留。此外，该年度还发生了云南网络名人“边民”董如彬造谣事件、《新快报》记者涉嫌造谣事件等。从查处的案件情况看，当前网络造谣主要呈现以下几种类型。一是非法牟利型。一些网络公关公司或者个人受利益驱动组织网络水军通过发帖、删帖等炒作、造谣，制造社会热点，借机谋取经济利益。二是博取眼球型。一些“意见领袖”“大V”为了博取眼球、赚取粉丝，不辨是非甚至故意编造虚假信息。三是泄愤报复型。一些人因私愤而编造谣言，意在打击报复他人。四是意识淡薄型。一些网民法律意识淡薄，盲目转发或者随意编发各种网络谣言。从发布谣言的平台看，主要是各地论坛、微博和QQ空间等。很多谣言的最初发布平台是论坛，但之后会被其他网站及微博转载及传播[③]。

第二，网络诈骗。2013年，随着网络购物、网络通信、网络社区的进一步发展和流行，网络诈骗案件频繁发生。6月，公安部在马来西亚吉隆坡成功

---

① 邹伟：《网络谣言制造者傅学胜被上海警方依法刑拘》，新华网，http：//news. xinhuanet. com/politics/2013－08/25/c_ 125242496. htm，最后访问时间：2013年11月27日。

② 郑求忠：《我省查处网络造谣等违法犯罪案件67起》，《平安时报》2013年8月23日，http：//www. zjsgat. gov. cn/jwzx/cgzs/201308/t20130827_ 460207. htm，最后访问时间：2013年11月27日。

③ 徐维维：《多地警方突击网络犯罪　数百案例集中于三大罪名》，《21世纪经济报道》2013年8月27日。

打掉了一个实施跨国网络交友、骗婚的诈骗犯罪团伙，抓获尼日利亚籍犯罪嫌疑人 14 名，缴获手机、笔记本电脑、银行卡等作案工具一批。9 月，公安部部署指挥北京、辽宁等 12 省区市公安机关集中行动，破获一起特大利用“伪基站”设备作案的新型诈骗活动，共摧毁违法犯罪团伙 72 个，抓获犯罪嫌疑人 217 名，捣毁“伪基站”设备生产“窝点”4 处，缴获“伪基站”设备 96 套。

从总体上看，网络诈骗案件呈上升趋势。以四川省为例，据统计，四川省 2013 年上半年全省网络诈骗立案数达 220 件，已接近上年全年立案数的八成①。再以网络投资理财诈骗为例，据统计，截至 2013 年第三季度末，已截获的新增金融投资类钓鱼网站有 6.4 万个，较上年全年增长了 42%，金融投资类钓鱼网站的影响范围较 2012 年呈现明显扩大趋势。2013 年第三季度，360 安全中心共拦截金融投资类钓鱼网站 6474 万次，平均每个网站的拦截访问量高达 1009 次。而且，该数据已经连续两个季度保持上升，第二、三季度分别上升 48.4% 和 51.2%。360 网购先赔的统计数据显示，2013 年第二季度，遭受投资理财欺诈的人均损失高达 3.1 万元，单个受害者最高被骗金额竟高达 30 万元；“80 后”成网上理财最易上当的网民群体，广东省的网络投资理财诈骗报案率则居全国之首②。网络诈骗之所以呈明显上升趋势，主要有以下几个原因。首先，网络诈骗成本低，收益大，隐蔽性强，且不受地域范围限制。其次，办案成本较高，取证难，维权亦难。很多案件涉及异地诈骗，警察办案往往不但要多地奔波，而且还要协调多个部门进行取证，难度之大可想而知。加之受害人取证能力有限，即便案件侦破，犯罪分子若将赃款分散转移或者挥霍一空，受害人维权十分困难。

从诈骗手法上看，常见的手法主要有网络购物诈骗、中奖诈骗、网络钓鱼诈骗、购车退税诈骗、虚拟游戏装备诈骗、网络荐股诈骗、彩票预测诈骗、假药诈骗、信用卡消费诈骗、发布招工招生信息诈骗、网上订票诈骗、投资返利诈骗、免息贷款诈骗和网络交友、网络结婚以及“放马”诈骗等等，其中网

① 杜蕾：《网络诈骗黑手为何屡屡得逞?》，《四川日报》2013 年 7 月 26 日。
② 王荣：《前三季网络金融钓鱼诈骗激增》，《中国证券报》2013 年 11 月 21 日。

络购物诈骗的发案率最高。

第三，网络敲诈。2013年，网络敲诈案件仍然不时发生。8月，“网络反腐维权斗士”“网络知名爆料人”周禄宝因涉嫌敲诈勒索在苏州昆山被批准逮捕。据查，周禄宝利用其网络知名度先后在广西、浙江、江苏等地以“爆料炒作”发布负面帖文手段获取“封口费”，敲诈多家寺庙和道观等，金额达上百万元。9月，江苏警方在徐州成功侦破一起利用网络进行敲诈勒索的案件。以仲伟、窦玉刚、鞠俊等人为首的犯罪团伙自建“今日焦点网”“社会焦点网”“环球视点网”“社会网”等11个“权威”网站，冒充记者，以在网上发布或扬言发布负面新闻为由，对政府、企业和个人疯狂实施敲诈勒索，在江苏、安徽、山东、河北、贵州、山西等7个省27个城市作案120余起，涉案金额300余万元。

从总体上看，打击网络犯罪是一项社会综合治理工程，需要齐抓共管，多管齐下。一方面，国家应当不断完善互联网法律法规体系，进一步规范各类网站的权责归属及管理制度，实现对网络监管和治理的常态化、机制化、法治化。另一方面，还需进一步构建和完善网络安全综合防控体系，尤其要加强对重点网站、网络服务商的监管，坚持打防并举，加大行政执法力度和依法惩戒力度，以高压严打态势对违法犯罪分子形成强大威慑。

（四）与未成年人有关的犯罪

与未成年人有关的犯罪分为两类。一类是针对未成年人的犯罪，一类是未成年人实施的犯罪。

1. 针对未成年人的犯罪频繁发生

（1）针对儿童的性侵犯罪引人瞩目。2013年多次发生性侵幼女的恶性案件。5月8日，海南省万宁市后郎小学6名六年级的小学女生集体失踪，后经查明，该6名小学女生被万宁市第二小学校长陈在鹏及万宁市房管局干部冯小松带走开房，对此，舆论一片哗然。8月24日，云南大关县机构编制委员会办公室主任郭玉驰见到一名幼女（2009年出生）在路边玩耍，遂起奸淫之心将其抱至家中实施奸淫，引起社会各界广泛关注。此外，广西全州县13岁女生遭派出所所长“破处”案、兰州派出所副所长嫖宿幼女案、四川渠县档案局官员涉嫌强奸幼女案、陕西渭南市原人大代表张某嫖宿 13 岁幼女案、山东青岛幼儿园保安猥亵儿童案、河南桐柏教师杨仕富教室猥亵女生案、广东雷州校长强奸两女生等案的发生，一再反映出对女童的权利保障不足、对性侵者预防惩戒不力等问题。

（2）暴力伤害儿童的犯罪居高不下、手段残忍。除上述北京大兴韩磊摔死婴儿及周喜军盗车杀婴等恶性案件之外，还发生了山西儿童被挖眼的恶性案件。这些案件引发人们对未成年人保护问题的关注和思考。

（3）拐卖儿童犯罪虽然得到遏制，但是滋生此类犯罪的土壤尚未彻底铲除，部分地区拐卖犯罪依然猖獗。3 月，在公安部统一指挥下，河南等 20 省区市警方联手彻底摧毁了 5 个危害极大的特大拐卖儿童犯罪团伙，抓获犯罪嫌疑人 368 名，解救被拐卖儿童 63 名。11 月 3 日，在湖北省咸宁市通城县人民医院一名出生仅一天的男婴被盗，拐卖儿童犯罪再次引起社会的普遍关注。这一情势表明，反拐工作仍然任重道远。为有效预防、依法打击拐卖人口犯罪，积极救助、妥善安置被拐卖受害人，切实维护公民合法权益，依据有关国际公约和中国法律，国务院办公厅发布《中国反对拐卖人口行动计划（2013～2020年）》。各省公安机关也利用多种渠道积极开展主题宣传活动，调动社会力量参与防范和打击拐卖犯罪活动。

2. 未成年人犯罪问题依然突出

据调查，当前未成年人犯罪具有以下特征。第一，从年龄上看，低龄化趋势明显。据统计，现在犯罪高峰年龄是 17 岁，十六七岁的占未成年人犯罪的 90%，十四五岁的不到 10%。第二，从犯罪类型上看，侵财型犯罪占比最大，约占总数的 85%，其次才是打架伤害。在侵财型犯罪中，最多的是盗窃，占未成年人犯罪的 40%，且较往年有增长趋势；其次是抢劫，占 30%；再次是寻衅滋事、强拿硬要①。在一些省份，毒品犯罪明显上升②。第三，由于处于青春期，容易受到网络、影视作品的淫秽色情内容的误导而一时冲动实施犯罪。2013 年度最具影响力的案件莫过于李某某案件。

① 林靖：《孩子犯罪主要因攀比》，《北京晚报》2013 年 5 月 29 日。

② 李婧：《广西未成年人犯罪低龄化趋势明显　毒品犯罪人数增加》，人民网，http：//gx. people. com. cn/n/2013/0529/c179430 - 18758279. html，最后访问时间：2013 年 5 月 29 日。

对于针对儿童的恶性犯罪，应当继续保持高压态势，严格执法，坚决打击。对于未成年人犯罪，应当在建立健全司法制度、严格执法的同时，强调家庭、学校和社会的预防和帮教责任，注重未成年罪犯的回归和教育问题。

（五）职务犯罪

2013 年，中国在职务犯罪案件的查办上重拳频出，“老虎”“苍蝇”一起打，取得了有目共睹的成就。来自最高人民检察院反贪总局的一组统计数字显示：2013 年 1 月至 8 月，全国检察机关反贪部门共查办发生在群众身边、损害群众利益的贪污贿赂案件 13163 件 18616 人，涉案总金额 31.1 亿元。其中，大案 10320 件，占 78.4%；要案涉及 604 人，占 3.2%。最高人民检察院反贪总局挂牌督办了 20 件重大案件。全国检察机关共立案侦查贪污贿赂犯罪大案 1.8 万余件，占立案总数的 80.8%，同比上升 5.7%；立案侦查贪污贿赂要案涉及 1761 人，其中厅级以上干部 129 人①。这些数据鲜明地昭示了中国政府全力反腐的坚强决心。

2013 年，纪检监察部门及检察机关查办了一批有影响、有震动的大案要案，数名省部级高官因严重违法违纪落马。四川省原省委副书记李春城，广东省委原常委、统战部原部长周镇宏，国家发改委原副主任刘铁男，安徽省原副省长倪发科，四川省原副省长、省委原常委、原省文联主席郭永祥，内蒙古自治区党委原常委、统战部原部长王素毅，广西壮族自治区政协原副主席、原区总工会主席李达球，江苏省南京市委原副书记、原市长季建业，原中国石油天然气集团公司副总经理、大庆油田有限责任公司总经理王永春，原国务院国资委主任蒋洁敏等省部级高官因涉嫌严重违纪被立案侦查。2013 年度，还开庭审理了薄熙来受贿、贪污、滥用职权案，刘志军受贿、滥用职权案等一批大案。从 2013 年度查处案件的情况来看，贪污贿赂犯罪形势仍然严峻，贿赂犯罪尤为突出，涉案金额不断增大；国家机关工作人员犯罪增多，尤其是一些高级领导干部犯罪案件社会影响恶劣；共同作案现象增多，窝案串案高发；作案方式隐蔽，查处难度大，尤其是工程建设、商贸活动以及民生建设等领域的犯

---

① 王丽丽：《检察机关开展专项工作　剑指群众身边腐败》，《检察日报》2013 年 10 月 18 日。

罪，具有辐射性、群体性、跨区域、关联度高等特点，需要以经济区域内关联产业链为依托，深入分析其与贪污贿赂犯罪的关联性和规律性，有效运用挖窝案查串案、滚动深挖的方法才能把案件查深查透；工程基建、土地审批、房地产开发、矿产资源的审批与开发、金融等领域腐败现象较为突出，其中房地产领域的腐败尤为严重；公众参与和社会监督作用日益凸显，群众举报成为检察机关办理贪腐案件的源头活水，检察机关在2013年前8个月立案侦查的贪贿案件中，来源于群众举报的有7080件，网络曝光正在改变反腐格局①。十八大以来的雷政富、李俊文、李亚力、孙德江、单增德、齐放等案件均得力于网友在互联网上的检举而得以查办。此外，基层的一些单位和领域腐败案件易发多发，窝案、串案明显增多，“老虎”逮住一只，“苍蝇”带出一群，如武汉市公交集团腐败窝案、甘肃省华亭县腐败窝案等即是如此。

因渎职犯罪导致生态环境破坏的犯罪依然严峻、依然多发。来自最高人民检察院的统计数据显示，2013年1月至4月，全国检察机关查办的涉及危害生态环境渎职犯罪案共计317件393人，所涉罪名主要集中在玩忽职守罪和滥用职权罪，而且行政执法人员占比较大，绝大多数案件发生在基层监管环节。对违法排污行为监管不力，超越职权违法批复环保项目立项，大搞权钱交易越权审批违规项目，与不法人员相互勾结甚至充当违法犯罪分子的保护伞，滥用职权随意免征减征排污费环保罚款，对环保专项资金申请、使用监督管理失职，造成环保专项资金未用于环保事项，是危害生态环境的重要原因②。

腐败就其实质而言是权力的滥用。反腐败的关键就是健全权力运行监督制约体系，将权力关进制度的笼子里，防止掌权者利用权力获取非法利益。为此，就必须认真贯彻标本兼治、综合治理、惩防并举、注重预防的方针，在加大反贪污贿赂工作力度的同时，尽快推进官员财产以及有关事项的公示、报告制度；积极转变政府职能，减少行政审批事项，消除滋生腐败的体制弊端；推行权力清单制度，依法公开权力运行的具体流程；强调制度反腐、法治反腐，健全和完善相关立法，让法律制度刚性运行。同时，在经济全球化、社会信息

① 徐盈雁：《群众举报成为查办腐败案件的源头活水》，《检察日报》2013年10月20日。

② 赵阳：《渎职贪腐成破坏生态环境犯罪保护伞》，《法制日报》2013年6月3日。

化的大趋势下，还应当进一步推动反腐败的国际合作，推动国际反腐败事业向纵深发展。

（六）毒品犯罪

2013 年，毒品犯罪形势比较严峻。截至 2013 年 6 月份，山西省各级公安机关共破获各类毒品犯罪案件 487 起，抓获嫌疑人 5387 名，缴获毒品 746 千克左右。1 月至 5 月，内蒙古共破获毒品案件 1186 起（其中包括加工毒品案件 8 起，通过公开查缉破获的 100 克以上毒品案件 24 起，通过区域警务合作侦破的公安部督办毒品案 1 起），抓获嫌疑人 1350 名，缴获海洛因 6.95 千克，缴获冰毒及其片剂 15.79 千克，打掉毒品加工窝点 8 个[①]。

从查获的案件来看，2013 年中国的毒品犯罪呈现出以下趋势和特点。

第一，为逃避打击，微量化、网络化贩毒成为毒品犯罪的一个新动向。在一些检察院办理的毒品案件中，7 克以下毒品案件占案件总数的 86.1%[②]。同时，随着网络科技的高速发展，利用 QQ 聊天软件、手机微信等方式进行网上贩毒，网上售卖制毒原料、制毒配方，网上贩毒的现象越来越多。第二，高学历女性作为特殊犯罪主体呈增长趋势。有调查显示，高学历涉毒犯罪女性的年龄大多集中在 18 岁至 30 岁，多为未婚女青年，且几乎全为涉毒初犯、偶犯[③]。第三，低龄化也是毒品犯罪的一大趋势。未成年人涉世未深，或者出于好奇、赶时髦、寻求刺激等心理，或者对于 K 粉、摇头丸等“软毒品”存在认识误区，抑或因为精神空虚容易受到不法分子引诱而吸食毒品，甚至被不法分子利用，成为其“马仔”或帮凶。据统计，吸食合成毒品的人员当中青少年占比高达 86%[④]。第四，合成毒品比例迅速上升。目前在全国范围内，海洛因仍是最主要的涉案毒品，但所占比例逐年下降。甲基苯丙胺、“麻古”、氯胺酮等合成毒品所占比例不断增长，在部分地区已超过海洛因，成为最主要的

---

① 詹肖冰等：《广泛宣传　周密部署　各地全力遏制毒品犯罪》，《人民公安报》2013 年 6 月 28 日。

② 徐伟：《毒品犯罪呈现微量化网络化新动向》，《法制日报》2013 年 11 月 18 日。

③ 金可、李佳丽：《毒品犯罪中高学历女性增多》，《北京日报》2013 年 6 月 26 日。

④ 丘勋锐：《毒品犯罪呈现新态势　打一场禁毒人民战争》，《人民公安报》2013 年 6 月 25 日。

涉案毒品[1]。由于合成毒品成本低、利润巨大、制作简单，又有诱惑性，容易导致吸食者误食成瘾，因而其蔓延非常迅速。据统计，目前中国吸食合成毒品人群每年以 30% 左右的幅度增长[2]。第五，毒品的次生危害日益凸显，吸毒诱发的侵财性、暴力性犯罪频发。在很多案件中，犯罪分子或者为获取购毒资金实施抢劫、盗窃等侵财犯罪，或者在吸毒后行为失控，实施故意杀人、故意伤害等暴力犯罪，或者在吸毒后驾驶机动车肇事，严重危害了社会治安和人民群众生命财产安全。第六，毒品犯罪国际化、集团化、智能化、暴力化趋势越来越明显。跨国毒品犯罪案件较多，许多案件呈集团化运作态势，并且犯罪的方式和手段越来越呈现出智能化、暴力化的特征，“以毒养黑、以黑护毒”现象比较突出。在 2013 年的“扫毒害保平安”行动中，共破获涉枪案件 637 起，收缴枪支 759 支、子弹 4.9 万发[3]。第七，毒品来源多元化成为趋势。“四面包抄、多头入境”是中国境外毒品来源的基本特征，同时，相当一部分毒品源自国内制造。

鉴于毒品犯罪频繁发生，6 月 26 日，最高人民法院公布孙子尔火等运输毒品案，黄红中、王玉等贩卖运输毒品、非法持有枪支案，俞彬、孙弘贩卖运输毒品案，石超故意杀人案，宁钢抢劫案等 5 起毒品犯罪典型案例，以此来震慑犯罪，并指导相关案件的审判工作。

针对日益严峻的毒品犯罪形势，政府应当不断加大对禁毒的宣传力度，加强对出租屋、娱乐等场所以及对易制毒化学品的监管，保持对毒品犯罪的高压态势，深挖贩卖毒品上下游的犯罪问题，并注重对戒毒人员的治疗与教育矫治。

（七）其他类型犯罪

2013 年，食品安全和假劣药械、农资仍然是犯罪高发领域。为有效遏制

---

① 陈登科、程游：《打击毒品犯罪　严防次生危害》，《中国民族报》2013 年 7 月 5 日。

② 丘勋锐：《毒品犯罪呈现新态势　打一场禁毒人民战争》，《人民公安报》2013 年 6 月 25 日。

③ 丘勋锐：《毒品犯罪呈现新态势　打一场禁毒人民战争》，《人民公安报》2013 年 6 月 25 日。

危害食品安全犯罪，5月3日，最高人民法院、最高人民检察院联合发布《关于办理危害食品安全刑事案件适用法律若干问题的解释》，要求对利用“地沟油”“瘦肉精”“工业明胶”“三聚氰胺蛋白粉”等危害食品安全的行为进行严厉打击。同日，最高人民法院发布了王长兵制售假白酒、陈金顺收购病死猪肉销售等典型案例，用以警示和震慑此类犯罪①。6月，最高人民检察院下发《关于对一批危害食品安全、假劣药械、农资犯罪案件予以督办的通知》，要求对制售不符合安全标准或者有毒、有害食品以及假劣药械、农资等犯罪活动予以从严打击，并挂牌督办248起危害食品安全犯罪案件和77起假劣药械、农资案件②。

2013年，洗钱犯罪的形势仍然较为严峻。4月22日，广东省东莞市公安局联合深圳市公安局经侦部门在深圳捣毁一地下钱庄，抓获高某等3名犯罪嫌疑人，扣押冻结涉案资金折合人民币190余万元。5月24日，广东省广州市公安局捣毁一地下钱庄，抓获张某等10名犯罪嫌疑人，冻结涉案资金200余万元，涉案金额达50亿元。从查办案件的特点看，目前的洗钱犯罪上游犯罪高发，可疑交易规模大；金融体系被利用的风险加大，组织性、关联性、跨区性特点突出；隐蔽性增强，地下钱庄成为非法资金的重要通道③。

三　2014年犯罪形势预测

从整体上看，由于中国在相当长的一段时间内将继续处于社会转型期，因此，犯罪形势将难以在短期内有较大幅度的改观。但是，鉴于以下因素的存在及其逐步影响，2014年，有的犯罪可能会有所遏制，有的犯罪特别是一些新型犯罪仍然会有新的变化并呈现出社会性、时代性等特点。

---

① 陈菲、杨维汉：《最高法院公布一批危害食品安全犯罪典型案例》，新华网，http：//news.xinhuanet.com/politics/2013－05/03/c_115633826.htm，最后访问时间：2013年12月13日。

② 陈菲：《最高检挂牌督办325起重大案件　严打危害食品安全等犯罪》，新华网，http：//news.xinhuanet.com/politics/2013－06/02/c_116002160.htm，最后访问时间：2013年12月13日。

③ 公安部经济犯罪侦查局：《重拳打击洗钱犯罪　维护国家金融安全》，《人民公安报》2013年6月6日。

（一）可能影响今后犯罪形势变化的几个因素

1. “法治中国” 建设的深入推进

中国共产党的十八大报告指出，要全面深化改革，“加快建设社会主义法治国家”，“提高领导干部运用法治思维和法治方式深化改革、推动发展、化解矛盾、维护稳定能力”；党的十八届二中、三中全会又进一步就贯彻落实党的十八大关于全面深化改革的战略作了十分具体的部署。这势必会在政治、经济、文化、社会、生态文明等方面给中国社会的整体形势带来全方位的提升和改善，对社会犯罪形势的控制作用会逐步见效。

2. 司法体制改革不断深化

十八届三中全会提出要“推动省以下地方法院、检察院人财物统一管理，探索建立与行政区划适当分离的司法管辖制度”，从而在解决司法“地方化”问题上迈出了实质性的一步。与此同时，十八届三中全会还提出了健全司法权力运行机制，优化司法职权配置，改革审判委员会制度，推进审判公开、检务公开等改革内容。可以预见，随着司法体制改革推向深入，中国社会的总体治安形势也会逐渐朝着好的方向发展。

3. 将重拳打击严重影响社会稳定的犯罪行为

2013 年，中国在恐怖主义犯罪、极端暴力犯罪、贪污贿赂犯罪以及网络谣言犯罪等多个领域，集中办理了一批大案要案。对这些案件的坚决果断处理，显示了执政党依法治国和对各类犯罪坚决打击、绝不姑息的决心。2014 年，这样的高压态势不会改变，这势必会对相当一部分领域内的潜在犯罪行为起到强烈的震慑作用。

（二）可能受到遏制的几种犯罪

1. 贪污贿赂类犯罪

在贪污贿赂类犯罪频繁高发的现阶段，执政党已经清醒地认识到“打铁还需自身硬”，必须尽快“将权力关进制度的笼子里”，否则，“腐败问题越演越烈，最终必然会亡党亡国”！鉴于此，2013 年执政党在多个领域重拳反腐，坚持“‘老虎’‘苍蝇’一起打”“坚决同一切消极腐败现象作斗争”。2014 年伊始即强调仍将保持惩治腐败高压态势，要求全党要“深刻认识反腐败斗争的长期性、复杂性、艰巨性，以猛药去疴、重典治乱的决心，以刮骨疗毒、壮士断腕的勇气，坚决把党风廉政建设和反腐败斗争进行到底”。这对于今后相当长一个时期内的贪污贿赂类犯罪行为都将会产生明显的警示和威慑作用，2014 年，新生的“老虎”和“苍蝇”都有望得到较大幅度减少。

2. 渎职类犯罪

2012 年 12 月 4 日，中共中央政治局会议审议通过了中央政治局关于改进工作作风、密切联系群众的八项规定，体现了党要管党、从严治党的根本要求。此后，中纪委先后于 2013 年 3 月 19 日、7 月 29 日两次对 14 起违反中央八项规定精神的典型问题发出通报，强调要加大惩处力度，持之以恒落实八项规定，坚决纠正“四风”。中央纪委监察部网站的数据显示，截至 2013 年 12 月 31 日，全国纪检监察机关共查处违反八项规定精神问题 24521 起，处理 30420 人，给予党纪政纪处分 7692 人。在依法治国、依法执政、依法行政观念日益深入人心的同时，这样一种高压态势，对于渎职类犯罪行为来讲，应当会产生一定的遏制作用。

3. 性侵害未成年人犯罪

鉴于近年来性侵害未成年人的违法犯罪活动时有发生，2013 年 10 月 24 日，最高人民法院、最高人民检察院、公安部和司法部联合发布了《关于依法惩治性侵害未成年人犯罪的意见》，对相关的司法实践经验进行了全面系统的总结，对相关的法律适用问题等予以明确，并公布了三起性侵害未成年人犯罪的典型案例，以“最高限度保护”和“最低限度容忍”为指导思想，强调严惩性侵幼女以及校园性侵等行为。这必将对未成年人权益的保护产生积极的影响。

4. 与散布谣言有关的犯罪

继秦火火、立二拆四、傅学胜等系列案件之后，官方在打击网络谣言方面不遗余力。2013 年 9 月 9 日，两高联合发布《关于办理利用信息网络实施诽谤等刑事案件适用法律若干问题的解释》，剑指利用信息网络进行的诽谤罪、寻衅滋事罪、敲诈勒索罪和非法经营罪。可以预见，这一司法解释的出台，对于规范网络管理、净化网络环境将在一定程度上起到积极的推动作用。

（三）可能继续影响社会稳定的几种犯罪

2014 年，一些特定类型的犯罪仍然可能会持续高发。社会转型所引发的多重矛盾的聚集以及贫富差距的不断拉大，使得仇富、仇官、仇星、仇警等心理日益严重，包括灭门犯罪在内的极端暴力类犯罪仍然在短期内难以消除。以互联网为平台的一些犯罪（如金融诈骗等），很可能会更进一步表现出智能化、国际化和集团化等特点。涉及国家安全的间谍情报类犯罪，也有可能随着国家周边环境的变化而有所增多。以暴力恐怖势力、民族分裂势力和宗教极端势力为背景的暴力恐怖主义犯罪，在民族、宗教、利益等问题没有及时有效解决和敌对势力的蛊惑支持下，仍然可能成为危害社会治安的“毒瘤”。2014 年社会管理综合治理仍任重道远。

B.6

2013年香港基本法实施情况

林 峰*

摘 要：

本文回顾和总结了香港特区2013年落实《基本法》的法治发展状况，特别对几个涉及其核心价值的热点议题进行客观分析。这些议题包括：司法独立与居港权、人权保护新发展、民主政治发展、廉政风波、行政会议与依法行政以及“占领中环”与法治理念等。在此基础之上，本文将对2014年香港特区法治的形势作出预测。

关键词：

香港 基本法 实施 法治

《中华人民共和国香港特别行政区基本法》（以下简称《基本法》）是由全国人民代表大会所制定的、自1997年7月1日起实施的全国性法律，也被港人称为香港特区的“小宪法”。邓小平所提出的“一国两制”“港人治港”“高度自治”这些具有划时代意义的理念都写入了这部“小宪法”。《基本法》是香港的普通法制度和中国内地具有中国特色的成文法制度联系在一起的纽带。在回归初期，由于两种制度的巨大差别，以及内地与香港对一国与两制之间的关系和自治的范围的不同理解，《基本法》在香港的实施经历了一段磨合期。如今，香港已经回归超过16年了，《基本法》的运作可以说已经进入了相对成熟的阶段。虽然如此，《基本法》这一史无前例的伟大创举在过去的每一年里，包括2013年，在其落实过程中都会面临一些富有挑战性的法律问题，

---

* 林峰，香港城市大学法学院。

需要中央和香港特别行政区（以下简称“香港特区”）根据“一国两制”的原则，共同努力去解决这些问题。

一 司法独立与居港权问题的新发展

司法独立一直是香港法治的核心价值之一。香港主权回归之后新的宪政地位，即作为一个主权国家内享有高度自治和不同法律制度（一国两制）的特别行政区，对司法独立这一概念，特别是法院独立行使解释权方面，产生了不同的理解[①]。这在一系列的居港权案件中得到了充分的体现，并且在 2013 年有新的发展。

1999 年 1 月 29 日香港终审法院在吴嘉玲一案中除了对吴等人是否根据《基本法》享有居港权作出判决之外，还指出香港法院有权对全国人大及其常委会所制定的法律是否与《基本法》相一致作出审查及裁定[②]。这导致全国人大常委会于 1999 年 6 月 26 日对《基本法》作出了第一次解释[③]。在其解释中，全国人大常委会认为终审法院在作出判决之前没有依据《基本法》第 158 条第 3 款的规定提请全国人大常委会作出解释，而且其解释也不符合《基本法》的立法原意，因此决定对《基本法》第 22 条第 4 款和第 24 条第 2 款第 3 项的规定作出解释[④]。解释的第二段指出：

> 《中华人民共和国香港特别行政区基本法》第二十四条第二款前三项规定：“香港特别行政区永久性居民为：……。”其中第（三）项关于

① 终审法院非常任法官梅师贤爵士曾撰文指出，香港作为中国的一个特别行政区，其法院原来独立解释法律的权力受到了《基本法》第 158 条的限制。

② 参见 NG KA LING AND ANOTHER v. THE DIRECTOR OF IMMIGRATION, Reported in:［1999］1 HKLRD 315;（1999）2 HKCFAR 4。

③ 参见全国人民代表大会常务委员会关于《中华人民共和国香港特别行政区基本法》第 22 条第 4 款和第 24 条第 2 款第 3 项的解释，http://www. basiclaw. gov. hk/tc/basiclawtext/images/basiclawtext_ doc17. pdf。

④ 参见全国人民代表大会常务委员会关于《中华人民共和国香港特别行政区基本法》第 22 条第 4 款和第 24 条第 2 款第 3 项的解释，http://www. basiclaw. gov. hk/tc/basiclawtext/images/basiclawtext_ doc17. pdf。

"第（一）、（二）两项所列居民在香港以外所生的中国籍子女"的规定，是指无论本人是在香港特别行政区成立以前或以后出生，在其出生时，其父母双方或一方须是符合《中华人民共和国香港特别行政区基本法》第二十四条第二款第（一）项或第（二）项规定条件的人。本解释所阐明的立法原意以及《中华人民共和国香港特别行政区基本法》第二十四条第二款其他各项的立法原意，已体现在1996年8月10日全国人民代表大会香港特别行政区筹备委员会第四次全体会议通过的《关于实施〈中华人民共和国香港特别行政区基本法〉第二十四条第二款的意见》中[①]。

这一解释的最特别之处在于，它清楚表明《基本法》第24条第2款各项的立法原意都已体现在1996年8月10日全国人民代表大会香港特别行政区筹备委员会第四次全体会议通过的《关于实施〈中华人民共和国香港特别行政区基本法〉第二十四条第二款的意见》中。

终审法院在随后的刘港榕一案[②]的判决中明确承认，全国人大常委会根据中国《宪法》和《基本法》第158条第1款的规定，对《基本法》有不受限制的解释权。就全国人大常委会对《基本法》第22条第4款和第24条第2款第3项所作的解释，终审法院承认全国人大常委会的解释和其较早前在吴嘉玲一案的判决中所作出的裁定有所不同。但是，终审法院认为全国人大常委会的解释是有效和具约束力的，香港特区法院必须以其为准[③]。

在2001年7月20日由终审法院所判的庄丰源一案中，法院所要处理的法律问题是，父母均非香港永久居民，但是在香港出生的中国公民庄丰源是否可以根据《基本法》第24条第2款第1项的规定成为香港永久居民，并享有居

① 参见全国人民代表大会常务委员会关于《中华人民共和国香港特别行政区基本法》第22条第4款和第24条第2款第3项的解释，http：//www. basiclaw. gov. hk/tc/basiclawtext/images/basiclawtext_ doc17. pdf。

② 该案件由终审法院于1999年12月3日作出判决。参见 LAU KONG YUNG AND OTHERS v. THE DIRECTOR OF IMMIGRATION，Reported in：［1999］3 HKLRD 778；（1999）2 HKCFAR 300。

③ 该案件由终审法院于1999年12月3日作出判决。参见 LAU KONG YUNG AND OTHERS v. THE DIRECTOR OF IMMIGRATION，Reported in：［1999］3 HKLRD 778；（1999）2 HKCFAR 300。

留权[①]。终审法院指出，在 1996 年 8 月 10 日，香港特区筹委会对实施《基本法》第 24 条第 2 款发表了意见。其意见的开头部分说："……《基本法》第二十四条第二款对'香港特区'永久性居民的问题作出了规定。为了实施上述规定，特提出以下意见，以备'香港特区'制定实施细则时参照。"其后的第一段是关于第 24 条第 2 款第 1 项的说明："基本法'第二十四条第二款'第（一）项规定的在香港出生的中国公民，是指父母双方或一方合法定居在香港期间所生的子女，不包括非法入境、逾期居留或在香港临时居留的人在香港期间所生的子女。"[②]

终审法院在庄丰源案中指出，香港法院有宪制上的义务接受和适用全国人大常委会根据《基本法》第 158 条的授权对《基本法》的有关条文所作出的解释。就本案而言，全国人大常委会并没有对《基本法》第 24 条第 2 款第 1 项作出对香港法院有约束力的解释，因此，香港法院根据《基本法》行使独立司法权。根据普通法，法院解释《基本法》时的任务是诠释法律文本所用的字句，以确定这些字句所表达的立法原意。法院不会单独考虑有关条款的字句，而会参照条款的背景及目的解释[③]。法院在解释有关界定永久性居民类别的条款时，只应参照任何可确定的目的及背景来考虑这些条款的字句[④]。虽然《基本法》于 1997 年 7 月 1 日才实施，但《基本法》的背景及目的是在 1990 年制定《基本法》时确立的，故一般来说，与解释《基本法》相关的外来资料是制定前的资料，即制定《基本法》之前或同时期存在的资料。就本案而言，除了与背景及目的有关的制定前的资料外，法院无须探究其他外来资料会有什么帮助，特别是《基本法》制定后的资料能否给予协助的问题。终审法院认为，在全国人大常委会没有作出具有约束力的解释，而法院必须按照普通法处理法律释义的情况下，若法院借助内在资料及适当的外来资料确定有关条

① 参见 THE DIRECTOR OF IMMIGRATION v. CHONG FUNG YUEN; Reported in: [2001] 2 HKLRD 533; (2001) 4 HKCFAR 211. 该判决书的中文译本在: http: //legalref. judiciary. gov. hk/lrs/common/ju/ju_ frame. jsp? DIS = 16936。

② 参见判决书中译本第 11 页。筹委会工作报告于 1997 年 3 月 14 日获全国人大议决接纳，报告述明委员会已提出了上述意见。

③ 参见判决书中译本第 15 页。

④ 参见判决书中译本第 14 ~15 页。

款的背景及目的，并参照该背景及目的后作出诠释，断定文字的含义清晰，则外来资料，不论其性质，也不论其是制定前或制定后的资料，均不能对解释产生影响。含义清晰即所用文字没有歧义，就是在合理情况下不能得出另一对立的解释①。

简单来说，终审法院在庄丰源一案中没有接受全国人大常委会认为《基本法》第 24 条第 2 款的立法原意“已体现在 1996 年 8 月 10 日全国人民代表大会香港特别行政区筹备委员会第四次全体会议通过的《关于实施〈中华人民共和国香港特别行政区基本法〉第二十四条第二款的意见》中”这一观点。反之，终审法院认为，由于上述筹备委员会的有关意见是在《基本法》颁布之后才作出的，所以法院不应该加以考虑。法院只应该考虑《基本法》制定之前或同时期存在的资料。

由于终审法院在庄丰源一案中对《基本法》第 24 条第 2 款第 1 项的解释，所有内地孕妇在香港生产的婴儿都是香港的永久居民，从而享有居港权。这导致了“双非”婴儿数量的急剧上升，在 2011 年达到了约 40000 人②。为此，香港特区第三位特首梁振英在当选之后不久就宣布，从 2013 年开始香港的医院不再接受“双非”孕妇来港产子。若任何“双非”孕妇违法来香港产子，可以被香港政府检控，并处以刑事处罚③。

目前，这一问题虽然通过行政措施得到了解决，但是在法律上，终审法院在解释《基本法》第 24 条第 2 款时，是否应该考虑 1996 年筹备委员会的意见这一问题仍然没有得到解决。

由于这一问题没有解决，在 2013 年又有了外佣居港权案件这一新发展④，即菲佣是否可以根据《基本法》第 24 条第 2 款第 4 项的规定申请居港权。在

① 参见判决书中译本第 16～17 页。

② 参见王书成、林峰《〈基本法〉第 24 条与香港永久性居民的法律定位》，《法学评论》2013 年第 5 期，第 78 页。

③ 根据 *Hong Kong Daily News* 的报道，一名怀孕 37 个星期的内地孕妇 2013 年 2 月来港闯关产子，并向入境处人员讹称没有怀孕，结果在经红勘管制站入境时出现异常情况，送院生产，被控向入境处作虚假陈述罪，被沙田裁判法院裁定罪成，重判入狱 1 年。2013 年 6 月 28 日 A01 版头条：《双非妇闯港生仔囚一年》。

④ 参见 VALLEJOS EVANGELINE BANAO, ALSO KNOWN AS VALLEJOS EVANGELINE B. v. COMMISSIONER OF REGISTRATION AND ANOTHER; Reported in: [2013] 2 HKLRD 533。

该案中，有关的菲佣声称他们在香港连续居住超过 7 年，并符合“通常居住”的定义，认为《入境条例》规定他们没有资格申请永久居民的条款与《基本法》第 24 条第 2 款第 4 项相冲突。若筹委会有关意见的法律地位解决了，那么由于《入境条例》中的有关条款是根据筹委会的意见而制定的，因此就不可能对《入境条例》中的有关条款提出违宪性挑战①。

在菲佣居港权案中，香港政府要求终审法院通过提请全国人大常委会作出解释的方法，一并处理全国人大常委会 1999 年解释或筹委会 1996 年有关意见的法律效力问题，其目的是一次性解决有关居港权的问题。但是终审法院 5 名法官一致认为，虽然在分类条件和可争辩性两方面菲佣居港权案都符合提请全国人大常委会解释的条件，但是由于外佣居港性质极具限制性，因此很明显不属于“通常居住”的范围，因此没有必要提请解释，即不满足“需要条件”②。

外佣居港权案件的判决产生了一种全新的情况，那就是对“需要条件”的解释。可以说在该案中，终审法院预见到其解释和全国人大常委会有可能作出的解释一致，因此认为没有必要提请解释。事实上的确如此。但是在理论上，全国人大常委会是有可能作出和终审法院不一致的解释的。因此，是否有需要，并不应该取决于要求法院提请接受方的要求是否得到满足，而是应该看对该条文的解释是否会影响案件的判决结果。

从上述讨论可以看出，《基本法》第 24 条第 2 款中所规定的 6 类香港永久居民中可能产生争议的 3 类都已经由终审法院作出解释了。但是在法律上，究竟《基本法》第 24 条第 2 款的立法原意是否已经体现在筹委会 1996 年的意见中这一问题在 2013 年的菲佣案中被回避了。这个问题一天不解决，“双非”婴儿问题就只能靠行政而非法院解决。可以预见这类问题将来还会出现，其对司法独立的影响也会再次引起讨论。因此，很有必要在适当的时候对这一问题作出终局裁决。

---

① 参见 VALLEJOS EVANGELINE BANAO, ALSO KNOWN AS VALLEJOS EVANGELINE B. v. COMMISSIONER OF REGISTRATION AND ANOTHER, Reported in: [2013] 2 HKLRD 533。

② 参见 VALLEJOS EVANGELINE BANAO, ALSO KNOWN AS VALLEJOS EVANGELINE B. v. COMMISSIONER OF REGISTRATION AND ANOTHER, Reported in: [2013] 2 HKLRD 533。

二　人权保护

1. 人权保护范围的拓宽

对基本人权的保护是香港的另一核心价值。在回归之前，香港就已经把联合国《公民权利与政治权利国际公约》本地化了，并制定了《香港人权法案条例》。回归后，《基本法》在第三章明确规定了香港居民所享有的基本权利，并在第39条第1款规定，“《公民权利和政治权利国际公约》、《经济、社会与文化权利国际公约》……适用于香港的有关规定继续有效，通过香港特别行政区的法律予以实施”。

在W案件中[①]，香港终审法院对《基本法》第37条所规定的“香港居民的婚姻自由……的权利受法律保护”中的婚姻自由权作出了全新解释。上诉人在香港医院管理局辖下医院接受“变性手术”后，现为从男身变成女身的变性人。她向答辩人申请与她的男性伴侣举行婚礼但遭拒绝。答辩人的理由是她并不是《婚姻条例》及《婚姻诉讼条例》中所指的“女”人。上诉人提起司法复核，质疑该项决定。其理据是，就婚姻而言，在法律上她应被视为女人。她提出的具体理由为：①《婚姻条例》第21条及第40条中的“女”及“女方”等词应包括接受手术后从男身变成女身的变性人；②如不包括的话，则鉴于《基本法》第37条及/或《香港人权法案条例》第19条第2款所赋予的结婚权利……上述两项条文均属违宪。原讼法庭及上诉法庭均驳回上诉人的申请。终审法院以4对1的多数裁定上诉人胜诉[②]。

终审法院的多数判词指出，香港立法机关在制定《婚姻诉讼条例》时，认定繁殖性交是普通法下的婚姻之基要成分。其立法意图为，就婚姻

---

① 参见 W v. THE REGISTRAR OF MARRIAGES, Reported in：［2013］3 HKLRD 90；又见：http：//legalref. judiciary. gov. hk/lrs/common/search/search _ result _ detail _ frame. jsp？DIS = 87115&QS = %28basic%2Blaw%29&TP = JU。

② 参见 W 案件判决书的中文摘要，http：//legalref. judiciary. gov. hk/lrs/common/search/search_ result_ detail_ frame. jsp？DIS = 87115&QS = %28basic%2Blaw%29&TP = JU。

而言，只有生理因素才是评定某人的性别的适当准则。《婚姻条例》涉及相同的理由而亦应给予相似的解释。因此，就婚姻而言，答辩人将有关条文所用“女人”等字眼解释为不包括上诉人①。不过，《基本法》第 37 条及《香港人权法案条例》第 19 条第 2 款皆保护结婚的权利。尽管婚姻制度必须受法律所规限，该等法律不能违反或在实施中损害该项权利的特有本质。

多数判决认为，在今日融合多种文化的香港，婚姻作为一种社会制度的性质已经历意义深远的变化，繁殖作为婚姻的基要成分的重要性亦大为降低。因此，在处理如上诉人般接受手术的变性人是否符合“女”人的资格而享有与男人结婚的权利的问题时，若把焦点集中于出生时已固定而无法改变的生理特征上，便属于违反原则的做法。某人如欲注册结婚时，法院应考虑和评估有关其性别身份的所有情况，包括生理、心理及社会元素和是否进行过“变性手术”②。

多数判决裁定基于《婚姻诉讼条例》及《婚姻条例》的有关条文将确定某人的性别的准则仅限于生理因素上，因此该等条文与该项受《基本法》保护的结婚权利相抵触，并且未能使该项宪法权利得以恰当实施。该等条文否定了像 W 般接受手术后变成女人的变性人与男人结婚的权利，实际上是完全禁止她结婚。因此，该等条文损害了 W 应享有结婚权利的本质，从而违宪③。

常任法官陈兆恺在该案中撰写了异议判词。他认为，承认变性婚姻是从根本上改变了传统的婚姻观念，而婚姻是一种建基于社会大众的看法的重要社会制度。海外司法管辖区的做法是，透过社会咨询从而了解社会对婚姻的看法有所改变后，才对有关法律作出改变，准许变性人以其手术后的性别结婚。陈法官认为，现时并无证据显示，香港社会对婚姻的看法是否已改变至

① 参见 W 案件判决书的中文摘要，http：//legalref. judiciary. gov. hk/lrs/common/search/search_result_ detail_ frame. jsp? DIS = 87115&QS = %28basic%2Blaw%29&TP = JU。

② 参见 W 案件判决书的中文摘要：http：//legalref. judiciary. gov. hk/lrs/common/search/search_result_ detail_ frame. jsp? DIS = 87115&QS = %28basic%2Blaw%29&TP = JU。

③ 参见 W 案件判决书的中文摘要：http：//legalref. judiciary. gov. hk/lrs/common/search/search_result_ detail_ frame. jsp? DIS = 87115&QS = %28basic%2Blaw%29&TP = JU。

放弃或基本上改变传统的婚姻观念。在欠缺该种证据的情况下，终审法院不应援引其诠释《基本法》的权力来承认变性婚姻。若终审法院援引这项权力的话，便相当于就社会议题订立新政策，会带来长远后果，必须经过公众咨询后才能作出，而这并非终审法院的职责[①]。陈法官对变性人所面对的困难予以同情，并要求政府全面检讨有关法例以求在切实可行范围内尽快就改变有关法律提出建议[②]。

W 案的判决意见在法律上进一步拓宽了婚姻自由的范围，体现了终审法院在保护人权方面的能动性。但是当法院的判决牵涉一项重要的社会制度时，法院是否应该如此能动仍然是值得深思的问题。

2. 人权与公共利益的平衡：斯诺登事件

2013 年最轰动全球的事件之一就是斯诺登事件。美国中央情报局前雇员斯诺登揭发了美国政府监控丑闻并在香港匿藏了一个多月[③]。

斯诺登事件在香港的发生牵涉非常复杂的法律问题。首先是国际法上的问题。由于中国香港和美国签订了移交逃犯协议，在不损害中国国家安全的前提下，如果美国政府能够完全满足协议所规定的要求并根据协议向港府提出移交请求，在法律上，港府并没有理据拒绝把斯诺登移交给美国[④]。其次就是本文所关注的《基本法》上的问题，即一个国家或者地区的政府在什么程度上可以侵犯其公民/居民个人的隐私权。“9·11”事件之后，各国为了国家安全，都加紧了对恐怖分子以及嫌疑人的监控。但是在没有特定嫌疑人的情况下，一个国家/地区的政府是否可以向美国政府那样大规模地监控平民百姓？

---

① 参见 W 案件判决书的中文摘要，http://legalref.judiciary.gov.hk/lrs/common/search/search_result_detail_frame.jsp?DIS=87115&QS=%28basic%2Blaw%29&TP=JU。

② 参见 W 案件判决书的中文摘要，http://legalref.judiciary.gov.hk/lrs/common/search/search_result_detail_frame.jsp?DIS=87115&QS=%28basic%2Blaw%29&TP=JU。

③ 参见《何俊仁代表与港府交涉无果　斯诺登亡命天涯　逃抵莫斯科　今转飞南美》，《苹果日报》2013 年 6 月 24 日 A01 版。

④ 港府没有移交的理由是，美国政府所提供的文件没有完全符合香港法律的要求，又未提供足够资料发出临时拘捕令，因此港府并无法律依据限制斯诺等离境。参见《何俊仁代表与港府交涉无果　斯诺登亡命天涯　逃抵莫斯科　今转飞南美》，《苹果日报》2013 年 6 月 24 日 A01 版。

斯诺登所揭露出来的信息显示，美国和英国对其他国家、外国人乃至其盟国国家元首的监控是非常令人担忧的。在当今时代，任何政府在采取限制或者侵犯基本人权的行动时，都必须在人权保护和公共利益之间取得适当的平衡。

三　香港民主政治的发展

关于香港的民主发展，特别是对 2017 年普选特首的讨论是 2013 年落实《基本法》的重头戏。根据《基本法》第 45 条①和全国人大常委会的有关决定，香港可以于 2017 年普选特首。早在 2013 年初，涉及何时落实双普选的讨论就已经开始了②。在随后数月中，香港社会各界人士就 2017 年普选特首提出了不同的方案，如立法会提名、提名委员会提名③、公民提名④、政党提名⑤等不同的方案。也有人就 2017 年普选特首的候选人人数提出方案不同的建议⑥。

看到有关普选特首的讨论有偏离《基本法》的趋势，中央对 2017 年普选特首作出了表态。全国人大法律委员会主任乔晓阳于 3 月在深圳会见建制派议员座谈时强调三个坚持："2017 年实行普选特首，行政长官人选必须是爱国爱港人士，普选办法必须符合基本法和全国人大常委会有关决定。"⑦ 中联办张

① 该条规定，"香港特别行政区行政长官在当地通过选举或协商产生，由中央人民政府任命。行政长官的产生办法根据香港特别行政区的实际情况和循序渐进的原则而规定，最终达至由一个有广泛代表性的提名委员会按民主程序提名后普选产生的目标"。

② 参见柳扶风《龙吟虎啸：两大人事迎战普选特首》，《东方日报》2013 年 1 月 3 日 A32 版；李先知：《政改留白暗战开打　泛民抢占"制高点"》，《明报》2013 年 2 月 1 日 A16 版。

③ 就提名委员会提名而言，又有不同的方案。例如，是整体提名，还是个人提名，人数要求是 1/8，还是其他数目等。

④ "真普联"提出了三个提名方案，这是其中之一。公民党和民主党的有关人士也都分别提出过不同人数的公民提名方案。

⑤ "真普联"提出了三个提名方案，这是其之二。

⑥ 有人建议最多 5 位候选人，也有人建议 8 位候选人。参见罗嘉凝《入闸选特首，陈祖泽倡最多五人》，《星岛日报》2013 年 8 月 1 日 A02 版。

⑦ 参见《谈普选前提告诫反对派　乔晓阳：对抗中央者不能当特首》，《大公报》2013 年 3 月 25 日 K01 版。

晓明主任在访问立法会时指出，“讨论香港行政长官普选办法的正途是沿着《基本法》和全国人大常委会有关规定的轨道往前走”，并在对梁家杰议员的回复中明确指出，公民提名是“漠视基本法明文规定”[①]。

另外，美国新驻港总领事夏千福（Clifford Hart）在履新后第二日即发表声明谈及普选。有香港学者认为，这反映了香港未来的民主发展将是美国政府关注的核心议题[②]。也有其他国家表示愿意为香港2017年普选行政长官提供协助[③]。由此可见，香港2017年普选特首也受到国际社会的关注。

全国人大常委会副秘书长兼基本法委员会主任李飞在2013年11月访港期间就中央对香港民主发展的基本立场和观点发表了讲话。他着重谈了落实《基本法》规定的行政长官候选人提名制度的三个法律问题：①怎样理解香港《基本法》关于“有广泛代表性的提名委员会”的规定，即提名委员会应当怎样产生和组成；②怎样理解香港《基本法》关于“提名委员会按民主程序提名”的规定，即提名委员会提名的性质和程序；③怎么确定行政长官候选人数目 。另外，他也谈到了行政长官必须由爱国爱港人士担任的基本要求 。他更形象地形容特首选举俨如下场踢足球，必须有规则。

2013年12月4日下午，政务司司长林郑月娥在立法会宣布开始就2017年行政长官及2016年立法会产生办法展开咨询，特区政府公布了咨询报告。报告就普选特首的6个具体问题咨询公众的意见：①提名委员会的人数和组成；②提名委员会的选民基础；③提名委员会的产生办法；④提名委员会提名行政长官候选人的程序；⑤普选行政长官的投票安排；⑥任命行政长官的程序与本地立法的衔接[④]。

有关特首普选的另一个重点问题是中央对特首的实质任命权。根据现任特

---

① 参见《张晓明：普选须保障中央权力　允持续沟通　批占中是祸》，《明报》2013年7月17日A02版。

② 参见《港美总领事履新即谈普选》，*Sharp Daily*，2013-08-01，V12。

③ 参见《英插手港政改背后　捍卫英资利益》，《新报》2013年9月21日A01版。

④ 参见香港特别行政区政府《有商有量——二零一七行政长官及二零一六立法会产生办法咨询文件》，第三、五章。

首的披露，中央曾否决特区政府所推荐的问责官员候选人[①]。虽然中央还没有拒绝任命特首的先例，但是之前的三位特首都是由选举委员会选举产生的，所选出的特首也都是中央可以接受的，因此，中央没有拒绝任命特首。但是若在 2017 年的选举中所选出的特首是中央所不能接受的，基于中央曾拒绝任命其不能接受的问责官员，中央完全有可能会拒绝任命不能接受的特首候选人。

如今有关普选特首的咨询已经正式开始，《基本法》所规定的普选特首能否在 2017 年顺利落实，关键还看今后两年内香港社会能否在《基本法》和全国人大常委会有关决定的框架下就普选特首的程序凝聚共识。

四　廉政风波

廉政是香港法治的另一个核心价值。但是近两年，两位高级官员的行为令香港社会有点担忧。2012 年 2 月 27 日，廉政公署执行处决定立案对前任特首曾荫权的贪污举报展开调查[②]。这使得一向以清廉而闻名的香港行政制度受到了挑战。而 2013 年廉政公署前廉政专员汤显明也因为涉嫌贿赂招人举报。

律政司在经过仔细考虑之后，认为根据现有资料，有足够理据调查汤显明涉嫌违反《防止贿赂条例》和普通法“公职人员行为不检”的指控，因此决定由现任廉政专员领导内部调查小组，调查数宗涉及汤显明的投诉[③]。廉政公署为调查此案的人员确定了三个原则：①从未出席或涉及由汤显明个人安排的任何活动或事项；②除正常公务外，与汤显明无直接或间接任何联系或关系；③对调查无实际或观感上的利益冲突或专员困难[④]。目前案件仍在调查阶段，

① 参见《民主或致矛盾　中央可拒绝任命　梁振英披露曾否决问责官推荐》，《星岛日报》2013 年 6 月 14 日 A01 版。

② 参见《民主或致矛盾　中央可拒绝任命　梁振英披露曾否决问责官推荐》，《星岛日报》2013 年 6 月 14 日 A01 版。

③ 参见《白韫六亲刑事查汤显明　律政司：足够理据查贿赂列查案者 3 准则》，《明报》2013 年 5 月 15 日 A02 版。

④ 参见《白韫六亲刑事查汤显明　律政司：足够理据查贿赂列查案者 3 准则》，《明报》2013 年 5 月 15 日 A02 版。

结果尚未出来。

在事件发生之后，特首梁振英迅速作出了回应，于2013年5月2日宣布成立由4位熟悉廉政公署运作的独立人士组成的“廉政公署公务酬酢、馈赠及外访归管制度和程序独立检讨委员会”，对廉政公署的有关制度进行检讨，并直接向特首负责，以维护香港社会对廉政公署的信心①。

这次由前廉政专员汤显明引发的廉政风波显示，社会对反贪重要性的认同是非常重要的，若没有这一认同，有关人士就不会主动向廉政公署举报。同时，传媒自由非常重要，正是由于传媒的敬业精神，才能把社会的关注聚焦在这一事件上。而分权制衡则是关键。另外，这一事件还说明，虽然香港存在一套良好的反贪制度，但仍然有值得改进的地方，需要不断完善。

五　行政会议、依法行政与良好管制

行政机关依法行政也是香港社会和市民所珍视的核心价值——法治的组成部分之一。2013年所发生的另一件在香港社会引发广泛争议的事件就是免费电视发牌风波②。在这一事件中，行政长官会同行政会议最终决定在三个免费电视牌照申请人中选择发给其中两个，原来呼声很高的香港电视名落孙山。其主席王维基认为政府擅改游戏规则，由合格者便获牌变成三选二，他更质问是否特首更改政策无须咨询公众，怒问：究竟法律大、政策大，抑或特首最大③？

行政长官办公室发言人表示，行政长官会同行政会议所作出的决定符合制度、法律和程序公义④。由于政府以行政会议保密制度为由，拒绝解释没有发

① 参见郑治祖《迅速成立委员会全面检讨制度漏洞　特首：查廉署酬酢　保香港清誉》，《文汇报》2013年5月3日A02版。该委员会的职能范围包括：（1）检讨廉政公署处理公务酬酢、馈赠及外访开支的归管制度和程序，包括申请、报销和审批安排；（2）复核廉政公署各级人员于上任廉政专员任期内在归管制度下的符规情况；（3）就任何有助改善上述制度和程序的措施提出建议。

② 参见《王维基怒问：特首最大？港视提复核　梁：庭上会陈述理据》，《明报》2013年10月23日A2版。

③ 参见《王维基怒问：特首最大？港视提复核　梁：庭上会陈述理据》，《明报》2013年10月23日A2版。

④ 参见《叶刘：林焕光不代表行会　发牌已兼顾市场及民意》，《大公报》2013年11月11日A1版。

牌给香港电视的原因，并指出若香港电视提出司法复核[①]，那么在法庭上政府将详细向法庭解释其理据[②]。基于政府拒绝就不发牌给香港电视作出详细的交代，立法会的反对派提出议案，建议引用《立法会（权力及特权）条例》（以下简称“特权法”）向政府索取免费电视发牌资料，经过 12 小时的激辩，反对派的议案被立法会否决[③]。这一事件至此算是告一段落，但是该事件引发了几个值得深思的法律问题。

首先就是政府在处理该事件的过程中是否遵循了依法行政和良好管制的要求。从所披露的材料来看，政府并没有违法，但是，是否符合良好管制的要求却值得争论。良好管制要求政府明确其作出决定的标准并就其决定给出充分的理由。在此事件中，虽然在法律上政府并没有义务必须就其所作出的决定向当事人或者公众交代理由，但是事实上，除非是特殊的情况，政府在作出决定时，或者在当事人要求政府解释其决定时，都会就其理据作出解释。这背后的理论支撑是政府必须进行良好管制，让当事人和公众对政府的决定有信心。

其次，保密原则所保护的是行政会议的具体讨论，但是并不必然妨碍行政会议把其作出决定的理据告知当事人或者公众。当然，政府明确表态若事件进入司法程序，政府会详细解释其理据，由于在司法复核程序中，法院审查的主要是在程序上政府是否合法和符合法定程序，而不会要求政府一定要作出对当事人有利的决定，因此，司法程序并非解决有关争论以及香港电视诉求的最佳办法。

再次，反对派在该事件中引用特权法也是非常值得商榷的。正如廖长江议员所说，立法会应严肃谨慎处理特权法赋予的权力，特权法并不能令政府发牌给相关电视以及推翻行会决定[④]。

在《基本法》层面上，这一事件还提出了另一个问题，那就是行政会议如何更好地履行其宪制上的职责，协助和确保特首能依法行政以及实现良好管制，把好最后一关。

---

① 等同内地的行政诉讼。

② 参见《叶刘：林焕光不代表行会　发牌已兼顾市场及民意》，《大公报》2013 年 11 月 11 日 A1 版。

③ 参见《立会否决引特权法查发牌　反对派冲击行会落空》，《大公报》2013 年 11 月 8 日 A1 版。

④ 参见《立会否决引特权法查发牌　反对派冲击行会落空》，《大公报》2013 年 11 月 8 日 A1 版。

六　占领中环与法治

"占领中环"行动是由一位牧师和两位学者所发起。他们在 2013 年 3 月 27 日宣读"占领中环行动信念书"[①]。该运动的目标是要争取 2017 年无条件普选特区行政长官。该运动希望通过采取不合法但绝对非暴力的公民抗命行动，来达到普选特首的目的[②]。

对此，需要思考两个问题。其一是，发起该运动的前提是香港政府将来要推出的 2017 年特首选举不符合国际社会对普及和平等的选举的要求，以及香港政府所采用的议决香港选举制度的具体方案是不符合民主程序的。在其信念书发表时，香港政府还没有就特首普选采取任何行动，根本没有任何材料可以评估上述两个条件是否得到满足，而且目前有关普选特首的咨询刚刚开始，作出上述评估也为时尚早。因此，这个前提是有问题的。其二是，"占领中环行动"倡议采取非暴力但不合法的公民抗命行动争取在香港落实民主普选。若现在完全有可能以合法的方式达致普选的目标情况下，就倡导以不合法的方式而行之，这是违反法治精神的。另外，香港是中国的一个特别行政区，而非一个主权国家，普选必须是在《基本法》所设定的宪政框架之下进行，这也是法治精神之所在。

七　结论

根据上述讨论分析，本文认为，在中央和特别行政区政府的共同努力之下，2013 年《基本法》的落实情况还是令人满意的。法治和司法独立等香港的核心价值在"一国两制"原则之下得到了很好的尊重和保护。展望未来，落实《基本法》最艰巨的任务将是依法普选特首，特别是就 2017 年普选特首的

① 参见《"让爱与和平占领中环"运动》，http：//oclp. hk/index. php? route = occupy/book_ detail&book_ id =10，访问时间：2013 年 12 月 10 日。

② 参见《"让爱与和平占领中环"运动》，http：//oclp. hk/index. php? route = occupy/book_ detail&book_ id =10，访问时间：2013 年 12 月 10 日。

程序达成共识。与之相关的是，如何确保在讨论普选特首程序的过程中，法治原则和基本人权能够得到充分的尊重和保护，并在两者之间取得恰当的平衡。可以说前途是光明的，但是道路是曲折的。如何确保行政会议乃至整个特别行政区政府坚持依法行政和良好管制将是政府落实《基本法》并取得香港市民信任的最佳途径。有关居港权的争论也还有可能在某些时候再次被提出来讨论。另外，2013 年没有特别引起香港社会注意但也在咨询报告中提及的就是 2016 年立法会产生办法。可以预见，2014 年有关立法会产生办法的讨论将是另一个落实《基本法》的重头戏。

B.7

中国证券法律责任制度实施效果评析

陈甦 陈洁*

摘 要：

证券法律责任制度的实施与完善，是实现中国资本市场法治的基本路径。中国资本市场发展的实践表明，中国证券法律责任制度从责任设定到实施机制都存在功能性的障碍和结构性的缺失，致使中国资本市场法律的制度表达与市场实践出现了严重背离。本文立足于中国证券市场的现实状况和发展趋势，对证券市场违法行为的发现机制、处罚依据、程序成本、制裁效果及其相互之间的内在联系进行系统性分析，为中国建构能够充分发挥证券市场机制功能的科学合理的证券法律责任制度提供立法建议。

关键词：

证券法律责任　实施效果　立法完善

法律责任作为法律实施的保障机制，在法律制度由文本规范到社会秩序的转化过程中，发挥着举足轻重的作用。中国证券法律责任制度的实施与完善，不仅是实现中国资本市场法治的基本路径，同时也是追求证券法价值目标的根本保障。然而，中国资本市场二十多年的发展实践表明，中国证券法律责任制度从责任设定到实施机制都存在功能性的障碍和结构性的缺失，致使中国资本市场法律的制度表达与市场实践之间出现了严重背离。建立科学合理的证券法律责任制度，既要充分考虑证券法的目的性，也要努力实现法律适用的效益

* 陈甦、陈洁，中国社会科学院法学研究所。

性。在立法建构与监管资源的配置上，应当根据证券市场运行的规律，对证券市场违法行为的发现机制、处罚依据、程序成本、制裁效果及其相互之间的内在联系进行系统性分析，从而选择建构以法律责任为表现形式的最为适当的法律防范与制裁机制。

一　中国现行证券法律责任制度实施效果的实证研究

近年来，随着全球资本市场的发展以及“法和经济学”交叉研究的日益推广，中国理论界及实务界对各国证券监管效率以及中国的证券监管情况，做了大量卓有成效的实证及比较研究。本文选取其中的一些研究成果，这些成果大体可以反映中国现行证券法律责任制度的实施效果。

（一）民事责任方面

中国《证券法》中涉及民事责任的条款共计 13 条[①]。就目前的证券民事诉讼现状来看，虽然最高人民法院发布了《关于受理证券市场因虚假陈述引发的民事侵权纠纷案件有关问题的通知》，但其未能从根本上解决证券民事赔偿难的问题。事实上，自 2003 年虚假陈述证券民事诉讼开闸至今，虽然有几例虚假陈述证券民事赔偿诉讼被誉为具有里程碑意义，但由于中国缺乏集团诉讼的诉讼形式，股民维权成本高，难度大。相对于证券市场大量的虚假陈述违法案件，中小股民能够通过民事诉讼获得赔偿救济的实属寥寥。就以被称为“中国证券民事赔偿第一案”的东方电子虚假陈述案为例，此案涉及 6983 位股民，案件数量高达 2716 件，诉讼标的金额超过 4 亿元。此案从 2003 年 2 月 8 日首批股民起诉东方电子开始，直至 2011 年结案，历时八年多，股民维权索赔之路可谓艰辛[②]。

---

① 关于民事责任的规定，除在法律责任章中的 4 个条文（第 190 条、第 191 条、第 210 条、第 214 条）外，还有第 2 章中的第 26 条，第 3 章中的第 47 条、第 69 条、第 76 条、第 77 条、第 79 条，第 5 章中的 120 条，第 8 章中的第 171 条、第 173 条，两者相加，民事责任条款共计 13 条。

② 参见《我国虚假陈述索赔第一案东方电子案历时 8 年结案》，《法制与经济（下旬）》2011 年第 3 期。

有研究报告选取2001年1月至2011年6月中国证监会对上市公司虚假陈述行为所作的133个行政处罚决定，逐一分析了中国证券市场民事诉讼的实施情况。该研究表明，尽管中国的虚假陈述证券民事诉讼设立了行政程序的前置门槛，从而“将可诉的虚假陈述违法行为限定在一个非常小的范围之内，但即便在这样一个狭小的范围内，仍然有绝对多数的上市公司虚假陈述违法行为没有被提起民事诉讼”[①]。具体而言，在上述133个由中国证券监督管理委员会（以下简称“证监会”）作出明确的行政处罚决定的虚假陈述违法案例中，竟然高达90家上市公司未被提起民事诉讼，占研究报告样本总量的67.669%[②]。此外，财政部每年都要对上市公司会计信息质量进行抽查，对抽查不合格的上市公司进行行政处罚。其中，2008年财政部对东盛科技等6家上市公司进行了行政处罚，2010年湖南投资等10家上市公司受到行政处罚，2011年上市公司新嘉联受到了行政处罚。在这些被处罚的上市公司中，被中小股东提起民事赔偿诉讼的仅有广汽长丰、刚泰控股、新嘉联三家上市公司。2011年股民李岩诉黄光裕内幕交易民事赔偿案，因属中国首例内幕交易证券民事诉讼而饱受关注。此案虽获法院受理，但仍以原告撤诉收场[③]。至于股民王某诉汪建中、北京首放投资顾问有限公司的中国首例操纵市场民事赔偿案，经过两年多的等待，2011年3月终获立案，但审判结果如何，能否获得赔偿仍是未知数[④]。

（二）行政责任方面

《证券法》第11章以48个条文，专章规定了证券法律责任的行政、民事、刑事三种形式。其中，40多个条文具体规定了对违法行为的行政处罚措施，彰显了在中国行政主导监管体制下，在证券市场违法行为的惩戒机制中，行政监管的主干地位和突出作用。多年来，证监会持续加大监管力度，增强稽

---

① 何朝丹：《虚假陈述证券民事诉讼法律实效研究》，《证券法苑》2011年第5卷。

② 何朝丹：《虚假陈述证券民事诉讼法律实效研究》，《证券法苑》2011年第5卷。

③ 参见《首例“股票内幕交易”民事诉讼以撤诉收场》，《南方都市报》，转引自 http://epaper.oeeee.com/D/html/2011-09/19/content_1464948.htm，访问时间：2013年12月20日。

④ 参见《汪建中操纵市场民事赔偿案开审　如何从“名嘴”到“黑嘴”》，中国证券网，http://news.cnstock.com/xwrw/201107/1437385.htm?page=6 访问时间：2013年12月20日。

查力量，然而，行政责任制度的实施力度与效果究竟如何呢？

对于证监会2010年的全部证券行政处罚案件（含市场禁入案件），深圳证券交易所综合研究所根据不同的统计维度进行了专项统计分析，并参照相关国家和地区2010年证券行政处罚案件的基本情况，与中国相关数据进行了初步对比分析。分析结果如下。

根据美国证券交易委员会（U. S. Securities and Exchange Commission，SEC）公布的数据，在2009～2010财年，美国SEC共对71名个人实行市场禁入，结案比率为37.47%，但证券监管的罚没收入高达28.5亿美元。其中，没收违法所得18.2亿美元，罚款（含法院民事罚款）10.3亿美元。反观中国，2010年中国证监会行政处罚委共收案107件，审结67件，结案比率为62.62%。从数字上看，中国证监会的结案比率并不低，但罚没款数额反差甚大。具体而言，2010年中国证监会作出53项行政处罚决定书及16项市场禁入决定书，共有上市公司24家、会计师事务所3家、期货公司2家、其他机构7家受到处罚，其中2家机构证券投资咨询业务许可被撤销，1家机构期货经纪业务许可被吊销，但没收法人违法所得总计仅4669.951734万元、港币854.474497万元，对法人罚款总计仅3785.246381万元；至于自然人，48名自然人被市场禁入，3人证券从业资格被吊销，53人被警告，证监会对197名自然人给予罚款，合计仅1721.624398万元，没收违法所得共计96.573167万元[①]。

从2010年各国（地区）证券行政处罚金额上看，美国最高，英国次之。2010～2011财年英国金融服务管理局（Financial Services Authority，FSA）对违法违规者的处罚金额为104183.45万元人民币。2010年度，中国行政处罚罚款金额为5861万人民币左右（刑事罚金为105679.30104万元，合计为111540.30104万元）。香港地区在2010～2011财年证券行政处罚罚金为1234.67072万元人民币（与2007～2009财年的1552.66万元人民币接近）。平均到个案的罚款金额，英国最高，为1011.49万元人民币；美国第二，为701.56万元人民币；第三是中国，为87.48万元人民币（加上刑事罚金合计

① 参见《中国证监会2010年度证券行政处罚分析报告》，《证券市场导报》2011年第9期。

为1664.78万元人民币）；香港地区平均个案的处罚金额为4.92万元人民币[①]。

从被市场禁入人数比较，美国在2009~2010财年、英国在2010~2011财年，各对71人施以市场禁入措施，数量最高。香港在2010~2011财年对49人实施了市场禁入措施，而中国在2010年，对48人施以市场禁入措施[②]。

此外，以2008年的数据为例，该年美国SEC提起的诉讼案件中，没收非法赢利及要求违法者支付的罚金总计达到10.3亿美元，是中国证监会（China Securities Regulatory Commission，CSRC）同期数据4683万美元的22倍[③]。对于虚假陈述证券违法行为，中国证监会的行政处罚标准幅度是：对个人的罚款为3万元到30万元，对公司的罚款则从30万元到60万元，相较于证券市场虚假陈述违法行为的巨额收益，如此处罚的威慑力度实在不值一提。

（三）刑事责任方面

关于刑事责任，《证券法》第231条明确规定："违反本法规定，构成犯罪的，依法追究刑事责任。"

有学者对中国证券市场成立以来查处的全部31起内幕交易案件加以实证分析[④]。统计数据表明，仅被处以行政处罚的内幕交易案件居多，为25件；被移交司法机关或由司法机关直接侦办并课以刑事责任的案件仅为6件；当事人提起民事诉讼并有最终结果的案件有两宗，但值得注意的是，两宗案件（陈祖灵诉大唐电信潘海深、陈宁丰诉天山股份陈建良）均以原告诉讼请求被驳回或撤诉方式结案。反观美国，仅2009~2010财年，美国司法部提起证券刑事诉讼就高达139起。

此外，具体分析31起案件当事人被处以金钱制裁的信息，在31起案件中，被处以行政罚款的有25起，被处以刑事罚金的有6起，31起案件的平均

① 参见《中国证监会2010年度证券行政处罚分析报告》，《证券市场导报》2011年第9期。

② 参见《中国证监会2010年度证券行政处罚分析报告》，《证券市场导报》2011年第9期。

③ Xiao Huang, "In Defence of China's Public Enforcement in Equity Market", *International Company and Commercial Law Review*, Vol. 21, No. 10, 2010, pp. 327 - 337.

④ 参见蔡奕《我国证券市场内幕交易的法学实证分析》，《证券市场导报》2011年第7期。

处罚金额为3494.81万元，扣除黄光裕等人中关村案件的“天价”罚金后，平均处罚金额降为1126.76万元。内幕交易处罚金额的分布呈现“底部宽，头部窄”的特征，其中处罚金额在10万元以下的案件占比43%，10万~100万元的案件占比26%，处罚金额在1000万元以上的案件仅占12%①。

在成熟市场中，民事责任、行政责任和刑事责任“三足鼎立”，共同构成证券市场法律责任制度的三大支柱。而在中国市场，上述研究数据表明，不管是虚假陈述还是内幕交易行为，证监会的查处都过于倚重行政处罚，刑事问责的频度和力度都不大。至于民事责任的欠缺，更是中国有效规制证券市场不当行为中有目共睹的“短板”。

二　中国证券法律责任制度的困境缘由

对中国证券市场法律责任实施现状的考察表明，中国证券法律责任制度的实施效果不容乐观，法律责任制度的文本表达与市场实践之间出现了背离。这种规范与事实之间背离的根源在于制度设计不科学以及缺乏效率，各个法律关系体现的利益结构不平衡，相关制度措施及其实施机制不协调，导致制度无法按照设计的初衷去运行。

（一）立法结构上三种法律责任类型配比的严重失衡

在《证券法》整体功能运行机制设计层面，立法结构上三种法律责任类型配比的严重失衡主要表现为行政体制机制与证券市场机制之间关系的紊乱纠结，民事法律关系的实现机制与行政法律关系的实现机制相互干扰，尤其是民事法律关系实现机制受到行政法律关系实现机制的过度压抑以至取代。现行的证券法律法规和规章对证券违法犯罪行为的责任制裁，主要偏重于行政责任和刑事责任，忽略了民事法律责任的功能，削弱了对证券违法犯罪行为的民事责任的惩戒作用。从某种意义上说，目前《证券法》的法律责任章基本上只是行政罚则篇。

---

① 参见蔡奕《我国证券市场内幕交易的法学实证分析》，《证券市场导报》2011年第7期。

客观而言，目前最为突出的问题是，《证券法》中的民事责任制度对证券法规范体系的搭建功能远大于对《证券法》实施机制的适用功能。也就是说，要建构整个证券法体系必须要有民事法律规范作为结构要素，但在《证券法》实施过程中则很少适用《证券法》民事法律规范，司法实务处理的证券民事纠纷大多发生在投资者与证券公司之间。究其原因，一是《证券法》制定的重要动因是防范市场风险，行政管控措施在《证券法》中得到充分吸纳，而对民事法律措施的研究与设计均有不足；二是《证券法》的制定过程受行政机关主导，立法者的偏好影响了证券法律体系建构，如《证券法》中行政法律规范的精细繁复程度远大于民事法律规范；三是《证券法》的实施机制以行政为主导，如投资者权益保护主要是通过证监会的执法实现的。

事实上，《证券法》于2005年修订时，特别强化了民事责任制度，对于虚假陈述、内幕交易、操纵市场等行为，都明文规定了相应的民事责任条款。当时许多论者为此欢呼，以为如此强化了《证券法》实施的民法机制。但实际上这些条款基本上是具文，真正通过民事诉讼成功追究虚假陈述、内幕交易、操纵市场行为人的民事责任的案例少之又少。究其原因，并不是因投资者不知道《证券法》的规定或不愿意利用这些规定追究虚假陈述、内幕交易、操纵市场等行为人的民事责任，而是行政监管的过度控制在制度上和实施效果上都压缩了司法机制的作用空间。

（二）法律责任内容设计的不合理不完备

《证券法》在法律责任结构设置上存在的另一突出问题是，在许多法律责任条款中，无论是证券民事法律责任还是证券行政法律责任，均有内容不合理不完备之处。

1. 行政责任刑事化

中国证券市场的体制特点与发展阶段，决定了现行的证券市场监管体制是行政责任为主、民事责任为辅。在证券市场发展的初期阶段，为培育和发展证券市场，强调行政责任有其历史必然性。而且由于中国市场经济法治不健全，实行证券市场行业监管也有其合理性。然而，《证券法》在设计行政法律规范时，对证券经济活动的经济动因、利益与风险分配模式、交易运作方式，对当事人的人性假定、动机预测、规避反应等等，缺乏深入周延的分析，导致一些强制性的证券行政法律规范极易被规避，制度措施的目的极易落空。

此外，行政责任刑事化极为突出。在刑法领域，法无明文规定不为罪，要求刑法规范罪状明确，罪刑相当。但在证券市场实践中，证券市场交易形式的多样化、复杂化，客观上要求行政处罚必须对市场违法行为分大类处理，而不能逐个规定行为样态并予以处罚。现行的行政处罚条文沿袭了刑事处罚的思路，对行政违法行为的构成规定过于详细具体，致使具体法律条文可适用的空间太小。在中国的市场经济法律体系建设过程中，最初采取的立法理念是“宜粗不宜细”。但是这种立法理念很快就遭到理论界和实务界的一致批判，认为这种立法理念既不能满足市场经济运行中的执法需要，也违背当代公平正义的法治理念。因此，“宜粗不宜细”的立法理念被立法实践逐渐放弃，体现在立法表现上，就是一部法律的条文越来越多，条文内容越来越细。这样的立法理念与技术安排，在证券法律责任制度建设中充分体现。但是，证券行政法律责任制度与《证券法》的其他法律规范不同，因其涉及公权力对相对人现有权益的剥夺，必须坚持“法无明文不为罚”。为此，必须合理安排法律条款的“粗细”程序，在一定情形中，“粗”未必不妥，“细”未必得当。这是由立法的逻辑特性所决定的，因为对法律规范适用的假定情形划分得越细，同一层次的行为归纳就越不容易周延，即划分层次越多，就越容易遗漏。这种情形已经表现在证券行政法律责任制度中。这样的结果，一是很多条文规定的处罚在实践中很容易被行为人规避，因为行为人很容易找到两种受处罚行为之间的“空档”。二是行政执法容易陷入两难境地：如果不执行处罚，没法管理市场；如果严格依法执行处罚，则很多该处罚的行为者又会逍遥法外。

2. 民事责任规范体系极不完备

民事责任制度在实现《证券法》宗旨方面，是不可替代的特殊机制，具有特别作用。经过 2005 年修订的《证券法》，虽然在完善证券民事责任制度方面做了较大的努力，但有所改观的证券民事责任制度相对于证券市场法律秩序的建构需求，其相对疏漏的状况并没有得到彻底改变，有关民事责任的法律规范在实践中往往只起到宣言的作用。

例如，虽然《证券法》第76条对内幕交易的民事责任早有原则性规定，但立法规定过于原则以及可操作性的不足，致使内幕交易民事责任的追究举步维艰。再如，操纵市场的情形亦是如此。《证券法》第77条第2款明确规定，操纵证券市场行为给投资者造成损失的，行为人应当依法承担赔偿责任。该规定虽然弥补了原《证券法》的不足，但并没有使操纵市场民事责任制度完整化，有关条款过于笼统，在实务中难以适用。

此外，相当多民事责任规范不合理。例如，《证券法》所谓“欺诈客户”的行为发生在证券公司与其客户之间，是在证券公司承销、经纪业务中发生的经济联系和法律关系。《证券法》把禁止欺诈客户的条款放在第三章“证券交易”第四节“禁止的交易行为”中，而证券公司与客户之间的关系，不在《证券法》第三章所界定的“证券交易”外延范围。再如，为充分保护投资者权益，《证券法》设置了多重的民事连带责任制度，如承销商、保荐人、发行人的控股股东或实际控制人等，都可能因上市公司的违法违规行为而承担连带责任，其实质是通过连带责任机制实现对投资者进行投资担保的制度措施。但《证券法》的民事连带责任体系并不完整。例如，已发行证券因核准撤销而返还时，承销商、发行人的董事高管等也应当承担相应责任，但《证券法》却没有规定。

还有，当一个证券市场活动涉及多个民事法律关系时，证券民事法律规范不完备现象则会更多地发生，导致多个当事人或交易群体之间利益配置的不平衡。例如，《证券法》第26条规定：“对已核准证券发行的决定，发现不符合法定条件或者法定程序，尚未发行证券的，应当予以撤销，停止发行。已经发行尚未上市的，撤销发行核准决定，发行人应当按照发行价并加算银行同期存款利息返还证券持有人。”这一规定过于严苛，只考虑到投资者群体的利益，而对其他交易群体的合理利益兼顾不周。证券发行数量巨大，一旦因发行核准撤销而返还，很可能置发行人于万劫不复之地。但《证券法》所谓的“不符合法定条件或者法定程序”，其中各种情形差异很大，有的情形（如不符合法定程序但情形并不严重）完全可以采取补正的方式，不分情形地只用一种撤销核准的处理方式，过于简单粗糙。再者，因“不符合法定程序”而获得核准，其中的主要责任应当由证券发行审核部门承担。所以，《证券法》应区分不同情形，对不符合法定条件或者法定程序的发行核准，分设不同的处理方案，或撤销核准，或采取补正措施。

（三）法律责任制度措施同法律实施机制的不协调

在证券法律责任制度体系中，由于配套机制的缺乏，很多《证券法》所精心设计的法律机制无法实现。例如，由于缺乏财政回拨制度，民事赔偿责任优先无法落实。再如，虽然最高人民法院发布了《最高人民法院关于受理证券市场因虚假陈述引发的民事侵权纠纷案件有关问题的通知》，但仍未从根本上解决证券纠纷诉讼难的问题。究其原因，一是人民法院有关证券民事诉讼的规定含有内在的程序性制度障碍，如提起证券民事诉讼的前置程序；二是证券民事责任纠纷的处理有较强的技术性，证券违法行为与造成他人权益损失之间的因果关系，尤其是量化为赔偿数额计算的因果关系，还缺乏明确的规定和实际处理经验。

行政责任方面，行政处罚权长期未得到合理配置。实践中，由于中国证券市场巨大，证券业机构、上市公司以及证券投资者众多，凡事皆由证监会执法，所有的行政处罚都要由证监会决定、公开并执行，势必导致证监会的行政执法系统负载过重、运行迟缓，不可能对证券市场不时出现的违法行为作出及时的反应。如何合理配置证监会及其派出机构之间的执法权限成为一个急需解决的问题。与此相关，由于目前证监会查处的案件数量急剧增长，而监管资源却很难做到同步增加，在监管机构人力财力相对有限、监管任务却日趋繁重的情况下，如何创新监管方式，尽快引入证券监管和解制度是解决当前执法困境的一个理性选择，也是中国证券市场发展的必然要求。

此外，通过分析证监会2006年以来作出行政处罚决定的相关法律依据和《证券法》法律责任条款可以发现，现行《证券法》中有部分法律责任条款使用频率不高，有些基本没有使用，从而成为看似完美却很少实施的“睡美人”条款，如《证券法》第192条、第194条、第197条、第199条、第204条、第207条、第214条、第215条以及第78条。当然，现行法律责任条款实际使用频率不高的原因有多种，如该法律责任条款所针对的违法行为出现的概率较低，法律责任条款过于严厉而使人不敢触犯，执法应用的能力较低，或者该法律责任条件本身就存在缺陷而无法有效运用等。但对于这些实际应用很少或从未应用的法律责任条款，应当从各种角度以各种方式逐一分析，以建构既符合证券法理又有实际功效的证券法律责任体系。

三 完善中国证券法律责任制度的立法设计

构建和完善证券法律责任制度可以从两个层面展开讨论。一个是技术层面，就是从立法技术角度研究如何建构具体的责任规则。例如，证券违法行为的构成要件如何确定，不同的违法行为要承担怎样的责任，证券违法行为造成的损失怎样计算，具体的诉讼制度如何设定，等等。另一个则是观念层面，就是从立法理念上探究和讨论《证券法》要规定什么样的法律责任制度，各种法律责任在证券市场监管机制中应处于何种地位，各种法律责任制度的实施要达到何种法律效果，等等。这两个层面互相联系、互相影响，立法理念上的认识与选择会决定立法技术上的设计与运用，并最终决定不同的法律责任所采取的不同的实施机制和实现路径。总而言之，只有从整体制度目标、责任配置、具体责任条款、配套制度和整体协调等方面进行创设，才能使证券法律责任制度的制定实施在更宏大的框架内科学合理地加以构建，从而确保证券法律责任制度实施的协调性和有效性。

（一）恰如其分地配置责任类型，科学建构法律责任体系

证券市场不当行为的复杂性、多样性决定了证券法律责任的多样性。《证券法》实施的责任形式既有公法的责任方式，还有私法的责任方式，两者力量的相互补充和融合共同承担着证券法律责任的补偿、惩罚、威慑和预防功能。然而，在整个证券市场法律责任体系建构中，如何科学配置不同责任类型，是以民事责任为主还是重在行政或刑事责任？对不同的违法行为予以何种法律责任的追究，是追究民事责任，还是行政责任抑或刑事责任？要解决这些问题，不仅取决于不同诉讼制度和程序的法律功能，而且取决于一个国家监管资源、司法资源的力量配比，并受制于一个国家法制文化背景与经济发展水平，等等。

从法律的本质属性和根本功能上看，民事责任、行政责任和刑事责任有着共同的本质、相同的属性，都在一定层面上扮演着实现社会正义、维护社会秩序的角色。但是，由于不同法律部门具体价值目标不同、制度设计不同、权利保护角度不同，其间的差异显著，体现在法律应用层面，就是民事责任、行政责任和刑事责任的产生前提不同，功能目标不同，以及实现机制不同。要建构科学合理的证券法律责任体系，就要从法律责任体系意义上进行通盘考虑。所谓通盘考虑，主要是强调要用系统论的观念，在整体上全面考虑不同责任种类间的界限、各责任种类间的衔接以及各种责任的协调与平衡的问题。具体而言，首先，三种法律责任的配置结构合理。立法者要基于市场发展阶段以及监管资源、司法资源的合理利用，合理协调民事责任、行政责任和刑事责任的配比关系。其次，三种法律责任制度功能清晰，各司其职。不同法律责任规范的具体市场主体之间的利益结构要恰当合理，责、权、利关系合理。最后，三种法律责任制度具有整体协调性。三种法律责任之间应相互联结、相互协调，共同承担履行证券法律责任的使命，最终形成相互促进、不可分割的责任救济机制，使制度功能发挥出最大系统效应。而要实现这样的价值目标，就必须对证券市场活动及其内在机制有更为深入的了解，充分掌握每一证券经济活动的经济动因、利益与风险分配模式以及交易运作方式，以使证券法律关系与公平合理的证券经济关系相契合，各种证券法律关系配置的利益结果相平衡。

（二）每一责任类型自成体系，立法技术与功能设定相匹配

建构科学合理的证券法律责任条文体系，为证券市场的行政执法和司法适用提供直接法律依据。法律责任条款的设计不仅体现立法技术和立法规范水平，更为重要的是，证券法律责任制度条款制度如何设计，直接关涉其制度预期的实现程度。合理可行的法律责任条文体系设定，可提高证券法律适用的准确性、便捷性和可操作性。

第一，每一种责任形式有其固有的法律功能，违法行为法律责任的追究应采用怎样的手段和途径，需要将不同责任的法律功能与违法行为的特点，进行对应性的分析和考察。同时还应对证券法律责任形式进行综合分析，准确评

估、判断它们之间的适当比例以及其轻重大小的权衡。例如，民事责任只适用于确应给予受害人补偿的内幕交易行为，而行政责任和刑事责任则适用于所有内幕交易行为的追究。当然，不同的行政责任和刑事责任的设置与适用，也应与内幕交易行为的违法程度相对应。对内幕交易行为的震慑和遏制，主要应通过对行政责任和刑事责任的追究实现，对民事责任的追究却只能作为这一立法目标的辅助措施。法定行政处罚责任的幅度和刑事责任的量刑范围，要为加大打击内幕交易力度提供足够的空间，可以根据不同时期遏制内幕交易行为的需要而合理裁量；而民事责任追究的适用效果，则只能限于投资者实际损失范围内的救济补偿[①]。

第二，强化证券法律责任体系需要理性的制度设计。在证券法律责任体系的建构中，对责任目标的追求，应重视法律的实施效益。但是，对证券法律责任制度的重视，并不等于对证券法律责任的加重。如果仅仅从“乱市重典主义”出发，以为只要加重各种法律责任的处罚程度，各种违法者就会屈于法律后果的严重性而放弃违法动机，从而实现证券市场上的“太平盛世”，这只能是一种出于焦躁心理的制度幻想。①从法律建构的技术层面分析，法律应当始终是理性的产物。对违法行为的愤怒和对证券市场乱象的忧虑，并不等于在建构法律责任体系时放弃对理性的坚守。所谓“有违法的，就罚；有严重违法的，就狠罚”的法律责任建构理念，最终反倒会受到法律实施效率降低、实施效果变劣的实践惩罚。因此，证券法律责任体系的建构，必须符合证券市场的运行机制并体现其中的市场主体行为逻辑，必须符合法律建构与实现过程中的规律性本质，必须符合法治建设的时代特征和总体要求。②从法律的实施机制分析，法律从条文到秩序的过程始终要受系统性因素的制约与调整。例如，如果民事赔偿责任的目的只是在于填补损失，受害人为主张权利而举证时，其举证负担较轻，具有优势证据即可；如果民事责任的目的不仅在于填补损失，而且还在于惩罚行为人，那么受害人为主张权利而举证时，其举证责任则相对较重，因为侵权人要承担受害人损失的 2 倍、3 倍甚至是 10 倍的赔偿责任，无论是从民事诉讼程序的运行机制上还是从法官平衡利益的本能上，都

---

① 赵旭东：《内幕交易民事责任的司法政策与导向》，载《法律适用》2013 年第 6 期。

会对惩罚性赔偿请求权的证据以及证明，施以更为严格的审查。其结果，仅为填补损失的赔偿请求权实现的可能性较大，而谋求惩罚的赔偿请求权实现的可能性较小。再如，从惩戒阻却违法者着眼，遏制证券欺诈的关键应是将责任承担主要配置给最有可能的违法行为实施者和受益者，诸如公司的董事和高管，这些人往往正是违法行为的主谋和最大受益者。虽然目前在中国的证券市场上，违法行为源于大股东、实际控制人的问题也很突出，也必须严惩，但无论如何，证券欺诈行为的被告范围不宜过分扩张，法律追究的行为关系人的链条也并非越长越好，否则不仅在技术上容易引起因果关系认定上的瑕疵，更有可能助长虚幻的安全感，诱发轻率的投资交易，到头来受损投资者会加重对证券市场的失望，以致加重对证券法律责任制度的失望①。因此，理性地规定证券法律制度，尽可能实现证券法律责任制度的科学性、合理性和现实性，是确保证券法律责任实施效果的必要之举。

第三，应处理好责任内容之间的衔接问题。首先，做好民事责任、行政责任、刑事责任之间的制度内容衔接，要根据证券市场上违法违规行为的内容、性质与危害，设置好这三种法律责任形态的制度节点，该是民事责任就设置民事责任措施，该是行政责任就设置行政责任措施，该是刑事责任就设置刑事责任措施。这需要对现有的证券法律责任制度进行实施效果评估，然后在此基础上，对现行证券法律责任制度进行调整和补充。其次，做好同一证券法律责任的内容衔接，使其轻重适当、配置均衡。例如，证券民事责任制度的建构，不能仅仅满足于制度宣示，还要满足法律实务的应用；各项行政责任制度的功能目标要适当，处罚轻重要相宜。最后，做好证券行政责任与刑事责任之间的制度衔接，这两类法律责任制度都是通过处罚的手段实现法律目的，两者之间必须合理配置。例如，有的证券行政责任的罚款数额远远大于刑事责任的罚金数额，虽然两者的社会评价结果不同，但如果对同一违法行为既有罚款又有罚金，多少有些“一行为受两罚”的问题。

第四，证券法律责任条款在设置时，应考虑其简洁、严谨、逻辑、清晰和条理等因素，以增强法律责任制度创设的合理性、合法性和有效性。首先，要

① 参见郭雳《证券欺诈法律责任的边界》，载《中外法学》2010 年第 4 期。

做到证券法律责任适用的假定情形单一明确，避免假定情形交叉或相互涵盖的现象。另外也要避免漏项，使得现实中在性质上属于违法的行为，在法律责任制度中找不到最为相配的假定情形。其次，要避免较轻行为处罚较重而较重行为处罚较轻的现象。例如，在现行的证券法律责任制度中，对擅自公开发行证券行为的处罚，就重于以欺诈方法获得核准而公开发行证券的处罚，这是很不妥当的。最后，在设置证券法律责任时，要符合比例原则，违法界定不能过于宽泛。例如，现行证券法律责任制度中，多处规定要“没收违法所得”，其实当中的一些假定情形中，其所得并不能一概认定为“违法所得”。最后，在设置证券行政责任时要符合效益原则，不能不计执法成本。

（三）实体规范和程序规范有机协调，力求法律实施效益显著

《证券法》是实体法与程序法的结合。就证券法律责任制度而言，证券法律责任的实施就是落实《证券法》制裁手段的程序。证券法律责任制度是由义务性规范、责任制度条款等多方面的程序规范与实体规范组成的一个相对独立的法律体系。科学合理的实施程序可以增强证券法律责任制度的适用性，降低证券法律责任的实施成本，使证券法律责任制度建设能凸显现代市场经济立法的实际效果。

从技术设计层面而言，各种法律责任措施与实施机制相协调，意味着在特定证券市场活动的各个法律关系之间实现了有效的统筹兼顾，相关制度措施协调有效地发挥功能。当然，证券法律责任制度中的实体规范和程序规范的立法体系安排是有所不同的，实体规范主要规定在《证券法》中，而程序规范主要规定在其他相关法律中。以证券民事责任的规范为例，一些特殊的证券民事责任的责任人范围、请求权基础、侵权行为与损失之间的因果关系、损失计算方法等，可以规定在《证券法》中；有关的程序规范，通常适用《民事诉讼法》的一般规范。在证券刑事责任制度中，这种立法体系安排则更为明显。但是，在证券法律责任制度建设中，并不能忽略对程序规范的设计与设置，因为在证券法律责任制度的实施机制中，有许多特殊的程序性制度需求，需要专门通过《证券法》的规定予以体现。例如，虚假陈述损害赔偿案件的提起条件等，证券行政法律责任制度的复议程序等。可见，在证券法律责任制度中，

对特殊的程序予以科学设计、合理安排，有利于证券法律责任制度目标的有效实现。

结　语

根据中国证券市场的现实状态和发展趋势，特别是针对现行《证券法》存在的结构性缺陷和功能性障碍，在证券法律责任制度的修改中，应当体现三个立法理念。一是建构能够充分发挥证券市场机制功能的法律责任制度体系，提高证券市场运行的有效性和《证券法》适用的有效性；二是提高保护投资者权益的有效性，为投资者的投资活动提供安全、公平和有效益的市场制度环境，切实有效地保障和增强投资者的市场信心；三是充分发挥证券市场制度机制的系统效益，提高证券市场的自治能力，增强各种社会组织在规范证券市场秩序方面的角色功能。只有坚持这些建构理念，进而通过对证券法律责任制度的适当修改，才能真正构建一个既能推动市场创新又能有效控制风险、兼顾公平与效率的资本市场法律制度体系，从而实现符合中国国情和证券市场发展需要的证券法治目标。

B.8

中国设立知识产权法院的路径选择

杨延超*

摘　要：

近几年来，中国知识产权案件数量急剧增加，但知识产权案件审判工作缺乏应有的专业性，案件管辖较为混乱，为此，各地法院积极探索知识产权民事、行政、刑事案件“三审合一”的审判模式改革。《中共中央关于全面深化改革若干重大问题的决定》正式将“探索建立知识产权法院”纳入深化改革的重要议程。知识产权法院的设立，对于提升知识产权案件审判的专业性和审判效率都具有十分重要的意义。本文认为，在改革的过程中，可以充分借鉴国外“知识产权专门法院”“知识产权上诉法院”“商业法院”等成熟模式。但在路径选择中，还需要结合中国的知识产权保护水平、司法审判体制以及中国当前的法律体系等具体情况。

关键词：

知识产权法院　“三审合一”　管辖体制

近十年来，关于中国建立知识产权法院，一直都是知识产权理论研究和实务探索的热点话题。2004 年和 2007 年先后有全国政协委员和全国人大代表建言中国设立知识产权法院①。2008 年 6 月国务院出台了《国家知识产权战略纲

---

* 杨延超，中国社会科学院法学研究所。

① 全国政协委员陈智伦建议成立知识产权法院（《人民法院报》2004 年 3 月 10 日），全国人大代表汪利民也撰文《成立知识产权法院　节约审判资源》（《中华新闻报》2007 年 4 月 20 日第 F02 版）。

要》(以下简称《纲要》),系统阐述了中国知识产权战略的具体内容,其中第45条首次明确将“探索建立知识产权上诉法院”作为中国知识产权审判体制的改革方向,为知识产权法院的建设提供了直接理论指导①。尤其值得一提的是,《中共中央关于全面深化改革若干重大问题的决定》正式将“探索建立知识产权法院”纳入全面深化改革议程。这对于全面提升中国知识产权保护水平和完善知识产权司法审判机制都将具有重大意义。

一　中国设立知识产权法院的必要性

(一)中国知识产权案件数量急剧增加

近些年来,中国社会各界知识产权保护意识不断提高,知识产权案件急剧增加。表1、表2、表3为中国2012年知识产权案件(民事、刑事、行政)数量及同比增加情况②。

表1　2012年中国法院审理知识产权民事案件情况

序号	案件类型	数量(件)	同比增加(2011)(%)
1	民事一审(新收)	87419	45.99
2	民事一审(审结)	83850	44.07
3	著作权案	53848	53.04
4	商标案	19815	52.53
5	专利案	9680	23.80
6	技术合同案	746	33.93
7	不正当竞争案	1123	1.23
8	其他知识产权案	2207	0.64
9	涉外知识产权民事案(一审审结)	1429	8.18

① 《纲要》第45条规定:“完善知识产权审判体制,优化审判资源配置,简化救济程序。研究设置统一受理知识产权民事、行政和刑事案件的专门知识产权法庭。研究适当集中专利等技术性较强案件的审判管辖权问题,探索建立知识产权上诉法院。进一步健全知识产权审判机构,充实知识产权司法队伍,提高审判和执行能力。”

② 《中国法院知识产权司法保护状况(2012)》,最高人民法院网站,http://www.court.gov.cn/zscq/bhcg/201304/t20130426_183661.html,2013年11月29日。

续表

序号	案件类型	数量(件)	同比增加(2011)(%)
10	涉港澳台知识产权民事案(一审审结)	613	-3.46
11	知识产权民事案(二审)	9581	25.37
12	知识产权民事案(二审审结)	9292	21.32
13	知识产权民事案(再审)	172	-41.5
14	知识产权民事案(再审审结)	223	-0.45

表2　2012年中国法院审理知识产权刑事案件

序号	案件类型	数量(件)	同比增加(2011)(%)
1	知识产权刑事一审(新收)	13104	129.61
2	侵犯知识产权罪	7840	150.16
3	侵犯知识产权的生产、销售伪劣商品罪	2607	236.82
4	侵犯知识产权的非法经营罪	2587	48.08
5	侵犯知识产权的其他案件	70	34.62
6	知识产权刑事一审(审结)	12794	132.45
7	生效判决人数	155518(人)	54.33
8	刑事处罚人数	15338(人)	94.35

表3　2012年中国法院审理知识产权行政案件

序号	类型	数量(件)	同比增加(2011)(%)
1	知识产权案件(一审)	2928	20.35
2	知识产权案件(审结)	2899	17.37
3	专利案(新收)	760	16.21
4	商标案(新收)	2150	21.68
5	著作权案(新收)	3	50
6	其他	15	50

从上述统计可以发现，中国知识产权案件呈现大幅增长趋势，知识产权民事案件增加幅度主要在40%～50%（见表1）；随着中国知识产权刑事打击力度的提升，知识产权刑事一审案件增加幅度更是达到了129.61%（见表2）；知识产权行政案件（一审）增加幅度也达到了20.35%（见表3）。可以预见，随着知识产权在经济发展中的作用不断增强，以及中国知识产权保护水平的不断提高，知识产权案件的数量还将继续呈现大幅增长的态势。一方面，知识产

权案件数量不断提升；另一方面，知识产权案件又极具专业性，有必要设立知识产权法院对相关案件集中审理。当前，探索设立知识产权法院的时机已经成熟。

（二）中国知识产权案件管辖体制混乱

针对知识产权的侵权行为，权利人一般可以通过三种方式来维权：民事救济、行政救济和刑事救济。所谓“民事救济”，是权利人向法院提起民事诉讼，要求侵权人承担“停止侵害”“损害赔偿”等民事责任；所谓“行政救济”，是权利人向商标局、工商局、专利局、版权局等有关国家机关举报侵权行为，行政机关确认侵权行为后给予侵权方行政处罚，针对处罚结果不服的，利害方还可以提起行政诉讼；所谓“刑事救济”，是知识产权的违法侵权行为比较严重，达到中国刑法有关知识产权犯罪的立案标准，最终由法院审判后对犯罪行为定罪量刑。同一知识产权侵权行为，可能同时涉及民事救济、行政救济和刑事救济。然而，中国当前有关知识产权的民事管辖、行政管辖和刑事管辖十分混乱，并且相互冲突。

根据中国《民事诉讼法》及最高人民法院的司法解释规定，知识产权民事案件主要是由中级人民法院管辖，只有少数被指定的基层人民法院才有管辖权①。而根据中国《刑事诉讼法》规定，知识产权刑事案件又主要是由基层人民法院管辖②。根据中国《行政诉讼法》及最高人民法院司法解释的规定，涉及著作权、商标权以及大部分专利权的行政案件由基层人民法院管辖，

① 《最高人民法院关于审判著作权民事纠纷案件适用法律若干问题的解释》第 2 条规定：著作权民事纠纷案件，由中级以上人民法院管辖。各高级人民法院根据本辖区的实际情况，可以确定若干基层人民法院管辖第一审著作权民事案件。《最高人民法院关于审判专利纠纷案件适用法律问题的若干规定》第 2 条规定：专利纠纷第一审案件，由各省、自治区、直辖市人民政府所在地的中级人民法院和最高人民法院指定的中级人民法院管辖；《最高人民法院关于审判商标案件有关管辖和法律适用范围问题的解释》第 2 条第 3、4 款规定：商标民事纠纷第一审案件，由中级以上人民法院管辖。各高级人民法院根据本辖区的实际情况，经最高人民法院批准，可以在较大城市确定 1 ~2 个基层法院受理第一审商标民事纠纷案件。

② 《刑事诉讼法》第 18 条第 1 款规定：刑事案件的侦查由公安机关进行，法律另有规定的除外。该法第 19 条规定：基层人民法院管辖第一审普通刑事案件，但是依照本法由上级人民法院管辖的除外。该法第 24 条规定：刑事案件由犯罪地的人民法院管辖。如果由被告人居住地的人民法院审判更为适宜的，可以由被告人居住地的人民法院审判。

只是涉及发明专利等几类特殊的知识产权行政案件才由中级人民法院管辖①。

综上，知识产权的行政诉讼、刑事诉讼主要由基层人民法院管辖，而知识产权民事诉讼主要由中级人民法院管辖。问题在于，知识产权的行政诉讼结果、刑事诉讼结果，往往成为其民事诉讼的重要依据，如果行政诉讼或者刑事诉讼已经确认了行政违法或刑事违法，那么权利人自然会以此为依据主张民事赔偿，而法院在审理民事纠纷案件时自然也引用此前的行政诉讼判决或刑事判决，这样，基层人民法院实质上不恰当地行使了中级人民法院民事部分的管辖权，而作为中级人民法院在审理民事部分时又要以下一级法院的判决作为依据，也有违法院审级制度。更为重要的是，这种同一知识产权案件由不同法院审理的局面，还会造成审判资源的浪费，甚至出现相互矛盾的裁判。因此，有必要设立知识产权法院，对知识产权民事、行政、刑事案件进行统一审理，这样既能有效解决现有管辖冲突的问题，又能节省司法资源，提高审判效率。

（三）中国知识产权案件审判效率较低

知识产权中的大部分权利，诸如专利、商标、植物新品种、集成电路布图设计等都需要行政机关最终授权，在上述知识产权的民事侵权纠纷中往往会同时交叉行政授权的争议。例如，在专利侵权纠纷中，原告指控被告侵权，被告通常会提出专利权无效或专利权撤销等事由进行抗辩。在这种情况下，有关民事纠纷案件一般会中止审理，等待有关该专利权是否有效的行政裁定或行政诉讼判决作出后再恢复审理。这样，原告、被告双方就开始从民事纠纷转战行政纠纷，先是由专利评审委员会作出裁决，当事人不服的还可以向法院提起行政诉讼（一审和二审）。等待行政诉讼判决最终作出后，原告、被告双方又需要从行政诉讼转战到民事诉讼（一审和二审）。这样，一个专利侵权纠纷案件往

---

① 《行政诉讼法》第 13 条规定：基层人民法院管辖第一审行政案件。该法第 14 条规定，中级人民法院管辖下列第一审行政案件：确认发明专利权的案件、海关处理的案件；对国务院各部门或省、自治区、直辖市人民政府所作的具体行政行为提起诉讼的案件；本辖区内重大、复杂的案件。《最高人民法院关于审判商标案件有关管辖和法律适用范围问题的解释》第 2 条第 1 款规定：本解释第一条所列第 1 项第一审案件，由北京市高级人民法院根据最高人民法院授权确定其辖区内有关中级人民法院管辖。

往久拖不决，少则几年，多则十年以上。因此，有必要设立专门的知识产权法院，在同一民事纠纷中同时解决知识产权的效力问题与民事纠纷问题，从而有效减少当事人的诉累，全面提升知识产权审判工作的效率。

二　中国在设立知识产权法院方面的积极探索

近些年来，为了有效应对知识产权案件数量急剧增加、管辖混乱等问题，中国法院系统进行了大胆尝试和改革。

（一）积极推动知识产权案件“三审合一”试点工作

所谓“三审合一”，是将相关知识产权民事案件、行政案件、刑事案件都由统一的知识产权审判庭来审理。截至2012年底，中国已有5个高级人民法院、59个中级人民法院和69个基层人民法院开展了试点工作。2012年，广东省法院系统积极推进知识产权案件“三审合一”试点工作，广东省高级人民法院、19个中级人民法院和30个基层人民法院实行知识产权“三审合一”试点工作，同时还将近90%的知识产权刑事案件纳入试点工作。中国在进行“三审合一”试点过程中，还产生了“南山模式”“浦东模式”“武汉模式”“重庆模式”等。江苏省高级人民法院在“三审合一”的试点工作中，牵头完成《关于知识产权刑事法律适用问题纪要（征求意见稿）》，强化对知识产权刑事法律问题的调研。贵州、山东、福建、内蒙古、四川、湖南等地方法院系统采取各种方式，积极开展知识产权“三审合一”的试点工作。

分析各地先后开展的“三审合一”试点工作，大致可以分为“松散型”和“紧密型”两种。“松散型”如“南山模式”，由深圳南山区人民法院创立，将具有丰富经验的法院（民事、行政和刑事）临时组成合议庭，来审理知识产权案件，这一模式相对灵活，但相对“松散”，缺少固定的知识产权审判组织；“紧密型”如“武汉模式”，将知识产权民事（专利、植物新品种、集成电路布图设计案件除外）、行政、刑事一审案件集中到江岸区法院知识产权审判庭审理。武汉市中级人民法院民事审判第三庭负责上述案件的上诉审理。“三审合一”试点工作对于探索建立知识产权法院具有重要意义。

（二）加强知识产权管辖合理布局，推动典型法院示范作用

与普通民事案件相比较，知识产权案件相对专业；并且，各地经济发展情况不同，其案件量也有较大差别。近些年来，中国法院适度集中管辖专利案件、驰名商标案件以及反垄断案件，还适当增加了管辖知识产权案件的基层人民法院数量，鼓励基层人民法院对普通知识产权一审案件实行跨区域管辖。截至 2012 年底，经最高人民法院指定，有权管辖专利的中级人民法院 83 个、有权管辖植物新品种案件的中级人民法院 45 个、有权管辖集成电路布图设计案件的中级人民法院 46 个、有权管辖驰名商标认定案件的中级人民法院 44 个，有权管辖普通知识产权案件的基层人民法院达到 141 个①。

法院系统在合理布局管辖的基础上，还进一步发挥典型法院的示范作用。2012 年新增广东省广州市天河区人民法院、北京市海淀区人民法院、江苏省南京市鼓楼区人民法院、浙江省杭州市西湖区人民法院、上海市黄浦区人民法院为知识产权审判基层示范法院，从而基层示范法院总计达到 10 个；新增江苏省南京市中级人民法院、湖北省武汉市中级人民法院为知识产权司法保护调研基地，并在连云港市中级人民法院、江苏省泰州市中级人民法院设立了医药产业知识产权司法保护调研基地，从而司法保护调研基地总计达到 9 个②。上述知识产权审判示范法院和知识产权司法保护调研基地的建立，对于积累知识产权审判工作的经验、搜集知识产权司法保护的一手资料，以及探索中国知识产权专门法院的模式都具有重要意义。

（三）重视知识产权审判庭建设和人员配备

20 世纪 90 年代初，中国法院系统就开始打造知识产权专门审判庭。北京市中级人民法院于 1993 年建立了中国第一个知识产权审判庭，专门负责审理

---

① 《中国法院知识产权司法保护状况（2012）》，最高人民法院网站，http：//www.court.gov.cn/zscq/bhcg/201304/t20130426_ 183661.html，2013 年 11 月 29 日。

② 2012 年 4 月，最高人民法院发布《关于设立医药产业知识产权司法保护调研基地及增加知识产权审判基层示范法院和知识产权司法保护理论研究基地、调研基地的决定》（法办〔2012〕93 号）。

知识产权行政、民事案件。最高人民法院于1996年建立了知识产权审判庭，负责指导全国知识产权审判工作。截至2012年12月底，中国各级法院设立的知识产权审判庭共计420个；中级人民法院、高级人民法院普遍设立了知识产权审判庭，具有管辖普通知识产权民事案件的141个基层人民法院也都设立了知识产权审判庭①。基于知识产权审判工作的专业性要求，中国法院系统尽可能按照学历高、具有丰富审判工作经验的标准来选拔知识产权法官。截至2012年12月，中国知识产权法官数量达到2759人，本科及以上学历的占97.5%，研究生及以上学历的占41.1%②。大量高素质的知识产权法官队伍，也将为中国建立知识产权专门法院提供重要的人才储备。

（四）小结

不可否认，中国法院在知识产权审判方面的大胆尝试和改革，对于提高知识产权案件的审判水平有重要意义，但要真正推动知识产权审判走向专业、高效之道，还有赖于知识产权法院的设立。现有的“三审合一”审判机制虽在一定程度上提高了知识产权案件的审判效率，但作为审判主体的依旧是普通法院内部的“知识产权审判庭”，它与法院内部的其他审判庭，如民事审判庭、刑事审判庭、行政审判庭等处于同等地位。然而，知识产权案件审判的特殊性又决定了在领导配备、管辖设置、案件管理、法官选拔等方面都有其特殊性，普通法院难以有效顾及知识产权审判庭的上述各种特殊要求，由此也就决定了现有改革很难从根本上解决中国知识产权案件审判工作所面临的种种难题。可以预见，随着中国知识产权保护意识的逐步提高，随着知识产权在经济转型升级中作用越来越重要，随着科技发展引发的知识产权问题越来越多，有关知识产权的案件量还将逐年大幅提升，知识产权案件中需要解决的问题也将越发专业化，对知识产权法官的要求也会越来越高，而这一切都将最终催生中国知识产权法院的设立。

---

① 《中国法院知识产权司法保护状况（2012）》，最高人民法院网站，http://www.court.gov.cn/zscq/bhcg/201304/t20130426_183661.html，2013年11月29日。

② 《中国法院知识产权司法保护状况（2012）》，最高人民法院网站，http://www.court.gov.cn/zscq/bhcg/201304/t20130426_183661.html，2013年11月29日。

三 中国设立知识产权法院的具体建议

（一）比较国外成熟模式，寻求“中国”路径

中国当前采用的是“知识产权审判庭模式”。由于中国没有设立“商业法院”，“商业法院模式”很难在中国适用。中国当前直接采用“知识产权专门法院模式”同样不太可行，该模式强调知识产权案件一审就直接由知识产权专门法院负责审理，中国当前各地知识产权案件数量差别较大，并且知识产权审判专业人员还相对匮乏，直接设立“知识产权专门法院”的人才条件、案件数量都还不具备。相比较而言，“知识产权上诉法院模式”可作为中国知识产权审判体制改革的重要参考。

（二）设立知识产权法院应实行“三级二审终审制”

在知识产权法院审级制度的设计上，应当充分结合中国国情，以“两审终审”为原则，如果实行“三审终审”原则，就会与现行的审级制度相冲突，同时也会造成大量案件积压，加重法院负担，降低司法审判效率。因此，知识产权法院实行“三级二审终审”原则能更好地与中国现行法院审判体系顺利衔接。具体而言，可设立三级知识产权审判机构，分别是知识产权高等法院、知识产权上诉法院、知识产权审判庭。知识产权民事、行政和刑事一审案件，由知识产权审判庭来管辖；对上述案件的上诉案件，由知识产权上诉法院负责二审，二审判决为生效判决；知识产权高等法院负责知识产权生效裁判的再审工作，以及对全国所有知识产权案件进行指导和监督。知识产权高等法院受最高人民法院指导。

（三）设立知识产权法院应符合区域设置和现行法律

中国知识产权案件数量依据各地经济发展情况呈现极度不平衡的状态，像北京、上海、广东、江浙等经济发达地区知识产权案件超过50%以上，而经济欠发达的中西部地区的知识产权案件数量远低于上述发达地区。因此，应当

在知识产权案件统计数据的基础上决定知识产权法院的布局。总体而言，可以在首都北京设立一个知识产权高级法院，作为知识产权案件的最高审判机构，负责指导全国知识产权案件的审判工作。同时在全国范围内按区域位置及科技和经济的发展水平来设置若干个知识产权上诉法院。

知识产权法院构建内部机构，应符合中国现行法律要求，并在此基础上进行统筹安排。参考中国现行法院内部建构以及中国主要诉讼程序的规定，知识产权法院内部可以设置知识产权案件立案庭、知识产权民事审判庭、知识产权刑事审判庭、知识产权行政审判庭和知识产权审判监督庭等职能部门。知识产权立案庭负责知识产权案件受理工作。知识产权民事审判庭、刑事审判庭、行政审判庭分别负责与知识产权有关的民事案件、刑事案件、行政案件的审判工作，其中民事审判庭又可以划分出不同组合来专门审理专利、商标、版权、集成电路布图设计、植物新品种案件。知识产权审判监督庭负责对已生效的知识产权案件进行监督，必要时启动审判监督程序。

B.9

规范工业园区需要顶层设计

黄　晋*

摘　要：

在中国，工业园区的类型有出口加工区、经济技术开发区、边境经济合作区、高新技术产业开发区、保税区、保税港区、综合保税区、保税物流园区、物流园区、跨境工业区和自由贸易试验区等多种。工业园区在推动中国工业化进程和促进中国对外经济合作交流、区域经济发展的同时，也存在一些需要引起重视的问题。本文从工业园区的发展、特点着手，分析了当前工业园区发展中存在的问题，提出了发展中国工业园区的法律建议。

关键词：

工业园区　园区发展与治理　工业园区规制

工业园区，是指国家或者地区根据自身经济发展的内在要求划出的区域。在该区域内，各种生产要素集聚在一起，进行科学整合，工业化集约程度明显提高，功能布局得以优化，最终形成适应市场竞争和产业升级的现代化产业分工协作集群地。

在中国，工业园区的类型有经济技术开发区、高新技术产业开发区、边境经济合作区、出口加工区、保税区、保税港区、综合保税区、保税物流园区、物流园区、跨境工业区和自由贸易试验区等（见表1）。需要注意的是，本文

* 黄晋，中国社会科学院国际法研究所。

不涉及中国为吸收外资发展经济设立的经济特区①，以及为加快旅游事业发展而设立的旅游度假区②。

表1　工业园区类型及界定

园区类型	界　定
经济技术开发区	经济技术开发区，是指经政府批准以扩大对外开放和发展经济技术合作与贸易为目的而划出的特定区域。在中国，经济技术开发区有国家级经济技术开发区、省级经济技术开发区以及省级以下经济开发区等。其中，国家级经济技术开发区是指经国务院批准以扩大对外开放和发展经济技术合作与贸易为目的而划出的特定区域；省级经济技术开发区，是指经省级人民政府批准以扩大对外开放和发展经济技术合作与贸易为目的划出的特定区域；省级以下经济开发区，是指经省级以下人民政府批准划出的各类特定区域。省级和省级以下经济技术开发区有各种叫法，包括各类产业园区、产业集聚区、工业集中区、示范区等①
高新技术产业开发区	高新技术产业开发区，是指经政府批准设立的，以促进高新技术研究、开发和产业化为目的的特定区域②。在中国，高新技术产业开发区有国家级高新技术产业开发区和省级高新技术产业开发区两种。其中，国家级高新技术产业开发区，是指经国务院批准设立的，以促进高新技术研究、开发和产业化为目的的特定区域；省级高新技术产业开发区，是指经省级人民政府批准设立的，由所在地人民政府领导，有明确地域界限，以促进高新技术研究、开发和产业化为目的的特定区域③
边境经济合作区	在中国，边境经济合作区，是指沿边开放城市发展边境贸易和加工出口的区域④
出口加工区	出口加工区，是指一国或地区为了利用外资、引进技术和赚取外汇的需要，经国家批准，在港口、机场附近等交通便利的地方所建立的接受海关监管、专门用来发展出口加工业的特殊封闭区域。根据2003年11月1日起施行的《海关对出口加工区监管的暂行办法》第2条的规定，为防止重复建设，出口加工区只能设在已经国务院批准的现有国家级经济技术开发区内，并由省（自治区、直辖市）人民政府报国务院批准

① 在中国，经济特区，是指为了对外经济合作、技术交流以及促进发展而设立的具有优惠条件并实行特殊政策的行政区域。当前，中国国家级经济特区有：深圳、珠海、汕头、厦门、海南和喀什。

② 旅游度假区，是指经政府批准设立的，地域界限明确，符合旅游度假要求，能够为国内外旅游者提供高质量的度假、休闲等综合性服务的旅游经济区域。在中国，旅游度假区有国家级、省级以及省级以下旅游度假区三种。其中，国家级旅游度假区，是指经国务院批准设立的，地域界限明确，符合旅游度假要求，能够为国内外旅游者提供高质量的度假等综合性服务的旅游经济区域；省级旅游渡假区，是指经省级人民政府批准设立的，地域界限明确，符合旅游度假要求，能够为国内外旅游者提供高质量的度假等综合性服务的旅游经济区域。当前，全国共有12处国家级旅游度假区。见《浙江省旅游度假区管理办法》《南京市旅游度假区管理办法》。

续表

园区类型	界　定
保税区	保税区，是指实施保税政策的特殊区域。根据1997年8月1日施行的《保税区海关监管办法》第3条的规定，保税区是海关监管的特定区域；海关依法对进出保税区的货物、运输工具、个人携带物品实施监管。目前中国保税区主要有保税仓储、出口加工、转口贸易、商品展示等4项功能[5]
保税港区	根据2010年5月1日起施行的《海关保税港区管理暂行办法》第2条的规定，保税港区是指经国务院批准，设立在国家对外开放的口岸港区和与之相连的特定区域内，具有口岸、物流、加工等功能的海关特殊监管区域[6]。保税港区具有多种功能，包括：存储进出口货物和其他未办结海关手续的货物；国际转口贸易；国际采购、分销和配送；国际中转；检测和售后服务维修；商品展示；研发、加工、制造；港口作业；经海关批准的其他业务[7]。在中国，保税港区享受保税区、出口加工区、保税物流园区相关的税收和外汇管理政策[8]
综合保税区	综合保税区，是指经国务院批准，设立在内陆地区的具有保税港区功能的海关特殊监管区域，具有口岸、加工、物流等主要功能，具体包括仓储物流，转口贸易，国际采购、分销和配送，国际中转，检测维修，商品展示，研发、加工、制造，口岸作业等9项功能，是目前我国开放层次最高、政策最优、功能最齐的特殊开放区域[9]。根据《国务院关于促进海关特殊监管区域科学发展的指导意见》，未来逐步将现有出口加工区、保税物流园区、跨境工业区、保税港区及符合条件的保税区整合为综合保税区；整合工作要从实际出发，在充分听取省、自治区、直辖市人民政府意见的基础上实施；目前不具备整合条件的特殊监管区域，可暂予保留；新设立的特殊监管区域，原则上统一命名为“综合保税区”[10]
保税物流园区	保税物流园区，是指经国务院批准，在保税区规划面积或者毗邻保税区的特定港区内设立的、专门发展现代国际物流业的海关特殊监管区域[11]。根据2006年1月1日起施行的《海关对保税物流园区的管理办法》，保税物流园区可以开展多种业务，包括：存储进出口货物及其他未办结海关手续货物；对所存货物开展流通性简单加工和增值服务；进出口贸易，包括转口贸易；国际采购、分销和配送；国际中转；检测、维修；商品展示；经海关批准的其他国际物流业务[12]。需要注意的是，保税物流园区内不得开展商业零售、加工制造、翻新、拆解及其他与园区无关的业务[13]
物流园区	物流园区，是指为了实现物流运作的共同化，按照城市空间合理布局的要求，集中建设并由统一主体管理，为众多企业提供物流基础设施和公共服务的物流产业集聚区[14]。物流园区具有综合、集约、信息交易、集中仓储、配送加工、多式联运、辅助服务和停车场等8种功能[15]。其中，综合功能的内容具有综合各种物流方式和物流形态的作用，可以全面处理储存、包装、装卸、流通加工、配送等作业方式以及不同作业方式之间的相互转换[16]
跨境工业区	跨境工业区，是指为促进珠海和澳门的发展，经国务院批准，以发展工业为主，兼顾物流、中转贸易、产品展销等业务的特定区域。珠澳跨境工业区分设珠海园区及澳门园区，分别由珠海市政府和澳门特别行政区政府进行管理。其中，珠海园区作为珠海保税区的延伸区，由海关监管，实行保税区政策

续表

园区类型	界　定
自由贸易试验区	自由贸易试验区，又称自由贸易园区，是指某一国家或地区境内设立的实行优惠税收和特殊监管政策的特定区域。自由贸易园区是从保税港区或保税区等海关特殊监管区域发展演变而来的，它除了具有自由港的功能之外，还可增加吸引外资、引进技术、开展工业加工、旅游服务、金融保险等多项业务，是扩大出口、增加就业和外汇收入的综合自由经济区⑰

①见商务部网站，http：//images. mofcom. gov. cn/wzs/accessory/200608/1154595128632. doc。又见国家发展和改革委员会《关于开展各类开发区清理整改前期工作的通知》，http：//www. sdpc. gov. cn/zcfb/zcfbtz/2012tz/t20121228_ 520926. htm。

②《山东省高新技术发展条例》《海口国家高新技术产业开发区条例》。

③《安徽省省级高新技术产业开发区暂行办法》。

④中国驻旧金山总领事馆经济商务室：《中国国家级经济技术开发区、边境经济合作区简介及名录》，http：//sanfrancisco. mofcom. gov. cn/article/sqfb/201308/20130800257597. shtml。

⑤毛新堂：《中国海关特殊监管区域发展现状及未来走势》，http：//www. stftz. gov. cn/news/info_ list. asp? id = 405，2007 年 12 月 28 日。另见海关总署网站，http：//www. customs. gov. cn/publish/portal0/tab38320/info10511. htm，访问时间：2013 年 12 月 1 日。

⑥2010 年 5 月 1 日起施行的《中华人民共和国海关保税港区管理暂行办法》。

⑦2010 年 5 月 1 日起施行的《中华人民共和国海关保税港区管理暂行办法》。

⑧陕西省财政厅税政处：《自由贸易区　综合保税区知识解读》，http：//tax. sf. gov. cn/index. php/2013 - 08 - 31 - 11 - 58 - 43/2008 - 2013 - 10 - 17 - 02 - 29 - 36. html，访问时间：2013 年 12 月 1 日。

⑨青岛海关：《支持省内特殊监管区域的申办、建设和转型升级》，http：//www2. customs. gov. cn/tabid/47838/Default. aspx，访问时间：2013 年 12 月 1 日。

⑩《国务院关于促进海关特殊监管区域科学发展的指导意见》。

⑪《中华人民共和国海关对保税物流园区的管理办法》。

⑫同上，见第 6 条。

⑬同上，见第 7 条。

⑭《〈全国物流园区发展规划〉发布　布局城市分为三级》，中国新闻网，http：//finance. chinanews. com/cj/2013/10 - 15/5383858. shtml，访问时间：2013 年 12 月 1 日。《发改委：禁止行“物流园区之名”　搞“商业地产”之实》，人民网，http：//finance. people. com. cn/n/2013/1108/c1004 - 23482148. html。

⑮吴震：《物流园区物流发展的“热中之热”》，http：//www. zgswcn. com/2002/0424/1423. shtml，2002 年 4 月 24 日，访问时间：2013 年 12 月 1 日。

⑯吴震：《物流园区物流发展的“热中之热”》，http：//www. zgswcn. com/2002/0424/1423. shtml，2002 年 4 月 24 日，访问时间：2013 年 12 月 1 日。另见中国政府官方网站，http：//www. gov. cn/zwgk/2013 - 10/16/content_ 2507929. htm，访问时间：2013 年 12 月 1 日。

⑰见中央人民政府门户网站，http：//www. gov. cn/zwgk/2013 - 09/27/content_ 2496147. htm，访问时间：2013 年 12 月 1 日。

自改革开放以来，工业园区在中国吸收利用外资、引进先进技术和管理经验、扩大对外贸易、促进产业集聚和工业发展、服务国家区域发展战略中有效发挥了窗口、示范、辐射和带动作用[①]。工业园区成为中国吸引外资、发展经济以及加强对外经济交流与合作的重要方式。园区的经济发展优化了中国的产业结构，提高了中国产品的竞争力，提升了中国企业的创新能力，促进了中国的对外贸易，扩大了中国全社会的就业率，最终带动了区域经济的活跃与发展。

然而，全国遍地开花的工业园区发展模式也产生了一系列问题，如在国家层面缺乏统一立法、园区统计数据缺失、园区企业空心化、违规违法圈地、重复建设、恶性竞争以及环境保护不达标等。

有鉴于此，本文从工业园区的发展与特点入手，分析评估工业园区存在的问题，最终提出发展工业园区的法律建议。

一　工业园区的发展与特点

（一）工业园区的发展

20 世纪 80 年代以来，工业园区在中国迅速发展，呈爆炸性增长趋势。

1. 经济技术开发区

从 1984 年 6 月经国务院批准开始设立国家级经济技术开发区以来，当前全国共有 190 多个国家级经济技术开发区[②]。此外，各省和省级以下人民政府还设立了数目众多的经济技术开发区。其中，省级经济技术开发区共有 700 多个[③]。以北京为例，北京市共有市级和市级以下经济技术开发区 40 余个[④]。随着经济技术开发区的不断扩大，园区内主要经济指标增速高于全国平均水平，对国民经济的贡献率也持续提高。国家级开发区地区生产总值在“十一五”

---

① 商务部外资司：《国家级经济技术开发区和边境经济合作区“十二五”发展规划（2011 ~ 2015 年）》，商务部网站，http：//www. mofcom. gov. cn/article/b/fwzl/201211/20121108455704. shtml，访问时间：2013 年 12 月 1 日。

② 根据中国开发区协会主办的中国开发区网（www. cadz. org. cn）所提供的数据整理。另见商务部网站，http：//www. mofcom. gov. cn/xglj/kaifaqu. shtml。

③ 根据中国开发区协会主办的中国开发区网（www. cadz. org. cn）所提供的数据整理。另见商务部网站，http：//www. mofcom. gov. cn/xglj/kaifaqu. shtml，访问时间：2013 年 12 月 1 日。

④ 根据北京市政府门户网站（www. beijing. gov. cn）所提供的数据整理。

期间年均增速达到23%，占全国的比重提高到7%，工业增加值所占比重达到12%，出口总额占比为16%，税收总收入占比为6%[①]。2010年，国家级开发区实现地区生产总值26849亿元，工业增加值18661亿元，出口总额2536亿美元，税收收入4650亿元[②]。

2. 高新技术产业开发区

1988年国家高新技术产业化发展计划——火炬计划开始实施，建设和发展高新技术产业开发区成为火炬计划的重要内容。从那时起，国务院先后批准的高新技术产业开发区总数达到105家[③]。此外，在火炬计划的推动下，各省也纷纷结合当地情况，积极创办省级高新技术产业开发区。随着高新技术产业开发区的发展，高新技术产业开发区对区域经济的贡献明显增强，一部分区内企业创造的工业增加值在其所在的城市中占有的份额也越来越大。科学技术部2006年统计的数据表明，高新区工业增加值达到城市30%以上的有21个；从高新区的国内生产总值（GDP）情况来看，高新区工业增加值占当地城市GDP达到20%以上的有11个[④]。

3. 保税区

自1990年5月国务院批准在上海设立第一个保税区以来，中国目前共设立15个保税区[⑤]。保税区扩大了对外开放，促进了国际贸易和经济繁荣。据统计，2012年全国保税区进出口额为2537亿美元，同比增长29.9%；其中出口额为875亿美元，同比增长47.4%，进口额为1662亿美元，同比增长22.3%[⑥]。

---

① 商务部外资司：《国家级经济技术开发区和边境经济合作区“十二五”发展规划（2011～2015年）》，2012年11月，http：//www.mofcom.gov.cn/article/b/fwzl/201211/20121108455704.shtml。

② 商务部外资司：《国家级经济技术开发区和边境经济合作区“十二五”发展规划（2011～2015年）》，2012年11月，http：//www.mofcom.gov.cn/article/b/fwzl/201211/20121108455704.shtml。

③ 见科学技术部网站，http：//www.most.gov.cn/gxjscykfq/，访问时间：2013年12月1日。另见中国开发区协会主办的中国开发区网，http：//www.cadz.org.cn/kfq/index.jsp? id = 624，访问时间：2013年12月1日。

④ 科技部：《2006年国家高新区发展态势》，http：//www.most.gov.cn/gxjscykfq/gxjstjbg/200706/t20070628_55334.htm。

⑤ 《农工党：尽快制定〈中国保税区管理条例〉》，http：//www.china.com.cn/ch-zhengxie/fazhi/1.htm，访问时间：2013年12月1日。

⑥ 中国保税区出口加工区协会秘书处编《2012年全国海关特殊监管区域进出口情况》，《中国保税区出口加工区协会简报》2013年3月8日，http：//www.cfea.org.cn/news/down.asp，访问时间：2013年12月1日。

在全国保税区所有贸易方式中，区域仓储物流货物进出口值为1549.2亿美元，进料加工货物进出口值为543.9亿美元，一般贸易货物进出口值为367.4亿美元，上述三种贸易方式进出口量占比为97%①。

4. 边境经济合作区

自1992年以来，国务院批准的边境经济合作区共有16个②。此外，中国还存在省一级的边境合作区，如在国务院出台《国务院关于支持云南加快建设面向西南开放重要桥头堡的意见》之后，云南成立了麻栗坡（天保）边境经济合作区以及腾冲（猴桥）、孟连（勐阿）、泸水（片马）和勐腊（磨憨）等6个省级边境经济合作区③。边境经济合作区对发展我国与周边国家和地区的经济贸易合作、繁荣少数民族地区经济发挥了积极作用。据不完全统计，2010年，边境合作区实现地区生产总值390亿元，工业增加值145亿元，工业总产值455亿元，出口50亿美元，税收收入41亿元④。

5. 出口加工区

2000年4月27日，国务院正式批准设立吉林珲春出口加工区等15个出口加工区⑤。为便于管理，国务院要求将出口加工区设在经其批准的现有国家级

---

① 中国保税区出口加工区协会秘书处编《2012年全国海关特殊监管区域进出口情况》，《中国保税区出口加工区协会简报》2013年3月8日，http：//www.cfea.org.cn/news/down.asp，访问时间：2013年12月1日。

② 根据商务部网站、人民网和新华网所提供的数据整理。见商务部网站，http：//www.mofcom.gov.cn/xglj/kaifaqu.shtml，访问时间：2013年12月1日。另见《国务院正式批复设吉木乃国家级边境经济合作区》，人民网，http：//xj.people.com.cn/GB/15747979.html，访问时间：2013年12月1日；《国务院正式批准在临沧设立边境经济合作区》，新华网，http：//yn.xinhuanet.com/gov/2013－10/17/c_ 132805951.htm，访问时间：2013年12月1日。

③ 《云南省人民政府关于加快推进边境经济合作区建设的若干意见》，http：//www.ynaefi.com/content.aspx？id＝518381418445。另见李秀中著《沿边开放升级版：边境经济合作区审批或开闸》，《第一财经日报》2013年10月16日，http：//www.yicai.com/news/2013/10/3046491.html，访问时间：2013年12月1日。

④ 商务部外资司：《国家级经济技术开发区和边境经济合作区“十二五”发展规划（2011～2015年）》，http：//www.mofcom.gov.cn/article/b/fwzl/201211/20121108455704.shtml，访问时间：2013年12月1日。

⑤ 珲春边境经济合作区网站，http：//www.hchzq.gov.cn/sqjj/ShowArticle.asp？ArticleID＝27，访问时间：2013年12月1日。

经济技术开发区内[①]。出口加工区推动了外向型经济的发展，促进了外贸出口，也增强了加工区内产品参与国际竞争的优势。据统计，2012年全国出口加工区进出口为1302.9亿美元，同比下降1%；其中出口817亿美元，同比降低3.1%，进口485.9亿美元，同比增长2.7%[②]。

6. 保税物流园区

自2003年12月以来，国务院批准设立了9家保税物流园区[③]。保税物流园区是保税区的升级版，相较于保税区，保税物流园区的政策优惠更为显著，功能优势更为突出，货物进出更为便捷。据统计，2012年全国保税物流园区进出口额为165.4亿美元，同比增长31.3%；在全国保税物流园区所有贸易方式中，区域仓储物流货物进出口值162.9亿美元[④]。

7. 保税港区

自2005年6月国务院批准设立第一个保税港区以来，全国共设立14个保税港区[⑤]。保税港区享有保税区、出口加工区和保税物流园区的相关税收和外汇管理政策。据统计，2012年全国保税港区进出口348.6亿美元；在全国保税港区所有贸易方式中，区域仓储物流货物进出口值289亿美元[⑥]。

8. 综合保税区

自2006年12月国务院正式批准苏州工业园区成为全国首个综合保税区以

---

① 根据2003年11月1日起施行的《海关对出口加工区监管的暂行办法》第2条的规定，为防止重复建设，出口加工区只能设在已经国务院批准的现有国家级经济技术开发区内，并由省（自治区、直辖市）人民政府报国务院批准。

② 中国保税区出口加工区协会秘书处编《2012年全国海关特殊监管区域进出口情况》，《中国保税区出口加工区协会简报》，2013年3月8日，http：//www.cfea.org.cn/news/down.asp，访问时间：2013年12月1日。

③ 这9家保税物流园区分别是上海外高桥保税物流园区、天津保税物流园区、大连保税物流园区、青岛保税物流园区、厦门象屿保税物流园区、深圳盐田港保税物流园区、张家港保税物流园区、宁波保税物流园区和广州保税物流园区。

④ 见中国保税区出口加工区协会秘书处编《2012年全国海关特殊监管区域进出口情况》，《中国保税区出口加工区协会简报》2013年3月8日。

⑤ 《福州保税港区获批》，人民网，http：//politics.people.com.cn/GB/14562/11682133.html。

⑥ 见中国保税区出口加工区协会秘书处编《2012年全国海关特殊监管区域进出口情况》，《中国保税区出口加工区协会简报》2013年3月8日。

来，当前全国共设有33个综合保税区①。综合保税区整合了海关特殊监管区域的所有功能政策，集保税区、出口加工区、保税物流园区以及港口的功能于一身。据统计，全国综合保税区2012年进出口额达到1712.9亿美元，同比增长50.7%；在全国综合保税区所有贸易方式中，进料加工货物进出口值为1030.6亿美元，区域仓储物流货物进出口值为535亿美元，上述两种贸易方式进出口占比合计为91.4%②。

9. 物流园区

物流园区最早于1998年出现在中国深圳③。当前，中国各类物流园区数共计754个④。根据国家发展和改革委等12个部委联合发布的《全国物流园区发展规划》，中国物流园区布局城市分为三级⑤。其中，一级物流园区布局城市包括北京、上海、广州、深圳等29个城市，二级物流园区布局城市有石家庄、温州等70个城市，三级物流园区布局城市具体由各省（区、市）参照条件，根据本省物流业发展规划具体确定，原则上应为地级城市⑥。根据中国物流与采购联合会和中国物流学会发布的《第三次全国物流园区（基地）调

① 见《中国加快综合保税区建设　提升对外开放水平》，新华网，http：//news. xinhuanet. com/fortune/2013－10/01/c_ 117579574. htm，访问时间：2013年12月1日。另见《国务院关于促进海关特殊监管区域科学发展的指导意见》，中国政府网，http：//www. gov. cn/zwgk/2012－11/02/content_ 2256060. htm。又见《中国海关新设特殊监管区域统一命名为综合保税区》，人民网，http：//politics. people. com. cn/n/2012/1102/c1027－19477070. html，访问时间：2013年12月1日。

② 见中国保税区出口加工区协会秘书处编《2012年全国海关特殊监管区域进出口情况》，《中国保税区出口加工区协会简报》2013年3月8日。

③ 中国物流与采购联合会、中国物流学会：《第三次全国物流园区（基地）调查报告（2012年9月）》，http：//www. simic. net. cn/userfiles/20120914/120914082748. pdf。

④ 中国物流与采购联合会、中国物流学会：《第三次全国物流园区（基地）调查报告（2012年9月）》，http：//www. simic. net. cn/userfiles/20120914/120914082748. pdf。另见李宛霖《12部委联手推出规划整治物流园乱象》，《中国房地产报》2013年11月23日，http：//www. china-crb. cn/resource. jsp? id = 17034。另见新华网，http：//news. xinhuanet. com/house/hk/2013－11－25/c_ 118281777. htm，访问时间：2013年12月1日。

⑤ 国家发展和改革委：《全国物流园区发展规划》，http：//www. gov. cn/zwgk/2013－10/16/content_ 2507929. htm，访问时间：2013年12月1日。

⑥ 国家发展和改革委：《全国物流园区发展规划》，http：//www. gov. cn/zwgk/2013－10/16/content_ 2507929. htm。另见《发改委有关负责人就全国物流园区发展规划答记者问》，中国新闻网，http：//www. chinanews. com/gn/2013/11－08/5481881. shtml。又见曹彪《让物流园区在健康有序的轨道上发展——对〈全国物流园区发展规划〉关键词的解读》，《现代物流快报》2013年10月22日。

查报告（2012 年 9 月）》，在有税收数据反馈的园区中，年纳税额超过 1000 万元的物流园区占 45%，年纳税额超过 1 亿元的物流园区占 21%①。

10. 跨境工业区

2003 年 12 月 5 日，国务院通过《国务院关于设立珠澳跨境工业区的批复》正式批准设立珠澳跨境工业区。目前园区共有注册企业 200 多家，总投资额 20 多亿美元②。

11. 自由贸易试验区

2013 年 9 月 18 日，国务院通过《中国（上海）自由贸易试验区总体方案》正式批准设立上海自由贸易试验区③。自由贸易试验区的范围涵盖上海外高桥保税区、上海外高桥保税物流园区、洋山保税港区和上海浦东机场综合保税区等 4 个海关特殊监管区域，并根据先行先试推进情况以及产业发展和辐射带动需要，逐步拓展实施范围和试点政策范围，形成与上海国际经济、金融、贸易、航运中心建设的联动机制。

各类工业园区数量统计见表 2。

表 2　工业园区数量统计

单位：个

	国家级经济技术开发区	国家级高新技术产业开发区	保税区	国家级边境经济合作区	出口加工区	保税物流园区	保税港区	综合保税区	物流园区	跨境工业区	自由贸易试验区
全国总数量	192	105	15	16	64①	9	14	33	754	1	1

①高国力：《重视海关特殊监管区整合发展》，《中国发展观察》2011 年第 12 期。另见国务院发展研究中心网，http：//chinado. cn/ReadNews. asp？ NewsID = 2501。

除了以上类型的工业园区，在中国，部分省份还设有两岸经贸合作区和扶贫经济开发区等，如浙江浙台（苍南）经贸合作区和浙江金磐扶贫经济开发区。

① 中国物流与采购联合会、中国物流学会：《第三次全国物流园区（基地）调查报告（2012 年 9 月）》，http：//www. simic. net. cn/userfiles/20120914/120914082748. pdf。

② 见珠海市投资促进局网站，http：//www. investzhuhai. gov. cn/qytuijieshow. aspx？ showid = 841&ttid = 47，访问时间：2013 年 12 月 1 日。

③ 见中央政府网站，http：//www. gov. cn/zwgk/2013 - 09/27/content_ 2496147. htm，访问时间：2013 年 12 月 1 日。

（二）工业园区的特点

1. 各工业园区均享有核心性政策优惠

工业园区为投资和投资者提供了平等待遇和优惠措施；入园企业能够享受税收（包括免征关税、公司所得税减免和增值税退税等）、土地、投资、外汇与金融、贸易进出口、海关、商检、行政审批和人才引进（包括户籍）等优惠和扶持措施；除了生产和加工以外，部分工业园区还拓宽了如仓储、运输、信息等商业和专业化服务领域；工业园区也为不同的投资与投资者提供了较好的投资环境、基础设施和服务设施（见表3）。这些优惠措施提高了园区内直接投资的竞争力，降低了商业准入和运营成本。

表3 工业园区优惠措施及相关法律法规

园区类型	优惠措施	相关法律法规
经济技术开发区	财政税收、土地、外汇与金融、进出口、人才引进（包括户籍等）、激励与奖励优惠等	国务院规范性文件，省级和省级以下地方性法规、地方政府规章和地方政府的规范性文件，如《上海市经济技术开发区条例》《贵州省开发区条例》《武汉经济技术开发区条例》等
高新技术产业开发区	投资、土地、财政税收、激励与奖励以及其他扶持政策等	国务院规范性文件，地方性法规、地方政府规章和地方政府的规范性文件，如《湖南省高新技术发展条例》《云南省高新技术产业开发区认定办法》《长春高新技术产业开发区条例》等
边境经济合作区	土地、税收及其他规费、财政扶持以及其他扶持政策（如银行贷款）等	国务院规范性文件，地方性法规、地方政府规章和地方政府的规范性文件，如《黑龙江省边境经济合作区管理条例》《满洲里边境经济合作区管理条例》《云南省人民政府关于加快推进边境经济合作区建设的若干意见》等
保税区	税收、简化海关和国检程序、外汇政策等	行政法规、部门规章以及国务院规范性文件，如《保税区海关监管办法》《保税区外汇管理办法》等；地方性法规、地方政府规章以及地方政府的规范性文件，如《上海外高桥保税区条例》《宁波保税区规划建设管理办法》等
出口加工区	税收（免税、保税和退税）、外汇管理、简化海关程序以及其他扶持政策（如银行贷款）等	行政法规、部门规章以及国务院规范性文件，如《国务院关于修改〈中华人民共和国海关对出口加工区监管的暂行办法〉的决定》《海关对出口加工区监管的暂行办法》《出口加工区加工贸易管理暂行办法》等；地方政府规章和地方政府规范性文件，如《北京天竺出口加工区管理暂行办法》《上海市出口加工区管理办法》等

续表

园区类型	优惠措施	相关法律法规
保税港区	适用保税区、出口加工区、保税物流园区的现行政策，包括税收、简化海关和检验检疫程序、外汇管理以及其他扶持政策	行政法规、部门规章以及国务院规范性文件，如《海关保税港区管理暂行办法》(2010年修正)等；地方性法规、地方政府规章和地方政府规范性文件，如《山东省青岛前湾保税港区条例》《天津东疆保税港区管理规定》等
综合保税区	适用保税区、出口加工区、保税物流园区、保税港区的现行政策，包括保税加工、保税物流仓储及进出口贸易、简化海关和检验检疫、外汇管理以及离岸账户等其他方面政策	国务院规范性文件，如《国务院关于促进海关特殊监管区域科学发展的指导意见》等；地方性法规、地方政府规章以及地方政府规范性文件，如《贵州开发区条例》《浙江舟山港综合保税区管理办法》《沈阳综合保税区管理办法》等
保税物流园区	适用保税区、出口加工区的现行政策，包括税收优惠、简化海关管理程序、贸易优惠措施、外汇管理等	国务院规范性文件和部门规章，如《国务院办公厅关于同意扩大保税区与港区联动试点的复函》《海关对保税物流园区的管理办法》(2010年修正)、《保税物流园区贸易管理条例》《国家外汇管理局关于保税物流园区外汇管理有关问题的通知》等；地方性法规和地方政府规范性文件，如《福建省促进现代物流业发展条例》等
物流园区	财政税收、土地、工商管理、交通优惠(如车辆养路费和过桥过路费减免)、人才引进、简化通关手续、融资扶持以及其他扶持政策	部门规范性文件，如《国家发展改革委、国土资源部、住房和城乡建设部等关于印发全国物流园区发展规划的通知》；地方政府规范性文件，如《重庆市人民政府关于认定重庆市重点物流园区的通知》等
跨境工业区	保税区政策、出口加工区政策	国务院规范性文件和部门规章，如《国务院关于设立珠澳跨境工业区的批复》《海关珠澳跨境工业区珠海园区管理办法》；地方法规、地方政府规章和地方政府规范性文件，如《珠海市珠海保税区条例》《珠海保税区管理委员会关于印发〈关于扶持珠澳跨境工业区珠海园区企业开展展销业务的暂行规定〉的通知》等
自由贸易试验区	投资(投资准入、投资待遇、投资项目备案、外商投资企业合同章程备案、工商登记、境外股权投资)、金融(银行、金融市场、期货、跨境再保险等)、贸易(包括融资租赁等)、航运服务、税收、简化海关和检验检疫程序、外汇等(简化的直接投资外汇登记手续等)	法律、国务院规范性文件以及部门规范性文件，如《全国人民代表大会常务委员会关于授权国务院在中国(上海)自由贸易试验区暂时调整有关法律规定的行政审批的决定》《国务院关于印发中国(上海)自由贸易试验区总体方案的通知》《中国人民银行关于金融支持中国(上海)自由贸易试验区建设的意见》；地方法规、地方行政规章和地方政府规范性文件，如《上海市人民代表大会常务委员会关于在中国(上海)自由贸易试验区暂时调整实施本市有关地方性法规规定的决定》《中国(上海)自由贸易试验区外商投资项目备案管理办法》等

2. 工业园区开发投资主体多元化，但通常由企业进行开发

有些工业园区在设立时以地方性法规方式明文规定可以采取多种形式对园区进行开发。以广州市为例，《广州经济技术开发区条例》规定，开发区内土地开发及各项基础设施和公共设施的兴建采取由开发区兴建或与广州市有关部门共同兴建、投资者与开发区及其企业合资或合作兴建以及投资者成片开发等3种方式[①]。又如，《上海市经济技术开发区条例》第8条规定，开发区公司按照市人民政府批准的发展规划，负责本开发区内的基础设施建设、土地房产经营，协助投资者兴办企业，并帮助联系水、电、气、通信等公用设施的供应工作[②]。再如，2012年7月施行的《贵州省开发区条例》第19条规定，开发区可以设立具备独立法人资格的经济开发实体进行招商开发和从事其他经济活动[③]。实践中，中国在建、运营的物流园区多数也是由企业作为投资主体建设和开发[④]。

3. 政府在工业园区实施行政管理权

以北京市和上海市为例，《北京经济技术开发区条例》第8条规定，市人民政府设立北京经济技术开发区管理委员会，代表市人民政府对开发区实行统一领导和管理[⑤]。《上海市经济技术开发区条例》第6条规定，上海市人民政府主管外国投资工作的部门是开发区的管理机构，对开发区行使组织管理职能[⑥]。

二　当前工业园区存在的问题

工业园区的发展在推动中国工业化进程、区域经济融合和对外经济技术合作与交流的同时，也存在一些需要引起重视的问题。

---

① 见《广州经济技术开发区条例》。

② 见上海市政府网站，http：//www. shanghai. gov. cn/shanghai/node2314/node3124/node3141/node3155/u6ai166. html。

③ 见《贵州省开发区条例》。

④ 中国物流与采购联合会、中国物流学会：《第三次全国物流园区（基地）调查报告（2012年9月）》，http：//www. simic. net. cn/userfiles/20120914/120914082748. pdf。

⑤ 见《贵州省开发区条例》。

⑥ 见《上海市经济技术开发区条例》。

（一）工业园区在国家层面缺乏统一立法

当前，中国多依据省级和省级以下地方性法规、地方政府规章和规范性文件调整工业园区的规划、设立和管理等事项。实践中，经济发达地区调整工业园区的立法层级较高，经济欠发达地区调整工业园区的立法层级较低，而国家层面多以规范性文件代替行政法规进行调整，立法层级过低，也缺乏统一立法。例如，中国对经济技术开发区、高新技术产业开发区、边境经济合作区、综合保税区、保税物流园区、物流园区等工业园区均以规范性文件而不是行政法规进行调整。这种粗放的管理模式已经不利于经济的进一步发展，有必要作出改变。另外，自1984年中国设立第一个经济技术开发区以来，发展工业园区已经在中国经历了约30个年头，从国家层面制定“工业园区条例”的时机已经成熟，也需要从国家层面进行顶层设计，依法进行管理。

（二）工业园区统计口径不一，统计数据缺失

在中国，由于工业园区涉及经济技术开发区、高新技术产业开发区、边境经济合作区、出口加工区、保税区、保税港区、综合保税区、保税物流园区、物流园区、跨境工业区和自由贸易试验区等多个类型，且由国家发展和改革委、商务部、科学技术部、海关总署等多个政府部门负责统计管理，因此很难保证统计数据的权威、统一、完整和准确性。由于统计数据的缺失，中央政府对工业园区的管理很难落实。例如，在2003年国家发展和改革委等政府部门根据国务院要求对省级及省级以下开发区进行清理整顿、撤销各类开发区4813个和核减开发区规划用地面积2.49万平方公里后①，2012年12月，国家发展和改革委不得不再次与国土资源部、住房和城乡建设部联合发文提出清理整改②。如不及时清理，“村村点火，镇镇冒烟”的历史场景恐怕有可能再次重演。

---

① 国家发展和改革委：《清理整顿开发区的审核原则和标准》，http：//www.sdpc.gov.cn/zjgx/t20050821_39784.htm，访问时间：2013年12月1日。另见《国家将从严审核拟保留的省级以下开发区》，新华网，http：//news.xinhuanet.com/zhengfu/2004-09/06/content_1948120.htm，访问时间：2013年12月1日。

② 国家发展和改革委：《关于开展各类开发区清理整改前期工作的通知》，http：//www.sdpc.gov.cn/zcfb/zcfbtz/2012tz/t20121228_520926.htm，访问时间：2013年12月1日。

（三）部分工业园区空心化

工业园区存在空心化有多重方面的原因。其一，工业园区为吸引投资和增强竞争力均采用了诸如税收、土地和资金扶持等多项政策优惠，没有制定过多的约束机制，这导致企业能够利用漏洞在完成登记享受优惠后就不再进行实质性直接投资，而选择在园区外进行商业活动。其二，工业园区容易受到所在地区经济的影响。以鄂尔多斯市为例，工业园区的开发建设与当地经济密切相关。由于鄂尔多斯市房地产经济的崩盘，工业园区受到严重影响，开工企业屈指可数，工业园区成为空架子①。其三，高新技术产业在全国仍然处于培育期，当吸引高新技术企业为目标的工业园区没有配套软服务时，也会导致工业园区的空心化出现。

（四）工业园区违规违法圈地现象突出

工业园区违规违法圈地现象在一定范围内大量存在。例如，国家发展和改革委有关负责同志就全国物流园区发展规划答记者问时就指出，由于缺乏统一规划和管理，部分地方脱离实际需求，盲目建设物流园区，片面追求占地面积和投资规模。一些市场和物流企业以物流园区的名义圈占土地，行“物流园区”之名，搞“商业地产”之实，与物流园区的发展宗旨背道而驰②。

（五）工业园区重复建设和恶性竞争严重

当前，有些省份工业园区数量众多，再加上各个园区产业结构趋同，不可避免地引起了低水平重复建设和恶性竞争的问题，从而严重制约了这些园区的竞争力提升。以安徽省为例，根据安徽省发展和改革委《2012 年全省开发区建设发展综述》的统计，安徽省开发区数量由 89 个增加到 175 个，平均每年新增开发区超过 12 个，全省每个市县有 1～2 个省级开发区，

---

① 《空荡的工业园》，《华夏时报》2013 年 3 月 27 日。

② 见《国家发展改革委有关负责同志就全国物流园区发展规划答记者问》，中国政府网，http：//www. gov. cn/gzdt/2013－11/08/content_ 2524401. htm，访问时间：2013 年 12 月 1 日。

再加上大量的乡镇工业集中区，低水平重复建设和恶性竞争问题难以避免①。

（六）部分工业园区环境保护不达标

工业园区在规划、建设、开发和运营阶段本应都涉及环境保护，然而部分工业园区由于片面追求经济增长，不重视环境保护，造成环境问题不断出现。这些问题包括环境保护规划缺失、入园项目忽视环境影响评估、环保基础设施不配套、项目混杂造成交叉污染、环境管理缺位等。以陕西省为例，根据陕西省环境保护执法局介绍，陕西省70多个县级工业园区80%以上集中污染处理设施不到位，规划环评不到位②。

三　发展工业园区的法律建议

鉴于当前工业园区在发展中存在着诸多问题，有必要通过以下方式促进工业园区健康发展，以发挥其积极作用。

（一）从国家层面加快制定“工业园区条例”，促进工业园区的依法管理

中国应当从国家层面加快制定“工业园区条例”，统一界定经济开发区、高新技术产业开发区、出口加工区、保税区、保税港区、综合保税区等不同类型的工业园区，加强工业园区的有效管理，从而为工业园区贸易、投资便利化和参与国际竞争提供法律框架。“工业园区条例”应规定园区的规划、设立、组织管理、投资与运营和优惠待遇、统计备案等事项，在与其他法律法规衔接

① 安徽省发展和改革委：《2012年全省开发区建设发展综述》，http：//www.ahpc.gov.cn/pub/content.jsp？newsId＝D8D48330－9079－4A3E－9C18－A6089743868E，访问时间：2013年12月1日。

② 见《陕西挂牌督办9起环境问题　工业园区污染成焦点》，中国新闻网，http：//www.chinanews.com/gn/2013/04－02/4695590.shtml，访问时间：2013年12月1日。另见人民网，http：//politics.people.com.cn/n/2013/0402/c70731－20995285.html，访问时间：2013年12月1日。

的基础上，内容还应包括土地、环境、财税、金融、海关、检验检疫、劳动保护以及其他能够促进工业园区可持续发展的投资激励措施等，使中央政府从实体和程序规则方面能够对工业园区建设和发展给予管理和指导。

（二）设立国务院工业园区协调机构，管理工业园区的设立、规划及统计备案

中国应在国务院层面建立工业园区协调机构，统筹管理经济技术开发区、高新技术产业开发区、出口加工区、边境合作区、保税区、保税港区、综合保税区等工业园区的设立申请、规划、审批和统计备案等，从而在一定程度上有助于减少工业园区的违法圈地、重复建设等问题。国务院工业园区协调机构每年应发布工业园区发展状况白皮书，统计分析全国工业园区的数量、发展成效、经济和发展指标完成情况以及存在问题等，为国务院制定相应发展政策提供参考，以便从制度层面上保证工业园区的健康发展。

（三）制定“工业园区发展最佳实践指南”，为发展工业园区经济提供经验指导

由于工业园区发展成功与否取决于政策和激励框架、园区定位、开发和管理等众多因素，因此简单依靠财税等激励容易引起工业园区空心化等问题。有鉴于此，中国应从国家层面尽快制定“工业园区发展最佳实践指南”，为各省和省级以下地方政府发展工业园区经济提供经验指导。“工业园区发展最佳实践指南”应本着成功可以复制的原则，详细解释国内外成功工业园区的政策、激励措施、行政监管和机构框架、园区设计、开发和管理实践等关键问题，并对照国内外工业园区发展失败的案例进行分析，从而解决中国工业园区开发的盲目性、空心化、低水平建设和恶性竞争等一系列问题。

（四）加强环境立法和执法，依法规范工业园区规划、建设、开发和运营中的环境保护问题

工业园区环境保护不达标与中国环境立法和执法中存在的问题密切相关。由于中国幅员辽阔和经济发展不平衡，各地对环境保护的重视程度并不一致，

在省级和省级以下层面立法和执法上存在差异。再加上中国在国家层面的现行环境法律也没有重视这种差异，因此环境法律实施效果不尽如人意，环境法成为了“软法”“软指标”和“花瓶”①。有鉴于此，现阶段中国应加强环境立法和执法，建立跨区域的环境执法部门，监督和检查地方环境执法工作，理顺法律关系，健全执法体制，重点关注包括工业园区等项目的环境问题，依法规范工业园区的环境不达标问题。

综上所述，中国应依法规范经济开发区、经济技术开发区、出口加工区、保税区、保税港区等工业园区的整合优化，促进工业园区的健康发展，从而更好地参与全球价值链的分配。当前，发展工业园区经济已经成为全球各国政府的共识。据统计，全球目前共有 135 个国家建立了工业园区，雇用人数多达 6600 万人②。2013 年 11 月 12 日十八届三中全会通过的《中共中央关于全面深化改革若干重大问题的决定》也指出，适应经济全球化新形势，必须推动对内对外开放相互促进、“引进来”和“走出去”更好结合，促进国际国内要素有序自由流动、资源高效配置、市场深度融合，加快培育参与和引领国际经济合作竞争新秩序，以开放促改革。有鉴于此，工业园区作为推动对外开放和区域经济发展的重要媒介，依法规范和引导使其健康发展是我国必然的选择。

① 见蔡守秋《国外加强环境法实施和执法能力建设的努力》，http：//www. sinoss. net/qikan/uploadfile/2010/1130/812. pdf。

② The Multi-Donor Investment Climate Advisory Service of the World Bank Group：SEZs-Performance，Lessons Learned and Implications for Zone Development，http：//www. google. com. hk/url，访问时间：2013 年 12 月 1 日。

B BLUE BOOK .10

环境决策中的公众参与

宦盛奎*

摘　要：

本文探讨了公众参与在立法、公共决策以及公共治理等方面的积极作用。在中国，环境决策中公众参与的兴起有其特定的历史背景。由于环境行政决策具有决策风险高以及涉及利益广泛的特征，公众参与环节不可或缺。近些年来，围绕着环境决策公众事件而形成的参与过程有其鲜明的特征，制度化的环境决策参与在取得较大成就的同时，也有着许多的不利因素掣肘。将有序有效的公众参与纳入环境决策过程当中，需要政府、社会与公众共同的努力。

关键词：

环境行政决策　公众参与　环保社会组织　新媒体

环境决策是指人们在环境保护活动中，运用科学的理论与方法，作出实现预定环境目标的若干决策方案，并从中选择出最佳的环境决策方案。一般而言，环境决策的主体包括立法、行政、司法等国家机关，其形式相应地包括环境立法决策、环境行政决策以及环境司法决策。本文的内容所针对的是环境行政决策，即行政机关就造成或可能造成环境损害的开发和利用环境与自然资源等行为所进行的判断与选择。

本文所论述的公众参与是一种新兴的、可规范的民主制度。一方面，公众参与的内容相当广泛，在立法、公共决策等各个方面都能够发挥应有的作用；

* 宦盛奎，北京林业大学人文与社会科学学院法学系。

另一方面，公众参与强调决策者以及利益相关人等的双向沟通，单方面为个人或群体利益表达意见的行为并不能称其为公众参与。

一 环境决策中公众参与的意义

公众参与在中国的兴起在20世纪90年代，21世纪初所发生的一系列公众参与事件使其成为中国社会的焦点之一。在环境决策中强调公众参与，不仅有一般意义上公众参与在中国兴起的原因，而且还有环境问题与公众的密切联系这一特殊因素。对于前者而言，在执政党强调以人为本、建设和谐社会的背景下，公众参与这一话题便提上日程，中国共产党的十七大报告、十八大报告当中都对公众参与进行了系统的表述。对于后者而言，公众对共有资源有着本能的保护意识，生态环保问题正在以前所未有的力度进入公共视野，平衡好公众诉求与经济发展的关系，已经是社会和谐稳定的重要因素。在此背景之下，环境决策当中的公众参与具有十分重要的意义。

（一）捍卫民众自身权利的需要

公众参与强调的是群众的权利与政府对此权利的保护，这只有在利益主体意识增强的基础上才能够发生。公众对共有资源有着本能的保护意识，2013年武汉大学互联网科学研究中心发布的《2013年一季度网络舆情报告》指出，第一季度网络舆情热度整体上升，其中对环境问题的关注度居高不下，体现了民众对环境问题的“零容忍”情绪。上海交通大学民意与舆情调查研究中心于2013年发布了首份中国城市居民环保态度调查报告，报告称多数中国城市居民对中国城市污染程度（包括水和食品）有强烈感受，将环境污染视为政府最应该解决的问题。对于环境问题的关注促使人们更强调保护自然环境，并且期待能够利用参与的方式使自己的权利受到更好的保护。

（二）在政府职能转变的背景下促使决策的民主化和科学化

计划经济之下，甚至在改革开放之后的一段时间内，政府在资源配置领域占据支配性地位，并由此产生了权力市场化、行政垄断等，造成了经济改革中产生的机会不公和结果不公。十八大提出的“建设职能科学、结构优化、廉洁高效、人民满意的服务型政府”，是中国新一轮机构改革必须坚持的价值导向和目标。以改善民生为重点加强与整合社会管理和公共服务部门是机构改革的主要任务。在政府职能转变过程中，重点是强调由管理到服务的转变，新的政府职责要求将重点放到原先较为欠缺的环境保护上来。

另外，管理主义的决策模式使得各级政府在决策中居于主导地位，其他社会主体参与不足，决策过程缺乏制衡机制。这导致决策更容易受到决策者个人偏好及利益主体的左右，从而偏离科学决策的轨道，更容易发生决策风险。决策科学化和民主化的提出有助于解决管理主义决策模式在现实生活中产生的问题，其中民主化决策则强调在进行涉及经济社会发展、人民切身利益的重大决策和项目时，应通过公示、咨询社会意见、听证会等方式来实现利益相关者的参与。了解公众的看法、意见和建议，集思广益，有助于实现决策的科学性。

（三）促进经济建设项目顺利进行

由于环境行政决策具有决策风险高以及涉及利益广泛的特征，引导公众尤其是环境组织团体积极参与决策，在一定程度上可以减少环境行政决策行为可能引发的困境。因为担心一些建设项目可能引发环境问题，在许多地方发生了为数不少的群体性事件，造成了巨大的经济损失。这些事件本身也体现了政府决策过程的不够合理，缺少与相关民众之间的互动了解。在公众参与环境决策能够得到充分保障的情况下，利害相关人可以及时了解建设项目的基本情况以及对于环境的影响程度，并能够充分表达自己的意见，这对于相关项目的决策和实施都是非常必要的。

二　环境决策中的公众参与十年（2003～2013）

中国环境决策当中的公众参与涉及执政党政策、政府公共管理、媒体、专家、企业、公众、非政府组织（NGO）等诸多角色的互动，考察其现状可以从许多角度进行。本文从如下三个方面来考查近些年来中国环境决策公众参与的发展：首先列举一些近些年来环境决策公众参与中具有较大影响的事件，其次讨论这些事件共同拥有的一些特征，最后总结十年来环境公众参与所取得的一些成就。

（一）近十年环境决策公众参与的典型事件

（1）怒江事件。针对在怒江地区建立水电站的问题，诸多专家和环保组织持反对意见，在2003年云南昆明召开的“怒江流域水电开发与生态环境保护问题专家座谈会”中各方意见争执不下。2004年，国务院暂缓该项目的进行。

（2）圆明园湖底防渗工程公众听证会。2005年4月，针对圆明园管理处在湖底铺设防渗工程，原国家环境保护总局举办了听证会，就该工程的环境影响问题听取各方面的意见。

（3）厦门PX项目事件。2007年6月，厦门市民以集体散步的形式抵制将要在此地兴建的PX化工厂。经过公众与地方政府的博弈，该项目迁往他地建设。

（4）PM 2.5监测事件。2011年，北京环保部门在雾霾笼罩京城的情况下，空气质量报告所显示的仍然是“轻度污染”，这引起公众的强烈不满。各方争论意见促使环保部门将PM 2.5纳入环境空气质量标准当中。

（5）什邡事件。钼铜项目经政府同意在什邡进行，民众担心由此引发的污染问题，并于2012年7月至市政府聚集，引发群体性事件。

（6）启东事件。2012年7月，为抵制排污入海项目，启东市民走上街头进行抗议，政府决定永久取消该项目。

（7）潍坊地下水污染事件。2013年2月，有人爆料称山东潍坊许多化工厂、酒精厂、造纸厂将污水通过高压水井压至1000多米下的水层，污染地下水，从而引发网络热议。山东省环保厅表示，这次网民反映企业排污导致地下水污染问题，尽管尚未发现确切线索，但对推动山东省水污染防治工作深入开展具有十分重要的意义①。

---

① 刘红杰：《山东环保厅称尚未发现“地下排污” 目前仍在调查》，《齐鲁晚报》2013年2月18日。

（二）近十年环境决策公众参与的特征

1. 外力推动

从以上列举的环境决策公众参与事件可以看出，所有这些事件都是由自下而上的压力促成的。这种压力型的公众参与，并不能够称得上是制度化的公众参与。

2. 环保社会组织活跃

国家环境保护部在其发布的《关于培育引导环保社会组织有序发展的指导意见（2010）》（环发〔2010〕141 号）中，将环保社会组织定义为“以人与环境的和谐发展为宗旨，从事各类环境保护活动，为社会提供环境公益服务的非营利性社会组织，包括环保社团、环保基金会、环保民办非企业单位等多种类型”。在上述事件当中，多家环保民间组织开始联合起来，为保护环境和生态、实现环境的发展目标而一致行动。中国的环保民间组织已由初期的单个组织行动，进入联合、合作的时代①。

环保社会组织主要通过以下几种方式影响政府的环保决策：参与国家环保法律法规、政策的制定，参与建设项目的规划和环境影响评价，参与对行政机关的执法监督，参与环境管理制度的实施，参与国际环保事务等。

3. 新媒体发挥特殊作用

新媒体就是能对大众同时提供个性化的内容的媒体，使传播者和接受者融会成对等的交流者，而无数的交流者相互间可以同时进行个性化的交流。近些年来，新媒体在公众参与当中起着相当重要的作用，出于相似的动机、共同的利益，新媒体中的微博、论坛将人们凝聚到一起，这种凝聚力的产生并不需要许多成本便可以实现。但新媒体在公众环境问题的解决中可能会产生一些消极的作用，如盲目性强、夸大甚至扭曲事实、恶意炒作等。

（三）近十年环境决策公众参与取得的成就

1. 不断完善的公众参与法制建设

2002 年 10 月 28 日，《环境影响评价法》正式通过。第 11 条明确规定，

---

① 李天宇：《环保 NGO，“配角”转向“主角”》，《记者观察（下半月）》2007 年第 6 期。

专项规划的编制机关应“征求有关单位、专家和公众对环境影响报告书草案的意见”。

2006 年 3 月 18 日，原国家环境保护总局发布《环境影响评价公众参与暂行办法》。

2008 年 5 月 1 日，《政府信息公开条例》和《环境信息公开办法（试行）》开始正式生效实施。

地方立法也在积极推动公众参与环境决策。例如，2005 年沈阳市人民政府发布《沈阳市公众参与环境保护办法》，被称为中国第一个公众参与环境保护的地方立法。

2. 地方经验的探索

嘉兴市环境保护局努力让公众监督成为推动环境保护的重要力量。嘉兴公众参与环保的形式多样：对环保信用不良企业是否摘帽拥有发言权。公众参与的“嘉兴模式”日益受到全国各地的关注①。

2012 年，江苏省南京市成立了一个“社会风险评估小组”，由 5 名随机抽取的非官方人士组成，对可能涉及社会稳定的建设项目或公共政策进行评估，评估结果将直接关系到相关建设项目的命运。

3. 公众环保意识增强，环保组织迅速发展

从 20 世纪 70 年代开始，中国的环保组织迅速发展，首先兴起的是由政府部门成立的环保组织，继而发展的是民间自发成立的环保组织。根据中华环保联合会 2008 年 10 月发布的《2008 中国环保民间组织发展状况报告》，中国环保民间组织总数已达 3500 余家。在新的社会条件下，民间环保组织相互支持，共同发展，在环境保护决策当中发挥了重要作用。

三　环境决策中公众参与面临的困境

在现实生活当中，公众参与环境决策过程往往会面临相当多的困难，需要采取措施予以保障。在发达国家，人们对公民参与公共政策的指责在于其造成

---

① 刘毅：《参与环保，公众有了否决权》，《人民日报》2010 年 11 月 25 日。

了公共政策的扭曲，公民往往不能理解政策质量标准中包含的知识，可能会导致公共项目运作成本的增加等。对于中国而言，非制度化的公民参与过程本身就成为制约其发展的瓶颈，具体表现为良好的参与愿望与传统行政理念制度供给不足之间的矛盾。由于公众在环境决策中的参与在中国发展的时间尚短，目前的参与更多的是一些孤立的点，许多的经验教训尚需进一步总结，以下仅对中国环境决策中公众参与所面临的困境进行初步总结。

（一）法律规范不够完备

中国的一些环境保护专门立法中，对公众参与环境保护进行了规定。①《水污染防治法》（1984 年制定，1996 年、2008 年修订）于 1996 年第一次修订中增加了“环境影响报告书中，应当有该建设项目所在地单位和居民的意见”的规定，这是公众参与原则正式在中国环境立法中加以体现。②《环境噪声污染防治法》（1996）规定，“环境影响报告书中，应当有该建设项目所在地单位和居民的意见”（第 13 条）。③ 2002 年全国人民代表大会常务委员会通过的《环境影响评价法》明确规定：“国家鼓励有关单位、专家和公众以适当方式参与环境影响评价。”④ 2006 年 2 月原国家环境保护总局发布了《环境影响评价公众参与暂行办法》，规定了公众参与的要求、组织形式等。

目前对于环境决策中公众参与法律保障的批评主要为：公众参与环境保护范围不够广泛，参与途径不够系统全面，公众参与缺少程序性规范，缺乏公众参与需要的环境信息支持以及“配套差、效力位阶低、重模仿轻创新的缺陷”，等等①。

公众参与的一个重要前提便是政府信息公开，2007 年 4 月，原国家环境保护总局发布了《环境信息公开办法》（试行）。该办法规定了政府和企业的环境信息公开、监督与责任等内容。但也存在一些问题，如规定“环保部门公开政府环境信息，不得危及国家安全、公共安全、经济安全和社会稳定”，这不可避免地会使公众的环境知情权受到许多不应有的限制。再如，该办法规

---

① 刘毅：《完善公众参与环保的相关法律》，《人民日报》2010 年 12 月 16 日；田飞龙：《公众参与：由制度原理到制度细节》，《群众·决策资讯》2013 年第 1 期。

定，环保部门有及时、准确地公开政府环境信息的义务，只有超标准、超总量排污企业才应该强制性公开其环境信息，更多企业对其环境信息可以自愿公开。这导致公众难以知晓众多企业的日常环境信息。

（二）传统行政观念的制约

传统行政观念把公民当成公共政策的客体，将公民接受和服从政府制定的公共政策视为理所当然。对于 GDP 的过分重视，现有行政管理的制度结构中对上负责的责任链条以及委任为主的人事任用方式，都很有可能使得行政部门将公众参与视为添乱之举。在这一情境下，所发生的公众参与事件多为事后被动参与，程序性的规定往往成为走过场。

1. 事后被动参与导致破坏性后果

许多引起公众事件的建设项目审批手续是合法的，而且得到了各级政府的支持，但是由于大规模的环境群体性事件，政府不得不向公众妥协，建设项目匆匆下马，造成了严重的政治损失和经济损失。其主要原因在于，公众无从了解项目审批和建设的完整真实信息，往往是在网络媒体广为曝光之后方有粗浅了解。这种非制度化的公众参与是难以为继的。

2. “走过场”的参与屡见不鲜

虽然中国公众有了一定的环境保护意识，但对环境问题的解决依然表现出政府依赖型，广大公众整体的知识水平参差不齐。在这样的情况下，如果政府缺乏让公众参与环境决策的诚意，很容易使参与成为走过场。要让公众切实有效参与，则必须赋予公民知情权、参与权、表达权、监督权等，只有这样，才能保障公众参与具备独立性、专业性和组织性，才能使得公众参与不致成为走过场。

（三）双重困境的出现

即使政府有听取公众意见的主观诚意，但在中国公众参与水平还不高的情况下，经常出现这样的情境：“参与者没有时间、精力或能力去了解涉及的政策问题，也没有充分、深入地参与政策辩论，这与理性决策的基本原则相悖。此时决策者就会左右为难：如果不采纳‘民意’，公众会抱怨决策者的傲慢和不真诚；如果遵从‘民意’，就会冒决策任由民粹的情绪和看法所左右的风险。”①

事实上，环境决策中公众参与还需要其他诸多角色的加入，如专家、环保民间组织以及媒体等等。在现实的参与过程中，存在着专家沦为利益集团代言人、环保民间组织专业性缺失以及少数新媒体恶意炒作等现象，这些现象加大了环境决策公众参与的难度。

四　改进方向

公众参与是信息时代政治社会生活不可或缺的一部分，在环保成为时代发展必然的今天，政府管理者对于公众参与行动的回避和无视都是不现实且不可取的。真正的问题在于如何将有序的公众参与纳入公共管理过程中，这要通过政府、社会与公众的共同努力来实现。

（一）政府应努力保障公众的环境决策参与权

政府保障公众的环境决策参与权是中国目前环境决策能够健康发展的重要基础。对于政府而言，与公众生活密切相关的环境公共决策应当广泛听取并尊重利益相关者的意见与建议。

1. 环境信息公开化

充分尊重公众的环境知情权和批评权，通过公布相关信息，将信息公开深入行政过程之中，满足公众的参与和监督需求。

2. 回应公众的诉求

这要求环境决策机关对公众意见及时进行分类处理，公布意见采纳情况，对于不采纳的需要提供合理理由。

3. 参与形式多样化

针对各种不同的环境决策，制定相应的公众参与形式、方法和技术。“民

---

① 李亚、李习彬：《从专家公众参与缺陷看公共决策失灵》，《学习时报》2013 年 7 月 29 日第 6 版。

意调查、座谈会、焦点小组、听证会……这些五花八门的公众参与形式采用哪种，参与者如何产生，如何发动和组织公众参与，参与的时机、程序和规则，都需要精心地安排和设计。否则，公众参与往往事倍功半，甚至劳而无功、事与愿违。”①

4. 促进环保民间组织的培育与发展

政府应鼓励和引导公众根据行业、兴趣实现组织化，允许公众结成一些非政治性的组织和团体，鼓励公众以多元的团体意见参与公共决策。

（二）企业、环保民间组织以及民众自身的要求

由于环境问题多数是由于企业的排污及利用自然资源引起，因此，企业应重视自身所承担的社会责任，应当依法督促企业执行强制性环境信息公开要求。

近些年来，环保民间组织在中国环境决策以及环境保护中发挥了积极作用。可以预期，随着中国公众环境意识普遍觉醒，公众对环保民间组织推动社会参与会提出更高要求，这要求环保民间组织应当根据社会发展积极调整自身的角色，提高组织动员社会公众广泛参与的能力②。

对于公众而言，一是要认识到环境治理是一个长期的过程，不可泄气倦怠；二是在环境决策中积极参与、理性对待，将对环境的美好愿望转化为制度创新的集体行动。

① 李亚、李习彬：《从专家公众参与缺陷看公共决策失灵》，《学习时报》2013 年 7 月 29 日第 6 版。

② 参见李天宇《环保 NGO，“配角”转向“主角”》，《记者观察》2007 年第 6 期。

B.11

中国灾害应急管理状况报告

常云云*

摘　要：

面对日益严峻的灾害形势，中国灾害应急管理成就显著，但也存在综合减灾能力弱、救援队伍结构不合理、风险防范意识滞后、物资储备体系不完善、应急预案实用性低及各方协调配合不力等问题。为此，需要通过改进灾害应急的立法模式，完善应急管理体制、协同联动运作机制和问责机制，规范应急预案的编制程序。同时，还需要加强专业人才培养和优化救灾物资储备体系，提高灾害应急管理的保障能力。

关键词：

灾害应急管理　应急体制　协同联动　应急预案

随着社会发展进程的加快和人口的增加，人为因素对自然环境的影响越来越大，中国再一次进入灾害群发期，人民群众的生命和财产遭受重大威胁与损失。仅2013年上半年，全国近900个区域重复受灾3次或3次以上，造成15247.4万人次受灾，782人死亡，245.1万人次紧急转移安置，14199.7千公顷农作物受损，直接经济损失高达1730.2亿元①。因此，有必要梳理中国灾害应急管理的现状，厘清其中存在的问题，提出灾害应急法治发展的对策，以最大限度地降低灾害损失，保障经济社会可持续发展。

---

* 常云云，中国政法大学法学院。

① 民政部国家减灾中心：《全国自然灾害基本情况分析（2013年上半年）》，《中国减灾》2013年第8期。

一　灾害应急法制的发展历程

灾害立法是实施灾害应急管理的基础。中华人民共和国成立之初就高度重视以中央政策文件形式确立灾害应急的相关制度。从 1949 年 10 月至 1966 年，先后发布《关于生产救灾的指示》《内务部关于生产救灾工作领导方法的几项指示》《内务部关于加强救灾工作的指示》《国务院关于进一步做好救灾工作的决定》《中共中央、国务院关于生产救灾工作的决定》《中央生产救灾委员会关于统一灾情计算标准的通知》《内务部关于加强查灾、报灾及灾情统计工作的通知》《内务部关于报告自然灾害内容的通知》《内务部关于加强发放夏荒救济款具体领导的通知》《抚恤、救济事业费管理使用办法》《关于加强生产自救、劝告灾民不往外逃并分配救济粮的指示》等。

经过 1967 ~1977 年救灾法律制度建设的停滞期后，民政部于 1983 年发布《民政部关于严格执行灾民生活救济款专款专用的原则的通知》，1987 年发布《民政部关于切实加强救灾款管理使用工作的通知》，1990 年发布《民政部、财政部关于妥善处理农村救灾保险超付资金问题的通知》《关于加强监督检查管好用好救灾款的通知》和《民政部关于加强灾情信息工作的通知》。全国人大及其常委会、国务院也相继出台了一大批法律法规，主要有《突发事件应对法》《自然灾害救助条例》《破坏性地震应急条例》《防震减灾法》《地震预报管理条例》《地震安全性评价管理条例》《地震监测管理条例》《防洪法》《水库大坝安全管理条例》《防汛条例》《森林防火条例》《草原防火条例》《气象灾害防御条例》《防沙治沙法》《抗旱条例》《地质灾害防治条例》《森林病虫害防治条例》《公益事业捐赠法》《蓄滞洪区运用补偿暂行办法》《人工影响天气管理条例》《汶川地震灾后恢复重建条例》《军队参加抢险救灾条例》《中央企业应急管理暂行办法》等。其中，于 2007 年 11 月 1 日施行的《突发事件应对法》，是国家应对包括自然灾害在内的突发事件工作走向法制统一的标志，也为灾害应急管理活动提供了整体上的指导。

另外，国务院办公厅于 2003 年“非典”危机后成立了应急预案工作小组，2004 年全国应急预案编制工作启动，2005 年开始陆续出台国家总体预案和各专项预案、部门预案①。预案体系的建立，对于提高各级人民政府灾害管理能力和工作效率、规范应急措施起到了保障作用。当前，除了《国家突发公共事件总体应急预案》外，国务院发布的自然灾害类专项应急预案共五件，分别为《国家自然灾害救助应急预案》《国家防汛抗旱应急预案》《国家地震应急预案》《国家突发地质灾害应急预案》《国家处置重、特大森林火灾应急预案》。此外，国务院相关部门也发布了大批灾害应急预案。

二　灾害应急管理现状

从新中国成立到现在的60余年里，国家在灾害管理上历经救灾、防灾减灾、综合减灾阶段，建立了当前的“一案三制”（“一案”是指修订应急预案，“三制”是指建立健全应急的体制、机制和法制）应急体系。这既有体制机制层面的培育，也有法制层面的创新，为有效应对自然灾害奠定了基础。对比2013年芦山地震和2008年汶川地震72小时黄金期的应急工作（见表1），可以看出无论是政府应急响应速度，还是专业救援队伍紧急抢险和救灾的应急能力都已经有了显著提高。

表1　芦山地震与汶川地震应急响应和救援用时比较

	信息传播	应急响应	开始救援	新闻发布会	第一批物资	供电	通信恢复
雅安市芦山县 2013.4.20 上午8:02 震级:7.0	53秒	17分钟	近3小时	3个半小时后	8小时左右	27小时	28小时
汶川县映秀镇 2008.5.12 下午14:28 震级:8.0	18分钟	1个半小时	6小时	26小时后	40小时	三天后	48小时

资料来源：张欢：《从汶川到芦山：应急救援之变》，载《小康》2013年第5期。

① 截至2012年底，全国（不含党委、军队系统）共编制各级各类应急预案550余万件，涵盖了自然灾害、事故灾难、公共卫生事件和社会安全事件四个领域。其中，国家总体应急预案1件，专项应急预案28件，部门应急预案156件。各级政府及社区（村）、企业、学校、驻外机构也都编制了应急预案，中央企业应急预案编制率达到了100%。参见国务院办公厅、国务院应急管理办公室《全国应急预案体系建设情况调研报告》，《中国应急管理》2013年第1期。

灾害应急管理工作的提升，首先得益于“统一指挥、综合协调”原则的具体落实。四川省在芦山地震发生17分钟后启动7级地震应急响应机制，成立以省委书记任指挥长、省长任副指挥长的抗震救灾指挥部，并迅速形成省、市、县三级上下联动的指挥体系，由省级统筹指挥，市级具体安排，县级保证落实。而“分级负责、属地管理”原则也使得指挥决策更加科学。国务院领导人员在完成了灾情判断、现场指导、群众慰问、士气鼓舞的工作之后，及时离开灾区，由四川省统一指挥和负责，中央各部门承担协调、支持和保障功能。这既发挥了地方政府信息充分、响应快速的长处，又发挥了中央协调与资源调动能力强的优势。

其次，以抢险、搜救、救护、救助、捐赠为主要内容的救灾应急社会动员机制的完善，增强了资源整合的能力。国家已组建抗洪抢险应急部队、地震灾害紧急救援队、核生化应急救援队、空中紧急运输服务队、交通电力应急抢险队、海上应急搜救队、应急机动通信保障队、医疗防疫救援队、气象保障应急专业队等9类5万人的国家级应急专业力量；各军区依托现役和预备役部队组建了4.5万人的省级应急专业力量；并将全国划分为8个应急救援的协作区，视灾情变化而依次启动当地、协作区内、跨协作区的应急响应机制①。

再次，救灾物资储备体系的建立也为灾害应急提供了重要的物质基础。1998年张北地震后出台了《民政部、财政部关于建立中央级救灾物资储备制度的通知》，并在2011年《国家综合防灾减灾规划（2011～2015》中明确要求，多灾易灾地区的省、市、县各级人民政府按照实际需要建设本级生活类救灾物资储备库，形成分级管理、反应迅速、布局合理、种类齐全的四级救灾物资储备网络。国家现已在17个交通枢纽城市设立中央救灾物资储备仓库，各个省和92.7%的地级市、80%的县建立了救灾物资储备点，并建成4116个综合减灾示范社区。中国红十字会总会也建立了6个区域性备灾救灾中心、15个自然灾害频发地区省级红十字会备灾救灾中心或物资库②。

另外，应急预案质量的提高也保障了灾害应急管理的实效。针对不同自然

---

① 参见国务院2013年4月16日发表的《中国武装力量的多样化运用》白皮书。资料来源：http://www.gov.cn/jrzg/2013-04/16/content_2379013.htm，访问时间：2013年10月14日。

② 参见李立国《中国应对重大自然灾害取得显著进步》，《求是》2013年第10期。

灾害的等级，各类应急预案已经基本实现“横向到边、纵向到底”。2008 年汶川地震后，各地区、部门围绕如何增强应急预案的针对性、实用性和可操作性，相继出台应急预案管理办法，对应急预案的编制内容、程序等进行规范；并组织开展了应急演练，通过演练查找问题，完善和修订预案，有的地方还编制预案操作手册，极大地保障了灾害应急管理工作的快速、有序进行。

最后，科学技术的积极运用推进了灾害应急管理工作的发展。2012 年 5 月 24 日科学技术部印发《国家防灾减灾科技发展“十二五”专项规划》，要求通过研究相关前沿科学技术、更新减灾救灾技术装备、加强灾害信息化建设，有力推动灾害应急管理从过去人工操作为主的粗放方式向精确精细方式的转变。《国家综合防灾减灾规划（2011 ~ 2015）》也要求运用科技力量实施灾害防治重大工程，提高台风早期预警水平，并加强农林病虫害和森林草原火灾的监测预警能力建设。

三　灾害应急管理中的主要问题

尽管中国当前的灾害应急管理已经有较大的改善，但仍然面临着严峻挑战。全球气候的显著变化，自然灾害的时空分布、损失程度和影响深度更加难以预见；自然灾害引发次生、衍生灾害的风险不断增大。在城镇，人口密度的增加，基础设施承载负荷的加大，使得灾害对城市的影响日趋严重；而在农村，由于经济社会发展相对滞后，设防水平偏低，农村居民抵御灾害的能力依旧较弱。虽然灾害的发生不是人力所能控制的，但是人们可以通过规范合理的措施来努力减少损失，关键在于厘清灾害应急中存在的问题，总结经验与教训。

（一）综合减灾管理能力有待加强

国家在灾害应急处置过程中，基本采取以灾害种类和属地政府为主的应急管理模式，但由于纵向上缺乏全程跟踪的部门，容易造成措施混乱。同时，由相关行政管理部门分别提供应急资源保障的模式，难以突破原有行政管理框架，资源信息无法有效沟通并快速建立高效的应急指挥体系。而且部门各自建立适用于本行业领域的应急信息系统，信息资源缺乏标准化的描述和定义，既造成重复建设，也对部门之间的数据共享、交换和更新形成障碍。以芦山地震为例，来自当地、省内、省外、军队、武警、非政府组织等的医学救援队伍，由于隶属关系、专业化程度不同，在现场执行医学救援任务时，统筹指挥协调不力，造成各自为政、现场医学救援资源分布不均的现象。

（二）部分企业灾害应急缺乏制度保障

对于自然灾害进行的某些专业处置，政府和军队的作用有限，必须依赖该行业中居于垄断地位的大型国企来具体实施。但作为实施应急处置的主体，它们在采取紧急措施时却没有法律上的明确依据，也没有相应的资金保障。诸如电网企业在2008年南方雪灾抢修电力设施时，需要开辟道路深入偏远地域，这就不可避免地对部分耕地、林地、树木加以占用和破坏。但电网企业并无紧急征用的权力，对此形成的损害还将依法承担侵权赔偿责任。

（三）救援队伍结构不合理

救援队伍中医疗人员数量远远少于实际需要，而且绝大多数的应急医学救援队伍由各个医疗机构临时抽组成立，分别来自日常医疗的各个专业，许多人未经过专业应急医学救援培训，救治知识与技能相对欠缺。各地均缺乏融搜索、营救与医疗于一体的专业救援队伍，对于各救援队伍的后勤和资金保障还欠缺完善的法律制度，灾害救援的延伸性和持续性受到影响。而各种灾害的医疗救援程序、阶梯、时段、急救技术、人员和装备标准等共性问题，也需要与国际惯例接轨。

（四）政府与民间力量对接不畅

在救灾行动中，越来越活跃的民间力量未能获得政府较好的引导和支持，两者的对接与沟通协调有待加强。国家对于民间力量参与应急行动需要建立一套成熟的协调机制作为保障，在长期互动中识别不同组织的应急能力和专长，筛选合适的志愿者组织参与相应的救援任务，使其形成政府救援力量的有益补充。否则，志愿者到达灾区后难以较好地发挥作用，甚至还会妨碍救援效果。

（五）灾害预防意识淡薄

国家能源的规划和布局不合理，使得东南地区对西北地区形成能源依赖，一旦西北地区发生灾害，则会造成东南地区交通、电力和经济的瘫痪。铁路运输装备配置在实现铁路干线的电气化之后，纷纷淘汰内燃机车，形成对电力的绝对依赖，一旦停电就会导致大面积停运，加剧了交通运输问题。对于应急设备的重点研制、购买、配备也缺乏可用于应对多种灾害的多功能设备。这些都是危机预防意识淡薄的结果。而以增强社会风险意识和自救互救能力为目标的应急宣传、教育和演练机制的不完善，也使得受灾民众的自救互救程度较低，存在消极等待政府和军队救援的情况。

（六）救灾物资储备体系不合理

中央储备库多分布在东部和中部地区，西部分布较少，救灾物资储备库既存在重复建设，又存在覆盖盲区。如果灾害引发较大范围的交通瘫痪，将影响救援物资的及时送达。各类储备由各个系统和部门管理，缺乏有效协调机制和跨地区、跨部门的协调预案，难以从整体上合理规划储备品种、数量，对需要紧急调用的物资分布状况无法准确掌握，导致应急响应过程中相关信息被条块体制阻隔而传递过慢。另外，中国救灾物资储备几乎是单一的实物储备形式。虽然地方政府也开始尝试合同储备，但对于双方权利和义务的规定并不明确，而对于生产能力储备形式也缺乏明确的规范和有效的监管手段。

（七）应急预案的可操作性有待提高

当前的灾害应急预案体系建设还存在重数量轻质量、重编制轻使用问题，特别是其实用性、针对性和可操作性有待进一步提高。这可归因于法律法规对应急预案的内涵、功能没有统一的表述，造成不同层级应急预案的内容缺乏明确界定。在编制预案前，未能对灾害的风险隐患和可调用应急资源进行系统分析，没有进行情景模拟和假设，也没有组织相关部门充分讨论，使得应急处置措施缺乏可操作性，造成单一部门措施多、综合协作措施少，后方指挥措施多、前方组织措施少等突出问题。

四 灾害应急管理的改进对策

《国家综合防灾减灾规划（2011～2015）》为灾害应急管理的未来发展提出了明确的目标，要求自然灾害发生12小时之内受灾群众基本生活得到初步救助。但灾害应急管理的现状与该目标之间仍然存在巨大差距。以“一案三制”为基础的应急体系，虽然可以充分发挥各职能部门的专业优势，但对于不确定性较强的复合型灾害危机仍然应对乏力，无法完成救援力量和资源的实质性整合。因此，完善灾害应急管理体制和运作机制，强化对灾害应急管理的统一指挥、综合协调、科学决策、有力执行，提高政府应对灾害的组织能力，成为灾害应急管理的改进方向。

（一）根据区域灾害发生特点，注重风险防范

由于灾害应急管理体系只能控制事态，不能减少造成灾害的风险，因此还需要根据区域特点注重灾害的风险管理。应以县级为单位开展自然灾害风险与减灾能力调查，摸清区域风险隐患，建立完善数据库，将防灾减灾与区域发展规划、主体功能区建设、产业结构优化、生态环境改善紧密结合起来，进一步加强重大自然灾害的工程防御能力，提高城乡建筑和公共基础设施的设防标准，并积极利用学校、公园、体育场等，建设或改造城乡应急避难场所。同时还需要完善防灾减灾社会动员机制，根据灾害对不同社会群体所产生的不同影响，确立减灾、救灾和风险防范的措施和步骤，并建立“自下而上”的公众参与机制、利益表达机制和信息收集机制，健全恢复重建评估制度和重大项目听证制度，实现“群防群治”的灾害管理主体格局。

（二）完善应急管理体系，健全协同联动机制

政府不同部门之间、政府与民众之间协同联动机制的不完善，造成抢险救灾工作的延误和受灾影响加重。因此需要进一步强化国家减灾委员会的综合协调职能，健全地方政府防灾减灾综合协调机制，并建设国家综合减灾与风险管理信息平台，以加强各级相关部门防灾减灾信息互通、共享与协同服务，实现

灾情、决策、指挥、物资调运等各类信息的及时发送与传递。在建立国家综合防灾减灾数据库时，注重完善信息动态更新机制。可以尝试依托国家统一的电子政务网络，以及人口信息库、法人单位信息库、空间地理信息库等基础信息资源，通过完善信息化手段，实现相关部门灾害业务的协同与资源共享。

（三）明晰责任分工，健全问责机制

地方政府“重救轻防”观念普遍，使得政府在灾害应急中被动处置。因此需要把应急管理作为政府常态管理和问责事项中的关键部分加以考察。当前问责的重点是应急管理中的行政不作为或者行政失当，而从灾害风险、灾害应对关系来看，问责的重点应该是风险制造的主体。如果仅就灾害应急而问责，必然造成权责不对等。因此需要进一步明确各级政府、职能部门和岗位人员的责任分工，理顺在灾害风险制造、灾害管理过程中的权责关系，保障灾害应对问责机制的有效运转。同时，还应将专家和媒体纳入问责主体范围，增强问责的社会性，提升灾害问责的反思和学习效果，转变政府、组织和个人灾害风险管理理念。

（四）优化物资储备体系，提高应急保障能力

针对救灾物资储备库存在重复建设和覆盖盲区问题，应当统筹规划并合理调整现有的救灾物资储备分布结构，特别加强中西部储备库建设，并建立统一的救灾物资管理平台，提高救灾物资管理的信息化水平。同时，应当出台相关法规明确规定合同储备和生产能力储备各方职责，丰富应急物资储备形式，提高物资调配效率。另外，还应出台鼓励企事业单位、社会组织和家庭参与救灾物资储备的政策措施，构建多元主体共同参与的储备体系，将集中的救灾物资储备方式改为集中与分散相结合的储备方式。

（五）完善预案编制程序，增强预案可操作性

灾害应急预案是相关体制机制的重要载体，也是法律规范的必要补充，需要切实提高各级各类应急预案的可操作性。预案制订之前，应当针对自然灾害特点，识别致灾因素，分析可能引发的次生、衍生灾害，评估各种危害程度，

提出控制风险、治理隐患的具体措施；还应当切实调查第一时间可调用的应急队伍、装备、物资等资源状况和合作区域内可请求援助的资源状况，为制订应急响应措施提供真实依据。另外，动员群众参与预案制订和完善工作，使预案的制订成为排查安全隐患、普及应急知识、凝聚各方力量的过程。政府还应当建立和完善应急演练制度，灵活采取实战演练、桌面推演、“双盲”演练（不预告时间、地点）方式，根据演练情况完善应急预案。

（六）培养专业人才，加强救援队伍建设

针对灾害应急中医疗救护人员数量和专业素质方面的问题，应当对现有医疗机构人员定期开展针对性训练和技能培训，同时整体推进防灾减灾人才培养战略，扩充队伍总量并优化结构，注重发挥各类专家在防灾减灾工作中的作用，建立“一队多用、专兼结合、军民结合”的救灾抢险队伍。当前，国家各类专业救援队伍是按各自部门要求，配备装备和开展训练、演习工作，因此需要在指挥结构、管理体制、术语、装备和系统接口方面相互统一，实现在灾害应急中的快速协调。同时还需要充分发挥社会组织、社区和公众在灾害应急整个过程中的作用，完善志愿者认证与许可制度，并对其加强培训和演练，提高应急能力。

（七）改进立法模式，完善法律体系

当前灾害应急管理存在的问题，大多可归因于现有法律法规针对性强、行业色彩突出的特点，针对不同灾害类型进行单项立法和部门立法，而缺乏综合性灾害应急法律，未能对政府各部门之间、政府和社会之间的协同联动作出具体规范，也缺失了对灾害应对共同规律的总结。《突发事件应对法》虽然对此作出规定，但在协调合作、资源保障方面过于笼统，缺乏可操作性，因此需要出台具体的实施细则、办法相配合，保障职权明确、体制顺畅。可以采用“一事一法”与“一阶段一法”相结合的立法模式，后者具有立法数量少、成本小的特点，有利于最大程度地整合各方资源，发挥统一指挥的优势。

B.12

2013年中国公共卫生法治发展报告

蔡乐渭*

摘　要：

公共卫生事关每个公民的切身利益，其法治化程度如何，关系到公众健康可否得到有效保护。本文分析了2013年中国公共卫生法治状况。2013年公共卫生管理体制经历了重大变革，传染病与职业病防治法治化有较大发展，食品安全法治在严峻形势下也有进步，公共卫生信息公开工作平稳开展。为有效推进公共卫生工作，应从立法与执法等多个角度促进公共卫生的法治化。

关键词：

公共卫生　法治　公民权利

从字面上看，"公共卫生"是"公共"的卫生，申言之，其义当为"公众的健康"。在中国，对公共卫生这一概念的具体含义，并不存在正式的官方权威定义，但仍有官方文件涉及公共卫生的内涵。例如，2003年颁布的《突发公共卫生事件应急条例》第2条规定：本条例所称突发公共卫生事件（以下简称突发事件），是指突然发生，造成或者可能造成社会公众健康严重损害的重大传染病疫情、群体性不明原因疾病、重大食物和职业中毒以及其他严重影响公众健康的事件。2003年，时任国务院副总理吴仪曾指出，"按照一般定义，公共卫生就是组织社会共同努力，改善环境卫生条件，预防控制传染病和其他疾病流行，培养良好卫生习惯和文明生活方式，提供医疗卫生服务，达到

---

* 蔡乐渭，首都师范大学政法学院。

预防疾病，促进人民身体健康的目的”[①]。国家卫生和计划生育委员会（下称“国家卫生计生委”）《关于做好 2013 年国家基本公共卫生服务项目工作的通知》所附“国家基本公共卫生服务项目一览表（2013 年）”则包括建立居民健康档案等 11 项内容。由此可见，对公共卫生内涵的认识并不完全一致，按最宽泛的界定，甚至一般意义上的环境卫生也可包括在公共卫生概念之内。结合近年来国家公共卫生与公众健康法治发展的实践，本文认可将公共卫生广义上界定为“公众健康”，而在讨论的具体内容方面，则以卫生计生部门公共卫生工作职责为主线，主要包括公共卫生管理体制、疾病预防与控制、职业病防治、食品安全等方面。

一　公共卫生体制变革

2013 年 3 月，第十二届全国人大一次会议通过的《国务院机构改革和职能转变方案》明确，为优化配置医疗卫生和计划生育服务资源，整合卫生部的职责、国家人口和计划生育委员会的计划生育管理和服务职责，组建国家卫生和计划生育委员会，其主要职责是，统筹规划医疗卫生和计划生育服务资源配置，组织制定国家基本药物制度，拟定计划生育政策，监督管理公共卫生和医疗服务，负责计划生育管理和服务工作等。

6 月份，国务院办公厅公布了《国家卫生和计划生育委员会主要职责内设机构和人员编制规定》（下称“三定方案”）。根据“三定方案”，国家卫生计生委承担的职责包括 18 个方面，其中涉及公共卫生的包括：负责制定公共卫生规划、计划和措施并组织落实；负责制定职责范围内的相关公共卫生管理规范、标准和政策措施，组织开展相关监测、调查、评估和监督；负责组织拟定并实施基层公共卫生发展规划和政策措施，完善基层公共卫生服务体系，提高服务质量，等等。

在国家卫生计生委之外，涉及公共卫生工作的中央国家机关主要有国家质量监督检验检疫总局、国家食品药品监督管理总局和国家安全生产监督管理总

① 吴仪：《加强公共卫生建设　开创我国卫生工作新局面》，在 2003 年全国卫生工作会议上的讲话。

局。国家卫生计生委与这些国家机关的关系是：在分工的基础上进行合作，完善公共卫生合作机制。比如，有关与食品药品监管局的分工，国家卫生计生委负责食品安全风险评估和食品安全标准制定，会同食品药品监管局等部门制定、实施食品安全风险监测计划，食品药品监管局应当及时向国家卫生计生委提出食品安全风险评估的建议；需要制定、修订相关食品安全标准的，国家卫生计生委应当尽快制定、修订。

公共卫生体制的改革目前还局限于中央层面，在地方层面改革如何开展还有待机构改革进一步推进，但根据相关的法律、政策与行政惯例，地方公共卫生主管机关的组建及其与相关行政机关和其他社会主体的关系，应当与中央层面相差无几。上下级公共卫生主管机关之间的法律关系，则会延续目前的指导关系。而具备一定公共卫生职责的省级以下质量监督检验检疫机关，其上下级关系在经历了十余年的垂直管理之后，也正在逐渐恢复指导与被指导关系。

二　传染病防控

传染病防控是公共卫生工作的重要内容。2013 年度最为人们关注的传染病是 H7N9 型禽流感。这一传染病不仅在禽类间传染，还会由禽类传染到人类，甚至在人与人之间传染。在上海、北京、河南、安徽、浙江、江苏等多个省份都有人感染 H7N9 型禽流感的报告。这一疾病将如何发展、产生什么样的危害都有待进一步的观察。

国家有关部门对 H7N9 型禽流感的防控工作高度重视。疫情发生后，国务院多次召开会议研究部署疫情防控工作，决定建立由国家卫生和计划生育委员会牵头、多部门参加的应对人感染 H7N9 型禽流感疫情联防联控工作机制。2013 年 4 月 3 日，国家卫生计生委下发《关于加强人感染 H7N9 禽流感疫情防控工作的通知》，其中特别指出，要“高度重视，坚持依法科学防控”，加强医疗救治工作，加强监测和实验室检测等防控工作，做好信息报送和发布工作。在此后的工作中，卫生计生委又多次下文，要求加强防控工作的制度化与规范化建设，提高防控的实效。

作为一种已被证实将会对公众的健康产生重大危害的传染病，有关机构对禽流感采取有效措施进行防治是必需的。但在一个法治社会中，有效措施的采取也应该限定在法治的轨道之内，这样方可有效保障公民的权利，长远来看，也只有这样方可有效推进传染病的防治。应当说，相关机构在应对禽流感的过程中已尽量按照《传染病防治法》等相关法律的要求采取了措施。但客观而言，目前在 H7N9 型禽流感的防治过程中仍有一些做法是值得注意或改进的。比如，在 H7N9 型禽流感爆发后，是否及时将其纳入“突发公共卫生事件”各级疾病预防控制机构是否主动收集、分析、调查、核实 H7N9 型禽流感的相关信息，并依法及时报告、通报和向社会公布？一些地方所采取的防控措施是否属于《传染病防治法》所规定的隔离措施？采取这些措施是否符合法定的权限并遵循法定的程序？对禽类的捕杀是否符合法律的规定？是否给予当事人以合理的补偿？

除 H7N9 型禽流感防控工作之外，其他传染病防控工作的法治化也在推进。比如，2013 年 2 月 20 日，卫生部公布了《结核病防治管理办法》，于 3 月 24 日起施行。这一行政规章对结核病的防治进行了规范，明确了防治的机构及其职责，规定了预防的手段与措施，确立了肺结核患者发现、报告与登记制度，规定了肺结核患者的治疗与管理措施，同时建立了相应的监督管理制度。

三　职业病防治

随着经济的发展，近些年来，职业病在中国有蔓延之势，严重危及广大劳动者的身体健康。在此背景下，职业病防治也受到了社会各方面的关注，成为公共卫生的重要方面。早在 2001 年，全国人民代表大会常务委员会就通过了《职业病防治法》，2011 年又进行了较大规模的修订。为贯彻落实新修订的《职业病防治法》，卫生行政等机关拟对 2002 年公布的《职业病目录》进行调整，调整后的名称拟定为《职业病分类和目录》，仍然将职业病分为十大类，但对其中三类职业病的分类名称作了调整，即将原尘肺病改为职业性尘肺病及其他呼吸系统疾病、将原职业中毒改为职业性化学中毒、将原生物因素所致职业病改为职业性传染病。

新修订的《职业病防治法》被认为仍有不足之处。首先，劳动者的职业史、职业病危害接触史仍然需要通过冗长的一裁二审程序，劳动者没有被赋予申请行政机关开展调查的权利。其次，这些条款的落实仍待现实的考验，即使职业病诊断、鉴定机构向安监部门提出了申请，安监部门如果不进行调查，也并无直接的法律后果加以约束①。为完善与规范职业病的诊断与鉴定，卫生部通过了新的《职业病诊断与鉴定管理办法》，对诊断机构、诊断与鉴定程序、监督管理机制等进行了明确规定。该办法的实施，将对劳动者权利的保护起到积极的作用。

在职业病中，尘肺病是当前最主要的职业病。据卫生部报告，截至2010年底，全国累计报告职业病749970例，其中尘肺病676541例，占比90%。而有关专家调查发现，能够做职业病诊断并在疾病控制中心登记的，仅为尘肺病患者的10%~20%②。而据公益组织“大爱清尘”网站报告，目前中国至少有600万名尘肺病农民工需要救治。大规模的尘肺病给劳动者带来了巨大痛苦，已经成为一个严重的社会问题，甚至导致刑事案件③。更为重要的是，按照现行制度设计，尘肺病属于职工工伤保险范畴，但目前大部分涉尘企业属小企业，很多没有为职工缴纳工伤保险，致使农民工得尘肺病后难以通过工伤保险基金得到医疗救助，同时尘肺病也不在新型农村合作医疗保障范围内，绝大部分农民工尘肺病人无法负担高昂的医疗费。因此，在2013年全国两会上，有代表提案，要简化尘肺病职业病诊断、工伤认定流程，对患者提供医疗和生活救助，解决历史遗留问题④。

四　食品卫生法治

食品安全事关每一位公民的切身利益，但近年来，食品安全领域状况频

---

① 参见黄乐平、叶明欣《〈职业病防治法〉修改经三次修订七点改变》，http://www.voc.com.cn/article/201112/201112311448458542.html。

② 潘琦：《尘肺之痛》，《法治周末》2013年2月6日。

③ 2013年8月8日，青岛某仪器设备厂张昌年（男，24岁，山东沂南人）因与本厂发生尘肺病鉴定纠纷，在本单位负责人金某陪同下，到省卫生厅办理职业病鉴定手续过程中，因情绪激动与金某发生争执后将金某劫持。

④ 苏晓洲、刘良恒：《谢子龙代表建议将尘肺病纳入城乡医保》，新华网，http://news.xinhuanet.com/2013lh/2013-03/08/c_114946882.htm。另参见刘璞、石小磊、仇惠栋《多名代表将联名建议将尘肺病纳入医保》，《扬子晚报》2013年3月7日。

出，引起了人们的极大担忧。2013 年以来，形形色色的食品安全问题更是层出不穷，从奶粉到方便面，从大米到饮料，从超市到快餐店，几乎每天都有有毒有害食品被曝光。2013 年上半年，全国食品中毒人数 2212 人，死亡 42 人。

国家对食品安全问题不可谓不重视，也采取了多种措施，健全食品安全法治。1995 年 10 月，第八届全国人民代表大会常务委员会第十六次会议通过了《食品卫生法》，建立了食品安全法治的基本框架。2009 年 2 月 28 日，第十一届全国人民代表大会常务委员会第七次会议通过了《食品安全法》，取代《食品卫生法》，自 2009 年 6 月 1 日起施行。

为应对日趋严峻的食品安全形势，2013 年 4 月 7 日，国务院办公厅印发了《2013 年食品安全重点工作安排》，提出要全面排查隐患，深化治理整顿，严惩违法犯罪，加强应急处置；并提出要健全食品安全责任追究制，依法依纪严肃追究重大食品安全事件失职渎职责任。国家卫生计生委也采取了一系列措施，推进食品安全工作，下发了《关于进一步做好食品安全相关工作的通知》《关于进一步加强食品安全风险监测工作的通知》等文件。

在规范建设方面，2013 年 1 月 7 日，卫生部印发了《食品安全事故应急预案（试行)》，5 月 31 日，国家卫生计生委颁布了《新食品原料安全性审查管理办法》。在食品安全标准制定方面，国家卫生计生委不断加强食品安全标准工作，食品安全标准体系建设初见成效。为指导各地做好食品安全标准工作，国家卫生计生委还于 9 月份专门下发了《关于加强食品安全标准工作的指导意见》，要求各地依法履行食品安全标准工作职责，加强食品安全地方标准工作。此外，卫生计生委还于 2013 年 7 ~ 11 月在全国范围内开展了以饮用水卫生和餐饮具集中消毒单位为重点的公共卫生专项监督检查。

五　信息公开与法制宣传

政府信息公开是法治建设的一个重要方面，对规范行政权力的行使，维护公民、法人与其他组织的合法权益具有重要意义。对公共卫生而言，政府信息的公开更具有特别重要的价值，甚至直接影响到公共卫生可否得到有效保护。2003 年实施的《突发公共卫生事件应急条例》专章规定了报告与信息发布制度，规定国务院卫生行政主管部门负责向社会发布突发事件的信息。必要时，可以授权省、自治区、直辖市人民政府卫生行政主管部门向社会发布本行政区域内突发事件的信息。2008 年实施的《政府信息公开条例》明确将公共卫生信息纳入了政府信息公开范围。2004 年修订的《传染病防治法》也规定国家建立传染病疫情信息公布制度。

2008 年后，公共卫生主管部门按照《政府信息公开条例》的要求，编制《政府信息公开指南》，通过网站和平面媒体等多种渠道公开相关政府信息，并发布年度政府信息公开工作报告。政府信息公开中，要公开与公众切身利益直接相关的传染病的疫情信息、食品安全信息以及突发公共卫生事件信息。公共卫生主管部门汲取了早年因信息不公开而导致疫情扩大的教训，加强了这方面的信息公开工作。国家卫生计生委于 2013 年 3 月 30 日确诊人感染 H7N9 型禽流感病例，第二天就发布了详细的疫情信息。4 月 3 日下发的《关于加强人感染 H7N9 禽流感疫情防控工作的通知》进一步要求做好信息报送和发布工作。在食品安全信息方面，公共卫生主管部门也加强了对食品安全信息的发布工作。公共卫生信息的及时公布，对增强人们对政府的信任、改善政府的形象，保护公共卫生、维护公民权利，乃至对维护社会稳定都起到了重要的作用。

2013 年，公共卫生法治宣传工作也得到推进。4 月底开始，国家卫生计生委、人力资源和社会保障部、国家安全生产监督管理总局、全国总工会 4 部门开展了 2013 年《职业病防治法》宣传周活动。10 月份，又组织了 2013 年精神卫生宣传活动。10 月 15 日，国务院防治艾滋病工作委员会办公室部署在第 26 个“世界艾滋病日”前后开展系列艾滋病防治宣传活动。一系列法治宣传活动的开展，对促进公共卫生法治的完善起到了积极的促进作用。

六　存在问题与未来展望

（一）存在的问题

概言之，2013 年公共卫生法治在体制变革、疾病防控和食品安全的维护等方面都取得了一定进展，使得公共卫生工作更趋于规范化、更符合法治的要求，但在其发展过程中也存在一些不足与问题。

首先，多年来纠缠于中国各行政机关间的职能界定不清问题在公共卫生领域仍有反映。例如，在职业病防治方面，卫生计生部门是职业病防治的主要管理机关，但安全生产监管部门、人力资源与社会保障部门同样也具有相应的职责，这些机关之间的关系如何理清、工作如何协调，需要进一步明确。在食品安全监管方面，《食品安全法》第 4 条和第 6 条对相关行政机关之间的分工已有所规定，要求各部门加强沟通、密切配合，按照各自职责分工，依法行使职权，承担责任。但在实际工作中，这些部门如何沟通、协调与配合仍有待进一步明确。

其次，有关公共卫生防治行政措施的法律规定仍不完善。例如，按照《传染病防治法》第 39 条的规定，对甲类传染病的病人、病原携带者、疑似病人，及与上述人员有密切接触者，可实施强制性的隔离治疗。但该法并未规定甲类以外的传染病暴发时，可对相关人员采取隔离措施。尽管按照《突发公共卫生事件应急条例》第 41 条的规定，对传染病暴发、流行区域内流动人口，突发事件发生地的县级以上地方人民政府对传染病病人和疑似传染病病人，应当采取就地隔离、就地观察、就地治疗的措施。但该条例作为行政法规，其本身并不能作出有关限制公民人身自由的规定，而强制隔离具有限制公民人身自由的性质是没有疑问的。换言之，按现行法律的规定，仅对甲类传染病的相关人员才可实施隔离措施。但在实践中，发生禽流感等乙类传染病疫情时，一些地方往往对相关人员采取隔离的措施。这种措施若非当事人的自愿配合，在法律上是没有依据的。

再次，在政府公共卫生职责方面，目前的法律与政策还存在不完善之处。例如，尘肺病作为当前最为突出的职业病，患者权利的保护仍有严重不足之处，许多患者既不能通过工伤保险途径得到救助，也不能在医保范围内得到治疗。特别是在广大的农民工患者群体中，因尘肺病而陷入困境的为数众多，许多人因病致残、因病致贫。

最后，由于公共卫生事关广大公众的切身利益，因此在维护公共卫生的过程中，如何达致公共卫生维护与公民权利保护之间的相对平衡仍然是个重要的问题。比如，当发生严重的传染病疫情之后，信息的公开是必要的，但在此过程中，也应充分考虑公民隐私权的保护。一方面，应将疫情信息告知公众，保证他们的知情权，也促进公众主动采取相关防护措施；另一方面，对疫情信息的公布，是否应具体到患者的姓名、职业、家庭住址等个人信息也应慎重考虑。又如，当有人罹患严重传染病后，到底是否应采取隔离措施、在什么范围内采取隔离措施、应采取什么样的隔离措施，都应予以慎重权衡，将类似隔离的防控措施限定在必要的范围，不对公民权利造成不必要的损害。

（二）未来展望

根据公共卫生法治发展过程中存在的问题与不足，考虑到中国法治化建设的整体趋势，中国公共卫生法治应推动以下方面的工作。

1. 进一步理顺公共卫生体制，明确相关行政机关的公共卫生职责

本届政府实施的机构改革，一个基本的理念取向就是，按照市场经济的要求转变政府职能，理顺行政体制。国家层面的公共卫生体制变革，也体现了这一理念。在公共卫生管理实践中，必须严格贯彻这一理念，明确政府与市场关系，努力解决多年以来纠缠于公共卫生领域各相关行政机关的职能界限问题，尽量减少可能出现的职能不清、相互争权扯皮和相互推诿等现象，以各行政机关之间清晰的职责、明确的责任、密切的合作，促进公共卫生管理工作的高效化与法治化。

2. 进一步完善法律体系，使公共卫生行政真正做到依法行政

如前所述，当前一些行政措施是保障公共卫生所必需的，但由于法律规定并不完善而处于无法可依的情形。为此，应对相关法律进行修订和完善，为公共卫生行政工作提供法律依据。比如，针对在传染病防治方面某些必要的隔离措施于法无据的现状，可考虑尽快将某些传染病纳入甲类传染病，或附条件地规定某些乙类传染病暴发时也可采取隔离措施。这样一方面可防控公共卫生风险，有效维护公共安全，另一方面也可保护公民的权利，并保证行政行为的合法性。

3. 通过立法和执法等多方面手段加强对公民权利的保障

仍以前述有关尘肺病患者的救治问题为例，当前仍有众多的患者几乎得不到任何途径的救助，部分患者只能寄希望于民间慈善组织的帮助，甚至只能无

望地等待死亡的降临。这种境况不符合现代社会公民生命健康权保障的基本要求，更不符合我们所追求的社会主义价值。对此，无论是从人道的角度，还是建设服务型政府的角度，都有必要通过立法，将尘肺病患者的医疗与救助纳入财政保障的范围，使之成为政府的法定职责，有效保障患者的合法权益。对其他类似的疾病患者，也同样需要通过立法和执法等手段，对其权利予以最低限度的保障。

4. 在公共卫生维护与公民权利保护之间寻求相对平衡

维护公共利益是政府的职责所在，但在公共利益与公民权利之间应取得适当与必要的平衡。在公共卫生行政过程中，当公共利益与公民个人利益存在冲突可能时，相关行政主管机关应严格按照依法行政的要求开展公共卫生工作，切实履行职责，保证公共利益得到有效维护；同时也要注意到，公共利益是公众的利益，最终要落实到公民个人身上，因此要在工作过程中注意保护公民权利。比如，在政府信息公开与公民隐私权保护方面、在公民人身自由权利保障和防止传染病扩散等方面，都应按照法治的原则，通过正当的途径，进行必要的利益权衡，达到两者间的有效平衡。

B.13

慈善法治现状与完善

赵千羚　田　禾*

摘　要：

2013年是慈善组织蓬勃发展的一年，特别是民间慈善组织更加积极地参与到慈善活动中。本报告总结了慈善组织的分类、管理体制，进而分析了慈善组织的发展现状以及法治环境，并通过调研15家慈善组织的网站建设情况，梳理了慈善组织的信息公开情况，对如何让慈善组织健康有力发展提出了建议。

关键词：

慈善组织　法治

慈善有广义与狭义之分。狭义的慈善，系传统意义上的慈善，是指社会公众建立在自愿基础上对于社会弱势群体的无偿救助行为，通常指的是给生活贫困或遭遇其他困难的当事人提供帮助、救济和施舍的行为。广义的慈善，是指建立在社会捐献基础上的民间社会性救助行为，不仅包括传统意义上对特定弱势群体的帮助、扶助，而且也包括对教育事业、科学研究、文化体育发展、环境保护等的支持和捐助。本报告的“慈善”取广义概念。

向善之心自古有之，尤其是随着人们生活水平的提升，越来越多的人希望参与慈善活动，回报社会。但是，人们又面临系统化、专业化慈善机构不足，想做慈善但路径有限的问题。此外，近年来，个别慈善组织运行中出现的问题引发了舆论批判。如何依法管理和引导慈善活动越来越引发人们的关注。

---

* 赵千羚、田禾，中国社会科学院法学研究所。

一 中国当前的慈善组织类型

按照慈善组织与国家的关系，当前，中国慈善组织大体可以分为以下三种类型：一是具有官方身份与背景的慈善组织，由政府扶持和培育，部分属于事业单位，享受事业单位待遇①，如中国红十字基金会、中国青少年发展基金会等；二是具有合法身份的民间慈善组织和基金会，前者主要是指依据《社会团体登记条例》在民政部门登记注册的民办组织，后者由专门的《基金会管理条例》进行调整和规范；三是未经登记以“非法形态”存在的慈善组织。

据民政部统计，截至2012年底，全国共有社会组织49.9万个，比上年增长8.1%。全国共有社会团体27.1万个，比上年增长6.3%。全国共有基金会3029个，比上年增加415个，增长15.9%，其中：公募基金会1316个，非公募基金会1686个，涉外基金会8个，境外基金会代表机构19个；民政部登记的基金会199个；公募基金会和非公募基金会共接收社会各界捐赠305.7亿元（截至2013年8月21日，基金会总数达3275家，其中公募基金会1354家，非公募基金会1921家）②。全国共有民办非企业单位22.5万个，比上年增长10.1%③。

二 中国慈善组织的管理体制

1. 准入机制

慈善组织的准入方面，目前由三部行政法规加以规范，即《社团登记管理条例》《民办非企业单位登记管理条例》《基金会管理条例》。基金会是指利用自然人、法人或者其他组织捐赠的财产，以从事公益事业为目的，依法

---

① 根据资金来源，中国事业单位分为三种：全额拨款单位、差额拨款单位、自收自支单位。

② 《2012年社会发展统计公报》，http://cws.mca.gov.cn/article/tjbg/201306/20130600474746.shtml，最后访问日期：2013年8月21日。

③ 基金会中心网，http://cws.mca.gov.cn/article/tjbg/201306/20130600474746.shtml，最后访问日期：2013年8月21日。

成立的非营利性法人，以公益性、非营利性为特点，以财产活动为中心①。基金会与社团组织的不同在于，基金会的设立以财产为基础，社团是由会员组成的，所以基金会由专门的法规来管理。《民办非企业单位登记管理条例》第2条规定，民办非企业单位，是指企业事业单位、社会团体和其他社会力量及个人利用非国有资产举办的，从事非营利性社会服务活动的社会组织。

从这三部行政法规来看，慈善组织的设立需具备的条件有资金、人员、场所、组织机构等。关于资金，公募基金会中全国性的原始基金不低于800万元人民币，地方性的原始基金不低于400万元人民币，非公募基金会的原始基金不低于200万元人民币，原始基金必须为到账货币资金，全国性的社会团体要求有10万元以上活动资金，地方性的社会团体和跨行政区域的社会团体要求有3万元以上活动资金。关于民办非企业单位，无明确规定。《浙江省民办非企业单位管理暂行办法》规定，举办法人类民办非企业单位的注册资金不少于3万元，国家规定的标准高于3万元的，从其规定。法人类民办非企业单位在省登记管理机关申请登记的，其注册资金不少于20万元；在设区的市登记管理机关申请登记的，其注册资金不少于10万元；在县（市、区）登记管理机关申请登记的，其注册资金不少于3万元。

慈善组织实行双重管理。即无论是社会团体组织还是基金会，设立都需要找一个业务主管单位，需经过业务主管单位审查同意，然后才可在民政部门登记。大量草根组织找不到业务主管单位，只能成为“黑户”。

2. 管理部门

中国有多个管理部门对慈善组织的各项活动进行管理。根据《公益事业捐赠法》《基金会管理条例》，至少有民政、审计、财政、税务、海关、中国人民银行等部门负有管理职责。在设立和日常管理中，民政部门承担等级管理职责，业务主管单位对慈善组织进行日常管理和业务指导，审计部门和中国人民银行主要对慈善组织的财务进行审计、年度报表的审查工作。税务部门和海关主要是对公益性捐赠的所得税扣除、公益救济捐赠所得税扣除进行管理。目

① 彭小兵：《公益慈善事业管理》，南京大学出版社，2012，第60~61页。

前，中国慈善组织涉及的制度主要有慈善组织准入制度、信息披露制度、捐赠管理制度、税收优惠制度等。

三　慈善管理存在的问题

1. 政府定位不准，干预过多

慈善是民间的行为，政府只需做好保障慈善事业发展的政策性指导和制度规范，其他的应主要通过慈善组织自治、自律以及社会监督予以实现。目前政府对慈善组织的管理更多带有家长式作风。

第一，慈善组织需要接受业务部门和民政部门的双重管理。这种管理模式把大量慈善组织拒之门外。业务主管单位出于不想承担责任的考虑，不同意慈善组织挂靠或者设置层层关卡限制慈善组织。已经注册的慈善组织由于要受双重监督管理，官僚色彩浓厚，导致自身发展受限。据清华大学非政府组织研究中心 2009 年的统计，未经注册的民间慈善组织在全国有 100 多万家，其中，以企业形式存在的有 20 多万家。面对公益慈善组织的大门，这些慈善组织只能望而却步。大量民间草根慈善组织由于没有合法身份，活动受限，知名度低，筹款难度大，没有社会影响力。

第二，政府主导慈善募捐，限制慈善组织发挥作用。政府主导慈善募捐体现了政府背景慈善组织的特权现象严重。有公募权的大型官方背景的慈善组织可以吸纳大部分的慈善资源，而大量民间慈善组织却只有小部分慈善资源，这种资源不均衡的现象致使大量的善款得不到有效使用，造成资源闲置浪费。而且，绝大部分人是在自然灾害发生时，在政府机关的发动下，通过工作单位、学校等进行捐赠，公众严重缺乏日常捐赠的意识和自愿性。不仅如此，政府主导的募捐往往演变为变相强捐。政府背景的慈善组织向各机关、企事业单位、学校等发出倡议，机关和企事业单位、学校等在内部开展捐款活动，最后由机关和企事业单位交给慈善组织。这种捐款一般都是记名式的，一般人往往迫于领导或者舆论的压力捐款，更像是在“抢钱”，这难免让人们产生恐惧和厌恶的心理，与慈善的初衷背道而驰。而募捐的数额也跟单位与政府的亲疏有关，政府部门、事业单位、国有企事业单位的募捐数额会远远多于其他捐款主体。

这种募捐行为极易被人指责为违反了《公益事业捐赠法》关于“捐赠应当是自愿和无偿的”的规定。这样的捐赠扭曲了慈善本来的特性——社会性，没有慈善的“心”，只有被迫捐的“款”。有些地区把募捐纳入日常工作考核，按照威海市民政局的说法，该市募捐工作出现“你追我赶的生动局面”。在威海市民政局提供的《威海市2007年“慈善月”活动实施方案》中“保障措施”一款明确要求：建立考核制度。市考核办制定具体的考核办法，将各单位的捐助情况列入目标绩效考核[①]。再如，广东东莞慈善总会下发红头文件，要求公务人员每个月捐10元钱，绑定银行卡，这种规定时间规定钱数的“倡议”很难不让人质疑[②]。如果说这些强捐还穿有“倡议”和“宣传”的外衣，那么2013年全国两会期间的某个人大代表的提议更像“明抢”，该人大代表指出，“每个人的工资，必须要有一笔钱进行慈善公益，就像现在纳税一样”[③]。直接“帮”你做慈善，省去你自己捐赠的程序，而且每个月都“帮”，钱数你也不用操心，“一条龙服务”，至于钱怎么用的，最后去了哪里，想必也不用“每个人”“操心”了。而与此相反的是，很多社会组织不具备公募资格，无法募集到可供慈善组织运行的资金，有的社会组织由于资金来源与国家政策相违，未能通过年检。

第三，行政命令粗暴干涉慈善活动，明显违法。《民政部关于做好玉树“4·14”地震抗震救灾捐赠工作的通知》第一条规定，考虑到当前灾区救灾需求情况，各省（自治区、直辖市）民政厅（局）可根据情况决定开展救灾捐赠活动；开展接收救灾捐赠的机构限定为各级民政部门及其下设的捐赠接收机构、各级红十字会、各地慈善会，除此之外，其他机构不得开展救灾募捐，已接收救灾捐赠的，要转交上述单位。2010年7月7日，民政部、发改委、监察部、财政部、审计署联合下发《青海玉树地震抗震救灾捐赠资金管理使用实施办法》，要求包括扶贫基金会在内的13个有募捐资质的全国性基金会，须将捐赠资金拨付青海省民政厅、红十字会、慈善总会任一账户。而集中汇缴

① 《威海以行政方式募捐 24位政府领导捐5.3万元》，《成都日报》2007年6月14日。

② 余明辉：《“红头文件”规定的“月月捐”不叫强捐?》，荆楚网，2011年10月24日。最后访问时间：2013年12月20日。

③ 张丹、武威：《强扣慈善款不可取》，《广州日报》2013年3月5日。

后的资金，将由青海省统筹安排使用；具体项目的组织落实，亦由青海省统一负责。而根据2010年5月27日国务院发布的《国务院关于支持玉树地震灾后恢复重建政策措施的意见》，红十字会、慈善总会等机构，捐赠资金须直接拨付到青海省，连同青海省接收的捐赠资金，统一纳入灾后恢复重建规划，由青海省统筹安排用于恢复重建。玉树地震后，民政部根据下属民间组织管理局的评级，发文确认了15家可展开救灾募捐的社会团体和基金会。这种做法的依据不得而知，“通知”里面说得也并不明确，一句“考虑到当前灾区救灾需求情况”轻松带过。这种捐赠款项交由指定的慈善机构并且由“青海省”统筹安排使用的规定，与《公益事业捐赠法》第12条显然背道而驰。根据该条规定，捐赠人有权决定捐赠的数量、用途和方式。

要改变这种状况，必须转变观念，合理定位，重新审视政府与慈善组织的关系。慈善丑闻不仅会使慈善组织的公信力降到谷底，政府与慈善组织的关系越密切，受到的影响也会越大。

2. 立法层级较低、存在监管盲区

目前中国关于慈善组织、慈善活动以及相关的慈善规范分散在多部法律法规当中，全国各地也纷纷出台了自己的地方性法规，如《宁波市慈善事业促进条例》《江苏省慈善事业促进条例》。同时，深圳市的《深圳经济特区慈善事业促进条例（送审稿）》也正在积极征求意见。但是，没有国家的上位立法，地方立法不能进行根本性的突破。

3. 慈善捐赠税收优惠制度未落实

慈善捐赠税收优惠制度未落实，是制约慈善事业发展的重要阻碍因素。目前，中国慈善捐赠税收优惠法律规定无可操作性和公平性，甚至形同虚设。

就可操作性而言，与慈善有关的税收减免政策主要规定在《公益事业捐赠法》《个人所得税法》《企业所得税法》中，《公益事业捐赠法》仅笼统规定公司和其他企业以及自然人和个体工商户的捐赠财产用于公益事业的，依照法律、行政法规的规定享受优惠，但缺乏具体明确的操作规则。《个人所得税法实施条例》第24条规定，捐赠额未超过纳税义务人申报的应纳税所得额30%的部分，可以从其应纳税所得额中扣除。《企业所得税法》第9条规定，企业发生的公益性捐赠支出，在年度利润总额12%以内的部分，可允许在计算应纳税所得额时扣除。此法规只规定了减免比例，并没有规定具体的减免程序和计算方法。而且，个人减免规定中的应纳税所得额是每个月还是每年并不清楚。

税收优惠的公平性也存在问题。对于慈善组织的税收优惠方式有两种：一是慈善组织自身的经营所得给予减免税，二是捐赠人给慈善组织捐赠之后对其所得税的抵扣。实践中，企业、事业单位、社会团体以及个人等只有通过公益性社会团体、慈善基金会或者县级以上人民政府及其部门向社会公益事业捐赠，才可享受扣除优待。2000年7月12日《财政部、国家税务总局关于企业等社会力量向红十字事业捐赠有关所得税政策问题的通知》（财税〔2000〕30号）规定：企业、事业单位、社会团体和个人等社会力量，通过非营利性的社会团体和国家机关（包括中国红十字会）向红十字事业的捐赠，在计算缴纳企业所得税和个人所得税时准予全额扣除。《财政部、国家税务总局关于向中华健康快车基金会等五家单位的捐赠所得税税前扣除问题的通知》（财税〔2003〕第204号）、《财政部、国家税务总局关于向宋庆龄基金会等6家单位的捐赠所得税税前扣除问题的通知》（财税〔2004〕第172号）也是有针对性地进行税收优惠规定的文件。根据上述文件，可获得税收优惠政策的只有上述带有官方背景的慈善组织，其他的慈善组织则没有任何捐赠优惠。这样带来了严重的不公平，既不利于促进社会捐赠的积极性，又使其他慈善组织缺乏税收激励机制，限制了自身的筹款。

4. 慈善组织内部管理参差不齐，财务透明严重缺失

财务透明是慈善组织的自身管理水平与发育程度的重要衡量指标。在财务透明方面，有的慈善机构有专门的网络平台发布信息，有的慈善机构通过微博进行信息公开，还有的没有通过任何媒介给公众提供相关信息。需强调的是，如果捐赠人或者企业和被捐赠人不希望自己个人（企业）的信息公开，应当尊重他们的意愿不进行公开，以保护他们的权益。本报告抽查了15家慈善组织的信息公开情况，包括慈善组织的性质，即基本信息介绍、捐赠信息的查询、捐款总额以及款项的使用情况等（见表1）。调研显示，慈善机构对于信息公开的重视程度不够，抽查的15家慈善组织中只有5家公开了2012年审计

表 1　慈善组织信息公开情况一览（截至 2013 年 10 月）

名称	公开平台的网址	慈善组织基本信息	捐款总额公示	捐赠查询功能	2012 年审计报告	章程
中国红十字会总会	http://www. redcross. org. cn/hhzh/	√	×	包括输入捐赠者、时间、金额	×	√
中国宋庆龄基金会	http://www. sclf. org/	√	×	有捐赠名单及个人单独查询	√	√
深圳壹基金公益基金会	http://www. onefoundation. cn/	√	×	有捐赠名单	√	√
中华少年儿童慈善救助基金会	http://www. ccafc. org. cn/index. aspx	√	√	有善款公示名单及个人单独查询	×	√
韩红爱心慈善基金会	http://www. hhax. org/WebSite/index. aspx	√	×	捐赠名单	×	√
慈济慈善事业基金会	http://www. tzuchi. org. cn/	√	×	根据日期查询名单	√	×
中慈国际交流中心	http://www. cciec. org/	√	×	×	×	√
四川海惠扶贫服务中心	http://www. hpichina. org/CN/Index. aspx	√	×	×	×	×
开明慈善基金会	无	×	×	×	×	×
心平公益基金会	http://www. xinping. org/	√	×	×	√	×
华民慈善基金会	http://www. chinahuamin. org/	√	×	×	×	√
希望之光	http://www. lohcn. org. cn/	√	×	捐赠人注册可查询	×	×
爱心联队	无	×	×	×	×	×
重庆市江北区绿叶义工志愿者协会	http://www. cqlyyg. com/	√	×	有捐赠和服务时间名单	×	√
免费午餐	http://www. mianfeiwucan. org/home/	√	√	有捐赠名单，但是姓名作了处理，捐赠人自己可查询	√	×

报告，对于捐款总额只有两家给出了具体数字，大部分慈善机构对于捐赠信息给予了公开。慈善机构未公开的原因多种多样，如信息化建设不足、缺乏技术人员等。但是无论什么情况，都应当在其官网或者其他平台予以公开，以便于公众的监督。否则，慈善的公信力不仅会逐渐丧失，连接善心和需要被关怀救助的纽带就会中断，更严重的是，这将严重阻碍慈善事业前进的步伐。

政社分开是改革的目标，政府不改变管理慈善组织的方式和思路，既不利于慈善组织自身的发展，也不利于培育社会力量、转变政府职能，制约这一目标的实现。目前，政府对慈善组织“包办”太多，从慈善组织的准入、募捐以及善款如何分配等层层“把关”，这种“溺爱”导致了大量慈善组织发育不良、畸形发展、生存困难。而“包办”的另一面，则是应该由政府行使职能的地方却出现监管缺位。

四　完善中国慈善组织管理的对策建议

中国共产党十八大报告指出，深入推进政企分开、政资分开、政社分开，建设职能科学、结构优化、廉洁高效、人民满意的服务型政府。政府应把权力大胆放给慈善组织，政府做好引导和保障慈善组织的培育工作，简政放权，主动将政府职能中“凡社会能办好的，尽可能交给社会力量承担”，让慈善组织自由而有序地发展。党的十八届三中全会指出，要改进社会治理方式，激发社会组织活力，国务院进行机构改革对公益慈善类社会组织进行重点培育。这都充分说明社会组织管理的必要性和重要性。

1. 转变观念，理顺政府、慈善组织和公众的三方关系

慈善活动收入分配属于第三次分配，是政府救助的补充而不应成为社会保障的补充。政府应当服务为先，兼顾管理。慈善组织是独立的，不是政府部门更不是其附属，政府不是慈善组织的主办者，不应过多介入慈善组织的活动。政府应明确“服务型”政府定位，促进政社分开、权责明确、依法自治的现代社会组织体制的形成。

第一，政府应当服务为先，兼顾管理，形成政社分开、权责明确、依法自治的慈善管理体制。慈善活动本身不是政府应做的行为，慈善活动也不应只跟“明星”“富人”“灾难”“捐款”联系在一起，应成为一种全民参与的日常的方式多种多样的活动。慈善不是“一时”的，应是“一世”的。

第二，政府应注重引导公众对慈善的认识，“慈善的不是钱，是心”。引导全民树立正确的慈善观念是首要的前提。不能把慈善与捐钱简单画等号，慈善也绝不是少数人的专利。个人或者企业对于社会或者他人只要是怀着善意和爱心去帮助他人，他们的爱心是平等的，应得到同样的尊重。

第三，政府应发挥监管作用，科学界定捐赠人、慈善机构各方的权利义务。目前，捐助者不重视自己的监督权在一定程度上助长了慈善机构的不透明。通过国家立法和政府监管应当明确，捐款人有权让慈善机构告知自己的钱用在哪里或者有权让慈善机构按照自己的意愿去使用，对慈善机构有监督的权利。

2. 降低慈善组织的准入门槛

当前，按照中国现行的行政法规，非官方慈善组织的设立需要找一个业务主管单位审批后再到民政部门进行登记，这种“双重准入”制度，使大量找不到“业务主管单位”的社会组织得不到合法的身份，生存环境不容乐观。值得一提的是，全国很多地方出台了一些试行办法及意见，给几类社会组织“松绑”。例如，2012 年，广东省委省政府印发《关于进一步培育发展和规范管理社会组织的方案》（以下简称《方案》）。《方案》明确，自 2012 年 7 月 1 日起，除法律法规规定需要前置审批的以外，将社会组织的业务主管单位改为业务指导单位，社会组织直接向民政部门申请成立。大连市出台的《关于加快推进社会组织管理制度建设的指导意见》规定：成立行业协会商会类、科技类（自然科学）、公益慈善类、城乡社区服务类社会组织，实行直接向民政部门依法申请登记。由此可见，公益慈善类的社会组织属于大连市出台的“意见”中免于找“管家”的四类组织之一。这无疑大大降低了慈善组织准入的门槛。“壹基金”的成功转型就得益于民政部跟深圳市政府签署了一个协议，明确写道，同意深圳探索建立社会组织直接向民政部门申请登记的制度。“壹基金”迅速发展壮大起来，2013 年雅安地震后首日募集捐赠过千万元，远远超过之前挂靠过的红十字会。三部行政法规关于慈善组织准入的规定亟须同步进行修改，各省市试行的慈善组织直接登记的办法实践表明是可行的，应在全国进行推广。

3. 政府退出募捐市场，放开对慈善组织的种种限制

政府应对慈善组织的管理进行大幅的改革。政社分开是保障慈善组织健康发展的重要前提。官办慈善组织需要去行政化，社会组织也需要脱离官方的束缚，寻找自己的发展道路。

政府应当退出募捐市场，不再承担募捐主体的角色。政府依靠行政手段进入公募市场进行募捐确实能在短时间内募集大量捐款，但是政府使用募捐资金不透明导致了公众对政府的公信力下降，政府募捐本身又使得民间慈善组织的发展空间受到限制，其结果是“双输”。云南省民政厅民间组织管理处有官员在云南省社会组织改革方案发布时表示，在云南的一些县里，红十字会和慈善会系统募集的善款，往往会被挪入财政预算的盘子，用来修路①。政府退出募捐市场势在必行。2013 年 7 月 18 日，云南省政府公开宣布，政府退出公益慈善募捐市场，除发生重大灾害外，不再参与社会募捐。相信其做法会对当地慈善组织的发展起到巨大的推动作用。

政府退出募捐市场应从以下几个方面入手：一是不指定任何部门或者慈善机构接受捐款；二是充分尊重各个行业和单位的捐赠自由；三是不得以任何方式把善款纳入政府财政预算体系，慈善组织不是政府的附庸和“钱袋子”；四是取消诸如“慈善一日捐”之类强制募捐或变相强制募捐的活动。捐给谁、捐多少是每个捐赠人的权利，不是义务，是自由，不是沉重的包袱，捐的是爱心，不是面子和虚荣心。政府退出募捐市场不仅把捐赠者解放出来，使他们自己决定如何行使捐赠的权利，更是把慈善组织解放出来，让慈善组织以透明度、专业能力等进行公平竞争，赢得捐赠人的信赖。这需要通过立法来加以规范，以实现捐赠人的捐赠权利和慈善组织的公平竞争权利。

4. 在慈善组织活动中构建好引导协调机制

2013 年 4 月 21 日芦山地震第二天，有人对道路拥堵作如下描述，“灾区

---

① 侯雪竹：《政府退出公益募捐将成趋势》，《京华时报》2013 年 9 月 30 日。

不缺钱也不缺物资，缺的是救命的路”。大量个人以及团体涌向灾区，造成道路拥堵，成为救灾的障碍。政府应构建好救灾响应机制，进行道路疏通和交通管制，确保救援通道畅通。同时，要善待热情的志愿者，避免挫伤其积极性，引导志愿者有序有效地进行救援。政府应做慈善组织与需要被救助人的搭线人，为慈善组织提供救助信息，做好慈善组织与被救助者之间的信息传递，搭建供需平台，使资源得到优化利用。

5. 完善税收激励政策

关于慈善的税收优惠政策涉及三类主体，一是捐赠个人，二是捐赠企业，三是慈善组织本身。当前的税收政策杂乱且缺乏可操作性，不利于激励个人企业进行捐助，同时也不能使慈善组织享受到优惠。

首先，建议修改相关法律，明确具体的税收优惠条款，对捐赠税收优惠设置系统、公平、可操作的规则，只要是捐赠给注册登记的慈善组织就应当给予相应的税收优惠，不区分是官办慈善组织还是基金会、非民办企业。捐赠人或者捐赠企业不因捐赠对象不同而优惠程度不同。

其次，对于慈善组织的项目要区分慈善项目还是非慈善项目，税务部门应每年对慈善机构进行审查，对于有违法行为的，应取消三年以内申请免税资格的权利。

再次，加大税收优惠政策的宣传。中国公众对于捐赠免税政策了解甚少，即使有人知道此项政策，在实践中也由于税务部门的层层审批，手续繁杂，效率低下望而却步。所以，一方面要大力宣传捐赠免税政策；另一方面，要从如何方便捐赠人申报免税上着手，否则又将变成一纸空文。

最后，必须强调的是，公民纳税是一项义务，而公民捐赠是自愿的，倘若立法强迫公民把工资的一部分用来捐款，把本属自愿的捐赠予以强制化、税收化，这必将是失败的恶法。

6. 推进慈善组织公开相关信息

信息公开是赢得公众信任的唯一做法。慈善组织的信息公开应包括每个捐赠者捐赠的数目、款项的用途，如果捐赠者有指定的捐赠对象，应按照捐赠人的意愿进行使用。目前，中国与慈善相关的法律有几部，但是没有一部完整的慈善立法。例如，《公益事业捐赠法》是规范“捐赠”行为的，对于捐赠人的权利方面缺乏明确的规定。

慈善组织在信息公开方面，应包括以下几个内容：一是公开每一笔捐款或者捐赠物的数目及明细，二是公开每一笔捐款或者捐赠物的用途，三是公开慈善组织用于日常经营及管理的支出，等等。有观点认为，小额捐款进行信息公开浪费成本，没有必要，如五元钱就不必要进行公示，但每个捐赠人都对自己的款项有知情权，与捐赠数额无关，不能剥夺任何一个捐赠者应有的权利。信息公开不仅对慈善组织起着必要的监督作用，而且有利于提升慈善组织的公信力，进而促进慈善组织的良性发展。

7. 加快慈善立法

如前所述，慈善事业涉及方方面面，既涉及慈善组织的主体资格问题，也涉及政府职能定位、职责划分、管理手段的问题，还涉及税收等配套措施的问题，牵一发而动全身，仅仅依靠低位阶的规范性文件难以满足发展慈善事业的需要，更不能有效保障慈善事业的健康发展。因此，应加快慈善事业立法。十二届全国人大常委会立法规划已经明确将“慈善事业法”列入立法规划，有望在本届人大任期内出台。在立法中，应从慈善组织的界定、准入、捐赠以及税收政策等方面让慈善组织真正在“法治”下生存和成长。此外，应对政府不当干预慈善组织的行为作出禁止性规定，以保障捐赠人以及慈善组织的权益。

总之，“慈善”发展的根本依据在于“立法”，通过政府、慈善组织、公众共同的努力，才能使“慈善事业”的发展一步一个脚印地走下去。

法治指数测评报告

Reports on the Rule of Law Index

B.14

中国政府透明度指数报告（2013）

——以政府网站信息公开为视角

中国社会科学院法学研究所法治指数创新工程项目组*

摘　要：

本文选取55家国务院部门、31家省级政府、49家较大的市的政府，围绕政府信息公开目录、依申请公开、政府信息公开年度报告制度的实施情况，以及工作信息、规范性文件、环境保护信息、食品安全信息、行政审批信息的公开情况，进行了调研和测评；报告分析了当前实施政府信息公开工作的进展和存在的问题，并就未来完善政府信息公开制度提出了建议。

关键词：

政府透明度　政府网站　政府信息公开　指数

---

* 项目组负责人：田禾，中国社会科学院法学研究所。项目组成员：吕艳滨、王小梅、栗燕杰、赵千羚、王旭、张誉、廉天娇、郭明丽、熊金鑫、刘雅茜、慕寿成、刘婷婷、刘雅萍、任佳薇、宋立梅、赵凡、张扬、张爽、魏增春、张多。执笔人：吕艳滨，中国社会科学院法学研究所。王旭、刘雅茜、慕寿成、张誉参与了部分内容的写作。

2013年，中国社会科学院法学研究所法治指数创新工程项目组（以下简称“项目组”）连续第5年对政府网站公开政府信息、实施《政府信息公开条例》（以下简称《条例》）的情况进行调研和测评，本报告对此次测评情况进行总结分析。

一 测评对象、指标及方法

（一）测评对象

2013年，测评对象有所调整。由于国务院机构改革，项目组将所测评的国务院部门调整为55家。未再测评国家电力监管委员会、监察部、国家预防腐败局，国家卫生和计划生育委员会是新组建合并的机构，由于原卫生部、国家人口和计划生育委员会的网站截至2013年12月仍未整合，项目组仍对原卫生部、国家人口和计划生育委员会的网站进行了测评。

地方政府方面，将民族自治地方全部纳入测评范围，实现了对31个省、自治区、直辖市（以下称“省级政府”）和49个较大的市的全面测评。其中，省级政府中，项目组既对省级政府门户网站公开相关信息的情况进行了测评，还对法制部门、环保部门、行政服务中心等门户网站公开信息的情况进行了测评。较大的市中，除市政府门户网站外，项目组还对其法制部门、行政服务中心、食品安全监管部门（主要是质量技术监督局，个别地方为食品药品监督管理局）、环保部门等的门户网站进行了测评。

项目组在对政府信息公开年度报告发布情况进行测评时，国务院已公布了机构改革方案，但机构调整工作还没有完全到位，考虑到年度报告主要考察政府机关上一年度的政府信息公开工作，因此，该测评仍以原59个部门为测评对象。

（二）测评指标

2013年度测评指标基本维持了2012年测评的内容，但权重分配更倾向于公开的实质情况。

国务院部门的测评指标包括5个部分，总分100分，分别是：政府信息公开目录（以下称“目录”，权重15%）、工作信息（权重25%）、规范性文件（权重25%）、依申请公开（权重25%）、政府信息公开年度报告（以下称“年度报告”，权重10%）。

省级政府的测评指标包括6个部分，总分100分，包括目录（权重15%）、规范性文件（权重15%）、行政审批（权重15%）、环境保护（权重15%）、依申请公开（权重30%）、年度报告（权重10%）。

较大的市政府的测评指标包括7个部分，总分100分，包括目录（权重10%）、规范性文件（权重15%）、行政审批（权重15%）、食品安全（权重15%）、环境保护（权重15%）、依申请公开（权重25%）、年度报告（权重5%）。

（三）测评方法

测评活动从2013年3月5日开始。在依申请公开的测评方面，测评截至2014年1月23日，对年度报告的测评截至2013年3月31日，其他板块的测评截止到2013年11月30日。

测评主要对各国务院部门网站、地方政府网站及地方政府相关部门网站公开政府信息的情况进行观察、验证、统计。

依申请公开的测评依旧采取向各政府部门发送政府信息公开申请的形式。在提交政府信息公开申请方面，凡提供在线申请平台（包括电子邮件）的，均通过在线申请的方式验证，无此功能或在线申请功能无效且不允许提交申请的，均通过中国邮政挂号信的方式发送了书面申请。项目组为政府机关作出答复预留了多于法定答复期限的时间。

项目组对国务院部门的申请内容为要求其公开本机关人员数量，包括公务员人员数、事业编人员数、聘用人员数及借调人员数。

项目组对各地方政府的申请内容为要求其公开当地垃圾处理的相关信息，包括：①当地当前的垃圾处理能力，垃圾处理设施的建设情况（即无害化处理设施、卫生填埋场、垃圾焚烧设施现有的情况以及在建和规划情况），当地年度垃圾处理量（以下称“第一项申请”）；②当地垃圾减量、减排方面的规定和现状，循环利用、包装简化方面的政策文件（以下称“第二项申请”）；③当地垃圾收费方面的规定，2012 年的征收金额及征收标准（以下称“第三项申请”）；④当地 2012 年用于城市垃圾处理设施建设、技术改造、政府资金支持等方面的经费投入和使用情况（以下称“第四项申请”）。

在向地方政府提出涉及垃圾处理的政府信息公开申请时，项目组按照上述信息类别分作 4 个独立的申请，提交给有关的主管部门。其中，24 个省级政府和 43 个较大的市由同一个部门负责上述工作，主要是住房和城乡建设部门，直辖市一般是市容环卫部门，其余地方则涉及多个部门。

二 调研结果

（一）总体情况

2013 年，国家继续加大公开力度、提升政府透明度。国务院办公厅发布了《国务院办公厅关于进一步加强政府信息公开 回应社会关切 提升政府公信力的意见》（国办发〔2013〕100 号）、《国务院办公厅关于印发当前政府信息公开重点工作安排的通知》（国办发〔2013〕73 号）等文件，用以指导各级政府机关的政府信息公开工作，适应当前社会各界对政府信息的需求。

2013 年，国务院部门中测评结果排在前列的有：教育部、国家安全生产监督管理总局、国家发展和改革委员会、商务部、国家质量监督检验检疫总局、中国民用航空局、国家卫生和计划生育委员会、国家知识产权局、环境保护部、科学技术部（见附表 1）。

省级政府中排在前列的有：天津市、安徽省、江苏省、广东省、海南省、福建省、浙江省、贵州省、北京市、重庆市（见附表 2）。

较大的市中排在前列的有：成都、广州、宁波、福州、合肥、南京、无锡、苏州、珠海、大连（见附表 3）。

（二）发现的亮点

从 2013 年度的测评情况看，政府信息公开在以下方面的亮点值得关注。

1. 目录建设更加规范

测评发现，目录检索更加规范，其在集中发布政府信息、提升政府信息获取便利性方面的作用日趋明显。绝大多数政府网站配有政府信息公开目录，其中，31 家省级政府的门户网站全部设置了政府信息公开目录，且配备了目录信息链接。55 家国务院部门网站中有 54 家、49 家较大的市政府中有 48 家都提供了较为完善的目录。目录设置情况较 2012 年进一步改善。项目组随机抽查了信息公开目录中的 10 条信息，其中全部有效的有 49 家国务院部门，占 89.09%（2012 年为 48 家，占 81.4%）；28 家省级政府，占 90.32%（2012 年为 22 家，占 84.62%）。此外，目录便捷性增强。比如，对目录进行多重分类的部门及地方政府显著增加。2013 年对目录进行多重分类的国务院部门由 25 家增加为 29 家，省级政府由 8 家增加为 10 家，较大的市政府由 9 家增加为 18 家。并且，目录组合检索有效性增强。2013 年有 21 家国务院部门、9 家省级政府和 19 家较大的市政府的组合检索有效，2012 年分别为 17 家、7 家和 15 家。

2. 众多领域的主动公开效果值得肯定

例如，规范性文件起草过程中的公开情况有了较大改善。2013 年有 13 家省级政府和 14 家较大的市政府提供了草案征集栏目；24 家国务院部门、11 家省级政府和 13 家较大的市政府提供了 2013 年的规范性文件草案信息；36 家国务院部门、15 家省级政府和 23 家较大的市政府针对规范性文件草案提供了相应的征集渠道。这些公开情况都优于 2012 年。又如，食品生产安全监管信息方面，38 家较大的市的质量技术监督局提供了食品生产许可证的办理指南信息，34 家提供了食品生产许可办理结果的有关信息，23 家提供了食品生产企业委托加工备案办理指南信息，31 家提供了食品安全监督抽查信息，35 家提供了食品安全的常识信息。

3. 不少政府网站更加重视信息获取的便捷性

宁波市环保局网站将网站分为公民站、企业站、环保站，有针对性地公开信息、提供服务，公示信息图文并茂、简洁明了；陕西省环保厅提供了行政许可事项网上申报平台查询建设项目环评审批与验收信息；大连市环保局对于建设项目环评与验收信息分市辖区公开；等等。部分政府部门在规范性文件及草案公开上更加人性化。例如，海关总署、哈尔滨市政府的网站发布的政策解读与规范性文件相配套，内容完善且清晰明了，方便群众阅读。海南省政府的规范性文件备案信息按月发布，信息全面完善。吉林市提供了规范性文件监督管理网站，使得规范性文件栏目更加规范，从而方便公众获取。

4. 年度报告的公布日趋规范

2012 年年度报告的发布情况有明显进步。

首先，绝大部分政府机关在规定的时间内发布了年度报告。项目组在各政府机关网站对其年度报告进行了检索。截至 2013 年 3 月 31 日 24 时，58 个国务院部门（铁道部因机构改革，网站停用）、31 个省级政府以及 49 个较大的市政府中 46 个按时发布了上一年度的年度报告（经检索，未发现邯郸市和乌鲁木齐市的年度报告，吉林市政府网站中的年度报告栏目测评时无法打开，于 2013 年 4 月 3 日才打开）。有的政府机关效率较高，原卫生部、中医药管理局以及厦门市、福州市和拉萨市在一月份就发布了年度报告。

其次，多数年度报告内容较为充实详尽。多数年度报告全面概述了 2012 年本级政府在政府信息公开方面的工作。报告大多详细列明了主动公开政府信息、依申请公开政府信息的情况及相关行政复议和行政诉讼的情况，并总结了本级政府在信息公开工作方面存在的主要问题，明确了改进的目标和措施。其中，福州市的年度报告内容完整、系统，在本次测评中获得满分。

最后，部分年度报告既注重制作的形式，也注重其内容的可读性。2013 年度测评发现，有的政府机关在年报的外观上注重多样性和生动性，有的则注重内容的可读性。比如，北京、上海和重庆的年度报告制作成 Flash 小册子的形式，样式精美，内容完整，集创新性与实用性于一体。不少政府机关在年度报告中加入了详细的图表，既增强了年度报告的可视性，又方便大众了解信息、理解相关内容。有的年度报告针对本年度的情况与往年作了对比，使得报告的内容更加完整丰富，且直观易懂，最大程度上方便大众了解政府信息公开的相关内容。

（三）存在的问题

《条例》及相关法律法规对政府机关应当主动公开哪些信息早已有明确的

要求，但实践证明，主动公开工作还远远没有达到符合法律法规要求、满足公众获取信息基本需求的目标。大量本应主动公开的信息要么不公开、要么不能全面公开、要么不能及时公开、要么公开了难以查找。依申请公开方面，则还存在着保密审查的规范性文件亟待清理、政府机关处理申请不规范，各地方、各部门处理政府信息公开申请的流程、标准差异大，以及找五花八门的理由拒不公开信息的情况。

1. 网站公开政府信息的水平有待提升

首先，还存在未建政府网站或者政府网站运行不稳定的情况。例如，国家铁路局在机构改革后一直无网站（2014 年 1 月才正式开通运行），抚顺市的政府网站仍在建设中，海口市质监局仍无网站，吉林市质监局的网站在测评期间一直无法打开，拉萨市没有独立的质监网站。部分环保部门网站存在阶段性打不开的现象（如鞍山、厦门）。此外，某些网站仅是一个“空架子”，信息的全面性和有效性存在很大的问题，如西宁市质监局网站。特别值得关注的是，一些地方省级政府或者市级政府的门户网站建设情况及政府信息公开情况较好，但所属的个别部门网站建设情况不理想或者政府信息公开水平还较低。

其次，信息栏目设置不合理。一些地方政府同时设置了“政务公开”“政府信息公开”等栏目，导致栏目重复，信息不能集中发布。一些地方政府虽然设置了政府信息公开目录，但是点击进入后是政府各部门的列表。而政府办公厅的信息公开目录中出现了本级政府的公开信息，办公厅的信息公开目录实际为本级政府的信息公开目录，如河南省、鞍山市。

再次，不配置目录的情况仍然存在。3 家省级政府未提供所属部门目录，2 家未提供下级地方政府的目录；较大的市中有 3 家未提供所属部门目录，3 家未提供下级地方政府的目录。仍有个别政府机关仅提供目录列表，列表内的信息未配置链接，导致目录流于形式，如广西壮族自治区、南宁市等。

另外，目录便利性有待提高。未提供多重分类的情况仍普遍存在。2013 年有 21 家国务院部门、17 家省级政府和 26 家较大的市的政府仅提供一种分类。而且，目录的检索功能配置仍不理想。一些部门或地方政府检索中没有标题检索和索引号检索，检索设置过于简单；一些部门或地方政府的检索无效甚至不设置检索，不利于文件的查找；有些部门或地方政府的组合检索虽然全面，包括了文号、索引号、标题、主题词、正文、时间等内容，但是文件中未提供文号、主题词等，导致组合检索流于形式，不能真正发挥“组合”的作用。有些部门的检索隐藏在目录的子栏目中或是仅存在于信息公开栏目中，不能方便大众，如国家地理测绘局和呼和浩特市。

还有，网站公开信息时存在信息放置随意、栏目虚设的问题。某些政府网站缺乏合理的规划和分类，不能让公众直观、简便地发现其所需的信息。在内容的安排上，存在将一些非本栏目信息纳入本栏目的现象。比如，有的将常识和新闻纳入政策法规栏目中，有的将要闻公告栏目作为无所不包的万能栏目。其结果是导致很多信息栏目未能有效发挥作用，影响甚至误导公众获取信息。

最后，多平台发布信息时容易出现信息发布不一致的问题。各地方政府既建有本级政府门户网站，各部门也建有自己的门户网站，行政审批、食品安全等领域还建有专门网站，结果很容易出现各网站发布信息不协调、不一致的问题。比如，食品安全信息方面，仅有 3 个较大的市的政府门户网站与当地质监局网站中关于食品生产许可方面的办事信息是一致的，其他网站这方面的内容要么存在不一致（内容上此多彼少或者此是彼非），要么网站没有此方面的内容。食品生产企业委托加工备案办理指南方面也是如此，真正能做到一致的仅有 5 个较大的市。这种情况会给公众、企业办事造成不便，增加办理手续的成本。

2. 一些应主动公开的信息公开不理想

首先，工作信息方面，许多政府机关基本的工作信息公开不理想。例如，部门领导信息公开不全面。与 2012 年相比，在部门领导信息公开的全面性上进步不大。有 4 家部门网站未提供部门领导的个人简历，2 家部门网站提供了部分领导的简历。26 家部门网站未提供部门领导的分管情况，7 家部门网站提供部分领导的分管情况。公开透明的部门机构组织信息有利于提高政府部门的透明度，方便群众办事，减少部门之间的扯皮推诿，提高政府部门为人民服务的效率，但这方面的整体透明度还不理想。虽然 53 家部门网站提供了内设机构的列表情况，但是能提供内设机构职责、联系方式的不多，能够提供内设机构处室列表以及处室分工情况的更少。调研数据显示，提供全部内设机构职责的有 41 家，提供全部内设机构电话或者电子邮件的有 18 家，提供全部内设机构处室列表的有 29 家，提供全部内设机构处室分工的只有 5

家。在国务院部门下属企事业单位信息方面，仍有 8 家部门没有提供下属企事业单位信息。

其次，一些地方政府部门公开本地出台的与本部门职责有关的法规、政策文件的情况不理想。实践中，地方人大和地方政府往往会就相关管理工作出台细则性、实施性的法规、规章，这些法规、规章往往是相关政府部门管理工作最直接的依据，因此，公开这些法规、规章是提升管理透明度的基本要求。但项目组发现，很多地方的政府部门往往只公开法律、行政法规，对于本地出台的有关规定，则很少公开。以食品安全监管为例，49 个较大的市中，有 15 个市的质监局网站公布了本级人大、政府及相关部门的食品生产安全监管的法规、政策，仅占 30.61%。再如，一些地方的行政服务中心内部规定公开不理想。9 个有专门行政服务中心网站的省级行政服务中心只有 3 个在网上公布了内部规定。较大的市中，41 个有专门行政服务中心网站，其中只有 26 个在网上公布了自身内部规定。

最后，行政审批信息的公开情况还不理想。所有的较大的市中仅有 2 家质量技术监督部门提供食品生产许可相关的全部业务分类（新证、补领、变更、更正、注销）的指南，也只有这 2 家提供了全部业务分类的办事信息且每项业务的办事信息内容是完整的（办理依据、办理部门、办理地址、联系方式、许可条件、需提交的材料、许可程序、办理期限）。

3. 政府信息公开更新不及时

《条例》对信息发布的时效有明确要求，但项目组发现，2013 年度信息更新滞后的问题依然普遍存在。例如，较大的市的质量技术监督部门网站能够在考察前三个月内提供食品生产许可相关结果的仅有 14 家，仅有 2 家能在考察前三个月内提供食品生产企业委托加工备案的办理结果。在食品安全抽查监督公开、食品生产企业质量信息公开和食品安全常识公开方面，同样存在信息公开迟滞的问题。省级和较大的市的环境保护部门也都存在信息更新缓慢的问题，较大的市的环境保护部门的信息公开滞后尤为明显。49 家较大的市的环境保护部门中，提供调研日前 6 个月内的危险废物经营许可证发证信息、危险废物跨省转移申请审批情况、辐射安全许可证发证信息、辐射项目环评审批信息、辐射项目环保验收信息、企业环境保护信用信息的分别仅为 13 家、3 家、

8 家、6 家、6 家、13 家。31 家省级环境保护部门提供调研日前 6 个月内的危险废物跨省转移申请审批和企业环境保护信用信息的分别为 9 家、3 家。

4. 依申请公开有待规范

测评发现，依申请公开仍然存在很多问题。

首先，申请渠道还不够畅通。在线申请平台方面，部分地区需注册登陆方可进行相关信息的申请，但在注册登陆的过程中，其自身网站并不能保证申请人可顺利进行，有些会出现网页错误，以致申请人实际上并不能通过在线方式进行申请。某些地区在信息公开指南上称可以进行在线申请，待完整填写相关信息后系统却显示提交信息错误，但是并未提示哪些信息填写错误。还有一些地区在信息公开指南上并未列明可以进行在线申请，但申请过程中发现，其门户网站会弹出可以进行在线申请的页面。这就导致申请人获取信息的不一致性，导致申请人并不清楚以哪项为准。

其次，对政府信息公开的处理不规范。有的政府机关要求补正材料、作出答复均不出具书面文书，只通过电话说明；有的政府机关送达相关文书要求申请人支付快递费，但不提前通知申请人也不允许申请人选择其他更经济的寄送方式；有的政府机关拒绝公开信息，但不说明理由，不告知申请人有何救济方式。而且，在此次依申请过程中，项目组发现，部分地方政府部门负责信息公开处理工作的相关人员业务知识有待提高，其对于整个依申请公开流程较为陌生。例如，某市城管局相关负责人接到申请后电话沟通，告知需先向该市政府发出申请，其需接到政府部门的指示后方可对相关的信息予以公开；经过 8 分钟的电话沟通，其仍坚持该做法。

再次，答复情况还有不理想的地方。①不能按时答复的情况比较突出。针对项目组提出的涉及垃圾处理的上述 4 项申请，省级政府和较大的市的政府在第一项申请中按时回复的分别是 14 家和 26 家，在第二项申请中按时回复的分别是 14 家和 16 家，在第三项申请中按时回复的分别是 14 家和 19 家，在第四项申请中按时回复的分别有 14 级和 16 家。国务院部门中按时回复的有 37 家。②按照申请公开的信息的比例较低。针对项目组提出的涉及垃圾处理的上述 4 项申请，省级政府和较大的市的政府针对第一项申请提供全部信息的分别是 11 家和 25 家，针对第二项申请全部提供信息的分别是 5 家和 11 家，针对第三项申请全部提供信息的分别是 3 家和 18 家，针对第四项申请全部提供信息的分别有 5 家和 11 家。国务院部门中针对申请提供全部信息的仅有 2 家。不少部门答非所问，如国务院部门针对项目组获取其公务员人数的申请，仅提供本部门人员编制数，事实上人员编制数与实有在编人员是两个概念。③拒绝公开的理由无标准。在申请地方政府公开垃圾处理信息时发现，有相当部分政府机关以“不承担为申请人汇总、加工或重新制作政府信息”的理由拒绝公开，个别部门以申请内容不明确为由拒绝公开。在向国务院部门申请公开人事编制信息时，拒绝公开的理由主要包括涉及国家秘密、属于内部信息、不负责加工汇总等。

最后，保密规范有待完善。在申请国务院部门公开人事方面信息的时候，项目组首次遇到众多部门以涉及国家秘密为由拒绝公开的情况。这些部门所依据的保密规范为《人事工作中国家秘密及其密级具体范围的规定》，该文件出台于 20 世纪 80 年代。根据该规定，中央和地方各级党政机关、事业单位以及社会团体的机构、编制、人员统计资料及报表属于秘密级事项。事实上，该规定已经完全不能适应当前国家推行人事编制信息公开的政策和做法，很多地方政府，包括部分国务院部门都已经非常详细地公开了人事编制信息。这说明，大量的保密规范亟待根据当前的形势进行清理和审查。

三　完善建议

根据 2013 年测评情况，项目组认为，未来加强政府信息公开制度建设，还需要着力解决好如下问题。

第一，继续提升政府网站建设水平。政府网站已经基本实现了从无到有的跨越，今后，除了继续督促极少数未建设政府网站的政府部门尽快建好本部门网站外，还需要加强政府网站公开政府信息的工作、提升在线办事水平、加强与公众的互动交流，把政府网站这一政府信息公开的第一平台建设成对公众而言具有较高友好性、简单易用的信息获取渠道。为此，不仅要加大硬件建设力度，提升服务器水平和网络带宽，确保网站运行流畅，还要加强网站设计，让网站版面美观、简洁，各信息栏目设计科学合理，方便公众在海量的政府信息中便捷地查找所需要的内容。同时，建议各政府网站针对本网站提供专门的使用指南，简洁明了地告知公众，本政府网站共设有哪些栏目、各栏目功能是什么、如何更便捷地获取网站上的信息。

第二，加大主动公开力度。主动公开是做好政府信息公开的关键，对应主动公开的信息捂着、盖着，不仅会影响公众的知情权，妨碍其活动，更会额外增加政府部门自身的负担，让自身的工作陷入被动，甚至影响其公信力。因此，建议未来进一步强化主动公开工作，由各部门全面清理法律法规及国家有关规定所要求主动公开的信息类别，明晰其公开方式、时限等，真正做到应公开全公开、已公开的能获取。

第三，规范依申请公开工作规程。建议相关部门根据近年来政府信息公开申请的特点和发展趋势，细化办理政府信息公开申请的工作规程，不仅明确程序性规则，更要细化处理标准、依法界定不公开信息的范围。为此，还应加强对政府信息公开工作人员的培训，使其熟悉操作规程，作出不公开决定时应有充分的法定理由。

第四，清理保密规定。根据目前公开与保密的要求全面清理保密规定，修改、废止那些早已过时的、妨碍公开的保密规定。

附表 1　国务院部门政府透明度指数（满分 100 分）

单位：分

部　　门	得分	部　　门	得分
人力资源和社会保障部	51.73	司法部	25.28
工业和信息化部	54.98	民政部	53.63
中国人民银行	48.08	交通运输部	50.53
中国气象局	46.48	农业部	55.63
中国民用航空局	60.48	财政部	49.98
中国地震局	52.48	住房和城乡建设部	43.95
中国证券监督管理委员会	53.48	环境保护部	57.95
中国保险监督管理委员会	39.48	国土资源部	48.83
中国银行业监督管理委员会	51.85	国有资产监督管理委员会	51.98
水利部	55.48	国家工商行政管理总局	47.45
公安部	38.83	国家广播电影电视总局	33.20
文化部	41.08	国家卫生和计划生育委员会	59.23
外交部	25.33	国家中医药管理局	50.45

续表

部　　门	得分	部　　门	得分
国家文物局	48.53	国家统计局	33.83
国家外汇管理局	41.40	国家铁路局	0.00
国家外国专家局	46.90	国家旅游局	40.95
国家民族事务委员会	50.40	国家烟草专卖局	44.33
国家发展和改革委员会	63.45	国家海洋局	43.58
国家安全生产监督管理总局	64.03	国家能源局	54.83
国家邮政局	55.98	国家税务总局	50.25
国家体育总局	43.73	国家粮食局	37.95
国家林业局	44.35	审计署	48.08
国家知识产权局	58.48	科学技术部	57.08
国家质量监督检验检疫总局	60.73	海关总署	52.35
国家宗教事务局	46.50	教育部	65.08
国家信访局	19.95	商务部	61.63
国家食品药品监督管理总局	53.98	新闻出版总署	51.95
国家测绘地理信息局	54.60		

注：按照部门名称汉字笔画排序。

附表 2　省级政府透明度指数（满分 100 分）

单位：分

省级政府	得分	省级政府	得分
上海市	54.76	江苏省	71.23
山东省	51.95	安徽省	71.44
山西省	51.93	青海省	51.59
广东省	69.79	河北省	51.50
广西壮族自治区	47.83	河南省	45.28
天津市	71.75	陕西省	49.55
云南省	41.01	贵州省	59.96
内蒙古自治区	54.40	重庆市	58.33
甘肃省	41.80	浙江省	63.43
北京市	58.80	海南省	68.45
四川省	57.68	黑龙江省	44.16
宁夏回族自治区	43.56	湖北省	47.35
辽宁省	37.70	湖南省	47.75
吉林省	44.71	新疆维吾尔自治区	41.83
西藏自治区	40.16	福建省	66.70
江西省	50.18		

注：按照省级政府汉字笔画排序。

附表 3　较大的市政府透明度指数（满分 100 分）

单位：分

较大的市	得分	较大的市	得分
大　同	43.45	青　岛	50.06
大　连	61.90	拉　萨	26.05
广　州	72.19	杭　州	50.11
无　锡	65.55	昆　明	57.50
太　原	33.40	呼和浩特	39.85
长　沙	40.65	郑　州	38.75
长　春	43.66	南　宁	53.84
乌鲁木齐	26.35	南　昌	41.03
本　溪	29.66	南　京	66.28
石家庄	49.51	贵　阳	59.83
包　头	33.75	哈尔滨	40.90
兰　州	39.69	洛　阳	34.48
宁　波	70.65	济　南	49.54
吉　林	36.25	珠　海	64.60
西　宁	31.10	徐　州	47.85
西　安	50.89	唐　山	30.11
成　都	73.90	海　口	41.87
合　肥	66.70	银　川	36.44
齐齐哈尔	38.21	淮　南	50.45
汕　头	48.72	深　圳	57.04
抚　顺	21.16	淄　博	49.95
邯　郸	40.44	厦　门	56.68
苏　州	65.10	福　州	68.53
沈　阳	48.66	鞍　山	30.50
武　汉	48.38		

注：按照较大的市的汉字笔画排序。

B.15

中国司法透明度指数报告（2013）

——以法院网站信息公开为视角

中国社会科学院法学研究所法治指数创新工程项目组*

摘　要：

2013年，中国社会科学院法学研究所法治指数创新工程项目组对31个省、自治区、直辖市的高级人民法院和49个较大的市的中级人民法院的司法透明度进行了量化评估，并首次将最高人民法院纳入评估范围。报告用客观数据直观反映审务公开、立案庭审公开、裁判文书公开和执行公开的情况，总结和分析了法院在推行司法公开过程中取得的进展和存在的问题，并就完善司法公开制度进行了更加深入的对策研究。

关键词：

司法透明度　指数　法院网站

2013年对于中国司法机关来说注定是浓墨重彩的一年。从2012年10月的十八大到2013年11月的十八届三中全会，从2012年末的“首都各界纪念现行宪法公布施行30周年”大会到2013年初的全国政法工作电视电话会议和中央政治局第四次集体学习，深化司法改革受到前所未有的重视，司法公开迎来新的历史机遇。中国共产党的决议和领导人的讲话反复强调，要推动司法公开，提高司法公信力，保证依法独立公正行使审判权，努力让人民群众在每一

* 项目组负责人：田禾，中国社会科学院法学研究所。项目组成员：吕艳滨、王小梅、栗燕杰、王旭、赵千羚、张誉。执笔人：王小梅，中国社会科学院法学研究所；王旭也参与了部分内容的写作。本报告在指标设计、调研和报告写作过程中，得到了许多学者、法官、律师的支持与帮助，在此一并致谢。

个司法案件中都能感受到公平正义，建设公正高效权威的社会主义司法制度。尤其值得注意的是，习近平同志在关于《中共中央关于全面深化改革若干重大问题的决定》的说明中还专门提到“司法透明度”。为实现党中央提出的司法改革目标，公正司法，司法机关把司法公开作为司法改革的突破口和树立司法公信力的重要环节。2013 年，最高人民法院推进审判流程公开、裁判文书公开、执行信息公开“三大平台”建设，推动裁判文书上网，公布了《关于推进司法公开三大平台建设的若干意见》和《关于人民法院在互联网公布裁判文书的规定》。

司法公开对于保障公民知情权、推动公众有序参与司法活动、监督司法权力运行、预防司法腐败、提升司法公信力具有重要意义。基于这样的认识，早在 2011 年，中国社会科学院法学研究所就已启动了中国司法透明度评估，率先推出中国司法透明度指数。2013 年 6 月 15 日至 11 月 30 日，中国社会科学院法学研究所法治指数创新工程项目组（以下简称“项目组”）对全国三级法院司法公开情况进行了测评。

一　评估对象和指标体系

（一）评估对象

与 2011 年、2012 年相比，2013 年中国司法透明度指数评估将民族自治地区的法院纳入测评范围，评估对象由原来的 26 个省、直辖市的高级法院和 43 个较大的市的中级人民法院分别扩展至 31 个省、自治区、直辖市的高级人民法院和 49 个较大的市的中级人民法院。另外，考虑到最高人民法院作为最高司法机关，既是全国法院司法公开的推动者，也是司法公开的主体，有义务公开其司法审判信息，项目组还首次对最高人民法院进行了评估。

（二）指标体系

与 2011 年、2012 年相比，2013 年年度测评指标体系有了较大幅度的调整和优化。指标调整基于三方面的原因。首先，2013 年中国司法公开迎来了前所未有的机遇，国家非常重视司法公开工作，对司法公开提出了一系列具体要求，2013 年中国司法透明度指数指标体系及时反映了这一新形势和变化。其次，为推动司法公开从形式公开向实质公开转变，新指标进一步简化了形式指标，增加了实质性考察项目。最后，经过连续两年的测评，中国司法公开受到司法机关的高度重视，公开水平有了明显的改善和提高，那些法院普遍满足的简单的、基础性指标，在新指标体系中的权重有所降低。

基于上述原因，新指标体系不再对法院概况、诉讼指南、统计数据等静态指标单设板块，而是将法院概况与统计数据合并在一起，组成审务公开板块；将诉讼指南作为立案庭审公开板块的二级指标。裁判文书作为审判结果的集中呈现，是司法审判的窗口，窥一斑而知全豹，公开裁判文书对于司法公开具有重要意义，并且随着司法公开实践的推动，裁判文书公开越来越系统和丰富。因此，为了凸显裁判文书公开的重要性，新指标体系将之单设一个板块。调整之后，2013 年中国司法透明度指数指标体系包括四个板块，即审务公开、立案庭审公开、文书公开和执行公开，权重分别为 20%、30%、30% 和 20%。

二　评估结果

本次评估的法院有最高法院和 31 个省、自治区、直辖市的高级法院以及 49 个较大的市的中级法院，共计 81 个法院。81 个法院中，有 15 个法院的得分在 60 分以上，平均分为 42.1。排名前 15 位的法院分别是上海高院、宁波中院、海南高院、成都中院、徐州中院、厦门中院、浙江高院、杭州中院、广东高院、南京中院、海口中院、广州中院、珠海中院、深圳中院、江苏高院（被测评法院司法透明度评估结果见表 1）。

31 个省、自治区、直辖市的高级法院平均分为 42.3 分，上海高院以 76.5 分的成绩夺魁。在 31 个省、自治区、直辖市的高级法院中，总分排名前十位的依次是：上海、海南、浙江、广东、江苏、河南、重庆、新疆、湖南、湖

表1 被测评81家法院司法透明度评估结果（满分：100分）

单位：分

排名	法院	分数	排名	法院	分数	排名	法院	分数
1	上海高院	76.5	28	洛阳中院	48.2	54	南昌中院	35.4
2	宁波中院	75.5	29	淮南中院	47.9	55	乌鲁木齐中院	35.3
3	海南高院	70.5	30	湖南高院	47.8	56	河北高院	35.0
4	成都中院	68.3	31	湖北高院	47.3	57	哈尔滨中院	33.8
5	徐州中院	68.2	32	无锡中院	46.9	58	昆明中院	33.4
6	厦门中院	67.5	33	武汉中院	46.7	59	石家庄中院	31.5
7	浙江高院	67.0	34	安徽高院	46.3	60	青海高院	31.1
8	杭州中院	66.9	35	黑龙江高院	44.9	61	山西高院	29.7
9	广东高院	65.0	36	青岛中院	44.8	62	本溪中院	29.6
10	南京中院	64.8		甘肃高院	44.8	63	天津高院	29.3
11	海口中院	64.7	37	长沙中院	44.6	64	邯郸中院	28.2
12	广州中院	64.4	38	陕西高院	44.4	65	鞍山中院	27.5
13	珠海中院	63.0	39	四川高院	43.9	66	抚顺中院	27.3
14	深圳中院	62.1	40	福州中院	43.8	67	长春中院	23.9
15	江苏高院	61.4	41	沈阳中院	43.4	68	西宁中院	23.4
16	河南高院	59.7	42	广西高院	43.3	69	唐山中院	22.1
17	汕头中院	59.4	43	北京高院	42.6	70	内蒙古高院	19.0
18	南宁中院	58.3	44	云南高院	42.3	71	太原中院	18.3
19	银川中院	56.8	45	山东高院	42.2	72	吉林高院	17.0
20	合肥中院	55.3	46	福建高院	41.7	73	大同中院	14.5
21	最高法院	55.25	47	辽宁高院	39.8	74	吉林中院	13.9
22	苏州中院	55.0	48	包头中院	39.4	75	贵阳中院	12.0
23	济南中院	54.8	49	大连中院	39.2		淄博中院	0
24	重庆高院	53.3	50	兰州中院	38.8		拉萨中院	0
25	新疆高院	51.8	51	齐齐哈尔中院	38.5	76	呼和浩特中院	0
26	郑州中院	51.6	52	贵州高院	37.4		宁夏高院	0
27	西安中院	50.6	53	江西高院	36.9		西藏高院	0

北。高级人民法院的建网率为93.55%，宁夏高院的网站无法正常打开，西藏高院的网站显示正在改版制作中（被评测高级人民法院司法透明度整体测评结果见表2）。

49个较大的市的中级法院平均得分为41.3分，宁波中院以75.5分的成绩居于榜首，排名前十位的依次为：宁波、成都、徐州、厦门、杭州、南京、

表 2　被测评高级人民法院司法透明度评估结果（满分：100 分）

单位：分

排名	法院	分数	排名	法院	分数
1	上海高院	76.5	17	北京高院	42.6
2	海南高院	70.5	18	云南高院	42.3
3	浙江高院	67.0	19	山东高院	42.2
4	广东高院	65.0	20	福建高院	41.7
5	江苏高院	61.4	21	辽宁高院	39.8
6	河南高院	59.7	22	贵州高院	37.4
7	重庆高院	53.3	23	江西高院	36.9
8	新疆高院	51.8	24	河北高院	35.0
9	湖南高院	47.8	25	青海高院	31.1
10	湖北高院	47.3	26	山西高院	29.7
11	安徽高院	46.3	27	天津高院	29.3
12	黑龙江高院	44.9	28	内蒙古高院	19.0
13	甘肃高院	44.8	29	吉林高院	17.0
14	陕西高院	44.4	30	宁夏高院	0
15	四川高院	43.9		西藏高院	0
16	广西高院	43.3			

海口、广州、珠海、深圳。49 个较大的市的中级法院有 46 个法院建有网站，建网率为 93.88%，呼和浩特中院、拉萨中院、淄博中院未找到网站（被评测中级人民法院司法透明度整体测评结果见表 3）。

表 3　被测评中级人民法院司法透明度评估结果（满分：100 分）

单位：分

排名	法院	得分	排名	法院	得分
1	宁波中院	75.5	9	珠海中院	63.0
2	成都中院	68.3	10	深圳中院	62.1
3	徐州中院	68.2	11	汕头中院	59.4
4	厦门中院	67.5	12	南宁中院	58.3
5	杭州中院	66.9	13	银川中院	56.8
6	南京中院	64.8	14	合肥中院	55.3
7	海口中院	64.7	15	苏州中院	55.0
8	广州中院	64.4	16	济南中院	54.8

续表

排名	法院	得分	排名	法院	得分
17	郑州中院	51.6	34	昆明中院	33.4
18	西安中院	50.6	35	石家庄中院	31.5
19	洛阳中院	48.2	36	本溪中院	29.6
20	淮南中院	47.9	37	邯郸中院	28.2
21	无锡中院	46.9	38	鞍山中院	27.5
22	武汉中院	46.7	39	抚顺中院	27.3
23	青岛中院	44.8	40	长春中院	23.9
24	长沙中院	44.6	41	西宁中院	23.4
25	福州中院	43.8	42	唐山中院	22.1
26	沈阳中院	43.4	43	太原中院	18.3
27	包头中院	39.4	44	大同中院	14.5
28	大连中院	39.2	45	吉林中院	13.9
29	兰州中院	38.8	46	贵阳中院	12.0
30	齐齐哈尔中院	38.5	47	拉萨中院	0
31	南昌中院	35.4		呼和浩特中院	0
32	乌鲁木齐中院	35.3		淄博中院	0
33	哈尔滨中院	33.8			

三　取得的进展

（一）司法公开制度建设迎来新高潮

为推动司法公开工作，最高法院曾经在2007年、2009年、2010年密集出台一系列司法公开文件，如《关于人民法院执行公开的若干规定》《关于加强人民法院审判公开工作的若干意见》《关于进一步加强民意沟通工作的意见》《关于司法公开的六项规定》《关于人民法院接受新闻媒体舆论监督的若干规定》《关于确定司法公开示范法院的决定》《关于人民法院在互联网公布裁判文书的规定》和《关于人民法院直播录播庭审活动的规定》。这些司法公开文件对于推动司法公开工作发挥了重要的指导作用，但是在新的时代背景下随着司法公开工作的深入开展，还需要出台新的更为精细的制度文件，有些文件也需要在明确性方面作进一步修订，推动中国的司法公开制度建设进入新高潮。2013年，最高法院先后发布了《关于公布失信被执行人名单信息的若干规定》《关于人民法院在互联网公布裁判文书的规定》《关于推进司法公开三大平台建设的若干意见》，对审判流程、裁判文书、执行信息等核心环节的信息公开提供明确的制度指导。

（二）司法公开向集约化方向发展

建立统一的司法公开平台，实现司法信息公开的集约化，不仅方便公众快捷查询信息，还有利于节约资金，避免重复建设，同时，还能够统一公开标准，促进全国司法公开工作协调均衡发展。

为实现司法专项信息的集中公开，最高法院前期已经在全国建立了一些统一平台，如全国法院被执行人信息查询平台、人民法院工作人员违纪违法举报中心、人民法院诉讼资产网、人民法院知识产权审判网和中国知识产权裁判文书网。2013年，最高法院又设立了新的司法公开平台，进一步实现司法公开的集约化。为进一步推进社会信用体系建设，对失信被执行人进行信用惩戒，最高法院向社会开通“全国法院失信被执行人名单信息公布与查询”平台；为了推动各地裁判文书上网的协调发展，最高法院于2013年7月开通了中国裁判文书网。除了分类建立全国统一公开平台之外，有些省份也建立了统一平台，实现了省内司法公开集约化。例如，河南、北京、广西、江苏等地的法院建有统一的裁判文书网或庭审直播网。

（三）不断创新司法公开形式

网站是司法公开的第一平台，有些法院除了通过法院官方网站进行信息公开，还在当地影响力更大的网站上开设法院频道，进一步扩大司法公开的范围，提升法院的影响力。例如，无锡中院和徐州中院分别在太湖明珠网和中国徐州网设置法院频道，进行司法公开。

随着北京试点的成功，“12368”司法服务热线在全国范围内得到进一步推广。目前，天津、上海、广州、江苏、成都、深圳、福建等地的司法机关已经开通了这个相当于法院系统“110”的服务热线。“12368”司法服务热线的开通，为公民获取司法信息提供了新的渠道，也有助于司法公开实现从单向公开向双向互动的转变。

为了扩大庭审直播的影响面，司法机关除了在法院网站上进行庭审直播外，还积极与当地电视台、商业网站合作，甚至通过微博和手机 APP 终端对外实时公开。例如，广州中院与金羊网合作开设“庭审直击”栏目，济南中院微博直播薄熙来案件，武汉中院开通司法公开手机平台，海南高院向特定人群（全省法院干警，全国人大、政协驻琼代表和委员，海南省人大代表和政协委员，人民陪审员，廉政监督员等）免费推送《海南法院手机报》。2013 年 11 月 21 日，最高人民法院开通官方微博和官方微信，随后，许多地方的法院也纷纷借助新媒体推动司法公开。

（四）司法人员信息透明度得到有效提升

2013 年，司法人员信息透明度得到进一步提升。与 2011 年、2012 年相比，2013 年不少法院在公开领导信息方面更为全面。有 14 家法院公开了法院领导包括学习工作经历在内的全部信息，35 家法院公开了法院领导的部分信息。最高法院、广西高院、甘肃高院、郑州中院、徐州中院、兰州中院、成都中院等均公开了法院领导详细的学习工作经历。珠海中院除了公开法院领导的照片、姓名、分管工作之外，还公开了审判委员会专职委员的姓名、照片、出生年月、籍贯、学历。

2012 年提供审判人员名单的只有广东高院、海南高院、海口中院、徐州中院和成都中院，90% 的法院未公开审判人员名单。2013 年，公开审判人员信息的法院上升到 10 家，其中有 6 家公开了包括学习工作经历在内的详细信息。徐州中院和宁波中院公开了人民审判员信息。成都中院在法院执行网公开了执行法官的照片、姓名、职务、电话。

（五）司法财务信息公开得到加强

2013 年法院较为重视对司法财务信息的公开。司法财务信息的考察包括 2013 年度预算信息、2012 年度决算信息和“三公”经费信息三项内容。调研结果显示，2013 年，法院重视司法财务信息的公开，与 2012 年相比，预算信息公开率提高了10个百分点。2013年，有48%的高级法院和25%的中级法院公开了本年度预算信息，而2012年，提供预算信息的中级法院和高级法院分别占38%和15%。2013年，中级法院公开决算信息的比例保持不变，而高级法院公开决算信息的比例有了大幅度提高，近23%的高级法院公开了上年度决算信息，而2012年所有被测评的高级法院均未公开决算信息。

项目组还考察了法院的公务接待费用、公务用车费用、公务出国（境）费用等信息的公开情况。2013年有18家高级人民法院公开了“三公”经费信息，而2012年只有青海高院公开了“三公”经费。2013年公开“三公”经费信息的中级法院有7家，在49个中级法院中的比例超过了14%。海南高院、苏州中院和厦门中院还在网站上专门开设司法政务公开或财务公开目录，凸显对司法财务信息公开的重视。

（六）裁判文书上网亮点纷呈

首先，2013年最高法院推出司法公开三大平台建设，其中一项就有建设中国裁判文书网，将其作为全国统一的裁判文书上网平台。为统一裁判文书公开指标，最高法院还出台了新的裁判文书上网规定。在功能上，中国裁判文书网增加了打印和下载链接，方便公众获取信息。

其次，地方法院裁判文书上网的有些做法值得肯定。江苏高院推出的典型案例，附有裁判文书；邯郸中院公开的裁判文书还附有对案件的点评；南京中院、郑州中院、武汉中院等做到了裁判文书及时上网，不少文书能够在裁判作出之后30日内上网公开；广西法院新建统一的裁判文书公开平台，并对裁判文书公开情况制作统计表予以公布。

（七）执行曝光力度加大，助推社会诚信体系建设

2013年，最高法院发布了《关于公布失信被执行人名单信息的若干规定》，在全国法院建立了“失信者名单”的公布和通报制度。按照该规定，法院除了在全国统一平台上公布失信被执行人名单，还可以通过报纸、广播、电视、网络、法院公告栏等多种渠道向社会公开，并可采取新闻发布会或者其他方式定期发布失信被执行人信息公开的实施情况。法院要向政府相关部门、金

融监管机构、金融机构、承担行政职能的事业单位及行业协会等通报失信被执行人名单信息，供相关单位依照法律法规和有关规定，在政府采购、招标投标、行政审批、政府扶持、融资信贷、市场准入、资质认定等方面，对失信被执行人予以信用惩戒。失信被执行人名单信息将进入征信系统。失信被执行人是国家工作人员的，法院还应当将其失信情况通报其所在单位。根据该规定，最高法院向社会开通了“全国法院失信被执行人名单信息公布与查询”平台。

2012 年，仅有 10 家高级人民法院和 17 家中级法院设置了曝光台栏目，分别占 38.5% 和 42.5%。2013 年，49 家中级法院中有近 50% 的法院公开了“老赖”名单。珠海中院不仅公开了拒不配合执行工作的名单，还公开了积极配合执行工作名单。银川中院在法院公告栏目中公开了解除限制被执行人高消费公告，并公告了某些执行案件的最新情况。

四　存在的问题

（一）司法公开制度规定不够明确具体

为明确司法公开范围，最高法院制定了一系列司法公开文件，但是有些文件规定还有待细化和明确。以裁判文书上网为例，最高法院先后于 2010 年、2013 年出台文件。为体现“以公开为原则，以不公开为例外”，文件采取“正面概括”加“否定列举”的立法技术来确定裁判文书的上网范围。但是文件在列举裁判文书的除外情况时，除了“涉及国家秘密、个人隐私的”，“涉及未成年人违法犯罪的”，“以调解方式结案的”，还增加了一项“其他不宜在互联网公布的”。该兜底条款降低了公开范围的确定性，为法院留有较大的自由裁量空间。

（二）未能正确把握公开与稳定的关系

司法公开是通过向社会公开司法审判过程和结果，以透明促公信，最终维护社会稳定。但是有些法院在推行司法公开过程中对公开与稳定关系的认识还不到位，对群体性案件未能脱敏，不敢公开，认为公开会影响稳定。例如，内蒙古高院《关于在互联网公布知识产权案件裁判文书的实施办法》第 7 条规定，其他社会影响较大、可能影响社会稳定的知识产权案件的裁判文书，各中级法院对口审判业务庭庭长认为有必要推迟上网公布或不上网公布的，经分管院领导审核批准后，提出推迟上网或者不上网的具体意见和理由，报送自治区高院知识产权审判庭决定。河南高院《裁判文书上网公布管理办法》第5条规定，敏感性、群体性案件或其他社会影响较大案件的裁判文书，主管副庭长认为有必要推迟上网公布的，经主管副院长审批，可以推迟上网。从舆情学的研究看，越是社会影响重大的事件越应该公开，谣言止于真相，只有及时全面真实地进行信息公开，才能遏止谣言，消灭不稳定因素。社会群体性事件频发的教训表明，导致社会不稳定的不是公开而是刻意隐瞒，公权力部门没有在第一时间公布真相，从而丧失了消除不稳定因素的最佳时机。经过法律程序公开审理裁判的案件，更应该及时、全面、准确地予以公开，并且越是社会影响重大的案件越应该满足社会对公开的期待。

（三）司法公开不均衡现象依然明显

司法公开不均衡表现为两个方面。首先，地区之间不平衡。总体而言，东部沿海要好于内陆，经济发达地区好于欠发达地区。其次，同一法院在各板块之间公开的水平参差不齐。例如，石家庄中院审判公开得分为0，执行板块得分为高分（85分）。石家庄中院的网站是由河北高院主办的，内容很多为空，但是石家庄中院执行局建有单独的执行网，内容非常丰富，公开了“限制高消费”和“限制出境”名单、被罚款人名单、涉嫌拒不履行判决裁定罪名单等。

（四）司法公开互动性不强

公开是参与的前提，司法公开不是单向的，还应该重视拓宽民众参与的渠道，加强与民众的互动。以裁判文书上网为例，为了方便公众对裁判文书的监督，司法机关应该落实文件规定的反馈制度。例如，内蒙古高院《关于在互联网公布知识产权案件裁判文书的实施办法》第15条规定，各中级人民法院对口审判业务庭应当适时关注人民群众和社会各界对其上网公布的裁判文书及相关工作的评论，及时收集社会各界的意见和问题，并对涉及其裁判文书的意见和问题进行认真研究及时解决，将处理结果向人民群众和社会各界公布。浙江高院《关于裁判文书上网公布的规定（试行）》也要求，“及时掌握和汇总公众对裁判文书的评论”。河南高院《裁判文书上网公布管理办法》规定了“对网民意见和疑问的回复及答疑”，即全省各级法院的网络评论员应定期关注网民对上网裁判文书及相关工作的评论，对涉及本院裁判文书的网民意见和疑问应及时与有关部门联系并回复。尽管司法文件对互动提出了明确要求，但是真正落实文件规定的法院并不多，除了宁波中院、河南法院（涵盖河南高院、郑州中院、洛阳中院）、徐州中院之外，93.8%的法院均未开通反馈渠道。令人遗憾的是，最高法院最新颁布的裁判文书上网文件删去了原文件关于收集公众意见的内容，仅规定了单向公开。

此外，法院联系电话的有效性差，影响公开效果。从项目组电话咨询情况来看，法院与公众的互动渠道并不畅通：有的没有公开联系电话；有的公开的联系电话不正确，将私人电话当作联系电话公布在网站上，还有的法院电话号码已经过户给了酒店而未能更新；有的法院接线人员要么态度冷漠，要么业务不熟悉；不少法院的电话处于长期无法接通的状态。

（五）公开平台重复建设问题突出

网站作为司法公开的第一平台，经过数年的发展，法院网站的普及率非常高，不少省份提出“一院一网”的建设目标，与此同时，最高法院为了实现司法信息的统一、集中公开，在全国建立诸如诉讼资产网、裁判文书网、被执行人查询网和失信被执行人公开与查询网等统一平台，有的高院还在本辖区建立统一的专项公开平台。不少法院会在本级法院网站、省级平台和全国平台上进行信息公开。司法信息的多平台运行不仅导致重复建设、资源浪费，还导致各平台之间信息不统一，给公众造成困惑。以裁判文书公开为例，有的法院不仅要将裁判文书上传到自身网站上，还要上传到省内统一裁判文书网上，并最终要在中国裁判文书网上公开，如何协调统一司法平台与法院各网站之间的关系是司法公开下一步需要解决的迫切问题。

（六）信息公开滞后，削弱监督效果

信息公开滞后首先表现在信息更新滞后。以诉讼指南为例，随着法律文件

的修改，诉讼指南应该及时更新，但是评估发现不少法院的诉讼指南未及时更新，仍然使用修改前的法律规定。例如，最高法院诉讼须知中的再审理由指向《民事诉讼法》第 179 条，而修改后的《民事诉讼法》第 179 条则是关于特别程序的规定，即使是原法第 179 条在《民事诉讼法》的修订中也作了调整。诉讼指南未能及时更新，非但起不到指南效果，还会误导公众和当事人。

信息公开滞后还表现为信息发布滞后，如本应该年初上网公开的司法信息，年中或年末才予以网上公开。工作报告公开普遍滞后，各地通常会在 1 月前后召开人民代表大会，地方法院在人民代表大会结束后应及时将工作报告上传到官方网站上，以便公众查阅监督。但是评估发现，除了个别法院及时公开工作报告之外，不少法院是在第二季度甚至是第三季度或第四季度才予以公开。本年度预算和上年度决算以及“三公”经费公开也面临类似的问题。公开是为了监督，预决算信息以及“三公”信息公开不及时，公众无法在上半年根据上年度的决算报告审视和监督本年度的预算，丧失了公开的意义。

（七）信息公开碎片化

信息公开一个最为重要的要求就是公开的信息容易为公众所接触和获取。评估发现，有不少法院对信息公开的理解仅限于简单地将司法信息直接上传到网上了事，不少重要的司法信息未能分门别类，建立相应栏目，而是散放在“新闻动态”栏目中。信息公开碎片化给公众获取信息造成困难，公众难以按图索骥，从相应的栏目查找到信息，并且许多司法信息会被淹没在海量的新闻报道中，起不到公开效果。以最高法院为例，其网站设置“权威发布”栏目，下设“工作报告”栏目，但是2013 年年度工作报告并未放置在该栏目中，而是放置在“法院新闻”栏目中，评估组通过该网站的搜索引擎搜索无果的情况下，只得逐条翻阅新闻报道才找到目标信息。

（八）司法公报公开还不理想

公报是党政机关公开发布重大事件或重要决定事项的重要渠道。评估发现，最高法院、江苏高院、天津高院、新疆高院等发行了法院公报，内容包括重要法律和司法解释、司法文件、任免事项、文献和案例等。相对于政府公报而言，司法公报公开力度较小。目前，各级政府已经将政府公报作为政务信息公开的重要渠道，公众可以登陆政府网站的公文公报专栏，免费浏览和下载政府公报。而司法机关的法院公报则是作为公开出版物对外有偿发行。最高法院官方网站上公开了《最高人民法院公报》2008 年第 1 期到 2012 年第 9 期的目录，但无法查看内容。

（九）公众旁听案件庭审的机制有待改进

旁听是公众监督案件庭审最为直接的方式。法院要保障公众的旁听权，不仅应及时发布开庭公告，还应该让公众有渠道了解旁听程序。为此，项目组设计了电话咨询环节，通过拨打网站公开的电话咨询旁听事宜。调研发现，法院普遍对公众旁听权的行使设置门槛，如要求携带身份证，甚至要求联系主审法官；还有不少法院的工作人员对旁听事宜不熟悉，有的甚至直接拒绝公众旁听。评估人员拨打最高法院网站公开的电话总机之后，进行人工咨询，得到的答复是最高法院不允许公众旁听。

五　对策建议

公开是法治的基石，能够有效促进公正和廉洁。上海高院在多年测评中虽名列前茅，但依旧在 2013 年曝出法官嫖娼丑闻。这说明公开程度还不够，只有公开得更为全面、彻底，才有可能让弄权者无处遁形、让公众真正体味到公平与正义。因此为了进一步提升司法透明度，还应解决如下问题。

（一）统一司法公开标准

司法公开推进几年来，取得不少成绩，但是对于公开什么、如何公开还未设有统一的标准，导致司法公开不均衡。建议最高法院充分调研和总结司法公开水平高的法院的经验，制定统一的标准，对于必须公开的信息作出统一要求。

（二）明确法院网站的定位

网站是司法公开的第一平台。不少法院网站的定位已经从最初的宣传导向逐步转变为公开导向，但是仍有相当一部分法院的网站停留在宣传领导、宣传业绩、宣传职工精神面貌的定位上，将本应该在内网公开的员工业余活动信息放在官方网站上，而重要的司法统计数据、裁判信息则无从获取。要做到司法公开从形式公开向实质公开的转变，必须进一步明确法院网站的公开定位，意识到公开做得好才是对法院最好的宣传。

（三）正确处理司法公开集约化与特色化的关系

随着司法公开的推进，目前已经形成法院各自建设网站和全国统一平台共存的格局。统一平台有助于司法公开的集中，自建网站有助于突出本院司法公开的特色。两者本来是互为补充的关系，但是实践中，已经实现集中公开的司法信息仍在自建网站上公开，造成司法信息多平台运行。在标准不统一的情况下，多平台公开不仅造成资源重合和浪费，还给公众获取准确、权威的司法信息带来困惑。推进司法公开，下一步应该对司法公开平台进行清理，已经实现集中公开的司法信息没有必要在地方重复公开，地方法院网站仅提供统一司法公开平台的链接就可以了，地方法院网站公开的信息主要集中在具有自身特色的信息。

（四）加强司法公开的互动性

司法公开是双向的，不仅是法院主动公开司法信息，还应该加强与当事人和公众的互动，畅通互动渠道。咨询电话是法院的一张名片，司法机关要树立亲民形象，提高服务水平，必须畅通联系渠道，并加强相关人员的业务培训。另外，裁判文书公开环节也应该强调互动性，在公开的同时，畅通公众的反馈渠道，便于公众监督。

（五）推动审判立体式公开

审判公开包括两部分，一个是庭审公开，属于审判过程的动态公开；一个是裁判文书公开，属于审判结果的静态公开。庭审公开除了向旁听人员公开庭审过程之外，有的法院还借助多媒体手段对庭审进行网上影像（或文字）录播或直播，进一步扩大公开范围。裁判文书承载着判决结果，随着裁判文书写作水平的日益提高，公众会从裁判文书中看到案件事实、裁判结果、裁判理由、法律依据等。但是仅仅公开裁判文书还不够，为了构建庭审的立体式公开模式，还应该公开典型案件的其他司法文书，如起诉书、答辩状、证据等。当然，在公开过程中，应注意处理公开与保密的关系、公共利益与个体利益的关系。从调研情况来，成都中院尝试公开案件的证据材料，如上诉书或起诉状的电子卷，并对个人信息进行隐去处理。

另外，应逐步推行庭审笔录的公开。庭审笔录公开有利于公众掌握庭审程序是否合法。按照诉讼法的规定，庭审笔录不仅完整记录法庭审判的全部活动，还将庭审之前的法院活动进行了笔录，如确定合议庭的组成人员，送达起诉书副本、回避、出庭证人名单、非法证据排除等与审判相关的问题等。目前庭审笔录的公开仅限于当庭宣读，或者由当事人和其他诉讼参与人当庭或者在五日内阅读。也有的法院借助于新技术当庭公开，如通过大屏幕投影同步展现庭审笔录，增强当事人对庭审公正的信任度，大大提高办案效率。从司法公开的发展来看，公开庭审笔录应该是趋势。庭审笔录一旦公开，公众即使不到现场旁听，也可以全面了解庭审实况，对庭审进行全面完整的监督。当然，庭审笔录公开是将审判人员的一言一行暴露在全社会面前，既需要司法机构具有足够的自信和勇气，也需要提高法官素质与之相匹配和适应。

任何公开都应该注意度的把握。对个别案件的庭审现场进行网上直播或录播，应避免演变成为公审大会。另外，摄像机该不该进法庭存在争议，甚至一度在域外受到抵制，反对者认为人们在镜头下的行为可能会变形、失真。支持者却认为，可以通过改进方法加强对庭审现场的监督，如将镜头事先安装在法庭的隐蔽位置，避免法庭上的人员受到镜头的干扰。我们认为，司法透明度既是关乎司法改革和司法公信的宏大叙事，同时也是保障公民知情权的具体制度，需要在各种关系和利益之间进行谨慎权衡。

B.16

浙江法院阳光司法指数报告（2013）

中国社会科学院法学研究所法治指数创新工程项目组*

摘　要：

中国社会科学院法学研究所受浙江省高级人民法院的委托，成立“浙江法院阳光司法指数课题组”，制定了“浙江法院阳光司法指数测评指标体系”，围绕审务公开、立案庭审公开、裁判文书公开、执行公开和保障机制，采取观察网站、提取相关统计数据、实地抽查、随机查阅案卷、电话验证、法院自报信息等多种方法，于2013年4月9日对浙江全省三级共103家法院进行了阳光司法指数测评。根据5大板块的测评结果以及权重分配，课题组核算并形成了全省103家法院的总体测评结果，分析了浙江法院阳光司法的亮点与存在的问题，并就未来完善阳光司法工作提出建议。

关键词：

浙江　阳光司法指数

受浙江省高级人民法院（下称“浙江高院”）的委托，中国社会科学院法学研究所法治指数创作工程项目组（以下称“项目组”），于2013年4~9月对浙江全省三级法院共103家①进行了阳光司法指数测评。

---

* 项目组负责人：田禾，中国社会科学院法学研究所。项目组成员：吕艳滨、王小梅、栗燕杰、张文广、刘小妹、赵千羚、曹景南、樊京、朱红豆、常君、王旭、廉天娇、郭明丽、熊金鑫、周妮、慕寿成、王凤艳、张晓晴、崔亚平、张誉等。执笔人：吕艳滨、田禾，中国社会科学院法学研究所。中国社会科学院调查与数据信息中心为测评提供了技术支持，浙江省高院及下辖法院为测评提供了实务支持。

① 浙江全省三级法院共有105家，测评时未包含2012年新设的杭州经济技术开发区法院和2012年移交地方的杭州铁路运输法院。

一 测评内容概况

2013年浙江法院阳光司法指数指标体系以现行法律法规、最高人民法院有关司法解释和指导意见以及浙江高院出台的《浙江法院阳光司法实施标准》《浙江法院阳光司法实施标准考核计分办法》《浙江法院阳光司法指数评估体系》等为依据，选取司法公开中最为核心的事项作为本年度测评的主要内容。其中，“浙江法院阳光司法指数评估体系”主要包括7项一级指数（立案公开、庭审公开、执行公开、听证公开、文书公开、审务公开、工作机制）、31项二级指数。

在2013年测评中，根据当前司法公开的重点以及浙江法院的实际，项目组与浙江高院共同研究制订了“浙江法院阳光司法指数测评指标体系”，确定了审务公开、立案庭审公开、裁判文书公开、执行公开和保障机制等5项一级指标和31项二级指标，每个一级指标满分均为100分。其权重分别为15%、35%、20%、20%、10%（见附表1）。

本指数测评的最终目标是综合浙江各法院所在地区的经济发展状况、人口状况、法院人员情况、受案数量等，设计数量模型，计算出浙江全省的阳光司法指数。司法公开工作是动态发展的，指标体系会根据法律及最高法院有关部署、浙江法院的工作现状与发展需要不断进行调整、完善。阳光司法指数的测评指标体系及权重每年都会据此进行优化，每年测评依据不完全相同，其测评分数也就不存在不同年度的可比性，但从指标体系的变化可以看出阳光司法工作的推进轨迹和累进式发展态势。因此，浙江省的阳光司法指数如能与其他省份进行横向比较才具有意义，而在其他省份未开展此项测评的情况下，核算该指数并按照年度进行纵向比较，并不能够说明一个省份在阳光司法工作方面的实际进展，甚至可能造成误解。因此，项目组暂不核算全省的总指数。

测评采取观察法院门户网站、提取浙江高院信息集控中心的相关后台数据、项目组实地抽查、现场随机查阅案卷、进行电话验证、法院自报信息等多种方法。观察法院门户网站时，项目组主要检查法院是否建有网站，网站是否公开了本板块指标涉及的相关内容，公开是否准确、及时、全面、有效。与此同时，全省各法院按照课题组的要求，自报相关信息，并附上可以证明相关事项的材料，如照片、纸质的诉讼指南原件、工作记录等。项目组于2013年5月26日至6月2日在浙江全省11个地市及宁波海事法院现场抽查了中级法院和部分基层法院的相关指标涉及内容。

为了掌握立案庭审过程中告知当事人相关权利义务的情况以及公开开庭、质证情况，项目组分为3个工作小组，分赴全省11个中级法院和宁波海事法院，随机调取全省103家法院7000余宗民商、行政、刑事一、二审案件和执行案件的卷宗，最终抽查3605宗案卷。

二　测评总体结果

根据5大板块的测评结果以及权重分配，项目组核算并形成了全省103家法院的总体测评结果（见附表2）。

从2013年度的最终测评结果看，平均分为53.28分。吴兴法院、鄞州法院、舟山中院、北仑法院、椒江法院跻身前五名，其中，吴兴法院以总分70.44分高居榜首。中级法院中，舟山中院、宁波中院、丽水中院、衢州中院和湖州中院跻身前20名。进入前20名的基层法院中，宁波地区有6家，台州地区有3家，湖州地区有2家，杭州地区、嘉兴地区、衢州地区、舟山地区各有1家（见图1）。

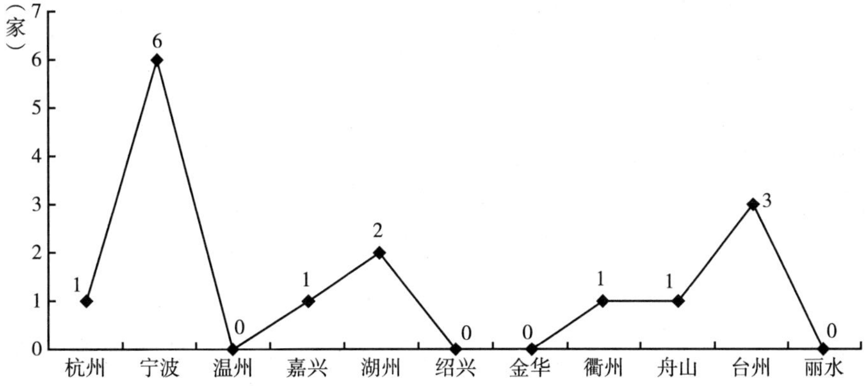

图1　浙江法院阳光司法指数总分前20名中基层法院的地区分布

三　测评中发现的亮点

1. 硬件建设水平高

推进司法公开需要配备一定的硬件设施，这也是做好审判工作所必需的。例如，公告栏用以公示开庭公告、诉讼须知等事项；自助查询设备用以方便公众自助查询案件进度信息，同步视频室加装视频采集、传送、播放设备，用来实现远程旁听庭审过程；信访接待室、判后答疑室用以在现场接待信访投诉、解答当事人疑问。根据课题组的统计和现场抽查，浙江三级法院全部在立案接待大厅配有公告栏、信访接待室。有96.1%的法院在立案接待大厅配置了自助查询设备，其中有91.7%的中级法院配置了该类设备，基层法院配置此类设备的占96.7%；98.1%的法院配有判后答疑接待室，其中中级法院配有接待室的比率为100%，基层法院配有该设施的比率为97.8%；96.7%的基层法院配有人民调解室；有81.6%的法院配置了同步视频室。

2. 信息化建设水平较高

信息化是推进司法公开向广度、深度发展的重要保障。网站甚至微博、微信、手机短信等手段都已成为现代社会司法公开不可或缺的平台。为了满足时代对信息高速传播与分布的要求，各类司法信息的生成、管理、共享要适应无纸化办公的需要，这对信息化建设水平提出了越来越高的要求。

首先，浙江法院普遍配备了较高的专网带宽。司法公开及司法信息管理要求法院专网在技术上必须能够支持法院处理、传输各类业务数据的需求。带宽不够，就像高速公路车辆多但道路狭窄，必然造成信息堵塞，传输缓慢，不仅法院自身以及法院之间的信息传输迟缓，还会影响公众登陆法院网站。根据浙江各法院的自报数据，截至2013年6月，29家法院的专网带宽在50兆以上，宁波中院及所属基层法院都在100兆以上，有8家为1000兆（见图2）。

其次，数字化法庭普及率较高。数字化法庭是指，通过加装音视频采集、

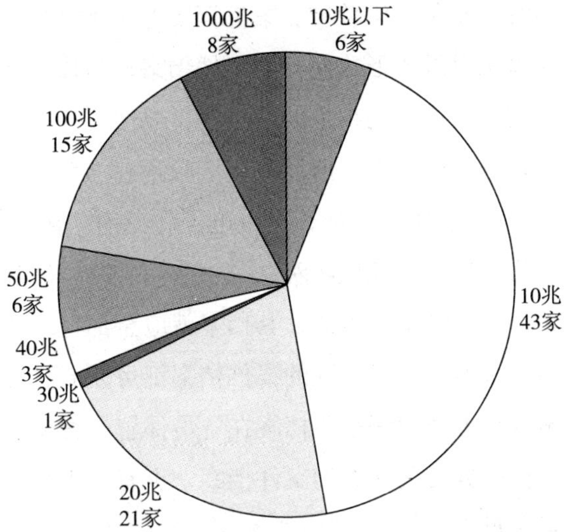

图2　浙江法院专网带宽分布情况（截至2013年6月）

传输设备，对法庭活动进行实时监控、录音、录像等，借此，实现同步视频旁听与监控、审判活动音视频直播、法庭活动音视频资料备份留存等功能。数字化法庭是法院信息化发展过程中的创新举措，有助于消除传统案件审理受场地限制的弊端，提高案件审理的公开程度，并在原有庭审笔录基础上，为案件审理全程保留音视频档案。统计显示，截至2013年6月，全省法院审判用法庭共计1896个，已经实现数字化的法庭共有1798个，约占94.8%。有67家法院审判用法庭100%实现数字化。

再次，普遍建有远程视频提审室。远程视频提审室是在传统审判法庭基础上，通过在看守所加装音视频及其传输线路，实现远程提审看守所在押犯罪嫌疑人等的功能。统计显示，截至2013年6月，浙江全省有96家法院已经在当地看守所建成了视频审判室。

另外，案件信息查询系统普及率较高。案件信息查询系统是利用法院内网信息管理平台，全面、完整、及时录入和反映案件基本信息和办理进度，并通过互联网或者自助查询设备向案件当事人开放，供其查询自身案件信息的系统。测评发现，全省97.1%的法院已经通过门户网站开通了此系统，且经过课题组验证，系统运行有效。

最后，案件档案电子化程度较高。案件档案电子化是指，法院适应信息化发展要求，将一直以来以纸质形式保存的案件档案，扫描、转换为计算机可以读取的电子文档，实现司法活动结果的信息化，方便案件档案的保存、调取和查阅。根据浙江高院提供的数据，浙江各级法院正在加快历史档案电子化的步伐。截至2013年9月，案件档案全部实现电子化的有7家法院，分别是杭州中院、丽水中院、西湖法院、鹿城法院、洞头法院、路桥法院、临海法院。按照现有的管理方式，案件结案后不久，其档案就应全部电子化。随着所有历史档案完成电子化，未来浙江各级法院的案件档案都可以通过计算机和互联网进行远程调取、查阅，也方便化解纸质档案在备份保管和查阅、移送上的诸多不便。案件档案电子化既方便公众查询案件档案，也有助于法院内部管理，对提升司法公开水平意义重大。

3. 依托门户网站，实施网上公开

法院门户网站正在成为法院公开司法信息，推动在线办事的第一平台。浙江各级法院重视网络交流平台的建设工作，能够主动运用新技术手段，为公众提供在线公开信息、在线咨询和在线办事服务，为有效提升阳光司法水平提供了条件。

首先，注重利用网络手段，公开法院信息。从测评情况看，全省103家法院在保留传统的公告栏、布告栏等基础上，均建有自身门户网站，通过网站实时对外发布审判及法院管理的各类信息。

不少法院还适应新媒体发展趋势，将QQ、微博等新媒体方式引入法院司法公开工作中，利用其短平快的特点，对外公开信息、进行在线咨询。据不完全统计，江干法院建有QQ在线服务平台，丽水中院、上虞法院设有QQ在线咨询平台，瑞安法院各内设机构及派出法庭则均设有QQ咨询平台。不少法院的QQ在线咨询平台运行正常，如江干法院的QQ在线服务平台在课题组发出在线咨询后立即作出了有效回复，上虞法院在课题组留言后不久就作出了答复。另根据新浪微博和腾讯微博的不完全统计，全省已有25家法院及其内设机构开通了微博，其中2家为中级法院，6家为法院执行局、法警大队或者派出法庭（见表1）。

表 1　浙江省法院开通微博情况（截至 2013 年 9 月）

法院名称	新浪微博	实名认证	腾讯微博	腾讯机构认证
海曙	√	√		
海曙法院执行局	√	√		
江东	√	√		
北仑	√	√		
慈溪	√	√		
余姚	√	√		
宁海	√	√		
象山	√	√		
温州中院	√	√		
鹿城	√	√		
文成	√	√		
泰顺法院	√			
莲都	√		√	√
嘉善	√	√		
嘉善法院西塘法庭	√	√		
平湖法院法警大队	√			
诸暨	√	√		
嵊州法院长乐法庭	√	√		
嵊州法院黄泽法庭	√	√		
嵊州法院甘霖法庭	√	√		
兰溪			√	√
东阳			√	√
定海			√	√
临海			√	√
宁波海事	√			

其次，法院门户网站稳定性较好。建设门户网站旨在打造一个 24 小时不关门的法院，方便公众随时随地查询所需要的信息。因此，法院门户网站的稳定性是衡量其司法公开水平和信息化能力的重要条件。调研发现，浙江法院网站整体上运行较好，仅有 7 家法院存在网站无法打开或者栏目信息链接无效等网站运行不稳定的情况。

再次，注重以信息化手段保障裁判文书公开的广度。全省 103 家法院均在网站上公开了裁判文书，所有网站都设置了裁判文书栏目，并通过该栏目集中发布裁判文书。浙江高院所开通的“浙江法院法律文书检索中心”，作为裁判文书统一发布平台，也为各法院通过网站发布裁判文书提供了重要的渠道。

另外，将网站打造成执行信息公开的重要平台。浙江高院建设了多个执行公开平台，推动省内法院统一、高效地公开执行信息。例如，执行案件信息查询系统实现了全省法院执行案件基本信息、办理进度等的统一查询。浙江高院网站提供的“曝光台”和“限制高消费”栏目正在向统一发布全省法院的执行曝光信息迈进。此外，浙江省开通的“信用浙江”网集中发布了全省法院提供的“个人未履行生效裁判信息”“单位未履行生效裁判信息”，截至2013年9月23日，法院提供的“个人未履行生效裁判信息”已达1543468条，“单位未履行生效裁判信息”达47635条。有的中级法院开通了执行专门网站。测评结果显示，基层法院由于执行案件数量多、任务重，在法院门户网站之外开通了专门的执行网站，一些中级法院也开通了整合全市基层法院的执行网站，确保了本地法院执行公开的协调一致、标准统一。

最后，利用互联网，提升拍卖环节透明度。浙江法院在传统的拍卖平台基础上，创新司法拍卖形式，开发了司法网拍工作机制，通过与淘宝网的合作，开展司法拍卖。虽然司法网拍在拍卖物品的种类上受到制约，但全省法院普遍参与其中，且已经取得了明显成效。据对淘宝网司法拍卖栏目的检索，目前绝大多数法院已经在淘宝网司法网拍栏目中开展司法网拍工作。这一做法明显降低了拍卖成本，并借助淘宝网较为透明的运行机制，提高了拍卖过程的透明度，减少了人为操纵拍卖的几率。可以说，司法网拍机制是规范执行活动、消除拍卖中各种乱象的创新之举。

四　测评中发现的问题

1. 司法公开工作发展不均衡

首先，法院之间差异大。总分最高分为吴兴法院，为70.44分，最低分为越城法院，为34.35分。从得分分布上看，60分以上的有14家法院，50~60分（不含60分）的有58家法院，40~50分（不含50分）的有28家法院，40分以下的有3家法院，绝大多数法院集中于40~60分（不含60分）。

其次，各板块之间差异较大。就单个法院来看，普遍存在5大板块测评结果之间差异较大的情况，不少法院至少1～2个板块存在短板。例如，有的法院裁判文书公开情况不理想，有的则是审务公开情况不理想，还有的是立案庭审公开情况不理想，少数总分较高的法院则普遍各板块相对均衡（见附表2）。

2. 法院网站定位不准

做好司法公开工作，首先要建好、用好信息发布的第一平台——网站，必须对法院网站的功能有准确的定位。从2013年度对浙江法院的测评和调研情况看，网站建设水平相比全国水平较高，但网站定位不准的问题仍普遍存在。不少法院在网站上用大量篇幅、在醒目位置发布院领导的行踪、文山会海信息；不少法院大秀法院文化、法官风采，以及琴棋书画、诗歌朗诵等活动。但实际上法官高强度的工作却不为外人所知，看上去法官似乎天天不务正业。此外，不少法院虽在网站上发布了不少信息，但混乱无序，不便获取，看上去法院为了做好公开做了大量工作，但与公众需求仍有相当差距。归根结底，这与对网站的定位不准有密切的关系，特别是对网站公开的受众群体及其需求缺乏准确的把握。另外，个别网站信息检索有效性差。

3. 公开效果待提升

（1）指南内容不够通俗。

所有法院提供的纸质指南及网站公开的指南都是对法律条文的照搬和重述，专业性过强，看上去内容很丰富，但并不能让缺乏法律知识背景的公众简明扼要地了解自身的诉讼权利义务和面临的诉讼风险。

（2）公开的裁判文书获取困难。

首先，缺乏分类。如果各类文书混杂在一起，不作分类或者分类不规范将不利于公众查找文书，也不利于法院管理文书上网工作。其次，缺乏专门的检索功能。测评结果显示，全省有39家法院没有为裁判文书设置专门的检索功能，占37.9%；有8家法院提供了针对裁判文书的简单检索，且经验证检索功能有效，占7.8%；56家法院提供了综合检索功能（如可以按照关键词、案件类型、案件号、时间等进行组合检索），占54.4%。再次，裁判文书的发布不够及时，时间要求不够科学。多数法院最新公开的都是上一年度甚至更早的裁判文书，不少法院最新一批裁判文书的发布距离上一批已经长达半年之久，甚至还有的法院最新的裁判文书是2011年发布的。

（3）多平台发布信息，造成公开渠道混乱。

有的法院只在专门的执行网站或者其他专门平台上发布信息，弃自建门户网站而不用，甚至未在门户网站上提供专门网站或者统一发布平台的信息链接，以至于公众难以找到相关信息。一些法院在发布执行信息时，在国家级、省级乃至市级层面的统一平台能做到发布规范、持续发布，并注重信息的及时更新，但本院门户网站上或者不发布，或者不能持续发布，或者不能确保及时发布。各类统一平台与法院自身网站之间普遍存在信息内容不一致、信息发布时间不同步等问题，导致信息发布混乱，使公众查找信息时难寻规律，增加了查询信息的难度，影响公开效果。

（4）公众开放日制度效果有待提升。

项目组对103家法院2013年10月底前通过网站公开的公众开放日情况进行了抽样统计分析，项目组共收集到全省187件公众开放日活动记录，涉及66家法院，其中，中级法院26件，占13.9%，基层法院161件，占86.1%。结果发现，首先，公众开放日参与人员的群体结构有待优化。据此次抽样统计，公众开放日参与者所属群体单一，有人大代表、政协委员参与的公众开放日占17.6%，有党政机关领导干部（含离退休干部）参与的占10.7%，有人民陪审员参与的占3.7%，有学生参与的占25.7%，有普通公众参加的占24.1%，有其他人员（行业协会人员、金融保险等企业从业者、女企业家、个体工商户代表等）参与的占38.5%。虽然普通公众、学生、其他人员的参与比例不算太低，但多是以组织对组织的形式定向邀请参加，公众自行报名参加的渠道还不畅通，举办公众开放日的效果必然会受到影响。其次，公众开放日的内容有待优化。从收集的样本看，公众开放日的内容主要集中于参观法院场所设施、旁听案件庭审、座谈、听取法官介绍相关法律知识。本次收集的样本中，有65次活动是与参加者有直接相关性的，如请公职人员旁听受贿案件庭审、请个体工商户代表旁听食品安全案件庭审、请妇女界人士旁听离婚抚养案件庭审等，占34.8%；108次活动是直接相关性较差或者无相关性的，如请普通公众旁听商标纠纷案件庭审等，占57.8%；有14个公众开放日活动内容不详，占7.5%。如果公众开放日活动内容的安排更多地考虑参与者的身份、需求，效果可能会更佳。

总之，如何超越其在推动司法公开、普及法律知识、拉近公众与法院关系方面所具有的形式意义，提升实质效果，应是今后推行公众开放日制度的着力点。

4. 对外联络存在不畅通的情况

联系方式是法院最基本的信息之一，看似平常，却是公众了解法院、利用司法资源的基本渠道。项目组对法院网站提供的一般联系电话及司法公开投诉电话进行了匿名验证。结果发现，联系电话的有效性不甚理想。首先，不少法院的联系电话因存在号码无效、无法接通、系录音电话或者传真电话等原因而成为无效电话，影响公众与法院的联系与沟通。其次，不少法院工作人员的工作作风应引起关注。有的法院接通电话的工作人员将问题推给其他部门，或者是生硬地拒绝回答问题，或者是以不耐烦或者训斥的语气对待电话咨询。这都说明工作人员尚未真正把公众的需求放在心上。不少急于咨询问题、希望获得帮助的公众往往在个别工作人员多一事不如少一事、事不关己高高挂起等心态的驱使下，被支使得在多个部门之间转来转去，这既耽误时间，耗费精力，也影响法院的形象。联系电话的问题虽是个小问题，但这也是门难进、脸难看、事难办的表现，损害的是公众对法院的信任。

5. 信息化保障还有提升空间

从项目组近年对全国法院的测评情况看，浙江法院的信息化水平在全国走在前列，但测评发现，不少方面还有提升空间。

首先，不同地区的法院在经费保障上存在很大差异。2012 年信息化建设经费在本法院当年度总决算（不含基建经费）中的占比达到 8% 及以上标准的[①]，有 21 家法院。此外，有 3 家法院不足 1%（不含 1%），有 7 家法院超过 1% 但不足 2%（不含 2%），有 10 家法院超过 2% 但不足 3%（不含 3%），有 18 家法院超过 3% 但不足 4%（不含 4%），有 15 家法院超过 4% 但不足 5%（不含 5%），有 13 家法院超过 5% 但不足 6%（不含 6%），有 7 家法院超过 6% 但不足 7%（不含 7%），有 6 家法院超过 7% 但不足 8%（不含 8%），另

① 该标准来源于“天平工程”的相关规定。

有3家未报送数据。这表明，不同地区的法院在经费保障上存在很大差异。不排除有的法院信息化水平已经较高，不需要每年再持续投入太多经费的情况，但总体而言，至少法院信息化经费投入还有提升空间，且地区之间差异也较为明显，其中原因值得关注。

其次，硬件保障还有提升空间。根据浙江高院要求，三级专网带宽应不低于50兆。这是为了适应司法数据传输需要测算的标准，也是维持法院内网系统和外网门户网站稳定运行的基本要求。但统计发现，全省法院达标的仅有29家法院，其余法院的带宽普遍只有20兆或者10兆，有5家法院的带宽只有4兆，柯城法院仅有2.4兆。项目组在测评法院网站时遇到的网页打开速度慢、网站无法正常登陆等问题，都与此有一定的关系。司法公开工作的稳步推进，必须依托于信息化的有力支撑，但信息化经费投入不足，信息化建设硬件保障不力，难免影响信息化水平，并对司法公开工作形成掣肘。

五　完善阳光司法工作的建议

1. 树立正确的司法公开观念

树立正确的司法公开观念是做好司法公开工作的前提。首先，应树立司法信息公共性的理念。司法权是公权力的一部分，是司法机关代表国家和全体社会公众来行使的，具有公共性。因司法权运行而产生的各类信息，不应由法院垄断，而应成为让社会自由分享的公共产品。公众如何使用这些公开的信息是其自由，法院无须考虑和干涉，个别人使用这些信息从事违法犯罪活动，自然有相应的法律法规予以规范。所有司法信息，除涉及国家秘密、商业秘密、个人隐私等需要保护的更大利益外，均应对社会公开；根据程序正义的理念，所有涉及案件当事人的司法信息，除极为特殊的情况外，也应向其公开。

其次，消除以各种看似合理的理由拖延、阻挠公开的思想观念。推进司法公开工作，必然会增加法院及法官的工作负担，也会使法院的活动受到显著制约，使其工作的灵活性受到限制，甚至会使法院因个别不规范行为被曝光而在公众面前出丑，但这些都不是拖延甚至阻挠司法公开的理由。依法最大化地推进司法公开，不仅可以满足公众对司法信息的获取需求，换来公众的信任，也有利于提高法官的个人司法能力和水平，进而提升司法的公信力和权威性。

最后，上级法院应该率先垂范，率先做好司法公开工作。上级法院不应当仅仅满足于制定规则、监督和指导下级法院的司法公开工作，还应当率先垂范，做好自身的司法公开工作和信息化建设，方能以理服人，以事实说话，有效地推动下级法院的司法公开工作。这就是俗语所说的“打铁还得自身硬”。

2. 将提升领导重视程度作为突破口、将完善制度机制作为主要抓手

中国当前的司法公开工作基本上还处于以自上而下推动为主、自下而上拓展为辅的过程中，法院领导重视与否、重视程度的高低在很大程度上决定着司法公开能取得多大进展、能走多远。领导重视，则司法公开的经费、人员均可得到保障，不同部门之间也能协调推进；领导不重视，则司法公开工作可能裹足不前。这是中国当前发展的现状，其弊端显而易见，但绝不可无视这一现象。因此，为了使司法公开工作发展更为顺畅，在相当长一段时间内，还需要将提升领导认识、强化领导对司法公开工作的重视程度作为推动司法公开的突破口。

领导重视，司法公开工作就能得到有效推进，说到底还是一种“人治”现象。从长远来看，要改变这种现象，只有步入制度化轨道，司法公开工作才能持续稳步发展。为此，还应进一步完善司法公开的制度机制，确立领导体制和工作机制，明确划分上下级法院之间、法院各部门之间的职责权限，科学设计司法公开与信息化建设的规划。

3. 以现行法律为基础梳理司法公开依据

司法公开不仅在《宪法》中有原则性规定，在三大诉讼法中有明确的规定，在最高法院的司法解释和指导意见中也有具体的要求。因此，当前推进司法公开工作除了加入信息化平台等新的方式和理念外，司法公开的内容并没有任何改变，一些法院的司法公开做得不理想，其关键还在于没有切实履行法定的公开义务。这可能存在以下原因：一是法律规定和司法解释散见于各项法律和司法解释中，不成体系、不明确；二是正因为不明确，一些法院对司法公开的范围把握不准，不知什么是应该公开的信息。因此，建议在今后推动司法公开工作中，梳理现行法律、司法解释中对司法公开的具体要求，做到应公开的全公开，不留死角，确保司法公开工作的均衡、全面发展。

4. 着力提升司法公开能力建设

司法公开能力建设包括人的能力提升和硬件保障能力提升两个方面。人的能力提升除了应着重解决各级法院参与司法公开工作人员的认识问题外，还应下大力气提升相关人员的司法公开能力，包括信息化技术应用能力以及司法信息公开与否、如何公开等判断能力。为此，加大培训力度，创新培训方式，提升培训效果显得尤为重要。建议除了传统上采取开大会培训的方式外，还应因材施教，细化培训方式，针对不同人群采用不同的培训方式，杜绝空讲理论、照念文件的现象，引入案例教学、专题培训等方式。

在硬件保障能力方面，各级法院应充分重视信息化手段的运用。应结合最高法院三大平台建设的要求，做好信息化规划，保障信息化投入，确保信息化硬件设施建设，建好信息化系统。特别是应当结合时代对司法公开的要求，实现整个立案、庭审、裁判文书制作、执行管理等环节的信息化，推进法院内部在线办公系统、公文制作审核在线流转系统的应用，将司法公开逐步有机融入法院信息化工作之中。

5. 应注重法院门户网站建设

法院门户网站是司法公开的重要载体，应当将建好门户网站作为阳光司法的重要任务。为此，有必要注意以下事项。

第一，准确定位网站功能。法院门户网站不应仅仅定位为法院的宣传门户和阵地，而应定位为方便公众获取司法信息、了解法院情况、直接办理司法实务的窗口。循此定位，才能更好地设计网站页面，并着力提升其有效性和易用性。

第二，切实提升网站的有效性。要使网站在推动阳光司法方面卓有成效，就必须做到：①网站运行具有唯一性，不因多个网站运行而令公众无所适从；②网站运行具有稳定性，不因工作人员休息而“休息”，能够做到“白加黑，五加二”顺畅登陆，提高对网络攻击、病毒入侵、系统故障等风险的安全防范和应急处置能力；③网站信息具有有效性，确保网站页面能够正常访问，栏目分类科学，网站各类信息链接能够顺利打开，各栏目及其子栏目内容做到持续及时更新，不出现死链、错链、断链。

第三，加强网站的易用性。从页面设计到栏目编排都要考虑界面友好性，并重视用户体验，方便公众获取所需要的信息。

第四，处理好集中平台与各法院自建栏目的关系。各法院都有通过自建门户网站进行个性化公开与宣传的需求，同时，诸如开庭公告等信息又有集中于统一平台发布的必要。为此，应当处理好重要信息集中发布与维护各法院自身信息发布个性化需求的关系。对于需要集中发布的信息，应按照统一的格式、时间等在统一的平台发布，同时各法院无须再单独发布此类信息，而只需在本法院网站加载统一平台的链接。这样既有助于提高信息发布的一致性和权威性，又可以避免基层法院的网站被虚置。同时，应当鼓励各法院从有助于方便公众获取信息和及时有效对外发布本院信息的角度，做好个性化公开。

6. 畅通和完善对外联系渠道与窗口

对外联系渠道是法院对外的窗口、门面，关系到法院的形象。保持对外联系渠道（无论是电话、电子邮件还是网站在线咨询或者微博平台）的有效性，要让电话可接通、邮件可接收、在线咨询等可提交。应配备熟悉业务、责任心强的工作人员，专门负责咨询、建议和举报投诉信息的处理。对这些工作人员应当做好培训，使其掌握司法公开工作的情况和制度安排，能够熟练、礼貌、耐心地解答公众咨询，听取公众意见。对于公众的来电来函咨询、建议、投诉等，在不违反法律法规和纪律的前提下，应当做到有问必答，不推诿、不拒绝，让公众感受到法院工作人员的热心、专业。

附表 1　浙江法院阳光司法指数测评指标体系（2013 年度）

一级指标	二级指标	一级指标	二级指标
审务公开（15%）	法院门户网站(25%)	裁判文书公开（20%）	网上公开(35%)
	联系渠道(15%)		裁判文书栏目更新(20%)
	人员信息(20%)		对上网文书进行技术处理(10%)
	公众开放日(10%)		裁判文书检索(15%)
	新闻发布制度(10%)		裁判文书意见反映渠道(10%)
	统计数据(20%)		裁判文书查询(10%)
立案庭审公开（35%）	立案信访窗口设施(5%)	执行公开（20%）	执行案件信息查询系统(10%)
	诉讼指南(5%)		执行措施透明度(20%)
	诉讼权利义务告知(40%)		被执行人失信信息曝光(20%)
	案件信息查询系统(15%)		拍卖公告(15%)
	开庭公告(5%)		执行标的物拍卖(20%)
	同步视频室(5%)		执行款物管理(15%)
	公开庭审率(5%)	保障机制（10%）	组织保障(15%)
	定案证据质证度(5%)		信息化建设(45%)
	庭审录像(15%)		案件档案电子化(20%)
			司法公开投诉渠道(20%)

附表 2　浙江法院阳光司法指数测评 5 大板块测评结果（满分 100 分）

单位：分

法　院	审务公开	立案庭审公开	裁判文书公开	执行公开	保障机制	总分
浙江高院	54	44.8	25	66.5	73	49.38
杭州中院	56	67.1	19.092	62.5	45	52.70
上　城	28	59.9	25.859	60	54	47.74
下　城	39	57.9	30	51	35	45.82
西　湖	46	63.4	34.974	68	55	55.18
拱　墅	42	48.6	10	43.5	48	38.81
江　干	43	52.8	26.398	64.5	48	47.91
滨　江	37.5	63.8	43.905	42	62	51.34
萧　山	75	66.5	59.207	42	55	60.27
余　杭	55	73.9	28.53	45.5	44	53.32
临　安	75	59.8	34.521	36	52	51.48
富　阳	41	63.0	33.858	55.5	37	49.77
桐　庐	21	58.2	7.536	64.5	63	44.23
建　德	43	58.7	29.132	56.5	47	48.82
淳　安	46	59.6	30.747	67	41	51.41

续表

法　　院	审务公开	立案庭审公开	裁判文书公开	执行公开	保障机制	总分
宁波中院	94	64.5	29.102	60	74	61.90
海　　曙	63	73.4	35.188	75	54	62.58
江　　东	59.5	75.9	23.191	59	58	57.73
江　　北	77	71.2	16.911	56	61	57.15
鄞　　州	76	61.8	41.93	88.5	67	65.82
北　　仑	75	67.1	30.26	81	65	63.49
镇　　海	61	62.7	25.458	72.5	64	57.09
慈　　溪	66	58.6	19.404	75	53	54.59
余　　姚	69	69.5	30.984	69	44	59.07
奉　　化	36	71.6	21.899	82.5	69	58.24
宁　　海	52	62.3	43.714	83.5	47	59.75
象　　山	66	57.2	47.664	79	49	60.15
温州中院	59	61.2	26.618	70.5	45	54.19
鹿　　城	49	60.9	36.004	70.5	70	56.97
瓯　　海	35.5	63.9	63.021	60	41	56.39
龙　　湾	33	56.9	30.732	63.5	52	48.91
乐　　清	33	54.3	42.716	56	31	46.80
瑞　　安	45	59.6	35.862	77	63	56.48
永　　嘉	43	62.6	17.829	62	45	48.83
洞　　头	38	59.6	34.425	80.5	60	55.55
文　　成	51	67.4	58.457	46.5	35	55.73
平　　阳	38	66.1	36.329	75	39	55.00
苍　　南	58	55.8	31.542	62.5	41	51.14
泰　　顺	58	68.0	22.324	62	41	53.46
嘉兴中院	50	62.2	30.859	59.5	86	55.94
南　　湖	53	56.3	30.269	57.5	53	50.51
秀　　洲	40	68.1	25	49.5	69	51.64
嘉　　善	54	60.9	20	60	45	49.92
平　　湖	50	65.6	30	66.5	66	56.36
海　　盐	41	68.5	44.458	89	43	61.12
海　　宁	56	61.8	31.926	68.5	63	56.42
桐　　乡	53	63.5	35	73.5	57	57.58
湖州中院	71	59.6	31.692	75.5	56	58.55
吴　　兴	64	75.3	51.435	95	52	70.44
南　　浔	58	64.6	42.413	81	44	60.39
安　　吉	14	57.9	32.121	44	47	42.29

续表

法　　院	审务公开	立案庭审公开	裁判文书公开	执行公开	保障机制	总分
长　　兴	56.5	67.1	50.034	60	42	58.17
德　　清	62	60.4	30	51.5	62	52.94
绍兴中院	40	70.05	26.164	57.5	59	53.15
越　　城	30	50.8	5.866	36	37	34.35
绍 兴 县	44	57.3	25	58.5	23	45.66
诸　　暨	29	50.6	30.782	57.5	30	42.72
嵊　　州	31.5	61.2	9.955	70	45	46.64
上　　虞	28.5	58.8	30	68.5	40	48.56
新　　昌	29	57.3	22.763	48.5	40	42.66
金华中院	63	65.3	21.379	67	50	54.98
婺　　城	47	60.2	19.121	64	40	48.74
金　　东	17.5	53.1	23.4	73	52	45.69
兰　　溪	35	60.6	20.491	55.5	51	46.76
东　　阳	57.5	60.0	32.909	79	61	58.11
义　　乌	42.5	51.1	15.539	48	51	42.07
永　　康	63	59.4	19.042	72	42	52.65
浦　　江	34	58.6	19.314	64	47	46.97
武　　义	23	51.7	13.202	32	51	35.69
磐　　安	48	54.5	21.274	53	41	45.23
衢州中院	55.5	64.3	52.12	65.5	55	59.85
柯　　城	48	50.9	33.446	57.5	53	48.50
衢　　江	36	57.2	21.321	51	39	43.78
龙　　游	51.5	58.6	47.5	66	41	55.04
江　　山	46	52.5	36.551	65.5	53	50.99
常　　山	60	55.5	54.726	67.5	61	58.97
开　　化	36.5	53.7	25	64	33	45.37
舟山中院	59	77.5	45.071	80	41	65.09
定　　海	39	73.1	17.352	74	63	56.01
普　　陀	59	64.7	35.88	86	59	61.77
岱　　山	65	63.4	17.742	69	55	54.79
嵊　　泗	77	60.5	41.389	50	48	55.80
台州中院	50	60.3	34.857	71	50	54.78
临　　海	54	58.9	5	76	60	50.92
玉　　环	47	58.1	23.778	64	63	51.24
温　　岭	75	71.0	39.598	39	74	59.22
路　　桥	61	72.6	26.279	66	55	58.52

续表

法　　院	审务公开	立案庭审公开	裁判文书公开	执行公开	保障机制	总分
椒　　江	77	63.3	30.579	81	69	62.92
仙　　居	42	58.4	28.727	48	34	45.49
天　　台	41	54.6	16.742	62	54	46.41
三　　门	60	64.5	41.662	79	53	61.01
黄　　岩	43	57.8	41.351	60	60	52.95
丽水中院	69	65.1	52.836	52	60	60.10
莲　　都	48	58.3	49.017	67	38	54.61
青　　田	56.5	62.7	17.778	69	58	53.58
云　　和	56	61.6	52.5	54	70	58.26
缙　　云	59	59.8	33.1656	50	53	51.71
遂　　昌	45	72.9	32.718	62.5	37	55.01
松　　阳	64	64.4	40.938	54	54	56.53
龙　　泉	72	57.6	25.486	52	79	54.36
庆　　元	66	55.3	50.241	61.5	51	56.70
景　　宁	65	63.6	31.796	56	57	55.27
宁波海事	44	69.0	38.123	52.5	54	54.27

B.17

中国海事司法透明度指数报告（2013）

——以海事法院网站信息公开为视角

中国社会科学院法学研究所法治指数创新工程项目组*

摘　要：

2013年，中国社会科学院法学研究所法治指数创新工程项目组研发了中国海事司法透明度测评指标体系，对全国海事法院的司法公开情况进行了测评。报告用客观数据直观反映海事法院通过网络进行审务公开、立案庭审公开、文书公开和执行公开的状况，总结和分析了海事法院司法公开的亮点与不足，并提出了完善海事司法公开制度的对策建议。

关键词：

海事法院　司法公开　透明度　网站

为了提高中国海事司法透明度，自2013年起，中国社会科学院法学研究所法治指数创新工程项目组（以下简称“项目组”）以中国海事法院网站的司法公开为视角，对中国海事司法透明度进行调研和测评。

一　概述

改革开放以来，中国进出口贸易和海上运输快速发展，法院受理的海事海

* 项目组负责人：田禾，中国社会科学院法学研究所。项目组成员：吕艳滨、王小梅、栗燕杰、张文广、缪树蕾、张誉。执笔人：张文广，中国社会科学院国际法研究所。本报告在指标设计、调研和报告写作中，得到了许多学者、法官、律师的支持和帮助，在此一并致谢。

商案件日益增多。鉴于海事海商案件情况比较复杂，专业性较强，根据《宪法》和《人民法院组织法》关于设立专门法院的规定，1984 年 11 月 10 日，最高人民法院向全国人民代表大会常务委员会建议，在中国沿海主要港口城市设立海事法院，专门审理海域中发生的海事海商案件。迄今为止，中国先后设立了 10 家海事法院，分别位于广州、上海、武汉、天津、大连、青岛、宁波、厦门、海口和北海等港口城市。海事法院是国家审判机关的组成部分，性质上属于专门法院，并不完全按行政区划建立。它与普通中级人民法院同级，管辖国内和涉外的第一审海事案件和海商案件。对海事法院的判决和裁定不服的上诉案件，由海事法院所在地的高级人民法院管辖。

（一）海事法院具有司法公开的先天优势

第一，海事案件涉外性强，性质适合在网上公开。

依据《最高人民法院关于海事法院受理案件范围的若干规定》，海事法院的受案范围包括海事侵权纠纷案件、海商合同纠纷案件、其他海商海事纠纷案件、海事执行案件等。这些案件绝大多数属于民事案件的范畴，较少涉及国家秘密、个人隐私，适合在网上公开。

1984 年设立之初，海事法院的年受理案件仅百余件。2005 年以来，全国一审海事海商案件总数每年均超 1 万件。2012 年，全国 10 家海事法院受理案件量首次突破 2 万件。发展至今，中国已成为世界上受理海事案件最多的国家，受理案件的数量比其他国家受理同类案件的总和还多。

第二，海事法官的整体素质较高，裁判文书的制作较为规范。

据统计，目前全国从事海事审判的法官共有 524 人，近 60% 的海事法官具有硕士或博士学位①。海事法官的学历层次显著高于全国法官的平均水平，为搞好海事审判工作打下了坚实的人才基础。海事法官的高素质增加了中国海事法院对国外当事人的信心和吸引力。海事审判中，涉外案件的比例远远超过一般民事纠纷案件。中国海事法院受理的海事海商纠纷案件的当事人涉及全球

① 万鄂湘：《深入推进海事审判精品战略　不断提高海事审判服务大局的水平》，http：//www.court.gov.cn/spyw/mssp/201212/t20121226_181433.htm。访问时间：2013 年 12 月 9 日。

主要航运大国、中国主要贸易伙伴等70多个国家和地区，具有广泛的国际影响。中国的海事审判已经引起国际组织、各国法律界、航运界和贸易界的关注，真正成为中国司法的对外窗口①。

第三，海事法院司法公开的意识较强，基础较好。

透明度对于海事法院而言，早已不是一个新鲜词。早在2001年，广州海事法院就有自己的网站，时任广州海事法院院长金正佳对外承诺，“我们的裁判文书全部上网，向全世界公开，这在全国法院系统是第一家”②。2002年1月1日，中国涉外商事海事审判网正式开通，是最高人民法院指定的对外发布涉外商事海事审判法律法规、司法解释、裁判文书、法院公告的网络媒体。随后，除了天津海事法院外，各个海事法院均建立了官方网站，对外发布信息。2006年10月26日，时任最高人民法院副院长万鄂湘宣布：“所有生效涉外海事海商判决书要在中国涉外商事审判网以及各法院的门户网站上登录，并在三年内实现全部生效裁判文书对外公布。”③ 2008年3月，《山东省高级人民法院关于海事审判工作发展的若干意见》提出，“所有已生效的涉外海事海商判决书，应在中国涉外商事海事审判网及法院的门户网站上公布，三年内实现全部海事海商案件生效裁判文书对外公布”④。

2010年，上海海事法院率先发布《海事审判白皮书》，广州海事法院、宁波海事法院随后跟进。此外，海事法院对新媒体的运用也较为重视。截至2013年12月9日，共有5家海事法院（上海海事法院、北海海事法院、宁波海事法院、青岛海事法院、海口海事法院）开通了微博，并进行了实名认证。

（二）推出海事司法透明度报告意义重大

实践证明，中国海事法院在裁判海事和海商案件，维护航运和海洋秩序，

① 王淑梅：《碧水蓝天间的公正——中国海事审判二十年》，http：//www.chinacourt.org/article/detail/2003/04/id/48272.shtml。访问时间，2013年12月9日。

② 郭国松：《为司法公正建立制度屏障——与广州海事法院院长对话》，http：//news.sohu.com/65/43/news147024365.shtml。访问时间：2013年12月9日。

③ 《中国海事审判更加透明　判决书三年内全部网上公布》，中国涉外商事海事审判网，http：//www.ccmt.org.cn/shownews.php? id=7078。访问时间：2013年12月9日。

④ 《山东省高级人民法院关于海事审判工作发展的若干意见》，http：//news.sina.com.cn/c/2008-03-05/143513524238s.shtml。访问时间：2013年12月9日。

保护海洋环境等方面发挥了积极作用。2014 年，适逢中国海事法院成立 30 周年，推出海事司法透明度报告的时机已经成熟，且具有重要的理论意义和现实意义。

第一，为海洋强国提供有力司法护航的前提。建设海洋强国需要海事司法护航，推动海事司法公开，提升海事审判透明度，有利于进一步提升中国海事司法的公信力，增强中国海事的“软实力”。中国共产党的十八大报告明确提出，要“提高海洋资源开发能力，发展海洋经济，保护海洋生态环境，坚决维护国家海洋权益，建设海洋强国”。作为审理海事海商案件的专门法院，海事法院应充分发挥海事审判职能作用，为建设海洋强国提供更加有力的司法保障。

目前，中国多个沿海大港宣称将建设国际航运中心。国务院于 2009 年 4 月明确了上海“国际航运中心”的战略定位。纵观世界各国，航运中心的建设均离不开完善的法律制度和公正高效的司法服务。中国要实现由航运大国、海洋大国向航运强国、海洋强国的转型，必须不断提高海事司法的服务保障水平。

第二，为探索专门法院的司法公开提供借鉴。《中共中央关于全面深化改革若干重大问题的决定》明确提出，“探索建立与行政区划适当分离的司法管辖制度，保证国家法律统一正确实施”；“推进审判公开、检务公开，录制并保留全程庭审资料。增强法律文书说理性，推动公开法院生效裁判文书。”最高人民法院多次强调，要按照“公开是原则、不公开是例外，上网是原则、不上网是例外”的要求，拓展司法公开的广度和深度。海事法院司法公开的经验和教训，可为其他专门法院提供借鉴。

二　测评方法及指标

本次测评是项目组对专门法院的首次测评。调研测评时，项目组秉承以下原则。第一，在突出海事法院特色的前提下，尽量与中国司法透明度指标体系保持一致，没有理由或理由不充分的，指标不变。第二，原则上，测评以海事法院门户网站为主；没有门户网站或门户网站不更新的，以中国涉外商事海事审判网为主。第三，根据理论界和实务界的需要，提高了裁判文书公开的权重。具体而言，本次测评中，在权重方面，审务公开 10%，立案庭审公开 25%，裁判文书公开 40%，执行公开 25%。每一板块满分 100 分。

本次测评之所以要提高裁判文书公开的权重，是因为裁判文书公开是司法公开的核心要素。裁判文书上网有以下几个方面的价值：一是可以规范和限制法官的自由裁量权，二是可以提高法官的职业化水平，三是可以推进社会诚信体系建设，四是可以让每一个社会成员合理地作出预期，五是可以推进法学研究和法学教育，六是可以统一上下级法院、不同法院之间的裁判标准，七是可以抵制各种不当的干预①。

测评的网站包括：各海事法院网站、中国涉外商事海事审判网、中国扣押与拍卖船舶网、人民法院诉讼资产网。

自 2013 年 11 月 1 日至 30 日，项目组对海事法院门户网站和中国涉外商事海事审判网的司法公开状况进行了测评。为慎重起见，凡是调查人员无法找到信息内容、无法打开网页的，无法接通电话的，均由项目组其他调查人员利用互联网上的多个主要搜索引擎进行查找，采取更换计算机及上网方式、变更上网时间、变更致电时间等进行多次验证。

三　总体评估结果及存在问题

（一）海事法院透明度评估结果

此次测评发现，海事法院在推动司法公开方面有一些亮点（总体测评情况见表 1）。

其一，半数海事法院注意利用新媒体，注重与公众之间的互动。

截至 2013 年 12 月 9 日，已有五家海事法院在新浪或腾讯上开通了官方微博，并对外发布信息。其中，率先开通官方微博的上海海事法院选择了腾讯微

---

① 《最高人民法院推进司法公开规范性文件发布会》，http：//www. court. gov. cn/xwzx/xwfbh/twzb/131127xwfbh/。访问时间：2013 年 12 月 9 日。

表 1　海事法院透明度总体测评结果（满分：100 分）

单位：分

海事法院	得分	海事法院	得分
广　州	58.60	武　汉	26.20
大　连	20.50	厦　门	39.53
上　海	47.13	宁　波	60.35
青　岛	19.50	海　口	44.85
天　津	17.95	北　海	54.30

博，北海海事法院、宁波海事法院、青岛海事法院和海口海事法院则选择了新浪微博。

除了定期发布信息外，一些海事法院还注重与公众之间的互动。以上海海事法院为例，其留言板比较活跃，基本上做到了有问必答。

其二，一些海事法院注重发布特色信息，满足公众的需求。

2013 年以来，上海、宁波和广州海事法院均对外发布了《海事审判情况报告（通报）》（又称“海事审判白皮书”）。其中，宁波海事法院和广州海事法院均在其网站上刊登了“海事审判白皮书”的全文。上海海事法院虽未在其网站上登出全文，但只要在其网站留言板上索要，上海海事法院会将“海事审判白皮书”免费寄给留言者。此外，宁波海事法院还在其官网上刊登“审判综述”和“司法统计数据”等有用信息，较好地满足了公众的需求。

（二）海事法院网站建设中存在的问题

测评也发现，海事法院的司法公开还存在很多问题，难以适应当前社会发展和公众对司法公开的需求，有的海事法院，其司法公开水平甚至发生倒退。

1. 90%的海事法院建立了网站，但有效运行的网站数目不多

目前，中国海事法院网站模式主要有以下三种：独立域名，独立运作，如广州海事法院、上海海事法院、宁波海事法院、北海海事法院、厦门海事法院；依托中国法院网，如青岛海事法院、大连海事法院；依托省级法院网，如海口海事法院、武汉海事法院。

截至2013年12月1日，天津海事法院仍未建立自己的门户网站，其在中国涉外商事海事审判网的网页也长期没有更新。大连海事法院的网站仅有栏目，没有实质内容。青岛海事法院在其网站上发布公告，称已将网站信息转移至中国涉外商事海事审判网，然而，其在中国涉外商事海事审判网上的更新状况也不甚理想。北海海事法院的网站建设几经波折，先建后撤，随后又于2013年9月25日开通了新的政务网站，目前栏目设置虽然较为齐全，但内容仍有待加强。武汉海事法院曾有两个网站同时运行，调研时，其新的网址在主要搜索引擎上还搜索不到，主要的渠道是通过点击湖北法院网上的链接；目前，旧的武汉海事法院网站已经停止运行，但新的网站上很多栏目仍处于“请添加栏目数据状态”。

10个海事法院中，仅宁波海事法院得分在60分以上。宁波海事法院得分相对较高的原因，除了其较为重视网站建设外，与浙江力推“阳光司法”工程不无关系。除宁波海事法院外，广州海事法院的网站建设状况相对较好。广州海事法院是全国首个承诺将裁判文书上网的法院，并接受最高人民法院的委托，具体负责中国涉外商事海事审判网和中国扣押与拍卖船舶网的运作，司法公开的意识较强。遗憾的是，广州海事法院在文书公开方面得分较低，最终没有跨过60分大关。

2. 网站的版式和栏目设计差异较大，重点不突出

各个海事法院网站在页面布局上差别很大。例如，北海海事法院网站的首页设计极其简单，首页上显示的内容不多，像裁判文书、信息公告等重要内容都需要点击进入后才能查询。相比之下，上海海事法院、广州海事法院的网站首页设计则较为全面，很多最新内容在首页上就能显示。

在栏目设计上，繁简程度差别较大、排列顺序基本不同，信息查找难度大。以上海海事法院网站为例，首页上显示的大的栏目有：图片新闻、综合新闻、司法服务、公告专栏、专题栏目、庭审点播、案例分析、聚焦国际航运中心、数据统计、专家观点、专题报道、法律法规、学术园地等。与之相反，海口海事法院的网页设计比较简洁，主要栏目有：法院简介、“三公”经费公开、财务预算公开、裁判文书、法院公告、工作动态、电子刊物。

3. 网站“重宣传、轻公开”，有用的信息不够

调研发现，海事法院网站更新最及时的栏目往往是工作动态、图片新闻、新闻速递等。发布的内容，往往跟上级的视察或领导的动态有关，其主要目的在于宣传法院的工作。在本次测评的核心内容——裁判文书公开方面，多数海事法院的更新状况并不理想。一些海事法院，不是按照要求在指定的时间内将生效的裁判文书上网，而是采取定时更新一批的方式。很多同一天上网的裁判文书，判决书落款时间各不相同、差别极大。

4. 多平台运行的现象依旧存在，门户网站缺乏与全国平台的有效链接

目前，除了门户网站外，在裁判文书方面，中国裁判文书网和中国涉外商事海事审判网并存；在执行信息方面，则存在中国扣押与拍卖船舶网、人民法院诉讼资产网两个平台。多个平台运行，但更新并不完全同步。此外，截至2013年11月30日，绝大多数海事法院的网站仍未提供与中国裁判文书网、人民法院诉讼资产网和全国被执行人信息查询系统的有效链接。上述现象的存在，增加了信息查询的时间和难度。

四　各板块测评情况

（一）审务公开

审务公开板块测评的内容主要包括：法院门户网站建设情况、人员状况、法院财务信息状况、统计数据、联系电话、网站的检索功能等，测评结果见表2。

表2　海事法院审务公开板块得分情况（总分：100分）

单位：分

海事法院	得分	海事法院	得分
广　州	56	武　汉	23
大　连	15	厦　门	31
上　海	41	宁　波	81
青　岛	13	海　口	51
天　津	13	北　海	50

测评发现，海事法院在审务公开方面还存在一些问题。

1. 100%的海事法院在2013年度发布过信息，但整体得分状况不甚理想

70%的海事法院网站处于有效运作状态。天津海事法院、青岛海事法院和大连海事法院不时在中国涉外商事海事审判网上更新内容。然而，仅宁波海事法院得分超过60分，60%的海事法院得分在50分以下。

2. 领导人员的信息公布状况相对较好，非领导职务人员的信息公布较少

在人员状况方面，绝大多数海事法院网站都公布了法院领导的姓名、部分审判人员的姓名，但在公开人民陪审员信息和法院人员近亲属从事律师职业信息方面，绝大多数海事法院回避了这些问题。仅有北海海事法院公布了人民陪审员信息，海口海事法院公布了法院人员近亲属从事律师职业信息。

3. 财务信息不透明是海事法院网站公开的一个短板

在法院财务信息方面，30%的海事法院公布了2013年度预算，10%的海事法院公布了2013年度预算编制说明，30%的海事法院公布了上年度决算，30%的海事法院对支出进行说明，30%的海事法院公布了“三公”消费信息。

4. 统计数据的公布不能令人满意

在法院统计数据方面，仅有宁波海事法院和北海海事法院公布了年度工作报告[①]，上海、宁波和广州海事法院通过白皮书的形式公布了2013年的统计数字，厦门海事法院通过工作情况和工作计划的方式公布了部分统计数字。

5. 半数海事法院的电话无法顺利接通

在联系电话方面，7家海事法院公布了联系电话，3家海事法院没有公布联系电话。在7家公布了联系电话的海事法院中，5家海事法院的电话顺利接通，其余两家海事法院或是无人接听，或是一直占线。

6. 网站检索功能有待进一步强化

随着网站发布信息的快速增长，公众获取信息的时间、成本和难度随之增加。有效的检索工具将大大提高检索效率，降低获取信息的难度，缩短获取有效信息的时间。然而，在网站检索方面，海事法院网站的状况不能令人满意。

---

① 上海海事法院和天津海事法院位于直辖市，由其所在地高级人民法院向直辖市人大常委会汇报工作。测评时，如果网站上有这部分内容或年度工作总结，得分；否则不得分。

仅有20%的海事法院网站提供了综合检索功能，另有30%的海事法院网站提供了简单搜索功能，进一步强化海事法院网站的检索功能势在必行。

（二）立案庭审公开

立案庭审公开板块测评的主要内容有：诉讼指南、开庭公告、旁听、案件查询系统、庭审录播、发布制度等，测评结果见表3。

表3　海事法院立案庭审公开板块得分情况（总分：100分）

单位：分

海事法院	得分	海事法院	得分
广　州	88	武　汉	2
大　连	0	厦　门	25
上　海	60	宁　波	60
青　岛	0	海　口	45
天　津	5	北　海	80

测评发现，多数海事法院在网站上提供了诉讼指南。40%的海事法院在诉讼指南的全面性和便捷性方面做得很好，既提供了最新的当事人诉讼权利和义务、诉讼流程、法律样书文本、诉讼风险等信息，也按照一定的标准进行了分类。30%的法院由于没有有效运行的门户网站，因此没有提供这方面的信息。

此外，贯彻旁听制度比较彻底。在旁听方面，50%的海事法院电话确认，允许旁听案件。有30%的海事法院未留联系方式。另有20%的海事法院电话无法接通。结合前面的测评，我们可以得出这样的结论，凡是电话能够接通的海事法院，均表示案件审理允许公众旁听。

但是，开庭公告的更新性、及时性不能令人满意。更新性方面，仅有20%的海事法院在调研前1周内有开庭公告上网；一致性方面，仅有广州海事法院和宁波海事法院在其门户网站和中国涉外商事海事审判网上同步更新开庭公告；及时性方面，仅广州海事法院未被发现晚于开庭前3天通过网络发布开庭公告，另有60%的海事法院被发现部分开庭公告晚于开庭前3天通过网络发布。

而且，案件查询系统、庭审录播和发布制度有待完善。在案件查询系统方面，仅有广州海事法院和北海海事法院提供案件审理进度查询。在庭审录播方面，仅有30%的海事法院在测评前3个月曾通过网络公开庭审录像或进行文字播录。在发布制度方面，仅20%的海事法院建立重大案件、重要事项新闻发布制度，且在考察前六个月内进行过新闻发布。

（三）裁判文书公开

裁判文书公开测评是本次测评的重中之重。本板块测试的主要内容包括：裁判文书栏目，裁判文书栏目的更新性、及时性和完整性，信息处理，裁判文书获得的便捷性，裁判文书的反馈，典型案例等，测评结果见表4。

表4　海事法院裁判文书公开板块得分情况（总分：100分）

单位：分

海事法院	得分	海事法院	得分
广　州	40	武　汉	46
大　连	35	厦　门	57
上　海	56	宁　波	65
青　岛	33	海　口	40
天　津	26	北　海	42

测评发现，多数海事法院意识到裁判文书上网的重要性。70%的海事法院网站设置了“裁判文书”栏目或提供了“裁判文书”栏目的链接，且打开后有内容。

绝大多数裁判文书栏目有效运行，公布的裁判文书内容完整。抽查发现，100%的上网裁判文书内容完整。在裁判文书栏目的更新性方面，60%的海事法院2013年10月1日后在网站上公开过裁判文书，90%的海事法院2013年8月1日后在网站上（包括海事法院门户网站和中国涉外商事海事审判网）公开过裁判文书。但遗憾的是，天津海事法院没有自己的门户网站，且连续三年未在中国涉外商事海事审判网上公布过一份裁判文书。

但是，裁判文书公开还存在很多不足。

1. 绝大多数裁判文书没有及时上网

在裁判文书的及时性[①]方面，抽查发现，70%的海事法院都不能做到在判

① 由于无法确定裁判文书的生效时间，项目组采取的测评标准是落款时间加30天。

决书作出后30天内上网，另有20%的海事法院判决书上传的时间无法确定，仅厦门海事法院在2013年度上传的3份文书中，有一份符合要求。

2. 裁判文书内容的信息处理有待统一

依据《最高人民法院关于人民法院在互联网公布裁判文书的规定》[①] 第6条、第7条，海事法院在互联网公布裁判文书时，应当保留当事人的姓名或者名称等真实信息，但应当删除下列信息：①自然人的家庭住址、通讯方式、身份证号码、银行账号、健康状况等个人信息；②未成年人的相关信息；③法人以及其他组织的银行账号；④商业秘密；⑤其他不宜公开的内容。根据这一规定，调研发现，在裁判文书内容信息处理方面，50%的海事法院对所有自然人和法人信息进行了处理，10%的海事法院对律师事务所的名称进行了处理，30%的海事法院对自然人的住址等应该处理的信息没有处理。

3. 获取裁判文书的便捷性有待提高

仅有20%的海事法院按照案件类型进行分类，且所有分类中均有内容；70%的海事法院网上公布的裁判文书的文字能够进行编辑；30%的海事法院裁判文书标题中全部包含案件号，50%的海事法院裁判文书标题中不包含案件号；40%的海事法院在文书栏目中提供综合检索功能，另有10%的海事法院在文书栏目中提供简单检索功能。

4. 反馈渠道仍不畅通

在裁判文书的反馈方面，100%的海事法院都没有在网上提供裁判文书的反馈意见征集渠道。

5. 典型案例公布状况不理想

在典型案例方面，仅有30%的海事法院在门户网站或中国涉外商事海事审判网上公开典型案例、提供详细分析信息并公布了裁判文书；20%的海事法院公布了典型案例，提供了详细分析信息，但没有公布裁判文书；另有10%的海事法院提供了典型案例和裁判文书，但没有提供分析信息。

---

① 2014年1月1日起施行。

6. 裁判文书上网率无从测算

根据最高人民法院的规定，以调解方式结案的，裁判文书不应在互联网上公布。由于无法掌握各个海事法院2012年度的调撤率，也无法从网上获得所有海事法院2012年度受理海事案件的准确数字，项目组只列出能够找到的受理案件数量及网上公布的裁判文书数量，不具体测评各个海事法院裁判文书的上网率（见表5）。

表5　2012年海事法院受理案件数量及测评时网上公布的裁判文书数量

单位：件

海事法院	受理案件数量	裁判文书上网数量	海事法院	受理案件数量	裁判文书上网数量
广　州	2525	281	厦　门	—	38
大　连	—	16	宁　波	4023	152
上　海	2571	447	海　口	—	125
青　岛	—	5	北　海	236	12
天　津	—	0	全　国	20207	1079
武　汉	—	3			

数据来源：有独立网站的，以网站公开为主；没有独立网站的，以涉外商事海事审判网为主。裁判文书上网时间：2012年1月1日~2013年12月17日。

（四）执行公开

执行公开板块主要测评以下内容：执行栏目或执行网页、执行常识、拍卖公告、执行曝光、执行线索或邮箱、被执行人信息查询等，测评结果见表6。

表6　海事法院执行公开板块得分情况（总分：100分）

单位：分

海事法院	得分	海事法院	得分
广　州	60.0	武　汉	20.0
大　连	20.0	厦　门	37.5
上　海	22.5	宁　波	45.0
青　岛	20.0	海　口	50.0
天　津	20.0	北　海	50.0

测评发现，海事法院执行公开存在如下问题。

1. 半数海事法院网站仍未设置有效的执行栏目

在执行栏目或执行网页方面，50%的海事法院提供了有效的执行栏目或能够链接到执行网页。

2. 40%的海事法院网站没有提供任何执行常识

仅有30%的海事法院提供了申请执行案件的受理条件、申请执行人的举证责任、执行收费标准、执行期限等信息。另有30%的海事法院提供了部分执行常识。

3. 拍卖公告公开是测评中最令人满意的板块

在拍卖公告方面，90%的海事法院提供了拍卖公告，且有最近3个月的信息；10%的海事法院2013年内提供了拍卖公告，但最近3个月无信息。美中不足的是，截至2013年11月30日，尚无一家海事法院网站在其首页上建立了与人民法院诉讼资产网的有效链接。

4. 执行曝光栏目公开令人失望

在执行曝光方面，仅有20%的海事法院提供了“老赖”名单，并且在调研前三个月内有更新；70%的海事法院在执行曝光方面没有提供任何信息。100%的海事法院没有提供高消费限制、处境限制和执行悬赏信息。

5. 仅30%的海事法院网站设置了执行线索栏目

在执行线索电话或邮箱方面，70%的海事法院网站没有提供公开执行线索的受理电话或被执行人举报电话或邮箱。

6. 在与全国性平台的链接方面全军覆没

在被执行人信息查询方面，尚无一家海事法院提供全国被执行人信息查询系统的有效链接。厦门、宁波海事法院虽然网页上有链接，但链接为旧网址，且无法打开。

五　完善建议及下一年度测评的重点

（一）将海事司法公开提至战略高度，以公开促公信，争夺国际话语权

21世纪是海洋的世纪。目前，中国已是举世公认的航运大国、造船大国

和港口大国。然而，硬实力的增加并没有带来“软实力”的增长。由于司法透明度不够，当事人缺乏对中国海事司法制度的信心，很多涉外商事海事纠纷选择了外国诉讼或仲裁。实际上，中国海事法官的数量全球第一，海事法院每年处理的海事纠纷数量超过世界其他国家同类纠纷的总和。中国应该有足够的信心，坦然面对海事审判公开的挑战，以公开促改革，以公开促公信，增强国内外当事人对中国海事司法制度的信心，争取早日成为亚太地区乃至国际海事争端解决中心。

（二）采取“独立网站＋统一平台”的模式，准确定位、突出重点、鼓励特色

网站建设方面，中国应鼓励海事法院采取“独立网站＋统一平台”的模式，突出海事法院网站的权威性、服务性和便捷性。海事法院网站应定位为政务网站，争取做到基本栏目统一，网页布局大致相同。网页设计时，应将与司法公开内容相关的栏目置于醒目位置，降低公众查找信息的时间和成本。建议海事法院通过微博、微信等新媒体工具向公众发布信息，海事法院应发布年度审判白皮书并将全文在网上公布，而最高人民法院则有必要发布年度海事审判白皮书。借鉴知识产权司法公开的做法，建立“中国海事审判网”和“中国海事裁判文书网”，并在中国裁判文书网上设立“海商海事”栏目。

（三）进一步完善司法公开法律制度，对司法公开提出刚性要求

裁判文书上网已提了多年，但实际取得的效果并不明显，其中一个重要的原因，就是缺乏制度层面的约束。“运动式”的后果往往是，领导重视时，上网的状况比较好；领导的注意力转移时，上网的状况就逐渐变差。我们应借本次司法制度改革的时机，从制度层面上予以完善，变“软要求”为“硬约束”，使司法公开“不因领导人的改变而改变，不因领导人的看法和注意力的改变而改变”。

本次测评是对海事法院进行的首次测评，项目组仅进行了形式审查，即只要公开了就得分，暂时没有测评公开的质量。因此，有的网站尽管内容较为简

单，但由于栏目设置较为规范，整体得分相对较高。有的网站内容更新较多，但由于栏目设置的问题，得分反而不够理想。为了防止要求裁判文书上网后，裁判文书内容出现能少则少、能简则简的现象，从 2014 年起，项目组将对海事法院网站进行实质性评估，增加对裁判文书说理性的测评，进一步提升测评的客观性和准确性，推动海事审判公开向前发展。

B.18

中国检务透明度指数报告（2013）

——以检察院网站信息公开为视角

中国社会科学院法学研究所法治指数创新工程项目组*

摘　要：

2013年，中国社会科学院法学研究所法治指数创新工程项目组在2012年对中国检务透明度首次测评的基础上，修改完善了测评指标体系，对最高人民检察院，31个省、自治区、直辖市的人民检察院和49个较大的市的人民检察院的检务公开工作进行量化测评。报告总结分析了2013年度中国检务公开取得的进展与存在的问题，并提出了提升检务透明度的对策建议。

关键词：

检务透明度　检务公开　网站

2013年，中国社会科学院法学研究所法治指数创新工程项目组（以下简称“项目组”）对检务透明度情况进行调研和测评，本报告对此次调研情况进行总结分析。

一　调研对象、测评指标及方法

2013年，项目组对最高人民检察院，31个省、自治区、直辖市人民检察

---

* 项目组负责人：田禾，中国社会科学院法学研究所。项目组成员：吕艳滨、王小梅、栗燕杰、张文广、赵千羚、王旭、廉天娇、缪树蕾、李辉等。本报告在指标设计、报告写作过程中，得到许多学者、检察官、律师的支持与帮助，在此一并致谢！执笔人：栗燕杰，中国社会科学院法学研究所。

院，49个较大的市的人民检察院共计81家人民检察院的公开情况进行了调研测评。与2012年度第一次测评相比，2013年度的测评增加了最高人民检察院、5个自治区人民检察院以及6个较大的市的人民检察院（其中5个是自治区首府所在地的市人民检察院，1个是自治区范围的包头市人民检察院）。鉴于中国网民规模已近6亿，互联网普及率已达44.1%并仍处于上升趋势，因此2013年度测评仍以人民检察院官方网站作为主要对象①。

与2012年度首次测评类似，2013年度检务透明度测评仍分为4个板块，即基本信息（权重20%）、检务指南（权重30%）、工作信息（权重30%）和统计数据（权重20%），总分100分。与此同时，在具体测评项目、要求上有所调整，大幅降低了对法律、司法解释本身公开的测评权重，增加了更为实质性的案件查询系统、量刑建议书、检察建议、检察意见、专项统计数据等的公开权重。总体上，本指标体系较为完整、立体地覆盖了检察机关工作的主要方面。

项目组自2013年6月15日至2013年11月30日对检察院官方网站的检务信息公开进行测评。对于无法找到网站或网站无法打开的，调研人员通过多个互联网搜索引擎和拨打检察院联系电话进行确认；对于网页链接无效、信息内容无法找到的，均通过变换计算机与上网方式、更换浏览器、变更上网时间地点等方式多次验证。

二　总体测评结果

截至2013年11月30日，已有26家省级人民检察院建有可以打开的官方网站，建网率达到83.88%；已有38家较大的市的人民检察院建有可以打开的官方网站，建网率达到77.55%②。

① 数据来自《第32次中国互联网络发展状况统计报告》，http：//www.cnnic.net.cn/hlwfzyj/hlwxzbg/hlwtjbg/201307/t20130717_40664.htm。访问时间：2013年12月19日。

② 需要说明的是，2013年12月7日测评人员发现，河南省人民检察院官方网站（http：//www.ha.jcy.gov.cn/）可以打开，但由于超过测评期限，不再予以考虑。访问时间：2013年12月19日。

2012 年度未建有官方网站的省级人民检察院，在 2013 年度测评期间仍未建有网站，或者网站无法打开。2013 年度未建有网站的人民检察院中，新增西藏自治区人民检察院，其原因在于 2013 年度测评增加了自治区。其中，四川省人民检察院、辽宁省人民检察院的官方网站 2012 年第一次测评时无法打开，2013 年仍无法打开。青海省人民检察院 2012 年测评时调研人员电话沟通确认，对方称没有外网，2013 年度测评仍未发现官方网站（见表 1）。

表 1　测评期间未建有官方网站的检察院（含曾建有网站之后关闭或无法打开的）

类　型	数量	名　单
省级人民检察院	5	青海、四川、辽宁、西藏、河南
较大的市的人民检察院	11	包头、本溪、大同、抚顺、邯郸、呼和浩特、拉萨、沈阳、石家庄、唐山、西宁

较大的市的人民检察院变动相对较大，徐州、贵阳、大连、鞍山四家市人民检察院在 2013 年度均开通了官方网站，而沈阳、本溪、唐山、西宁、石家庄、大同六家市人民检察院则依然故我，除邯郸市人民检察院之外，其他新增无官方网站的较大的市的人民检察院则均属新增测评对象，位于自治区范围内。其中，网络公开信息表明，2003 年沈阳市人民检察院网站（www. syjc. gov. cn）就已正式开通，但 2012 年、2013 年两年的测评中，该网站均无法打开。

（一）2013 年度检务公开建设的主要成效

2013 年度虽然没有检务公开的专门法律、司法文件出台，但在中央高度关注司法改革，修订后的《民事诉讼法》《刑事诉讼法》付诸实施的背景下，各地检察院主动展开探索，取得积极成效。其亮点很多，突出表现在以下方面。

一是较大的市的人民检察院进步突出。2012 年度的检务公开测评结果显示，检务透明度的水准与检察院级别呈正相关，省级人民检察院的公开工作平均水准远高于较大的市人民检察院。但 2013 年度一些较大的市人民检察院进步迅猛，公开工作有明显突破。无论从名列前茅者还是整体情况看，与省级人民检察院的差距明显缩小，甚至有后来居上之势。这突出表现在全部被测评人民检察院透明度总体测评结果上（见表 2）。徐州、贵阳、大连、鞍山四家较大的市人民检察院从无网站到有网站，可谓质的飞跃。值得一提的是，2012年度测评电话验证时贵阳市人民检察院工作人员表示技术安全措施达不到要求，不允许建网站。2013 年 9 月，该院正式开通官方网站“贵阳检察网”，虽然建站较晚，存在一些不足，但在信息化建设与满足公众知情权的道路上，迈出了宝贵的一步。

二是检察系统启动了案件信息公开的探索工作。一些地方的检务公开，从条文公开走向检察工作活动及其结果的公开，呈现纵深发展的态势，主要表现在案件信息方面。案件信息的公开与案件进度查询，对于保障当事人的合法权益，便利律师执业，监督检察机关依法办案，有着显著功效。对此，一些检察院从检务公开的供需一致理念出发，进行积极探索，已有以下三种模式。第一种是给案件当事人及其代理人提供用户名、密码，其可在官方网站登陆，查询到案件进度信息。比较典型的是广州市人民检察院，通过其网上“案件查询”系统，可以查询立案监督案件，审查起诉、上诉、抗诉、二审再审、不诉复核案件，民行案件和信访复查案件。第二种是提供一般性的案件查询系统，可通过输入当事人姓名或其中部分文字，直接查询到该当事人所涉及的案件及其进度。比较典型的如重庆市人民检察院，其网上“案件查询”系统，可通过输入姓名查询案由、案件阶段，受理与处理时间，办理单位等案件信息。第三种做法是将人民检察院案件直接上网主动公开，社会公众可直接知晓人民检察院的案件受理情况。其典型有郑州市人民检察院、厦门市思明区人民检察院。后者的案件公开查询系统提供“案件公开栏”，主动公开了案件当事人姓名、案由、收案时间和承办人。汕头市人民检察院在其官方网站上公布了公诉出庭信息，公开内容包括开庭时间、被告人、案件性质、主办人和开庭地点。

三是公诉文书的公开有增加趋势。2012 年度，全部被测评对象中仅有郑州市一家人民检察院公开起诉书；到 2013 年，公开起诉书的已有 1 家省级人民检察院和 3 家较大的市人民检察院。郑州市人民检察院不仅设有起诉书专栏和起诉书文库，而且公布了测评时三个月之内的起诉书；湖南省人民检察院、汕头市人民检察院均公布了典型起诉书。另外值得一提的是，虽然本次测评未针对基层检察院，但一些基层检察院表现良好。比如，广州市黄浦区人民检察院除在网上主动公开了新近的起诉书之外，还公开了量刑建议书。这在检察机关的文书公开方面，又迈出了一大步。可以预见，2014 年度将有更多检察机关公开公诉文书等法律文书。

四是统计数据的公开发展迅猛。检务统计数据的公开，有利于民众从整体上了解检察机关的工作、经费等情况。本板块测评的内容包括栏目设置、工作报告情况、年度预决算、“三公”经费及其他专项统计数据。与 2012 年相比，统计数据板块的透明度进展迅猛，令人眼前为之一亮。设有司法数据或工作报告专栏的，有 17 家省级人民检察院和 13 家较大的市人民检察院，分别占 54.84% 和 26.53%。提供近三年工作报告全文的，有 5 家省级人民检察院和 3 家较大的市人民检察院。有必要提及的是，工作报告公开的典范是最高人民检察院。其官方网站的“工作报告”专栏，完整提供了从 1980 年最高人民检察院恢复到 2013 年每个年度工作报告的全文。

预算决算、“三公”经费的公开，在检察机关中蔚然成风。同时提供 2013 年度预算、2012 年度决算并说明变动原因的，有 4 家省级人民检察院和 1 家较大的市人民检察院。提供本年度预算、上年度决算其中一项以上的，有 17 家省级人民检察院和 12 家较大的市人民检察院。提供 2013 年度“三公”经费的，有 14 家省级人民检察院和 5 家较大的市人民检察院。一些检察机关还公布了其他专项统计数据。厦门市人民检察院公布了《2013 年 1 ~6 月厦门市检察机关查办贪污贿赂犯罪案件、渎职案件情况》《2013 年 1 ~6 月厦门市检察机关批捕案件、提起公诉案件情况》。广西壮族自治区人民检察院主动公布了《2012 年度机关绩效考评自评报告》和相应的整改方案。有理由相信，在 2014 年度，将有更多的检察机关官方网站主动公开年度预算、决算信息和“三公”经费等统计信息。

五是人员信息公开进步明显。省级人民检察院中，提供人民监督员名单的有 13 家，其中既提供人民监督员名单又提供其基本信息的有 12 家，占全部省级人民检察院的 38.71%；较大的市人民检察院有 14 家提供了名单，提供名单及其基本信息的有 11 家，占全部较大的市人民检察院的 22.45%。值得一提的是，最高人民检察院网站在机构设置与职能、本院领导信息的公开方面，项目齐全、内容完整，堪为全国表率。

六是公开形式多样化，与时俱进满足需求。在检务公开方式上，一些人民检察院借鉴政务中心的经验模式，推行“一站式服务”的实体检务中心。比如，长沙县人民检察院把控申、公诉、反渎、民事行政等12个部门有机整合在一起，形成统一对外窗口，推行“一站式服务”工作模式。日常工作由控申部门负责管理，每个工作日由各部门安排一位检察官值勤，负责与其职能相关的业务受理、线索分流和接待来访工作。一些检察院注重公开平台的建设与利用新媒体实施公开。比如，2013年11月25日，湖北省人民检察院正式开通了具有律师阅卷预约、在办案件期限查询、网上受理接待等便民服务功能的“湖北检察”微信公众服务号。通过运用新兴媒体，大大拓宽了检务公开的途径。山西省人民检察院针对不同需求，设置“监督举报”“控告”“申诉”三类平台，分别接受对检察干警违纪、违法行为的举报，公民或单位的报案、举报、申诉和控告，以及有关刑事申诉、刑事赔偿、刑事被告人救助案件的处理工作。在需求满足上，检察院网站的检索功能不断完善。在全部省级人民检察院中，网站有简单检索功能的占74.10%，有综合检索功能且检验有效的，占32.26%；较大的市人民检察院则分别为51.02%与20.41%。

从测评总体结果来看，81家全部被测评检察机关中，最高人民检察院（53分）表现优异，居2013年度全部测评对象之首（见表2、表3、表4）。排名前15位的依次为：最高人民检察院、重庆、汕头、湖北、厦门、广东、广州、湖南、武汉、山东、洛阳、江苏、海南、安徽、浙江、内蒙古、珠海和郑州。在省级人民检察院中，排名前五位的依次为：重庆（52.5分）、湖

表2　全部被测评人民检察院透明度总体结果（满分：100分）

单位：分

序号	检察院	得分	序号	检察院	得分
1	最高检	53.0	9	山东	42.5
2	重庆	52.5	10	洛阳	42.0
3	汕头	52.0	11	江苏	40.5
4	湖北	50.0	12	海南	40.0
	厦门	50.0	13	安徽	38.0
5	广东	49.0		浙江	38.0
6	广州	46.5	14	内蒙古	37.5
7	湖南	44.0		珠海	37.5
8	武汉	43.5	15	郑州	37.0

续表

序号	检察院	得分	序号	检察院	得分
16	北　　京	36.5	38	杭　　州	16.0
17	江　　西	36.0	39	福　　州	14.75
18	哈尔滨	35.5	40	无　　锡	14.5
	深　　圳	35.5	41	兰　　州	14.0
19	贵　　州	34.5		南　　宁	14.0
20	济　　南	33.5	42	甘　　肃	13.5
21	陕　　西	33.0		太　　原	13.5
	西　　安	33.0	43	黑龙江	12.25
22	上　　海	32.5	44	长　　沙	10.5
	苏　　州	32.5	45	鞍　　山	9.0
23	广　　西	32.0		齐齐哈尔	9.0
	云　　南	32.0	46	新　　疆	8.0
24	昆　　明	31.0		淄　　博	8.0
25	山　　西	29.0	47	长　　春	7.0
26	天　　津	28.0	48	吉林市	2.0
27	成　　都	26.0	49	包　　头	0
	大　　连	26.0		本　　溪	0
	河　　北	26.0		大　　同	0
	银　　川	26.0		抚　　顺	0
28	吉林省	25.5		邯　　郸	0
	宁　　波	25.5		河　　南	0
29	宁　　夏	25.0		呼和浩特	0
30	南　　京	24.5		拉　　萨	0
31	贵　　阳	23.5		辽　　宁	0
32	合　　肥	22.5		青　　海	0
	淮　　南	22.5		沈　　阳	0
	青　　岛	22.5		石家庄	0
33	乌鲁木齐	21.5		四　　川	0
34	福　　建	21.0		唐　　山	0
35	徐　　州	20.5		西　　藏	0
36	海　　口	20.0		西　　宁	0
37	南　　昌	19.0			

表 3　省级人民检察院透明度总体测评结果（满分：100 分）

单位：分

序号	检察院	得分	序号	检察院	得分
1	重　庆	52.5	15	云　南	32.0
2	湖　北	50.0	16	山　西	29.0
3	广　东	49.0	17	天　津	28.0
4	湖　南	44.0	18	河　北	26.0
5	山　东	42.5	19	吉　林	25.5
6	江　苏	40.5	20	宁　夏	25.0
7	海　南	40.0	21	福　建	21.0
8	安　徽	38.0	22	甘　肃	13.5
	浙　江	38.0	23	黑龙江	12.25
9	内蒙古	37.5	24	新　疆	8.0
10	北　京	36.5	25	河　南	0
11	江　西	36.0		辽　宁	0
12	贵　州	34.5		青　海	0
13	陕　西	33.0		四　川	0
14	上　海	32.5		西　藏	0
15	广　西	32.0			

表 4　较大的市的人民检察院的总体测评结果（总分：100 分）

单位：分

序号	检察院	得分	序号	检察院	得分
1	汕　头	52.0	14	成　都	26.0
2	厦　门	50.0		大　连	26.0
3	广　州	46.5		银　川	26.0
4	武　汉	43.5	15	宁　波	25.5
5	洛　阳	42.0	16	南　京	24.5
6	珠　海	37.5	17	贵　阳	23.5
7	郑　州	37.0	18	合　肥	22.5
8	哈尔滨	35.5		淮　南	22.5
9	深　圳	35.5		青　岛	22.5
10	济　南	33.5	19	乌鲁木齐	21.5
11	西　安	33.0	20	徐　州	20.5
12	苏　州	32.5	21	海　口	20.0
13	昆　明	31.0	22	南　昌	19.0

续表

序号	检察院	得分	序号	检察院	得分
23	杭　州	16.0	33	包　头	0
24	福　州	14.75		本　溪	0
25	无　锡	14.5		大　同	0
26	兰　州	14.0		抚　顺	0
	南　宁	14.0		邯　郸	0
27	太　原	13.5		呼和浩特	0
28	长　沙	10.5		拉　萨	0
29	鞍　山	9.0		沈　阳	0
	齐齐哈尔	9.0		石家庄	0
30	淄　博	8.0		唐　山	0
31	长　春	7.0		西　宁	0
32	吉　林	2.0			

北（50分）、广东（49分）、湖南（44分）、山东（42.5分）；在较大的市人民检察院中，排名前十位的依次为：汕头（52分）、厦门（50分）、广州（46.5分）、武汉（43.5分）、洛阳（42分）、珠海（37.5分）、郑州（37分）、深圳（35.5分）、哈尔滨（35.5分）、济南（33.5分）。

（二）检务公开存在的问题

虽然2013年度的检务公开工作取得了一定成效，但一些问题仍然相当明显。从宏观层面看，中国检务公开的进度与政府信息公开、法院司法公开相比，都存在着较大差距。检务公开的不足，突出表现在以下方面。

第一，一些领域表现出严重的“原地踏步”。个别检察院网站经过一年时间，却几乎没有任何内容更新变动。2012年度测评时表现出的一些突出问题并未明显缓解。比如，栏目设置不合理的现象依然相当严重。不止一个检察院的网站上设有“检务公开”栏目，其名称相当费解。检察院官方网站所有内容均应定位于“检务公开”，何来专门栏目之称呢？这也从一个侧面表现出检察院官方网站栏目设置的不合理，以及更深层次的网站本身定位偏差——只是将检务公开作为网站的诸项任务之一。本应在内网公开的检察官摄影绘画、乒乓球羽毛球赛占据网站大量篇幅。内容与栏目不相匹配依然常见，如一些指南性信息在新闻栏目中公布，行贿犯罪档案查询的指南被置于新闻栏目的现象并非罕见。再如，明明在官方网站设有专门的工作报告栏目，却仅有2008年之前的工作报告，而近两年的工作报告却被置于其他栏目。

第二，检务公开的专业性水平较低。新闻报道公开仍是检务公开的重要形式。大量检务信息的公开形式仅是相关新闻报道，虽然各种信息有所涉及，但全面性、权威性不足。人员信息公开仍有较大提升空间。通过官方网站渠道，无法获得人民监督员名单及其基本信息的，有18家省级人民检察院和35家较大的市人民检察院，分别占58.06%和71.43%；无法获得特约监督员名单及其基本信息的，有26家省级人民检察院和46家较大的市人民检察院，分别占83.87%和93.88%；无法获得专家咨询委员会名单及其基本信息的，则有26家省级人民检察院和49家较大的市人民检察院，分别占83.87%和100%。需要指出的是，一些检察院官方网站虽未正式公布专家咨询委员会的专家委员名单和简历，但在网站上的检察新闻中透露出一些专家委员的姓名、单位和职务。这从一个侧面表现出检务公开专业性的缺失。

第三，工作信息公开严重滞后。工作信息的公开一直是检务公开的薄弱环节。官方网站提供刑事申诉公开审查栏目的，仅有3家省级人民检察院，占全部省级人民检察院的9.68%；而所有较大的市人民检察院均未提供该栏目。刑事不起诉案件公开审查活动的公开更是滞后，仅有1家省级人民检察院提供栏目，所有的较大的市人民检察院也均未提供该栏目。2012年《民事诉讼法》的修改，突出了“检察建议”的使用。新《民事诉讼法》第208条第2款规定，地方各级人民检察院对同级人民法院已经发生法律效力的判决、裁定，发现有本法第200条规定情形之一的，或者发现调解书损害国家利益、社会公共利益的，可以向同级人民法院提出检察建议；同条第3款规定，各级人民检察院对审判监督程序以外的其他审判程序中审判人员的违法行为，也有权向同级人民法院提出检察建议。检察建议文书的恰当使用，有利于实现检察机关办理案件的法律效果与社会效果的统一，督促有关单位和组织改进管理，堵塞漏洞，预防犯罪，化解纠纷。实践中，检察机关提出检察建议对减少违法犯罪、强化全社会的法治意识发挥了一定作用。但检察建议书的公开情况，完全处于起步阶段，未提供检察建议栏目和任何检察建议的，有23家省级人民检察院和48家较大的市人民检察院，分别占74.19%和97.96%。

第四，公开信息存在谬误的问题并未得到有效解决。比如，《刑事诉讼法》2012年3月14日修改通过并公布，《民事诉讼法》系2012年8月31日修改通过并公布，但截至2013年12月初，仍有不少检察院官方网站未根据修改后的法律修改相关检务指南，修改刑事简易程序的流程。修订后的《刑事诉讼法》第210条第2款规定，“适用简易程序审理公诉案件，人民检察院应当派员出席法庭”，但诸多地方人民检察院网站均未根据该规定更新检务指南的内容。提供准确刑事诉讼简易程序审理要求的，仅有1家省级人民检察院和3家较大的市人民检察院，分别占3.23%和6.12%。

自2010年修改《国家赔偿法》迄今已有三年，2012年度测评时发现的引用旧《国家赔偿法》的问题，在2013年并未得到明显改进。这就导致虽然一些测评对象提供了国家赔偿的法规文件，甚至是细致的“指南”，但由于内容已经违反现行法律规定、司法解释，未起到应有的效果。提供准确的国家赔偿流程的，仅有10家省级人民检察院和7家较大的市人民检察院，分别占32.26%和14.29%。

更需要指出的是，个别排名相当靠前的检察院官方网站，也存在将已经失效的法律和配套司法解释作为现行有效法律加以引用的情况。网站上的相关内容对公众具有误导效果，严重影响到检察院官方网站的权威性与公信力。

第五，公开的时效性欠缺，使得公开效果大打折扣。2013年的测评表明，统计数据的公开进步明显。一些检察院公布了2013年的年度预算与“三公”经费，以及2012年的决算信息。但是，不少检察院暴露出公开过晚的问题，甚至直到2013年9月底，才公布2013年度的预算与“三公”经费安排。在司法统计数据、工作报告、年度预决算是否属于公开范围没有争议的前提下，公开的时间点成为值得关注的问题。正如“迟到的正义等于非正义”一样，姗姗来迟的检务信息公开，由于时效性的丧失，使得公开效果大打折扣，公开的预期功能难以实现。

第六，检察院网站的信息化保障水平不够，严重限制了检务公开的成效。比如，天津、大连等地人民检察院的官方网站均多次无法打开，打开后反应迟缓更非罕见。网站安全性、稳定性问题凸显。内蒙古等地人民检察院的官方网站首页打开后，显示“该页面可能存在木马病毒”。个别检察院的网站在复查时无法打开，导致复核无法进行。这些问题导致公开名不副实，甚至损害到使用人的计算机安全。问题的背后，是检察院官方网站的信息化水平严重滞后。

三　建议对策

中国检务透明度的建设，依然任重而道远，需要从观念、制度、法律诸方面加以完善。

第一，各级检察机关应当树立以公开为原则的观念。2010 年版的《检察机关执法工作基本规范》第 15 条第 2 款就已明确要求：“人民检察院对与检察职权有关且不涉及国家秘密和个人隐私的活动和事项，应当依法向社会和诉讼参与人公开。”2013 年版的《检察机关执法工作基本规范》第 1·5 条第 2 款再次重复该规定。这表明，公开已成为检察机关执法工作的基本原则。各级检察机关没有必要畏首畏尾，而应当更加大胆自信，坚持以公开为原则，不公开为例外，在不违反现行法律规定的前提下，更广更深地推进检务公开。

第二，将案件管理与检务公开有机统一。为增强检务公开的连续性，一定要将检务公开作为一项日常工作来抓，应当将案件集中管理与检务公开统一起来。一方面，案件集中管理为推进检务公开提供了可靠基础；另一方面，以检务公开倒逼案件管理的科学化、精细化。可考虑由案件管理机构工作人员承担“检务公开”案件的录入职责，以提高信息录入的效率，同时减少业务部门及其工作人员的事务性负担。对于依法可以公开的检务活动及其结果、案件办理的进度、案件数据统计情况等检务信息，要区分情况，案件管理机构可为当事人及其辩护人、代理人提供案件信息查询功能（向当事人公开），或面向不特定公众直接主动上网公开。

第三，突出重点，提升检务公开的专业性与有效性。在突出重点上应充分考虑主体与内容两大方面。在主体上应将省级人民检察院作为检务公开的着力点来抓。上行下效是普遍趋势。自反面而言，青海、辽宁等省级人民检察院未建有官方网站的，其区域内较大的市人民检察院，也往往建网率较低，即便有网站也效果不佳。显然，省级人民检察院的重视能起到表率作用，对于辖区内检察机关检务公开的推进有着重要影响。在内容上应将检察工作信息作为今后检务公开的重要突破口。无论是从全国范围看，还是从各类检务信息的公开情况看，检察工作信息的公开都是薄弱环节。这在4个板块的测评结果上表现得相当明显。应逐步推动建立不立案、不逮捕、不起诉、不予提起抗诉决定书等检察机关终结性法律文书的公开制度，对于在案件事实、适用法律方面存在较大争议或在当地有较大社会影响的案件，拟作不起诉处理的，以及对不服检察机关处理决定的申诉案件的处理结果，检察机关应主动或依申请公开相关信息。

第四，坚持科技助推原则，以信息化推进透明化。鉴于中国手机网民数已达到4.64亿，手机作为上网终端表现抢眼，不仅是新增网民的重要渠道，在即时通信、信息查阅等网络应用中均呈迅猛上升趋势①。越来越多的检察院依托新媒体平台，开通手机网站、官方微博、微信公众号等，这无疑是未来发展的重要趋势。互联网技术在检务公开中的作用必将越来越大。为此，应当加强网络系统建设，设置客户端，开通微博、手机短信平台等。总之，通过充分应用现代信息技术，为当事人和一般公众提供更好的检务信息公开服务。

第五，各种公开平台之间协调一致并良好衔接。中国检务公开的平台现有多种，基本上可以分为实体的检务大厅与虚拟的网络平台两大基本类型。在网络平台上，又可细分为传统的官方网站以及较为新近的微博、微信公众号等。一些检察机关的实体检务大厅公开建设着力甚重，其效果固然不容低估。但是，实体大厅的局限也非常明显，要求公众必须亲自前往，受到时间的限制（必须是上班时间，不能做到7天24小时提供服务）。与其相比，网络公开的优势非常突出。但一些检察院的做法存在偏差，其实体检务大厅提供的信息量较为丰富，而网站平台却内容稀少，仅限于检察机关的基本信息和法律法规，本院的检务活动及其结果却无处寻觅。对此，检察机关应当重视各种公开平台之间的协调一致与功能分工。在现代信息化社会背景下，应当将网络作为公开的主平台。因此，凡是在实体大厅公开的检务信息，均应当在官方网站上公

① 参见《第32次中国互联网络发展状况统计报告》，http：//www.cnnic.net.cn/hlwfzyj/hlwxzbg/hlwtjbg/201307/t20130717_40664.htm。访问时间：2013年12月19日。

开。与此同时，应当考虑不同受众对检务公开的不同需求，根据各平台的优势特长，进行分工。比如，微博适合发布时效性较强的检务信息，正在进行的检务活动、澄清检务相关谣言适合在该平台上发布；当事人、律师需要查询的案件信息，可通过专门的案件查询系统、律师接待平台或客户端来公开；刑事申诉案件公开审查活动、刑事不起诉案件公开审查活动需要公众知情监督，则可考虑通过网站、实体大厅、微博等多种平台发布预告公告，提供审查结果。

第六，建议在中央层面制定统一的政务公开法律。公开是《中共中央关于全面深化改革若干重大问题的决定》的核心关键词之一，共出现了18次之多。该决定明确提出，要推进“检务公开……拓宽人民群众有序参与司法渠道”。在此背景下，通过顶层设计制定政务公开法律显得非常必要，尤为迫切。在制度设计上，该法律应由全国人民代表大会出台，适用于人民代表大会、人民政府、人民法院、人民检察院等各种国家机关。首先，这种做法为检务公开工作提供统一的法律依据和强制性标准，将使检务公开工作发生质的飞跃。其次，中国政府信息公开、法院司法公开、检务公开在推进中先后不一，实施中各自为政，导致三者之间缺乏必要联系、衔接，而现实中这些国家机关活动往往关系密切。比如，法院司法公开中，在刑事案件的庭审公开、文书公开中往往涉及检察机关的相关信息，检察机关起诉书、量刑建议书的公开则与法院存在密切关联，司法预决算信息更与同级人大、政府有关联。是否应当公开、应当由哪家国家机关公开，往往存在争议。对此，有必要进行中国政务公开的顶层设计，通过制定统一的政务公开法律予以通盘考虑。再次，通过统一立法精准确定保密与公开的界限。现行法律对于检务活动应当保密的范围并未予以明确界定，法律缺失和检务保密的传统使得一些检察机关工作人员在推进检务公开时疑虑重重，甚至检察机关内部各部门的工作电话是否应当公开，都存在激烈的争议。为此，通过统一立法确定保密范围，使得公开活动、保密工作都有法可依，具有强烈的现实紧迫性。

法治国情调研报告

Field Work

B.19 群体性事件的特点、诱因及其应对

中国社会科学院法学研究所法治指数创新工程项目组*

摘　要：

本报告收集了中国10年来公开途径可获取的群体性事件信息，通过统计、比对，分析了群体性事件的规模、特点、诱因，研究了群体性事件所暴露的国家法治发展、政府管理、纠纷化解等方面的问题，提出了应对群体性事件的对策。

关键词：

群体性事件　矛盾　法治

当前，中国处于社会转型期，因各种社会矛盾引发的群体性事件时有发生，其成因复杂多样，影响面各不相同，但都在不同程度上对社会稳定造成负

---

* 项目组负责人：田禾，中国社会科学院法学研究所。项目组成员：吕艳滨、王小梅、栗燕杰、张文广、诸悦、赵千羚、王旭、张誉等。执笔人：田禾、吕艳滨、诸悦，中国社会科学院法学研究所。

面影响，更对政府管理提出了越来越高的要求。为全面分析中国当前群体性事件的特点、引发因素等问题，中国社会科学院法学研究所法治指数创新工程项目组（以下简称“项目组”）根据新闻媒体的公开报道，对2000年1月1日至2013年9月30日发生在中国境内、规模在百人以上的群体性事件进行了统计、分析，本报告着重研究其特点及法律应对。

一　调研概况

群体性事件往往由某些社会矛盾引发，由特定群体或不特定群体的多数人参与，以表达诉求、维护权益等为目的。考虑到在当前阶段，参与者达100人以上的群体性事件具有高度的代表性，且一些地方将100人作为评价群体性事件严重程度的分界线，项目组将100人以上的群体性事件作为此次研究的对象。

本次调研所采集的数据均来自中国境内正式出版发行的纸质媒体以及拥有“互联网新闻信息服务许可”的网络媒体（统计仅含上述网站的新闻报道板块，微博、博客、论坛和评论等板块中的群体性事件信息不作统计）的报道。项目组通过逐条检索媒体报道的方式，统计了2000年1月1日至2013年9月30日发生在中国境内的100人以上的群体性事件。

由于无法通过逐条阅读的方式统计群体性事件数量，为尽可能全面统计相关事件，项目组采取了“规模关键词+性质关键词”的方式进行检索。其中，界定规模的关键词包括：聚集、聚众、不明真相的群众、大规模、大批，百、上百、百余、数百，千、上千、千余、数千，万、万余、上万、数万；亦可检索00（表示三位数以上）。界定性质的关键词包括：抗议、骚乱、罢工、请愿、上访、游行、静坐、示威、讨薪、冲突、斗殴、械斗、罢课、医闹、堵路、围堵、围攻、打砸、抗议、维权、群殴、流血、抗法、暴力、罢市、拆迁、环保、征地、城管、警察、袭警、下跪、自焚、聚众、集会。

通过上述方法，课题组共检索到群体性事件3145起，其中，有1018起来自纸质媒体（含对应的电子报媒体），有2127起来自网络媒体，两者结果无交叉。其中，检索到结果但网页无法打开或内容无法下载的28起，规模数量描述不清、无法判断是否为百人以上的856起，百人以下的1390起，百人以上的871起。需要说明的是，尽管使用了上述关键词，群体性事件的搜索结果仍然可能存在遗漏，因此本报告使用的数据仅是基于上述关键词搜索到的结果，且可能是不完全的结果。本文只就通过上述方法搜索到的参与者在100人以上的群体性事件进行分析，其理由有二，一是群体性事件经媒体报道说明该事件具有一定的严重性和代表性，二是媒体报道本身对社会就具有较大的影响力。

二　100人以上群体性事件概况

（一）参与人数在100～1000人的群体性事件居多

据此次调研所获取的样本，2000年1月1日至2013年9月30日，中国境内发生的871起100人以上的群体性事件中，参与者规模在100人至1000人的有590起，占67.7%；参与者规模在1001人至10000人的有271起，占31.1%；参与者规模在10001人及以上的有10起，占1.1%。有36起群体性事件造成总计至少79人丧生。估计有220万以上的人员参与群体性事件。

（二）2010年、2011年和2012年是群体性事件的高发期

据此次调研所获取的样本，2010年、2011年和2012年是群体性事件的高发期，在871件100人以上群体性事件中分别占18.7%、19.7%、24.0%（见表1）。

表1　2000～2013年中国境内群体性事件的时间分布

单位：件

项目 / 年份	百人至千人群体性事件数量	千人至万人群体性事件数量	万人以上群体性事件数量	总数量
2000	2	0	0	2
2001	1	0	0	1
2002	1	0	0	1
2003	1	1	0	2
2004	9	6	2	17
2005	13	7	1	21
2006	6	1	0	7

续表

年份＼项目	百人至千人群体性事件数量	千人至万人群体性事件数量	万人以上群体性事件数量	总数量
2007	16	7	0	23
2008	60	14	2	76
2009	72	16	3	91
2010	135	27	1	163
2011	121	50	1	172
2012	112	97	0	209
2013	41	45	0	86
总计	590	271	10	871

（三）群体性事件呈现一定的地域性

从空间上看，华南地区是群体性事件的高发区，发生100人以上的群体性事件319起；华东地区居第二位，发生189起群体性事件；西南地区居第三位，发生118起群体性事件。其中，广东居全国之首，占30.7%，其次为四川，占6.2%（见表2）。

表2　2000年1月1日至2013年9月30日中国境内群体性事件的地域分布

单位：件

区域	省份＼项目	百人至千人群体性事件数量	千人至万人群体性事件数量	万人以上群体性事件数量	总数量
华北	北京	32	3	0	35
	天津	1	4	0	5
	内蒙古	5	1	0	6
	河北	15	4	0	19
	山西	13	1	0	14
	总计	66	13	0	79
华东	上海	13	9	0	22
	山东	13	6	0	19
	江苏	25	16	2①	43
	浙江	22	12	1②	35
	安徽	14	7	0	21
	江西	19	8	0	27
	福建	12	10	0	22
	总计	118	68	3	189

续表

区域	省份＼项目	百人至千人群体性事件数量	千人至万人群体性事件数量	万人以上群体性事件数量	总数量
华中	河南	24	15	0	39
	湖北	11	7	1③	19
	湖南	17	12	0	29
	总计	52	34	1	87
华南	广东	189	76	2④	267
	广西	19	10	0	29
	海南	15	8	0	23
	总计	223	94	2	319
东北	黑龙江	6	5	0	11
	吉林	7	1	1⑤	9
	辽宁	3	3	1⑥	7
	总计	16	9	2	27
西北	甘肃	17	1	0	18
	宁夏	0	1	0	1
	青海	5	2	0	7
	陕西	19	3	0	22
	新疆	5	0	0	5
	总计	46	7	0	53
西南	四川	25⑦	28	1⑧	54
	贵州	8	8	1⑨	17
	云南	27	5	0	32
	重庆	10	5	0	15
	总计	70	46	2	118

①分别是：江苏吴江2009年10月21日抗议垃圾焚烧厂事件（参见《垃圾焚烧，只是一剂安慰药》，《南方周末》2009年11月5日）、启东PX事件（参见百度百科“启东事件”词条：http://baike.baidu.com/link?url = R_XkO5mcoX227zv86WhSqo0z0l0jZGN1ZGtFHs1XW1bJm95aAuDe3FEvAbTVMwLyWtQ0jw2EvaoCDaIevDIkm）。

②浙江东阳2005年4月10日画水镇环保纠纷事件（参见《A市的环保纠纷和群体性事件》，国家行政学院网站，http://kyhz.nsa.gov.cn/xzxy_kygl/pf/xzxywz/anlkInfoDetail.htm?infoid=396）。

③湖北石首“6·17”群体性事件（参见http://news.163.com/special/00013FJU/shishou.html）。

④分别是：广东陆丰乌坎村事件（参见《乌坎密码》，《经济观察报》2012年6月12日）、海门事件（参见《潮阳十万人暴动 6死200伤》，《东方日报》2011年12月21日）。

⑤吉林通化“7·24”通钢改制大罢工（参见《吉林通钢群体事件始末》，《每日新报》2009年8月4日）。

⑥辽宁大连“8·14”群众抗议PX工厂事件（http://view.news.qq.com/zt2011/PXproject/index.htm）。

⑦因2008年9月至10月，四川、重庆同时爆发教师罢课事件，此为同一群体性事件，但为了统计方便，分别计入四川和重庆，导致百人至千人事件总和为591件，超出表1中百人至千人群体性事件总和。

⑧汉源2004年11月数万村民群体性事件（参见《“权力资本化”的畸变轨迹》，《瞭望新闻周刊》2005年第22期）。

⑨贵州瓮安事件（http://news.ifeng.com/mainland/special/wengan628/）。

（四）维权类群体性事件居多

根据群体性事件的性质，项目组将其划分为维权、泄愤、纠纷以及混合类。维权类群体性事件的基本特征在于有统一、明确的利益诉求。泄愤类群体性事件由个别冲突引发，在事件中利益诉求不明确、不统一，主要是表达、发泄情绪。纠纷类群体性事件则是指械斗、群架等公民内部矛盾引发的事件。混合类群体性事件指的是随着事件的进展，性质发生了改变，如从维权转化为泄愤。根据本次获取的样本，维权类群体性事件的数量最多，占55%之多；其次是混合类群体性事件，占约37%（见表3）。

表3　2000年1月1日至2013年9月30日中国境内群体性事件的性质分布

单位：件

项目 事件性质	百人至千人群体性事件数量	千人至万人群体性事件数量	万人以上群体性事件数量	总数量
维权	313	162	4	479
泄愤	27	9	1	37
纠纷	13	0	0	13
混合	219	97	5	321
其他	18	3	0	21
总计				871

说明："其他"包括除城管执法和拆迁原因外导致的暴力抗法、民族矛盾、涉外群体性事件等。

（五）部分群体性事件具有组织化倾向

"组织"的有无，是判断群体性事件的重要参数，有组织的群体性事件应引起高度重视。根据此次可得数据的统计，有组织的群体性事件占大多数，占81.6%。根据组织化程度，可以分为三个级别：Ⅰ级为有事先谋划，确定分工和行动目标；Ⅱ级为在Ⅰ级基础上印发传单或标语，意图极力扩大事件影响；Ⅲ级为有固定领导人和行动纲领，诉求表达高度系统化。871件群体性事件中，Ⅰ级有组织群体性事件有428件，占49.1%；Ⅱ级有组织群体性事件213起，占24.5%；Ⅲ级群体性事件70件，占8%（见表4）。

表 4　2000 年 1 月 1 日至 2013 年 9 月 30 日中国境内群体性事件的组织化程度分布

单位：件

组织化程度 \ 项目		百人至千人群体性事件数量	千人至万人群体性事件数量	万人以上群体性事件数量	总数量
不清楚		90	25	1	116
无组织		30	12	2	44
有组织	Ⅰ级	288	138	2	428
	Ⅱ级	122	86	5	213
	Ⅲ级	60	10	0	70
	合计	470	234	7	711
总　　计					871

（六）部分群体性事件具有反复性

群体性事件是一次性得到解决还是经历多次反复，在一定程度上反映了政府部门解决群体性事件的处理能力和水平。从可得样本的统计看，2/3 左右的群体性事件经处理后未再发生反复，但仍有近 12% 的群体性事件反复 2 次或 2 次以上（见表 5）。这也表明，政府部门的应对能力还需要进一步加强。

表 5　2000 年 1 月 1 日至 2013 年 9 月 30 日中国境内群体性事件的反复情况

单位：件

反复次数 \ 项目	百人至千人群体性事件数量	千人至万人群体性事件数量	万人以上群体性事件数量	总数量
不清楚	156	63	8	227
无反复	382	158	2	542
反复 2 次	27	23	0	50
反复 2 次以上	25	27	0	52
总　　计				871

三　引发群体性事件的矛盾主体及其表现形式

（一）平等主体间矛盾引发的群体性事件占多数

根据群体性事件矛盾双方的身份，可以将其分为：公民与公民间的矛盾，公民与社会组织（如企业、学校、村居等基层自治组织）的矛盾，社会组织之间的矛盾，公民与政府或官员间的矛盾，以及其他矛盾（如国内不同民族间的矛盾、军民矛盾等）。从此次调研可得的数据看，因平等主体间的纠纷引发的群体性事件占多数，有476起，占54.6%，因公民等与政府或官员之间的矛盾引发的群体性事件有383起，占44.0%（见表6）。

表6　2000年1月1日至2013年9月30日中国境内群体性事件的矛盾双方情况

单位：件

项目 矛盾双方	百人至千人群体性事件数量	千人至万人群体性事件数量	万人以上群体性事件数量	总数量
公民间矛盾	52	5	0	57
公民与社会组织矛盾	272	113	2	387
社会组织间矛盾	28	4	0	32
公民等与政府或官员矛盾	231	145	7	383
其他矛盾	7	4	1	12
总计				871

（二）不同主体间群体性事件的表现形式

首先，因公民间矛盾或者公民与社会组织间矛盾引发的群体性事件多数表现为集会、游行、罢工、示威、上访。

但在因公民间矛盾引发的群体性事件中，事件最终表现形式为集会、游行、罢工、示威、上访的，占54.4%；在全过程中发生了打、砸、抢等暴力冲突的占24.6%，其中有三起造成了5人死亡。可见公民间矛盾同样较易引发社会暴力事件（见表7）。

表 7 因公民间矛盾引发群体性事件的最终表现形式

单位：件

项目 事件最终表现形式	百人至千人群体性事件数量	千人至万人群体性事件数量	万人以上群体性事件数量	总数量
集会、游行、罢工、示威、上访	28	3	0	31
围堵占道等严重破坏公共秩序	10	2	0	12
打、砸、抢等暴力冲突	14	0	0	14
总 计	52	5	0	57

其次，在 387 起因公民与社会组织间矛盾引发的群体性事件中，有 284 起最终发展为集会、游行、罢工、示威、上访，占此类事件的 73.4%，成为公民与社会组织矛盾最主要的表现形式（见表 8）。

表 8 因公民与社会组织间矛盾引发的群体性事件的最终表现形式

单位：件

项目 事件最终表现形式	百人至千人群体性事件数量	千人至万人群体性事件数量	万人以上群体性事件数量	总数量
集会、游行、罢工、示威、上访	191	93	0	284
围堵占道等严重破坏公共秩序	54	8	0	62
打、砸、抢等暴力冲突	27	12	2	41
总 计	272	113	2	387

再次，因社会组织间矛盾引发的群体性事件极易引发暴力事件。32 起此类群体性事件中，有 25 起产生了打、砸、抢等暴力冲突，比例高达 78.1%（见表 9）。

最后，因公民与政府或官员间矛盾引发的群体性事件中，有 119 起引发了集会、游行、罢工、示威、上访，占 31.1%；有 139 起引发了围堵占道等严重破坏公共秩序的事件，占 36.3%；有 125 起引发了暴力冲突，占 32.6%（见表 10）。这表明，因公民与政府或官员间矛盾引发的群体性事件具有较高的敏感性，对社会秩序的影响更明显，应引起特别关注。

表9　因社会组织间矛盾引发的群体性事件的最终表现形式

单位：件

事件最终表现形式＼项目	百人至千人群体性事件数量	千人至万人群体性事件数量	万人以上群体性事件数量	总数量
集会、游行、罢工、示威、上访	2	0	0	2
围堵占道等严重破坏公共秩序	5	0	0	5
打、砸、抢等暴力冲突	21	4	0	25
总　　计	28	4	0	32

表10　公民与政府或官员矛盾引发的群体性事件的最终表现形式

单位：件

事件最终表现形式＼项目		百人至千人群体性事件数量	千人至万人群体性事件数量	万人以上群体性事件数量	总数量
集会、游行、罢工、示威、上访		82	37	0	119
围堵占道等严重破坏公共秩序		81	58	0	139
打、砸、抢等暴力冲突	围攻殴打政府官员、执法者	47	24	0	71
	冲击围攻打砸政府机关	21	26	7	54
总　　计		231	145	7	383

四　群体性事件的诱因

（一）总体情况

据此次调研所获取的样本，导致100人以上群体性事件的原因众多，居前列的有：劳资纠纷267起，占30.65%；执法不当174起，占19.98%；拆迁征地97起，占11.14%。而环境污染是导致万人以上群体性事件的主要原因，在所有万人以上的群体性事件中占50%；劳资纠纷是导致千人至万人群体性事件的主要原因，在此类群体性事件中占36.53%（见表11）。

表 11　引发群体性事件的原因分布情况

单位：件

主要原因		百人至千人群体性事件数量	千人至万人群体性事件数量	万人以上群体性事件数量	总数量
交通肇事导致群众义愤		23	2	0	25
经营冲突		19	2	0	21
群众打架斗殴		10	1	0	11
劳资纠纷		167	99	1	267
医患纠纷		16	0	0	16
消费纠纷		33	0	0	33
资源分配纠纷		17	4	0	21
学校乱收费、食堂问题		7	8	0	15
村镇矛盾		11	4	0	15
企业经营冲突		14	0	0	14
执法不当	警察执法不当	27	27	0	54
	交通执法不当	18	8	0	26
	城管执法不当	25	14	0	39
	工商执法不当	3	1	0	4
	法院执行不当	1	0	0	1
	多部门执法不当	14	12	0	26
	准执法不当	23	1	0	24
拆迁征地		64	32	1	97
环境污染		21	11	5	37
信访维权	要求官方合理解释并公开真相	5	10	1	16
	企业破产改制相关	12	6	0	18
	提高退伍军人待遇	7	4	0	11
	抗议贪腐	2	3	0	5
	其他	3	0	0	3
暴力抗法	传销暴力抗法	5	0	0	5
	不服治安管理	3	0	0	3
	其他	3	0	0	3
泄愤 + 官民矛盾激化		18	18	1	37
其　他		19	4	1	24
总　计		590	271	10	871

（二）公民间矛盾引发群体性事件的主要诱因

在公民间矛盾引发群体性事件的原因中，由交通肇事引发群众公愤进而引发群体性事件的比例较高，占43.9%（见表12）。其中肇事者尤其是豪车车主肇事和交通逃逸导致市民公愤是引发公民间矛盾及群体性事件的主要类型，如2011年四川乐山“7·25”围观群众砸坏豪车事件；其次是出租车司机、大巴司机与无合法运营资格的黑车司机发生的经营冲突，以及商户与房东的经营冲突，通过围堵、堵路、罢工、罢运等方式维权。

表12　因公民间矛盾引发群体性事件的原因分布

单位：件

项目 / 主要原因	百人至千人群体性事件数量	千人至万人群体性事件数量	万人以上群体性事件数量	总数量
交通肇事导致群众公愤	23	2	0	25
经营冲突	19	2	0	21
群众打架斗殴	10	1	0	11
总　计	52	5	0	57

（三）公民与社会组织间矛盾引发群体性事件的主要诱因

从可得的数据看，劳资纠纷是当前公民与社会组织矛盾的主要原因，也是社会矛盾最集中和最尖锐的方面，共267起，占69%。劳资纠纷产生的原因主要是企业改制导致的下岗问题和职工安置问题，企业拖欠员工工资严重和工资水平过低的问题，以及企业违反《劳动法》和《劳动合同法》侵犯员工合法权益问题。其次是消费者与经营者间发生的消费纠纷，共33起，占8.5%，其中26起是购房者与房产公司/物业公司之间的纠纷。列第三的是资源分配纠纷，共21起，占5.4%，主要有村民与附近景点的纠纷，村民与外来开矿企业的纠纷以及村民与道路开发商的纠纷（见表13）。

（四）社会组织间矛盾引发群体性事件的主要诱因

在社会组织间矛盾引发的群体性事件中，因乡村间纠纷①引发的事件较

① 例如，两村为土地划界、道路归属等发生械斗，如《广东陆丰两村因公路归属爆发大规模冲突　28人受伤》，《南方日报》2010年3月9日。

表 13 公民与社会组织间矛盾引发群体性事件的原因

单位：件

项目 主要原因	百人至千人群体性事件数量	千人至万人群体性事件数量	万人以上群体性事件数量	总数量
劳资纠纷	167	99	1	267
医患纠纷	16	0	0	16
消费纠纷	33	0	0	33
征地拆迁	12	0	0	12
环境污染	9	2	1	12
资源分配纠纷	17	4	0	21
学校乱收费、食堂问题	7	8	0	15
其　他	11	0	0	11
总　　计	272	113	2	387

多，占 46.9%；其次是因企业经营中的利益纠葛引发的事件，占 43.8%（见表 14）。

表 14 社会组织间矛盾引发群体性事件的原因

单位：件

项目 主要原因	百人至千人群体性事件数量	千人至万人群体性事件数量	万人以上群体性事件数量	总数量
乡村间矛盾	11	4	0	15
企业经营冲突	14	0	0	14
征地拆迁	2	0	0	2
其　他	1	0	0	1

（五）公民与政府间矛盾引发群体性事件的主要诱因

在公民与政府间矛盾引发的群体性事件中，执法不当和拆迁征地是主要原因。其中，因执法不当引发的事件有 174 起，占 45.4%；因拆迁征地引发的事件有 83 起，占 21.7%；因信访维权引发的事件有 52 起，占 13.6%（见表

15）。在执法不当中，警察执法不当①处于第一位，其次是城管执法不当，多部门执法不当②和交通执法不当并列位居第三。可见，公权力运行的不规范也是激化矛盾、诱发群体性事件的重要因素。

表 15 公民与政府间矛盾引发的群体性事件的原因

单位：件

主要直接原因 \ 项目		百人至千人群体性事件数量	千人至万人群体性事件数量	万人以上群体性事件数量	总数量
执法不当①	警察执法不当	27	27	0	54
	交通执法不当	18	8	0	26
	城管执法不当	25	14	0	39
	工商执法不当	3	1	0	4
	法院执行不当	1	0	0	1
	多部门执法不当	14	12	0	26
	准执法不当②	23	1	0	24
拆迁征地③		50	32	1	83
环境保护		12	9	4	25
信访维权	要求官方合理解释并公开真相	5	10	1	16
	企业破产改制相关	12	6	0	18
	提高退伍军人待遇	7	4	0	11
	抗议贪腐	2	3	0	5
	其他	3	0	0	3
暴力抗法	传销暴力抗法	5	0	0	5
	不服治安管理	3	0	0	3
	其他暴力抗法行为	3	0	0	3
泄愤		18	18	1	37
总计		231	145	7	383

说明：①不含拆迁征地和环保事件中的执法不当行为，二者单独成类。
②指协警、辅警等法律上不具备执法权但又实际参加执法活动的准执法者导致的群体性事件。
③此类包括拆迁征地过程中的执法不当行为。

---

① 指警察在治安案件中执法不当，不含交警进行交通管理和执法活动。

② 指在执法过程中，公民与多个执法部门发生冲突，或公民与一个执法部门发生冲突后，其他执法部门也加入冲突的情况。

五　群体性事件所暴露的问题

（一）用法治思维化解纠纷的环境远未形成

虽然新中国成立尤其是改革开放以来，中国的法治发展取得了显著成效，但法治思维和法治环境还远没有形成，法治权威尚未真正树立。特别是，一些事件发生后，个别部门不依法办事的做法更进一步破坏了政府公信力，也使多年来的普法宣传教育成效受损。人们对法治的敬畏远不及对权力的敬畏，信访不信法、“小闹小解决、大闹大解决、闹得越大越有助于解决问题”、法不责众等的思维，不仅在普通公众心目中大有市场，甚至连不少公职人员也习以为常。可以说，在用法治思维化解纠纷的环境没有真正形成的情况下，仍然会有大量纠纷因模仿效应而走向群体性事件。

（二）现行法律对群体性事件侧重应对而忽视预防

应对群体性事件涉及事前预防、现场处置和司法救济等诸多问题。多年来，中国已经形成了包括《突发事件应对法》《信访条例》《治安管理处罚法》《集会游行示威法》《刑法》等法律以及2000年公安部制定的《公安机关处置群体性治安事件规定》等法规规章在内的法律体系，基本确立了党委、政府领导下多部门协调配合处置群体性事件的工作机制。但从法律法规规定及工作机制看，对群体性事件的处置仍以事后应对为主，特别是群体性事件一旦发生，普遍是以公安机关作为解决问题的主导机构。不可否认，群体性事件的应对不能缺少公安机关的参与，尤其在现场处置阶段，因矛盾激化难免发生违法犯罪行为，公安机关介入不可或缺。但是，群体性事件大多由人民内部矛盾引发，需要从根源上寻求内部矛盾的解决。

（三）行政执法失范问题亟待解决

根据可获取的数据，可以发现，行政执法不规范是群体性事件发生的直接原因或者间接原因。一方面，相关部门及其工作人员在行使公权力时，未依法用权，存在权力滥用、不规范执法等问题，使公众与相关部门之间产生纠纷，进而引发群体性事件；另一方面，政府部门对经济社会管理存在缺位，有法不依、执法不严，无视甚至放任违法行为侵害他人合法权益，进而导致平等主体之间的民商事纠纷发展为危害社会稳定、破坏社会秩序的群体性事件。事实证明，“懒政”是群体性事件产生的重要原因，在引发群体性事件的众多原因中居首位的劳资纠纷，往往源于政府平时怠于行使监管义务或者不作为，导致劳动者不得不采取极端举措。

（四）政府决策的公众参与效果不理想

从调研获取的数据看，有相当部分的群体性事件起因于相关的政府决策，如因环境保护、征地拆迁等引起的群体性事件，都或多或少与公众参与效果不理想有关系。如发生在一些地方的PX事件，当地政府往往都出于发展当地经济的良好初衷，且已经履行了行政审批、环境影响评价等手续，甚至当地都有社会风险评估机制，但由于没有处理好政府管理与尊重公众意愿的关系，缺乏与公众的有效沟通，对公众诉求不能及时作出有效回应，引发公众不满，甚至酿成严重的后果。

（五）纠纷化解和诉求表达渠道不畅通

从此次调研获取的数据看，相当一部分群体性事件起因于普通的纠纷，如租金上涨、交通肇事、打架及处罚争议，但由于行政救济、司法救济等纠纷化解渠道不够畅通，当事人之间的利益冲突无法得到及时、有效的化解，最终只能通过群体性事件等渠道寻找出路。急剧的社会转型直接导致各类群体诉求的空前膨胀，社会弱势群体没有畅通的利益诉求表达渠道也是群体性事件形成的一个重要原因。

（六）群体性事件处理方面的透明度有待提升

从本次调研过程和结果看，当前群体性事件信息的公开程度还不理想。首先，当前中国群体性事件发生的数量绝不止于项目组通过公开渠道获取的数据，此外，从微博、博客、论坛和评论等板块中获得的群体性事件线索，大部分不能从公开渠道得到确认。其次，国家当前还缺乏对群体性事件进行详细统计分析和发布的机制。究其原因，不排除当前各级政府对群体性事件的回避和对其负面影响的恐慌心理。但实践证明，信息不透明往往导致谣言满天飞、党政机关公信力下降，对社会管理造成的危害更大。

六 应对群体性事件的建议

《中共中央关于全面深化改革若干重大问题的决定》提出，坚持依法治理，加强法治保障，运用法治思维和法治方式化解社会矛盾；坚持源头治理，标本兼治、重在治本，以网格化管理、社会化服务为方向，健全基层综合服务管理平台，及时反映和协调人民群众各方面各层次利益诉求。当前，中国社会阶层分化组合，利益多元化，社会利益的冲突和矛盾空前尖锐和激烈，可以预见，未来一段时间内，群体性事件将处于高发期。有效应对当前不断增多的群体性事件应做到以下几点。

（一）对群体性事件无须谈虎色变

中国地域广阔、人口众多，并处于社会转型期，发生一些纠纷，甚至出现一些群体性事件在所难免，关键在于以怎样的心态去面对和处置，捂着、盖着的鸵鸟心理无助于问题的解决。因此，上到国家，下到百姓，都无须谈群体性事件而色变，而应以冷静的心态，找准症结，并将发现的问题及时反馈到社会治理中，实现对群体性事件的预防，提高应对群体性事件的能力。

（二）提升群体性事件及其处置过程的透明度

信息公开是掌握舆论导向、化解群体性事件的重要手段。群体性事件与谣言可谓孪生子，如瓮安事件，因此完善政府信息公开制度是政府应对群体性事件的有效途径。政府能否做到信息公开，保持信息畅通，对于应对群体性事件最为关键。如果政府在事件发生的初期就迅速公布相关信息以及应对方案，一方面能体现政府处理事件的决心与信心，赢得人们的信任；另一方面，可以平息公众的情绪与猜测，使公众积极配合政府及时处理问题。因此，建议将群体性事件及其处置的信息公开作为未来政府信息公开的重点领域，并在未来修改《突发事件应对法》等法律法规时进一步明确各级政府的公开义务、公开时限等。

（三）进一步规范公权力运行

公权力依法规范运行，是法治中国建设的关键，也是预防和妥善处置群体性事件的重要环节。首先，应建立健全公权力运行的监督机制，明确公权力的界限、行使方式，进一步推动公权力运行的公开透明，加强对违法用权的问责追责。其次，需进一步落实现行法律法规对政府管理经济社会的要求，防范监管缺位，变被动执法为主动执法，尤其是在简政放权的大背景下，更需要创新管理方式，及时发现和纠正市场主体、社会主体的违法行为。最后，应尊重公众意愿，拓宽公众参与决策和管理的渠道，充分听取和积极回应公众诉求。

（四）树立用法治思维化解纠纷的思路和工作模式

法治是解决社会纠纷的最终、最权威的方式，是有效处置群体性事件的不二法门。应彻底杜绝任何以权压法、以言代法、以钱替法、以领导意志取代法治的错误做法，所有纠纷都应依据法律法规对当事人的行为进行定性，并明确其权利、义务和责任，不因当事人的身份、处境等给予其不当的待遇。各级党政机关及其工作人员更要依法办事，将法治作为行使权力和解决问题的最终依据和最低要求，对破坏法治的单位和个人则应当从严追责。只有这样，才能逐步树立法治的权威，并引导公众依法表达诉求、依法解决问题。

（五）加强社会风险评估与防范

《中共中央关于全面深化改革若干重大问题的决定》提出，健全重大决策社会稳定风险评估机制。应对群体性事件，不仅要针对重大决策行为，还要针对日常管理活动，建立有效的社会稳定风险评估、预判和防范机制。构建预警及时、信息精准、预控有效、超前工作预防群体性事件的预警体系，核心是建立全面客观的群体性事件监控统计分析机制。在“大数据”基础上，科学准确地反映有可能引发群体性事件的主要因素，摸清群体性事件的产生规律和爆发前的信号特征，做到早发现、早预防、早预警、早化解。

（六）完善多元化有效化解纠纷和表达诉求的机制

《中共中央关于全面深化改革若干重大问题的决定》强调，建立畅通有序的诉求表达、心理干预、矛盾调处、权益保障机制。只有诉求得到有效表达，权益得到有效保障，矛盾才能得到真正化解，诱发群体性事件的因素才能被彻底消除。建立畅通有序的诉求表达机制。各级政府应建立健全弱势群体的利益诉求通道和司法保障机制，维护社会政治稳定，最大限度地预防社会群体性事件的发生和恶化。此外，应加强法制宣传和普法教育，进一步培育现代公民的参政意识和民主意识，畅通渠道，注重回应，引导和推动公民按照合理方式、正常渠道和合法程序来表达诉求、解决纠纷。

（七）处理好维稳与维权的关系

根据调研组的统计，约55%的百人以上群体性事件与维权相关，可见，化解群体性事件的关键是要处理好维稳和维权的关系。维稳必须以维护好公众合法权益为前提，解决好其合理合法的利益诉求使其合法权益受到公平对待和有效维护，这样势必会减少维权群体性事件的产生，从而实现维护社会稳定和社会和谐的目标。

B.20

广东人大监督调研报告

中国社会科学院法学研究所法治指数创新工程项目组*

摘　要：

在人民代表大会制度的发展过程中，人大监督的“广东现象”得到不断丰富和诠释，并初步形成了一套可复制和推广的模式。在深入调研的基础上，报告指出，2013年广东人大监督围绕“调研”“专家”“全过程”等关键词，在监督理念、方式、范围、对象、机制等方面有了新的创造和突破。

关键词：

广东　人大监督　财政监督

根据中国社会科学院法治国情调研广东基地2013年调研安排，中国社会科学院法学研究所法治指数创新工程项目组对广东依法治省工作及法治政府建设工作进行了调研，本报告重点对其开展人大监督工作的情况进行分析。

人大监督制度是“决策科学、执行坚决、监督有力”的权力运行体系和惩治和预防腐败体系的重要组成部分。但从现阶段来看，人民代表大会监督（以下简称人大监督）的实效发挥仍然有限：人大监督在整个监督体系中属于薄弱环节；在宪法赋予人民代表大会（以下简称人大）的立法、监督、任免、决定这四项权力中，人大对“一府两院”（一府指人民政府，两院指人民法院、人民检察院）的监督权被一定程度上虚化和弱化。人大监督的不到位，

* 项目组负责人：田禾，中国社会科学院法学研究所。项目组成员：陈欣新、吕艳滨、刘小妹、李霞、王红艳、周方冶、王小梅、栗燕杰。执笔人：李霞，中国社会科学院法学研究所。

影响了宪法法律的有效实施和国家法制的统一，无法保证被监督者正确行使职权，也妨害到对公民权益的尊重和保护。

近年来，人大监督制度的意义已深入人心。各地人大以《各级人民代表大会常务委员会监督法》的颁行为契机，为摆脱“不愿监督、不敢监督、不善于监督”的痼疾，在完善监督机制、增强监督实效方面作出了努力。广东省各级人大通过不断更新监督理念、大胆尝试监督方式、拓展监督范围和对象、有机统合监督力量、健全工作机制，在转变政府职能，规范政府权力运行，提升行政效能，建设法治政府、服务型政府、责任型政府，创新社会治理，防治腐败，回应民众呼声，彰显社会公平中发挥了良好作用，人大监督的权威逐步确立。

一　立法与监督：把权力装进制度的“笼子”

把权力关进制度的笼子，就是要通过立法的制度设计有效制约公权力。地方立法是中国立法体系的重要组成部分，肩负着弥补中央立法不足、因地制宜解决实际问题的重任。然而，现实中相当程度上存在着“部门化、利益化”的倾向，大量不当的部门利益、地方利益被夹带进地方立法，导致立法制约政府权力、保障公民权利的功能不彰。地方立法的“去部门化”和“去利益化”成为亟待解决的问题。这不仅需要智慧，还需要勇气。

（一）以行政审批制度改革为契机，催生“有限政府”

行政审批作为一种事前控制手段，自实行计划经济体制以来在中国的行政管理中一直被广泛运用。然而随着社会主义市场经济的逐步建立和完善，行政审批权的使用过多过滥逐渐被视作行政权自我膨胀且效率低下的重要“罪状”，以及制约经济和社会发展、政府职能转变的体制性障碍。2012 年 8 月，国务院常务会议批准处于改革开放前沿、市场化程度相对较高的广东作为行政审批制度改革的试验田，在制度上先行先试。一年多来，广东以“小政府、大社会”为方向，围绕重心下移、关口前移的宗旨，逐步清理拥有行政审批权的所有部门的审批事项，成效明显。通过改革，逐渐厘定了政府活动的界限及其与市场和社会的应然关系，提高了审批效率，增强了审批透明度。然而，由于改革涉及众多的部门利益和重大的权责调整，“明收暗放”“重形式轻内容”甚至“权力寻租”“暗箱操作”等现象仍然存在，核心利益和权力并没有被触动，改革步履维艰。

在这样的关口，人大必须有所作为。在2008年起实施的《广东省行政审批管理监督办法》（地方政府规章）的基础上，广东省人大加紧起草全国首部关于行政审批监督管理的地方性法规——《广东省行政审批管理监督条例》，以巩固行政审批改革成果，并融入新的理念，明确和细化实体和程序标准，将制度变革推向深入。这是一次甘愿“作茧自缚”的尝试。目前，该条例草案经过审慎起草、多地调研、充分征求各方意见，几易其稿，正在审议中。相较之前的规章，制定中的条例①在审批的设定、事项、时限、步骤和环节等各方面都更细化、明确和严格，对变相设定行政审批作了禁止性规定，充分体现出其“限权法”的性质。

（二）屡立新规，赋予公众更多立法话语权

2013年6月和7月，广东省人民代表大会常务委员会（以下简称人大常委会）针对立法的“五关”（“立项关”“公众关”“专业关”“代表、委员关”“评估关”），密集出台了《广东省人民代表大会常务委员会立法论证工作规定》（以下简称《立法论证工作规定》）、《广东省人民代表大会常务委员会立法公开工作规定》（以下简称《立法公开工作规定》）、《广东省人民代表大会常务委员会立法听证规则》（以下简称《立法听证规则》）、《广东省人民代表大会常务委员会立法咨询专家工作规定》（以下简称《立法咨询专家工作规定》）和《广东省人民代表大会常务委员会立法评估工作规定（试行）》（以下简称《立法评估工作规定（试行）》）等五项规定，这在中国尚属首次。《立法论证工作规定》将此前开展的立项前论证扩展为立法全过程论证，明确了论证范围和程序；《立法公开工作规定》所规定的立法公开贯穿立法全过

① 指广东省人大网于2013年10月18日公开发布的《广东省行政审批管理条例（草案修改稿征求意见稿）》，http://www.rd.gd.cn/pub/gdrd2012/rdgzxgnr/flcazjyj/201310/t20131018_136954.html。访问时间：2013年12月20日。

程；《立法听证规则》明确了可以举行立法听证会的范围，创设了简易程序听证，同时规定企事业组织和公民等可以向省人大常委会书面提出听证建议；《立法咨询专家工作规定》规范了立法咨询专家库中专家的遴选条件和咨询程序以及立法咨询保障等，有利于借助专家立法的专业性、理论性、前瞻性和去利益化的中立性，提高立法的公正性和科学性；《立法评估工作规定（试行）》使立法后评估常态化，并首创表决前评估制度，开拓了开门立法、民主立法、科学立法的新途径。目前的地方性法规主要集中在行政类、经济类和社会类领域，绝大多数涉及行政管理，以往法规草案多由单个部门起草，审议中也着重听取部门意见，渠道比较单一，容易受到部门利益影响。此次出台的五项规定在2007年颁行的《广东省人民代表大会常务委员会立法技术与工作程序规范（试行）》基础上，提出了许多具体可行的量化标准，着眼于公众对立法的有序参与，推进民主立法和开门立法，使立法工作从听政府部门说为主向听民众说为主转变，并且实操可行、不走过场。

（三）立法大调研体现地方特色，反映基层真实声音

体现地方特色和需求，是地方立法（相对于中央立法）存在的最大价值。为此，必须经由细致的调查和研究，了解本地政治、经济、文化、社会、环境、民意等对立法的需求，把握本地迫切需要解决的矛盾和问题，使地方立法既符合本地发展的总体战略，又利于有针对性地解决本地的特殊问题。此外，立法不仅是对现时社会利益和关系的记录，更是对未来社会利益关系和资源的分配，尤其是在不同利益群体已然形成，亟须正常管道来表达和体现时，更是需要全面、科学地评估和预测一项立法可能带来的影响，衡量法律规则与社会现实之间的距离，以在不同利益之间寻求平衡。因而可以说，立法调研是整个地方立法过程中最具基础性的环节，直接关系到立法的质量。

地方立法在立项和起草的过程中进行调研已成为一种惯例。尽管如此，2013年4月15日开始的为期一个月的广东省立法大调研仍然引起了广泛关注。与常规的立法调研不同，此次“地毯式”立法大调研围绕“立法工作如何为广东省改革、发展、稳定创造良好法治环境”的主题展开，是广东省人大立法加强“顶层设计”的重要举措。其主要目的在于聆听来自民间的真实

声音，从宏观角度把握地方立法的重点和难点，分析不同领域立法的轻重缓急，以科学分配立法资源；同时，在立法渠道和工作机制上寻求创新，发挥人大代表和高校、研究机构人员在立法工作中的不同作用，吸引各界更多地关注、支持和参与广东的立法和法治建设。

相较以往的立法调研，此次立法大调研有几个特点。第一，谢绝“蜻蜓点水”，深入实际。立法调研组先后在广东省21个地级市召开74场座谈会，听取当地意见和建议；实地考察了44个县（市、区），走访了40个镇（街）、17个社区（村组）、14个综合治理信访维稳中心和10家企业，听取镇、街道、社区和村的有关同志、大学生村官、企业和职工代表、企业工会代表和民众的意见和建议①。第二，拓展调研渠道。此次大调研组成了5个调研组，充分发挥了人大代表、地级以上市人大常委会和法学专家等的作用和特长。第三，调研不是停留在“调”，而是深入到“研”。各个调研组在调研后撰写了调研报告，详述情况、深入分析并提出建议，最后形成总报告。总报告着力于甄选亟须通过立法加以规范、引导和推动的领域，研究立法所需调整的社会关系的稳定程度、目前的主要矛盾及矛盾的根源，以及以立法来解决矛盾的时机是否成熟；概括和提炼调研中收集到的有关保障和改善民生、规范信访、建构和谐劳动关系等方面的具体立法建议等。第四，调研的成果快速反映到其后的立法活动中，凸显了调研实效。例如，计划于2014年上半年出台的“广东省信访条例”之所以能列为立法项目，主要是由于调研中基层民众所表达的热切关注和人大代表的建议，促使立法机关达成了对信访亟须规范化、制度化的共识。

（四）专家参与立法，消解部门立法弊端

尽管部门立法在专业性和可操作性方面具有优势，但却不可避免地会带有部门利益的烙印。专家立法则因专家立场的中立性，视角的前瞻性、宏观性和全球性，更有助于克服部门立法的诸多弊端。为了在立法机制上有效隔离部门干扰，使立法更贴近民意、彰显公正，广东省人大开始尝试在立法中更多凸显专家的角色，甚至直接委托专家和立法基地起草法案。2013年5月，广东省

① 章宁旦：《34项建议涉及社会领域立法》，载《法制日报》2013年5月23日。

人大常委会与中山大学、华南理工大学、暨南大学、广东外语外贸大学、广州大学等五所高校共同合作，建立了广东省地方立法研究评估与咨询服务基地；同年 12 月，第二批地方立法研究评估与咨询服务基地在嘉应学院、韩山师范学院、广东海洋大学、韶关学院四所高校正式挂牌成立。这标志着地方立法研究评估与咨询服务基地已覆盖全省。

《广东省安全生产条例（修订草案）》《广东省反走私综合治理条例（草案）》《广东省建设工程质量管理条例（修订草案）》《广东省环境保护条例（修订草案）》《广东省信访条例》等专业性较强的法规均采取委托“高校联盟”研究论证或起草的方式。

选聘立法咨询专家，是广东省人大延续“开门立法”传统的又一动作。2013 年 6 月，广东省人大常委会决定公开选聘 80 名立法咨询专家，组建了人大立法的“智囊团”。7 月 17 日，经过差额无记名投票，吴青等人当选为广东省十二届人大常委会立法咨询专家。

可以期待的是，居于中立地位的专家既可凭其法律专业造诣避免法律冲突和越权立法，保证立法的科学性，又具有去利益化的身份优势，可以屏蔽不当干扰，全面、理性地倾听和筛选来自民间的声音，确保立法的公正性；同时，还具有严谨细致的职业特性，可以提升立法的可操作性。

二　强力监督：打造法治政府

行政权力趋于膨胀，是 20 世纪中叶以来各国的普遍现象。如何科学划定政府权力的界限，使其在法治轨道内运行，一直是各国体制机制设计的核心。在中国，作为外部监督的强有力主体，人大一直将制约政府权力作为监督工作的重点。

（一）综合考量，灵活选取监督方式

广东人大在积极采取现行宪法和法律明确规定的监督形式的同时，还积极探索其他一些行之有效的监督方式，综合考量不同的监督目的、对象和内容，选择不同的监督形式。目前已形成了一套较为成熟和稳定的模式（见表 1）。

表1　广东省人大常委会监督工作项目概览（2009～2013）

单位：次

年份＼项目	听取和审议省政府专项工作报告	执法检查	专题调研	专题询问	审查和批准决算、听取和审议计划和预算执行情况等法定监督工作项目	监督项目总计
2009	8	3	4	—	4	15
2010	7	2	3	—	5	17
2011	7	1	1	2	4	15
2012	7	1	1	2	4	15
2013	8	3	3	—	5	19

数据来源：《广东省人大常委会年度监督计划》（2009～2013 年），载广东省人大网站。

在广东，执法检查为各级人大所普遍采用，一般围绕与当前中心工作或民众普遍关心的问题密切相关的法律法规的执行情况进行。2013 年 6 月，广东省人大常委会召开了《广东省实施〈中华人民共和国海洋环境保护法〉办法》执法检查专题汇报会，以落实执法部门关于海洋环境监管的责任，深化中央关于“建设美丽中国、深化生态文化体制改革”的要求。鉴于职业病的危害日益凸显，2013 年 8 月，广东省人大常委会还听取了省政府关于《职业病防治法》实施情况的报告，以督促地方政府和企业切实负起相关的法律责任。

专题调研在广东人大的运用频率也比较高。2013 年，除了对中小微企业发展情况的调研之外，广东省人大常委会还就底线民生和基本公共服务在全省范围内进行了全面调研，采取了召开座谈会、问卷调查、实地考察和委托第三方调研等方式，并将调研成果作为省人大常委会之后一段时间内关于财政经济监督和预算决算审查监督的工作重点。

（二）多管齐下，强力监督环境治理

除了基于不同监督目的和事项而选择不同监督方式之外，广东人大监督模式的另一特点在于，就同一监督事项综合采取不同的监督方式，集合不同方式的优势提升监督效果。多管齐下监督的对象一般是重要且棘手的，既与民众生活息息相关，又往往涉及多地、多部门的职责权限，且需要数年的持续跟踪和监督效果才能显现。广东省各级人大常委会针对“垃圾围村”“两河”流域污染的治理等环境方面的问题，对政府工作进行了监督，是这一特色的集中体现。

1. 数年跟踪，督办“两河”流域治理

淡水河、石马河（合称“两河”）是深圳、东莞、惠州三市的“母亲河”，同时也是东江的最大污染来源，其污染整治直接关系着珠三角东岸地区4000万人的供水安全。广东省人大自2008年起将人大代表关于“两河”流域污染整治的建议列为重点建议，跟踪重点督办。从此，广东省人大常委会对“两河”治污年年调研，年年视察，明察暗访，持续跟踪。由于“两河”流经三市，且涉及环保、工商、河道管理等不同部门的职责，省人大每年召开至少一次“两河”整治工作协调会，贯彻污染联防联控的思路，促进相关各市联合治污。人大的监督有力推动了各地政府全力以赴取得治污实效。2012年，经过5年的重点整治，“两河”污染整治工作取得阶段性成果，达到了预期目标。

2013年，广东省新一届人大常委会继续将“两河”流域的污染治理作为重点督办项目，推动实现2020年“两河”水质达到Ⅳ类的目标。2013年2月，广东省人大常委会举行座谈会，就进一步深化“两河”流域污染整治工作，听取了省环保厅和深圳、东莞、惠州三市关于“两河”整治情况的汇报。10月29日至30日，省人大调研组视察了“两河”流域污染整治的决议执行情况。但不同于此前历次的是，省人大常委会还邀请了第三方评估机构——环境保护部华南环境科学研究所，对治污效果开展独立评估，并向社会公布评估结果。省人大常委会还计划借助新闻媒体对沿河流域的污染整治开展舆论监督，倾听民众心声。

2. 以询问促沟通，破解“垃圾围村”难题

广东的“垃圾围村”“垃圾围镇”甚至“垃圾围城”现象日益严重，垃圾管理水平低下已成为制约新型城镇化水平提升的重要问题。

2011年，广东省人大常委会在对省内实施《广东省城市垃圾管理条例》的情况进行执法检查过程中，发现垃圾处理设施建设滞后、垃圾无害化处理率低、农村垃圾污染严重等一系列问题。2012年广东省人大会议期间，有人大代表提出了“加强农村垃圾管理”的建议，要求把农村生活垃圾处理列为重点民生实事工程。面对“垃圾围村”的现状，广东省人大常委会2012年、2013年连续两年将该建议作为重点事项进行督办，由省人大环境与资源保护委员会具体负责，以推动逐步建立城乡一体的垃圾处理体制。

2013年9月，广东省人大常委会听取和审议了省政府《关于加强我省农村垃圾管理情况的报告》。此外，还召开联组会议，对农村垃圾管理专项资金投入情况、建立城乡一体的垃圾处理体制的情况等进行了专题询问。这是广东省十二届人大常委会的第一次专题询问，也是2013年度的唯一一次专题询问。客观来看，这次专题询问成为人大监督增强实效的杠杆，展现了问者与答者的见识、胆识、责任和智慧。此次专题询问具有几个明显特点。其一，主题不仅直接关切广东5000多万农村人口的生活环境和身体健康，还涉及环境保护、国土资源、住房和城乡建设多个部门的职责，以及大笔资金的拨付和使用，意义重大。其二，省人大常委会在询问之前作了深入的专题调研，掌握了大量真实情况，为询问提供了充分而科学的素材依据。在“实料”基础上设计的问题直击询问事项的要害，入木三分。其三，问答形式灵活，允许追问和补问，应询者之间也相互补充回答，增强了询问的互动性，有助于明晰症结所在。其四，询问氛围宽松，空间把握得当。在表述实际情况时实事求是，不加修饰，在讨论方案时各抒己见，无须顾忌。其五，在监督公开方面，会场有大批媒体记者现场采访，并且在广东人大网上进行了图文直播，“曝光”了人大常委会组成人员的履职状态、水平和能力，以及政府部门和公务员的工作情况，放大了监督效果。其六，及时将询问成果转化为政府部门改进工作的推动力。

三　财政监督：建立科学、民主的公共财政体制

对财政预算进行监督以促使政府妥善使用财政资金，不仅是建立公共财政、透明财政体制的客观要求，也是建构民主宪政国家的重要内容；不仅是宪法和法律赋予人大及其常委会的法定职责，也是人民依法行使国家和社会事务管理权的一种体现。十八大报告提出“加强对财政全口径预算、决算的审查和监督”之后，十八届三中全会又提出“加强人大预算决算审查监督、国有资产监督职能”，对人大财政监督工作寄予了更高期望。广东省人大在打造阳

光财政、做实财政监督方面，一直领跑全国，在保证财政的全面、公开、透明、规范、依法运行方面，不断探索、创新和完善。

（一）横向："全口径"

1. 所有收支均接受人大监督，保证"无遗漏"

十八大报告特别强调，要加强对"一府两院"的监督，加强对政府全口径预算决算的审查和监督。这意味着政府所有收支都要接受人大的审查监督。实现"全口径"之后，公共财政预算、国有资本经营预算、政府性基金预算、社会保障预算这四项预算及各项决算都必须提交各级人大审查和监督。

广东人大预决算监督工作经历了较长的探索期。全国第一个由省级人大制定的专门规范预算审查监督的地方性法规——2001 年通过的《广东省预算审批监督条例》就明确规定，人大对政府预算审批监督要包括政府性基金预算。此后，广东省的公共财政预算和政府性基金预算每年都会提交省人大审查，相关决算提交省人大常委会审查；社会保险基金预算决算从 2005 年起就纳入省人大常委会的监督范围。一些地市已基本实现"全口径"，而且在财政资金的规范化和透明化分配方面比较到位。从 2013 年开始，广东的省级国有资本经营预算提交人大进行审查，从 2014 年开始，省社会保险基金预算也将提交人大审查，实现"全口径"预算审查。

2. 引入绩效评价体系，钱要"花在刀刃上"

在人大对政府部门的财政监督中引入绩效评价体系，即将政府公共开支的合理性、有效性纳入人大监督范围方面，广东较有心得。人大不仅管住政府怎么切分财政蛋糕，还盯紧了政府花钱的效益。从 2002 年开始，广东省就以深圳市作为试点，推行财政支出绩效审计制度。2013 年《广州市人民代表大会审查批准监督预算办法（修订）》送广州市人大常委会审议，将于 2014 年 2 月通过，意味着广州市人大对政府的监督由程序性监督升级到实质性监督。围绕绩效预算监督，该办法规定，广州市人大对预算草案和上年预算执行情况的报告，除了重点审查是否完整、细化、规范外，还要重点审查"财政专项资金的预算支出安排是否符合绩效预算要求"。

（二）纵向："全过程"

1. 预算提前发给人大代表审，不再"走过场"

人大预算监督走过场，曾是一种让人无奈的"传统"。2001 年《广东省预算审批监督条例》通过后，广东省政府向省人大会议提交的预算草案"部头"越来越大，条目越来越细，透明程度越来越高。但客观来看，这也相应增加了人大代表的工作量，尤其是对于缺乏财经专业知识的代表，往往难以在短暂的会期中认真读完，并发表实质性见解。有鉴于此，2013 年，广东人大又出新招。新一届的省人大代表在 1 月中旬就收到了预算报告以及一个 U 盘，里面是电子版的"大部头"预算草案。同时，省财政厅在省人大会议召开之前就接受人大代表的发问；财政厅在会议现场还"摆摊设点"，方便代表实时实地咨询。可以看出，广东人大在现行人大会议制度框架中，"绞尽脑汁"寻找对策以杜绝举举手、走过场的现象，提高人大预算监督的实质性和实效性。

2. 专项提前介入财政预算编制，体现"底线民生"保障

自 2013 年 9 月起，广东省人大常委会组织省人大代表分三组对 2014 年预算编制情况开展了专题视察。主要目的是就加强"底线民生"保障的财经监督工作，专项提前介入 2014 年财政预算编制，使底线民生预算在 2014 年的预算安排中得到充分保障。此次专题视察，代表着广东省人大对政府财政监督工作的新思路和新方向，是提高人大财经监督实效、提升政府公共财政资金的使用效益、让民众共享改革发展成果的重要手段。

3. 开展部门预算重点审议，加强预算编制与人大监督的互动

人大会期短暂，要想对部门预算面面俱到地审查，几乎是"不可能完成的任务"，而要取得实效，只有在部门预算编制阶段就针对重点，个别突破。2012 年 5 月 15 日，广东省人大常委会主任会议决定采纳省人大代表提出的《关于省人大会议增加省级部门预算典型案例审议程序的建议》，在省人大会议召开前，由省人大常委会预算工作委员会组织部分省人大代表对若干个省级部门预算进行重点审议。2012 年选择的是对省交通运输厅、环境保护厅、统计局的部门预算进行重点审议。省人大常委会及其工作机构组织省人大代表进行部门预算重点审议是一项制度创新，有利于促进预算编制精细化、科学化和

合理化，提升预算编制工作水平。

4. 全程“紧盯”三个省级部门，确保项目预算执行率

由于广东省级公共财政结余连续两年超800亿元，尤其是存在项目预算执行率低、年底突击花钱等弊病，部门预算的执行进度开始为人大代表所关注。继2012年对省交通运输厅、环境保护厅和统计局三个省级部门预算进行重点审议后，广东省人大常委会认真监督了这三个部门的预算执行情况。预算工作委员会监督发现，2013年1月至7月，三部门的基本支出预算执行率分别为39.89%、48.2%、58.45%，项目支出执行率分别为36.64%、43.45%、39.58%，均低于上半年省级部门预算支出的平均进度（46.88%）。预算工委还认真分析了几个部门预算支出滞后于预期的原因，以对症下药，督促它们切实履职，“如期花钱”。

5. 落实“介入式”财政预算监督模式，增强监督实效

基层人大在财政预算监督模式的创新和落实方面，空间更大。2013年7月，深圳市福田区人大常委会启动了以“全口径、全过程”为主要特点的“介入式”监督模式，实质性介入政府财政预决算和政府投资项目审查监督。在预决算方面，2013年选取了3个部门，从预算编制阶段即开始监督，并加强政府性基金预算、政策性项目预算和国有资本金预算监督。在政府投资项目方面，选取5个重点项目，实行事前参与、全程跟踪、事后评价，从项目建议书论证阶段即组织代表介入，监督环节由过去的3个扩展为12个。

（三）人大财政监督既“接地气”，又体现专业性

人大财政监督与人大立法工作具有一个共同的鲜明特征：既具有高度的专业性，又须切合实际。这在一定程度上使得广东省人大为增强财政监督实效而采取的措施，与加强立法民主化和科学化方面的努力有暗合之处。

1. 财政监督工作调研深入实地，问政于民意

正所谓“知房漏者在宇下，知政失者在草野”。2013年6月，在立法大调研结束后不久，广东省人大常委会启动了财政监督工作调研，旨在全面和深入了解全省保障基本民生和推进基本公共服务均等化的现状和问题，剖析优势、不足和阻碍因素，以将有限的财政资金集中用于优先解决群众反映最强烈、与

群众利益最密切的突出问题上，同时考察如何充分发挥人大及其常委会的作用，加强和改进财政预算监督工作，提高监督实效。

相较于空中楼阁式的构想，这种“接地气”的调研无疑是一种进步，有助于切实了解普通民众（尤其是弱势群体）的真实和迫切需求，并在财政资金有限的情况下优化支出结构，使改革发展的成果真正惠及全体人民，彰显社会公平和正义。

2. 选聘财经咨询专家，借智于外脑

2013 年 6 月，广东省人大常委会开始公开招聘财经咨询专家，作为为人大财经工作和计划预算审查监督工作提供咨询服务的“智囊团”，聘期为五年。财经咨询专家制度的“前身”，是 2009 年广东省人大常委会设立的财经工作咨询顾问制度。较之财经工作咨询顾问，此次财经咨询专家的人数更多（30 名），并且是面向社会公开招聘。7 月 17 日，经过差额无记名投票，选出了 30 名财经咨询专家。财经咨询专家制度的运行，将有助于人大多渠道听取各方意见，扩大社会力量参与人大财经工作，提升人大财经工作的水平，推动人大对政府全口径预算决算的审查和监督。

2013 年 9 月 22 日，即省人大代表专题视察 2013 年预算编制情况的前一天，广东省人大常委会组织了省人大常委会财经咨询专家“一对一”为省人大代表提供咨询服务，有效提高代表提出意见建议的全局性和针对性。

四　人大监督的“广东现象”之概观

综观近年来尤其是 2013 年人大监督的广东现象，关键词有三：“调研”“专家”和“全过程”。就“调研”来说，立法围绕“如何为广东改革、发展、稳定提供良好法治环境”，展开了史无前例的大调研；财政监督工作以“监督保障底线民生所需财政资金”为主题开展了大调研；为了摸清农村垃圾治理情况、“两河”流域污染治理情况，还开展了多次常规性的专项调研。就“专家”来说，委托专家立法，建立地方立法研究评估与咨询服务基地，聘请立法咨询专家、财经咨询专家，都是 2013 年广东人大工作中的热门事件。就“全过程”来说，公开、论证、评估、咨询，贯穿立法的全过程；人大对预算决算进行全程紧盯，全口径介入，为政府财政资金的使用罗织了一张监督的“大网”。人大在推进被监督者依法行政的同时，坚定了不断完善人大监督制度的自信；在行使宪法和法律赋予的权力的同时，回应社会的需求、民众的需要；更新自己的监督理念的同时，增强了公民对于社会主义民主和法制的信念。

必须承认，无论是弱化部门立法还是规范立法程序，无论是跨界河流污染治理还是农村垃圾管理，无论是省级财政预算支出联网监督系统的建设还是对专项资金管理的监督，无疑都是复杂工程，牵涉着多方角色和利益。比如，专家立法并非完美，对它的过分推崇可能会导致滑向部门立法的另一端——“精英立法”，甚至可能引致“精英立法腐败”。为了遏制“精英立法腐败”，需要以公开透明的程序机制广泛吸纳民意，形成立法主体、专家、民众“三位一体”的格局，通过多方博弈分化部门立法的利益集合，努力实现地方立法的公正与和谐。

B.21

广东公众参与重大行政决策的探索与实践

中国社会科学院法学研究所法治指数创新工程项目组*

摘　要：

近年来，广东省在公众参与重大行政决策方面取得明显进展。本文探讨了广东在公众参与重大行政决策的机制建设、“公众意见征询委员会”的制度创新、“参与式预算”的模式探索等方面的具体做法与成效，并在此基础上提出，进一步深化公众参与建设，需要明确重大民生决策的判定标准，提高对群众政治诉求的回应性，增强政府官员的群众路线意识。

关键词：

广东省　公众参与　重大行政决策

根据中国社会科学院法治国情调研广东基地2013年调研安排，中国社会科学院法学研究所法治指数创新工程项目组对广东依法治省工作及法治政府建设工作进行了全面调研，本报告重点对其公众参与重大行政决策的情况进行分析。

公众参与是指公共权力在进行立法、制定公共政策、决定公共事务或公共治理时，由公共权力机构通过开放的途径从公众和利害相关个人或组织获取信息，听取意见，通过反馈互动对公共决策和治理行为产生影响的各种行为①。

---

* 项目组负责人：田禾，中国社会科学院法学研究所。项目组成员：陈欣新、吕艳滨、刘小妹、李霞、王红艳、周方冶、王小梅、栗燕杰。执笔人：周方冶，中国社会科学院亚太与全球战略研究院。

① 蔡定剑：《公众参与，一种新式民主的理论与实践》，2009年5月12日，中国改革网。

公众参与的兴起具有深刻的政治发展逻辑。随着中国市场经济的发展和社会财富增加，多元化的独立社会主体日益壮大，开始形成多元化的利益要求和政治诉求，“管制型”政府难以满足社会发展需要，从而促成了公众参与的现代新兴民主形式①。

《法治广东建设五年规划（2011～2015年）》明确提出，“不断拓宽人民群众参与民主法治的渠道，确保法治广东建设更好地体现人民群众的根本利益，让人民群众在法治广东建设中得到更多实惠”。近年来，广东在公众参与方面开展了多层次、多领域的探索与实践，尤其在重大行政决策的公众有序参与方面，更是取得了明显成效。

一　公众参与重大行政决策的机制建设

公众参与具有诸多可选途径，其中既有相对温和的对话、辩论、协商、听证等方式，亦有相对激进的请愿、集会、抗议、游行、示威等手段②。于是，如何引导公众参与的理性化、规范化、有序化，也就成为公众参与机制建设的重要课题。经过近年来的探索与实践，广东省各级政府逐渐将座谈会、专家咨询论证、听证会、民意调查等明确为公众参与重大行政决策的主要方式，并通过行政立法、规范性文件予以保障。

座谈会通常是指在主持人的主持与引导之下，与会者就特定主题进行深入讨论的访谈式会议。由于是多人同时参与讨论，与会者很容易形成互动，从而在彼此相互激发的过程中，为主持人提供更丰富、更深入、更全面的访谈信息。对于座谈会而言，与会者的代表性与异质性至关重要，必须审慎避免有意或者无意“过滤”代表导致意见一边倒的情况。《广州市重大行政决策程序规定》明确规定，以座谈会方式征求公众意见的，决策起草部门应当邀请有利害关系的公民、法人或其他社会组织代表参加，并且决策征求意见稿及其起草说明应当至少提前5日送达与会代表。

---

① 吴育珊：《“三统一”与广东公众参与的制度创新实践》，《探求》2010年第1期，第44页。

② 俞可平：《俞可平：公民参与的几个理论问题》，《学习时报》2006年12月19日。

专家咨询论证不仅能为政府决策提供外部智力支持，弥补政府部门专业技术人才储备不足问题，而且能依托专家学者的社会信誉为政府决策提供更多的权威性，更易于获得社会公众的认可与支持。但要留意的是，专家学者的社会信誉一方面来自于专业技术，另一方面得益于知识分子不畏权贵的文化传统，因此，切实保证专家学者的中立地位，将是专家咨询论证工作取得预期成效的关键所在。《广东省重大行政决策专家咨询论证办法（试行）》明确规定，选定专家对重大行政决策进行咨询和论证时，必须实行相关利益关系回避制度，并要保证专家排除干扰、独立自主地开展研究。

听证会是将司法审判模式引入行政和立法程序的制度，其过程模拟司法审判，由双方互相辩论，其结果通常对最后的处理有约束力。相较于掌握行政权力的政府机构，社会公众处于明显弱势地位，因此必须将听证会程序制度化和规范化，才能对政府机构形成有效监督和约束。近年来，以《广州市重大行政决策听证试行办法》为代表的一系列地方政府规章制度相继出台，从而有力推进了公众参与的制度化建设。

民意调查是通过问卷调查、个别访谈、电话访谈等方式，客观了解和把握社会公众的舆情民意。基于科学调查与统计方法，民意调查具有较高的可信度和准确性，有助于促进社会公众对重大行政决策的信任与拥护。不过，由于民意调查具有较强的技术性特征，很难由政府部门自行完成，因此需要引入独立的第三方负责民意调查，既有助于提高调查结果的准确性，也有利于增强调查结果在社会公众中的可信度。《广州市重大行政决策程序规定》明确规定，以民意调查方式征求公众意见的，应当委托独立调查研究机构进行，并作出书面调查报告。

二　“公众意见征询委员会”的制度创新

随着社会经济的蓬勃发展，曾经相对单一的社会利益结构日趋多元化。于是，如何在城市治理尤其是重大项目建设过程中有效化解各类利益分歧与社会矛盾，业已成为各级地方政府普遍面临的现实难题。2013 年，广州市出台《广州市重大民生决策公众意见征询委员会制度（试行）》（以下简称《征询委员会制度》)，从而在依托第三方民意机构协调各方利益诉求的制度化建设道路上，率先迈出了重要一步。广州市的制度创新始于“同德围”模式的探索与实践。

同德围位于广州市西北角，面积约3.59平方公里。到2011年，原本规划人口15万的同德围，已有常住人口30多万，而且长期面临出行难、上学难、看病难、如厕难的诸多难题，结果使得原有“同心同德”寓意的同德围被当地居民戏谑地称为“痛得威”。

2012年初，广州市启动同德围综合整治工作。但是，面对错综复杂的治理难题，如何才能有效协调各方利益诉求，使治理措施能得到当地居民的认可与支持，却成为政府面临的首要难题。对此，广州市市长陈建华明确提出，居民代表是同德围的主人，“同德围怎么整治？你们说了算”！

于是，同德围地区综合整治工作咨询监督委员会应运而生，开始以第三方民意机构的身份，承担起协调各方利益诉求的重要职责。同德围咨询监督委员会由37名来自各方面的代表组成，其中近八成是当地的利益相关者，并由长期关注同德围地区发展的广州市政协委员韩志鹏担任委员会主任。通过贯彻落实“民意征集、矛盾协调、过程监督、工作评价”的十六字工作方针，同德围咨询监督委员会赢得了公众的信任与政府的认可，有力推动了同德围地区的综合整治工作。

“同德围”模式的成功，使得第三方民意机构在协调各方利益过程中的积极作用日益受到重视。同德围咨询监督委员会成立后不到一年时间里，广州就相继出现多家名为“公众咨询监督委员会”的第三方民意机构。随着《征询委员会制度》的颁行，第三方民意机构更是成为“政府决策过程中问需于民、问计于民、问政于民，尊重并保障公众知情权、参与权、表达权、监督权的重要载体和平台”。从制度创新来看，公众意见征询委员会的意义主要体现在以下方面。

1. 公众参与决策的关口前移

近年来，重大行政决策的公众参与逐渐成为地方政府普遍遵循的重要原则，但从执行方式来看，通常都是在草案完成后才引入公众参与。例如，规划项目在制定完成后，才拿出来公示征询民意。尽管从政府方面来看，此举有助于将公众参与定位在“拾遗补缺”环节，从而切实把握决策主动权，避免公众参与的不确定性，但从社会公众来看，此举却明显缺乏诚意，容易被认为是在“走过场”，备受舆论诟病。于是，无论草案是否完善，都很难获得社会公众的信任与认可。

公众意见征询委员会在制度设计上，将公众参与的关口前移至重大行政决策的立项阶段。对此，《征询委员会制度》明确规定，针对具体决策事项成立的公众意见征询委员会，应当遵循“一事一会”的原则，由主办决策事项的政府部门发起，于决策事项拟议阶段成立。这就在制度上保证了社会公众对重大行政决策的全程参与，不仅有助于规避政府官员“拍脑袋”作决策，而且有利于提高重大行政决策的社会公信力，增进官民有序互动。

2. 保证利益相关方参与决策

通常情况下，重大行政决策很难做到严格意义上的帕累托改进，即不损害任何人的利益就能增进其他人的利益。因此，任何重大行政决策，本质上都是对现实利益的重新分配。尽管对政府而言，只要收益在总体上大于成本，即为合理决策，但问题在于，如果“收益分享－成本分担”方式存在明显失衡，就会使决策失去公正性，难以得到社会公众尤其是利益相关方的认可与支持，从而很难付诸实施，甚至有可能引起社会公众的抵制情绪与过激行为。

随着社会公众维权意识的不断增强，通过协商安排各方都能接受的“收益分享－成本分担”方式，已成为重大行政决策顺利实施的先决条件。对此，《征询委员会制度》规定，公众意见征询委员会由专业人士、利益相关方代表、市民代表、人大代表和政协委员组成，并且规定，公众意见征询委员会成员一般不少于15人，其中利益相关方代表不少于1/3。这就在制度上保证了利益相关方的决策参与权，有助于提高官民互信，化解利益分歧与社会矛盾。

3. 增强公众参与决策约束力

公众参与的可持续性在很大程度上取决于有效性。如果公众意见征询委员会所提的意见对重大行政决策并不具有现实的约束力，那么，无论在宣传上如何高调，最终都难以摆脱“政治花瓶”的命运，根本不可能得到社会公众的认可与支持，遑论承担起公众参与的渠道重任。

对于第三方民意机构而言，“言必信，行必果”是赢得社会威信的必要条件。对此，《征询委员会制度》规定，政府主办部门应“为公众意见征询委员会委员查阅相关资料、开展调查研究、了解相关情况提供必要的便利”，并且应“充分尊重公众意见征询委员会的意见和建议，对委员会提出的意见建议无论采纳与否均应及时反馈”，如果所提意见和建议因故未能采纳的，则应如实向其说明理由。这就在制度上保证了公众参与决策的约束力，有助于增强公众参与的动力与活力。

三 “参与式预算”的模式探索

参与式预算是社会公众能参与决定部分或全部的可支配预算或公共资源最终用途的协商机制。社会公众直接参与决策，讨论和决定公共预算和政策，确定资源分配、社会政策和政府支出优先性，并监督公共支出，从而不仅有助于公平分配资源、激励行政改革和监督行政官员，而且有利于促进社会公众学习和积极行使公民权，弥合社会分歧与隔阂，实现社会公正，推进政治改革。

近年来，浙江温岭、黑龙江哈尔滨、江苏无锡、安徽淮南、上海闵行区等地方政府先后开始参与式预算的探索与实践。2012 年，广东省佛山市顺德区在全省率先开展参与式预算试点工作，引起社会各界广泛关切。

2011 年 11 月，中共顺德区委、顺德区人民政府联合发布《中共顺德区委、顺德区人民政府关于推进社会体制综合改革　加强社会建设的意见》，明确提出“深化财政管理体制改革”，并且将参与式预算列为改革重点。2012 年 7 月，顺德区出台《顺德区参与式预算试点工作方案》及《顺德区参与式预算试点工作实施细则》，从而为参与式预算工作提供了重要的制度保证。随后，顺德区参与式预算工作小组对 2013 年度区属单位申报的 500 多个新增预算项目进行筛选，最终确定“孕前优生健康检查项目”和“残疾人辅助器具适配、居家无障碍改造项目”为试点项目。9 月，顺德区财税局在政务网上公示两个试点项目的详细材料，并开始参与式预算试点项目代表委员会的遴选工作。10 月，顺德区先后召开两场试点项目面谈会，由相关部门接受试点项目代表委员会质询。2013 年 1 月，两个试点项目经区人大批准通过①。

① 《关于开展 2012 年参与式预算试点工作情况报告》（顺财〔2013〕7 号），佛山市顺德区财税局网站，http：//sdcz. shunde. gov. cn。

从2012年的首次试水来看，顺德区的参与式预算已取得阶段性成功，从而为进一步探索与实践创造了有利条件。不过，相较于其他国家的成功经验，顺德区的参与式预算工作尚处于起步阶段，存在诸多有待完善之处。具体来看，主要体现在以下方面。

1. 参与式预算的广泛性问题

参与式预算的成效在很大程度上取决于社会公众的广泛参与。从顺德区的参与式预算试水来看，却是“叫好不叫座”。尽管学界和媒体都对参与式预算评价甚高，并寄予较高期望，但在参与过程中，社会公众自愿参与者寥寥无几。两个项目共12个社区群众代表名额，首次报名截止时，仅有一人报名。而且，唯一的报名者还是顺德区财税局的办事员。为此，顺德区财税局一方面通过政府网站和各大媒体发动宣传，另一方面将报名时间延长一周。即便如此，参与面谈会的12名社区群众代表中，依然多达10名是经由村民委员会或居民委员会组织动员来的①。

究其原因，首先是参与式预算在顺德区尚属首次，社会公众并不了解和熟悉，因此缺乏积极性；其次是参与式预算具有很强的专业性特征，不仅需要有财税知识，而且对相关项目也要有一定了解，否则很难在面谈会上起到作用，因此多数公众缺乏参与能力；再次是参与式预算时间较为紧张，从项目公告到召开面谈会历时不到2个月，社会公众缺乏充裕时间进行酝酿。

从顺德区的制度设计来看，参与式预算主要依靠的还是专家和政治代表。《顺德区参与式预算试点工作实施细则》规定，参与式预算试点项目代表委员会一般控制在15人以内，其中：人大代表、政协委员4人，专家、行业代表5人，社区群众代表6人。前两类代表由区参与式预算工作领导小组推荐产生，占全部代表的3/5，而社区群众代表则由随机抽取产生，占全部代表的2/5。从政府来看，此举有助于保证面谈会的专业性与有效性，但对社会公众而言，却很容易形成负面信号，进而弱化公众参与的积极性。长期来看，有必要提高社区群众代表比例，进一步激发公众参与热情。

① 《顺德试水参与式预算》，《羊城晚报》2012年11月7日。

2. 参与式预算的完整性问题

相对完整的参与式预算是包括立项、规划、审议、执行、评估等环节在内的全过程公众参与，尤其是对预算项目的重要性排序和必要性筛选，更是备受社会公众关注。财政预算总额有限，如果要满足某方面的特定需求，就必然要在其他方面有所削减。因此，如何判断相关项目的轻重缓急，如何分配项目的预算比例，也就成为参与式预算的关键所在。

顺德区的参与式预算在环节上并不完整。从制度安排来看，公众参与仅限于审议环节。此前的立项与规划环节，都由政府部门自行完成；此后的执行和评估环节，也仅接受一般的公众参与。事实上，即使是审议环节也并不完整。根据规定，参与式预算试点项目代表委员会委员的资格，将在项目面谈结束后自动撤销。这就意味着，代表委员会的存续时间，甚至未及审议环节结束——2012 年10 月面谈会结束后，预算草案直到2013 年1 月才经由顺德区人民代表大会批准通过，从而完成审议环节并进入执行环节。

参与式预算缺乏完整性，将在根本上影响其成效，使其很难赢得社会公众的广泛认可与支持。尽管 2012 年拿出来进行参与式预算的两个项目都得到普遍认可，但这是从 2013 年度区属单位申报的 500 多个新增预算项目中反复筛选出来的无争议项目。事实上，对于社会公众而言，真正关心的通常是未被选中的预算项目的合理性与必要性。长期来看，有必要将公众参与逐渐前后延伸到立项和评估环节，从而切实保证社会公众尤其是弱势群体的利益诉求。

3. 参与式预算的可持续性问题

参与式预算的发展与完善涉及财政管理体制改革的深层次问题，面临诸多的结构性难题，因此需要可持续的强劲动力支持。拉美国家的参与式预算之所以能获得发展与完善，很大程度上得益于左翼政党对中下层民众选票的迫切需求。

顺德区的参与式预算试水具有明显的“自上而下”特征，其发展动力源于政府的“善治”需求。尽管“自上而下”的改革见效甚快，但却很容易出现后继乏力的问题，尤其是在领导注意力转移时，更有可能使得参与式预算成为徒有其表的“样子货”。长期来看，有必要在贯彻落实“群众路线”的基础上，构建“自下而上”促进参与式预算发展的运作机制，从而为公众参与提供制度化保障。

四　进一步深化公众参与的建设议题

近年来，广东省在公众参与方面进行了多层次多领域的探索与实践，并取得明显成效。不过，随着公众参与的发展与完善，社会公众对参政议政的诉求也在不断提高，曾被视为理所当然的现象，开始受到质疑与抵制，从而进一步加剧了政府与公众之间的结构性张力。对于广东省各级政府而言，在未来的行政体制改革中，公众参与建设不仅不能放松，反而需要进一步重视和加强。

回顾广州市白云山隧道事件，有助于发现下一步公众参与建设需要着力加强的薄弱环节。规划中的白云山隧道将连通白云山东西两麓地区，进而改善广州市北区的交通、人居与营商环境，并将白云区发展与中心区连为一体。但是，白云山隧道需开凿白云山山体，并将横穿广州外语外贸大学（以下简称“广外”）校区，从而引起社会各界的普遍质疑。

2012 年 10 月 12 日，广州市市长陈建华透露将兴建白云山隧道；10 月 16 日，白云山管理局及城建部门在接受媒体采访时，都表示对白云山隧道项目不知情；11 月 5 日，广外收到广州市城乡建设委员会（以下简称广州市建委）《关于征求白云山隧道工程方案意见的函》；11 月 21 日，广外召开征求师生代表意见会，白云山隧道工程的建设方案首度曝光，结果引起广泛质疑；11 月 26 日，广州市建委官方微博发出消息，公开征集广大市民的意见和建议；11 月 27 日，广外学生在网上发起“反隧道 · 保市肺 · 护广外”致广州市建委公开信联合署名行动；12 月 25 日，陈建华首次正面回应隧道争议，表示会在规划过程中充分听取意见；2013 年 1 月 11 日，广州市建委、规划局联合召开了白云山隧道规划建设方案研讨会，官方首次就白云山隧道建设问题组织座谈；1 月 18 日，广州市建委紧急通报白云山隧道项目“因条件尚不具备”暂缓实施[①]。

---

① 《广州叫停白云山隧道项目》，《羊城晚报》2013 年 1 月 19 日。

从白云山隧道事件来看，政府部门促进经济和改善民生的良好初衷却“好心办坏事”，反而引起社会公众的强烈不满。究其原因，根本问题在于缺乏公众参与的协商与沟通。由是观之，公众参与建设的以下方面有待进一步加强和完善。

1. 明确重大民生决策的判定标准

白云山隧道事件之所以会引发轩然大波，很重要的原因就在于相关部门并未依照《广州市重大行政决策程序规定》和《广州市重大民生决策公众征询工作规定》的规定将公众参与纳入决策程序，而是遵循以往惯常的闭门决策程序，从而引起社会公众的广泛质疑和强烈不满，甚至传言称白云山隧道工程是房地产开发商的游说结果。事实上，如果相关部门一开始就遵循“公众参与、专家咨询、风险评估、合法性审查和集体决定相结合”的行政决策机制，那么，根本就不会出现后来政府与公众的紧张关系。

对于政府部门而言，公众参与在很大程度上意味着不确定性，因此在可能的情况下，政府部门都会自觉不自觉地采取惯常的闭门决策程序，而不是费时费力地与社会公众进行协商和妥协。于是在“重大民生决策”的判定存在弹性的情况下，任何政府部门都会产生“多一事不如少一事”的选择偏好。但问题在于，社会公众对重大民生决策事项的判定并不以政府选择为依据，而是以主观认知为准绳。这就使得政府部门与社会公众很容易在重大民生决策的判定问题上形成分歧和矛盾。

于是，如何进一步明确重大民生决策的判定标准，也就成为公众参与建设的迫切议题。广州市 2013 年颁行的《征询委员会制度》一方面沿用了《广州市重大民生决策公众征询工作规定》对重大民生决策的原则性规定，另一方面引入目录管理制度，明确规定“重大民生决策事项均应纳入市政府年度重大行政决策目录实行统一管理。具体决策事项是否属于上述范畴，政府主办部门不能确定时，应商政府法制机构后确定”。目录管理制度在一定程度上限制了政府部门对“重大民生决策”事项的自由裁量权，有助于进一步规范重大行政决策的公众参与。

不过，即使是采取目录管理制度，其本质依然是政府选择的结果，难以在根本上避免判定分歧。从长期来看，有必要将“重大民生决策”的判定标准进一步细化和量化，尽可能避免主观因素影响，从而切实保证政府部门与社会公众的相互理解与信任。

2. 提高对群众利益诉求的回应性

对社会公众而言，白云山隧道事件是相当成功的公众参与案例，尤其是广外师生通过联署签名、召开研讨会、上访有关部门等方式施加压力，最终迫使政府方面采纳其诉求；但对政府而言，却是相当被动的经历，即使未曾引发群体性事件，政府威信依然在很大程度上受到影响。

从白云山隧道事件的经过来看，政府部门曾有过不少改变被动局面的契机，但都未能及时把握。例如，假使在2012年10月间，相关部门能在媒体询问白云山隧道工程的情况时，主动公开信息，并征求公众意见，将在很大程度上赢得公众的信任，即使对工程本身不予认可，也会对政府的初衷产生认同。但是，相关部门却声称并不知情，回避信息公开，从而使民众对政府失去信任。再如，假使在11月间，政府能在广外提出质疑后，随即召开座谈会或研讨会，从而作出合理决策，那么，即使暂缓项目实施，也不会对政府威信产生影响，反而有可能形成“从善如流”的正面印象。但是，相关部门直到两个月后才首次召开研讨会，结果导致问题不断扩散，形成广泛的负面社会舆论。

相关政府部门的行动迟缓，很大程度上是受制于官僚体制的传统决策模式。对于科层化的官僚体制而言，责任制是对内和对上的，因此对于来自外部和下层的诉求缺乏回应性。随着经济社会的高速发展，传统的决策模式已难以适应逐渐扁平化的社会结构以及不断提速的网络信息传播方式。从长期来看，通过重构决策流程，针对社会公众的利益诉求形成更有效的回应机制，将有助于促进公众参与的有效性与可控性。

3. 增强政府官员的群众路线意识

随着社会经济发展与公众权利意识提高，公众参与不再是可有可无的“装饰品”，而是社会公众尤其是知识精英表达利益诉求的重要途径和有效方式。传统官僚体制下的政治行为模式逐渐不合时宜，“为民做主”的社会共识，开始被“让民做主”的政治诉求所取代。任何将公众参与视为“走过场”的政治意图，都会引起社会公众的强烈不满。

白云山隧道事件中，相关部门有意或无意表现出的“官老爷”风格，很大程度上加深了政府与社会公众的隔阂，使得协商与沟通变得更加困难。例如，《关于征求白云山隧道工程方案意见的函》以“加快推进”和“时间紧急”为由，要求广外在11月9日前提交书面意见。鉴于直到11月5日广外才接到信函，这就意味着广外仅有4天时间对信函中所称的“重点市政项目”进行酝酿讨论。从中不难看到相关部门在征求意见问题上的轻忽与草率，因此很容易令广外师生感到政府缺乏诚意，进而在互动过程中，更倾向于质疑与对立，而不是谅解和妥协。

尽管与过去相比，社会经济环境都发生了明显改变，但群众路线依然有效，“从群众中集中起来又到群众中坚持下去，以形成正确的领导意见，这是基本的领导方法”[①]。对于政府官员而言，唯有真正形成群众路线意识，切实做到“相信人民、依靠人民、服务人民”，才能在新时期真正适应公众参与的发展与完善。

① 《毛泽东选集》（第三卷），人民出版社，1991，第900页。

B.22

重建中国基层社会秩序的探索

——余杭法务前置调研报告

中国社会科学院法学研究所法治指数创新工程项目组 *

摘　要：

基层治理是社会长治久安的基础。改革开放30多年来，各地经济社会发展取得巨大成绩，但与此同时各种矛盾问题凸显，对基层政府管理与社会治理提出重大挑战。在此背景下，余杭以法治思维为主线，展开了重塑基层社会秩序的探索，以法务前置为重要工具，改变治理观念和维稳观念，运用法治思维和法治方式预防化解各类矛盾冲突。其经验对于全国各地不无借鉴意义，一些问题也是前车之鉴。

关键词：

法务前置　基层社会治理　法治

一　概述

中国共产党十八大报告把“法治政府基本建成”作为2020年实现全面建成小康社会目标的重要组成部分。《中共中央关于全面深化改革若干重大问题的决定》提出，建设法治中国，必须坚持依法治国、依法执政、依法行政共同推进，坚持法治国家、法治政府、法治社会一体建设；必须坚持依法治理，加强法治保障，运用法治思维和法治方式化解社会矛盾。

---

* 项目组负责人：田禾，中国社会科学院法学研究所。项目组成员：吕艳滨、王小梅、栗燕杰、赵千羚、王旭、张誉等。执笔人：栗燕杰、吕艳滨，中国社会科学院法学研究所。

基层治理在现代国家治理体系中具有极为重要的作用，是整个国家治理体系的基础，也是社会长治久安、稳定和谐的关键。做好基层治理，就必须用法治思维和法治方法，探索重建社会秩序。近年来，杭州市余杭区正在进行的法务前置改革，正是基层政府与基层社会法治治理模式的核心内容。

余杭区开展的法务前置，从一般意义上说，一方面致力于将国家管理、社会治理纳入法治框架体系内，实现对公权力的事前法治规范；另一方面是努力提升社会公众的法治素养，让法治的触角延伸到千家万户，融入人们生产生活的各个环节。法务前置的实践，主要是通过事前的普法活动，普及法治理念与法律规则；通过对决策及重大决定的合法性审查做到法务事前把关，规范公权力，进而实现依法决策、依法办事；在基层自治管理中，通过“一村一顾问”等机制，服务于自治管理和村民的各种日常涉法活动。

二 余杭区开展法务前置的基本背景

余杭区实施的法务前置，是其基层社会治理的重要组成部分，是用法治思维对余杭近年来的经济社会发展形势的一种积极回应。

1994 年余杭撤县设市，2001 年撤市设区，行政区划面积 1228.23 平方公里，现辖 14 个街道、6 个镇，户籍人口 87.67 万。近年来，余杭的经济社会发展保持平稳发展态势，2012 年全区实现生产总值 834.94 亿元，同比增长 10.1%；实现财政总收入 167.04 亿元，其中地方财政收入 104.65 亿元，同比分别增长 11.4%、9.4%。经济社会高速发展的同时，一系列社会问题也逐渐凸显。

首先，各种纠纷多发，官民矛盾凸显。根据《余杭区 2011～2013 年度信访工作总结》，自 2011 年 1 月 1 日至 2013 年 10 月 20 日，区信访局共受理信访 6135 件 31814 人次，其中来信 3219 件；到区上访 2916 批 28595 人次，其中到区集体上访 514 批 27816 人次。显然，到区上访总量仍相当巨大。

行政争议增长更是迅速。根据余杭区法院提供的《2010 年以来的行政诉讼的总体情况以及分类数据》，2010 年余杭区法院全年共受理行政诉讼 56 件，同比增长 33.33%。2011 年全年共受理行政诉讼 44 件，同比下降 21.43%。

2012 年，共受理行政诉讼案件 61 件，同比上升 38.64%。行政复议的数量也处于快速增长中，一人多案、一事多案的现象并不罕见。尤其是征地拆迁依然是矛盾多发领域，并在一定程度上妨碍到旧城改造与城镇化的推进。在一些行政管理领域，虽然行政复议、诉讼案件总量不大，但当事人往往不屈不挠，经过复议去诉讼，经过一审去二审，判决生效后再去申请再审和上访。这种矛盾的深刻性，也是值得关注的问题。

其次，行政活动的规范化仍有待加强。余杭区在规范政府活动上付出了巨大努力并取得显著成效，但仍有提升空间。比如，政府“特事特办”时，往往存在合法性问题。再如，村委会、居委会本来是基层自治组织，但有时被镇街作为下级政府对待，扭曲了其作为基层自治组织的属性。另外，政府的服务意识仍有提升的空间，高效、便民理念需要进一步落到实处。

再次，外来人员成为引发矛盾纠纷的重要群体，甚至成为潜在的不稳定因素。余杭区的外来人员众多，是经济发展的一支重要力量。一些镇街的外来人口甚至远远超过了本地人口数量，如和睦桥村的外来人口为 1.2 万人，而本地人口仅 5000 人。加强外来人员的管理，已经成为关乎余杭经济可持续发展、社会长治久安的重要举措。但从当下看，外来人员未能充分融入，甚至成为社会安定的负面因素。从余杭区公安机关提供的数据看，余杭区公安分局 2011 年至 2013 年 10 月，移送起诉 7431 人次，其中余杭本地籍的有 1483 人次（占全部移送起诉人数的 19.96%）；行政拘留 14042 人次，其中余杭本地籍的有 4467 人次（占全部拘留人数的 31.81%）。显然，非余杭本地籍人员的违法犯罪活动，已成为影响余杭平安的重要因素，必须加以重视并采取有效应对措施。

正是在这样一种复杂的社会环境下，余杭区提出，要探索重建社会秩序，让法治在维护社会秩序方面发挥主要作用。

三　余杭区法务前置的探索实践

面对伴随经济社会发展而来的种种问题，余杭区积极探索实施法务前置，着力发挥法律机制的事前、事中功能，将法治作为社会治理的基础模式，起到了预防和化解纠纷、维护社会稳定的作用。

1. 重视领导学法与公众普法，营造良好法治氛围

通过全民学法营造良好的法治氛围，是改进基层治理的前提。

首先，通过领导干部学法机制，提升领导干部的法治意识和用法能力。在现代社会，政府机关及其工作人员不依法办事，是引发社会矛盾的重要导火索。而政府机关及一般工作人员是否守法，与领导干部的观念意识密切关联。由此可见，领导干部学法非常重要。余杭区一直重视领导干部学法，着力提升领导干部学法效果。其做法包括：一是近年来余杭区坚持每季度举行法制讲座，促进领导干部带头学法守法；二是各个部门注重所在单位领导干部的学法机制构建，如余杭区住房和城乡建设局（以下简称“余杭区住建局”）积极开展全局公职人员的学法用法培训考试活动。通过一系列的制度构建与机制实施，各级领导干部逐步养成依法办事的习惯，运用法律手段进行管理决策的能力明显提升。

其次，针对特定群体展开普法教育培训活动，强化全民守法的观念。余杭区对于企业管理人员的法制宣传不间断，并组织集中培训。对于外来务工人员，依据其个性需求进行有针对性的法制宣传教育。比如，余杭区住建局联合区司法局，专门针对工地建设人员开展了有奖知识问答、现场设台咨询等普法活动。另外，对于未成年人、中小学生，余杭区也开展了专门的普法教育活动。

再次，着力新法的宣传学习培训工作，提升法律普及的时效性。法治氛围的营造并非一步到位，而必须随着法律的出台、修订、废止等活动而加以跟进。余杭区各个部门有着重视新法宣传学习的良好传统。比如，《行政强制法》《杭州市城乡规划条例》等法律、地方性法规出台后，余杭区住建局积极展开全局公职人员学法用法培训活动并组织专项考试，积极参加行政强制案例分析专题讲座。新的法律、政策出台后，政府部门主动在司法所、服务中心等场所摆放宣传材料，供前来办事的人员免费领取，起到良好的普法效果。

2. 以规范政府行为为支点，提升依法行政水平

社会治理并非单向度的“管制民众”、要求民众守法，政府行为的不规范与朝令夕改，实为社会不安定、纠纷多发的深层次原因。基层政府在决策、执法、签订合同行为等方面的不规范，往往授人以柄。“打铁还需自身硬”，政府行为规范是前提，是官民关系和谐的重要基础。实施法务前置，对有关行为和决策展开事前审查，将现行法律法规文件作为行为底线，有利于防范法律风险。为此，余杭区近年来从如下方面规范政府活动、提升依法行政水平。

（1）全方位规范行政决策行为。行政决策是政府管理的首要环节，行政决策的质量对于社会安定和谐具有基础意义。为此，余杭区政府出台了《杭州市余杭区行政决策程序规定（试行）》。一些部门、镇街也出台了类似制度。比如，余杭区住建局出台重大决策评估制度与决策责任追究制度。仓前镇出台《仓前镇重大事项决策法律咨询制度》，对于涉及依法行政、依法执政或涉及大多数群众利益的重大事项决策，进行法律咨询论证，其考虑因素包括：是否符合国家现行法律法规、政策的规定，是否符合全市城市建设管理发展实际，是否具有必要性、重要性和可行性等。通过规范决策行为，提升了决策行为的规范性，从源头上预防了矛盾的发生。

（2）对政府签订协议实施合法性审查。由法律专业人士对镇街招标、政府采购等政府签订合同的行为进行事先审查，参与讨论，防范法律风险。

（3）全面落实规范性文件的管理制度。规范性文件是行政活动的重要依据，其管理对于维护法制统一有着源头意义。余杭在规范性文件的管理方面，有以下经验。一是建构规范性文件的路径管理模式。实现从制定到评估的所有环节程序化，明确操作标准、具体要求和注意事项，避免随意性。二是实施规范性文件的备案制度。余杭区对规范性文件的备案工作正式开始于 2000 年 4 月，发展至今已有十多年。余杭区出台了《余杭区规范性文件审查和备案管理办法》，严格做到有件必备，有备必审，有错必纠，并将规范性文件的备案审查工作落实情况纳入年度依法行政目标考核和区级依法行政示范单位创建工作。三是推行规范性文件的评估制度，出台《余杭区行政规范性文件评估制度》，对实施评估的主体、内容、手段、程序作出明确规定。

（4）推行社会稳定风险评估制度。强化风险评估工作，并纳入常态化范围，做到规范有序。其典型如乔司街道针对易于引发群体性事件的重大事项，在决策前做好社会稳定风险评估工作。比如，杭州国际商贸城项目胜稼区块征地拆迁共涉及胜稼村 11 个村民小组 2780 亩集体土地征用、818 户农户拆迁，是该街道有史以来单次征地面积最大、拆迁户数最多的一次。在拆迁过程中，有关部门开展社会稳定风险评估，分层次举行会议听取当事人意见，总共召开100多次会议，看起来耗日持久，但“磨刀不误砍柴工”，预防了事后争端的发生，最终顺利完成农户征地拆迁签约工作，做到了和谐征地拆迁。

（5）清理审批事项并优化审批流程。在国家和省市的要求下，余杭区进行了多次行政审批事项的清理工作。最近一次清理工作自2012年12月底启动，由余杭区行政审批制度改革工作领导小组办公室、法制办公室牵头展开。第一，本次清理中，余杭区取消、合并和调整了部分审批事项，全区上报的879个审批事项，清理后保留768个，取消、合并和调整111个。第二，取消了部分区级前置条件，按照“以取消为原则，以保留为例外”的准则，取消区级前置审批条件92个，保留14个，其余24个不作为区级前置审批条件①。第三，优化审批流程，促进审批提速。按照“能减则减，能并则并”的原则，简化审批程序，合并审批环节，项目审批平均提速30%②。第四，固化审批改革成果，建立长效管理制度。因法律法规、规范性文件发生变更需要调整审批事项的，须报区审改办、法制办备案；需要改变审批条件的，须经区审改办、法制办审核，再报区政府批准。余杭区建立了审批制度改革推动机制，通过“一月一例会”“一季一通报”、约谈整改等方式促进审批制度的优化完善。

（6）注重提升行政执法行为的规范性。为了提升行政执法的规范性，让执法人员有明确的执法参照，很多部门注重编制执法手册和法律法规汇编等方式，明确法律适用。例如，余杭区国土资源局编制执法手册，对本局各项职权事项的执法活动予以规范，编制国土法律法规手册，供执法人员参考。执法手册与法律法规手册在手，让一线执法人员吃下“定心丸”，对于自身的权限职责、能够采取的措施、可能的法律后果都了然于胸，有利于执法行为的规范化。余杭区住建局则梳理权力事项，清理建设系统的处罚事项和依据，核对许可和非许可审批事项，摸清了自身权能责的家底。

（7）创新行政监察机制。余杭区还注重创新行政监察机制，通过监察端

---

① 数据来自《我区进一步深化行政审批制度改革　取消或调整审批事项111个　审批环节大幅缩减》，余杭区政府网站，http：//yuhang. gov. cn/zjyh/jryh/news/201309/t20130906_ 872304. html。

② 数据来自《2013年政府工作报告》，余杭区政府网站，http：//2008. yuhang. gov. cn/class/class_2729/articles/363969. html。

口前移促进政府活动规范。传统的行政监察以事后监督为主，其覆盖面主要是权力运行的“中下游”。现代行政活动的范围宽、领域广、层级多，导致传统的事后行政监察深度不够，针对性不强，未发挥应有效能。近年来，余杭区监察局将监察端口前移，兼顾事前预防、事中纠偏与事后问责的有机统一。2013年重点对上环桥安置房建设等119个农民安置房项目建设开展监督检查，并参与保障房电梯项目采购等工作会议，在决策环节把好关。

3. 重视信息公开，倒逼权力规范运行

政府透明度的提升，既可满足民众知情权，也可发挥倒逼作用，提升政府机关及其工作人员行为的规范性。余杭区的法务前置工程，将政府透明度建设作为重要组成部分。

首先，大力加强信息公开的规范化建设。区信息办及时调整信息公开指南，设置了全区统一的信息公开申请表，编制了信息公开实用手册，通过编制受理处理单，明确信息公开的受理、答复意见和领导审阅等流程，严格控制时间节点，明确责任人，避免了时间上的拖延、工作人员的相互推诿。此外，各部门还通过电话录音等方式，规范办理人员的行为，且有效留存证据，避免诉讼风险。

其次，余杭区着力创新机制，满足民众知情权利。一是整合全区公文流转系统与信息公开平台，实现了将内网的非涉密文件通过依申请公开的方式推送到外网，大大增加了依申请公开的范围。通过这一机制，那些不属于主动公开范围的文件名称和文号也会显示在门户网站上，方便公众提出申请。二是鉴于近年来对请示、报告、批复等内部信息的申请量越来越大，余杭区提出“把关前移”。在政府信息形成后，其是否公开就由制作机关提出意见，供区政府公开办公室参考。

再次，增强工作的主动性，着力提升主动公开的实效。比如，崇贤街道重视主动公开工作，制作《崇贤简报》送到每个农户，便利了村民了解相关政务活动信息。不少部门还积极利用微博、微信等新媒体，提升信息公开的效果。考虑到当前智能手机的高普及率，崇贤街道前村社区居委会开通了微信公众账号，实时向居民推送各种重要的信息。

4. 依靠群众防患于未然，提升矛盾纠纷的预防化解能力

通过法务前置，发挥“事前维权”效能，防患于未然，避免纠纷的发生和扩大，是余杭的重要经验。50 年前，浙江枫桥创造了依靠群众就地化解矛盾的“枫桥经验”。近年来，余杭区坚持依靠群众的基本精神不动摇，并与时俱进，加以不断丰富和发展。正如孟建柱在纪念毛泽东同志批示“枫桥经验”50 周年讲话中所提出的，“检验社会治理水平的高低，不仅要看紧急情况下应急处置能力，更要看常态下矛盾纠纷预防化解效果”。有必要意识到，等到纠纷实际发生甚至蔓延到失去控制的时候，地方政府再去介入，既违反了“预防为主”的规律，白白失去了处理纠纷的最佳时机，也使得政府疲于奔命，充当“救火员”的被动角色。在纠纷多发的背景下，应当兼顾纠纷解决的能力建设与纠纷的预防工作。通过法务前置，有利于从源头上预防和减少各种利益冲突，与枫桥经验不谋而合。

比如，乔司街道每年因居民自家拆房、建房导致的意外死亡不低于 15 人，有时候甚至一周发生数起事故，因劳动者伤亡事故导致纠纷频发。事故一旦产生，不但给当地稳定带来隐患，当事各方在协商不成的情况下，往往转而求助政府部门，也给政府维稳带来了很多新课题。如何防患于未然，是摆在基层政府面前的难题。为了预防化解这些矛盾，乔司街道一方面向农户发放建房合同、拆房合同、租房合同等范本，帮助规范合同条款，降低因双方约定不明或缺乏约定而产生纠纷的概率；另一方面，由各村（社区）负责督促雇主给工人购买人身意外伤害保险，既降低了雇主的用工风险，也切实保障了外来务工人员的合法权益，减少了相关纠纷的发生。与此类似，余杭区国土局制定土地出让合同的范本，邀请法律顾问审查论证，提升合同范本的质量，对于纠纷预防也起到一定效果。

再如，在企业里，大量劳资纠纷的出现与企业自身规章制度的不完备存在密切关系，企业之间的商事纠纷则往往源自企业对外签订商事合同的不规范。为了提升企业守法水平，余杭区开展了“百名律师进百企”活动，对于劳资纠纷、企业之间的商事纠纷等矛盾争端的预防起到良好效果。其做法包括：一是成立法律宣讲团，用半年时间在全区 300 家以上中小企业、微小企业开展专题法制讲座，解读与企业发展相关的法律法规和政策措施；二是成立法律咨询团，对全区50余家企业进行针对性走访，发放宣传手册，开展上门咨询；三是成立法律体检团，选取20家成长型企业进行免费“法律体检”，帮助企业发现并解决公司经营治理的缺漏，设置危机处理预案，提高企业防范应对风险的能力。

又如，一些重大活动存在着安全隐患，有可能成为突发矛盾的重要导火索，对此余杭区也很注重事前预防。比如，仓前街道端午龙舟盛会作为省市非遗项目，是仓前街道一项特色文化体育品牌。但该活动的举行，会给交通和安全带来很多隐患。其社会稳定风险评估工作制定了分步推进的工作方案，分为准备阶段、讨论决策阶段、整理汇总材料阶段、提交请示阶段与总结巩固阶段。风险评估工作小组采取调查研究、征求意见、分析论证等方式，对龙舟表演工作潜在的各种风险进行先期预测、先期研判、先期介入、先期化解。

此外，余杭每年发生欠薪事件一千余件，小企业的劳资纠纷也比较多，对此，区各机关采取多种措施予以综合治理。区总工会设置小微企业联络员，乔司等街道由各村社区对小作坊登记备案，并收取一定数额的工资保证金，在企业经营困难或老板跑路时最大限度地保护劳动者的合法权益，有效减少了农民工“讨薪”事件的发生。

在重视纠纷预防工作上，余杭经验可以总结如下：法务活动做在行政决定作出前，普法做在排查前，排查做在调处前，调处做在矛盾激化前。法务前置，恰恰体现了纠纷解决的预防为主思想，强调标本兼治的同时将治本置于战略优先位置。

5. 法律服务参与基层自治，促成行政与自治良好衔接

国家的政治统治和社会管理最终要通过有效的基层治理来落实。城乡的村、社区直接面对广大村居民，其事务具有复杂性、多样性。《中共中央关于全面深化改革若干重大问题的决定》要求，“促进群众在城乡社区治理、基层公共事务和公益事业中依法自我管理、自我服务、自我教育、自我监督”。

近年来开展基层治理的经验和教训，让余杭各级部门认识到，仅仅依靠政府来管理社会，效果未必能够最大化，还必须依靠专门的法律从业人员的参与。比如，在预防处理协调一些建房伤亡事故、交通事故时，余杭区一些政府工作人员发现，官方出面协调，往往面临当事人的严重抵触情绪，不仅法律专业素养受到质疑，而且被怀疑立场不够中立；而由律师出面协调，则可通过专业性和公信力作用的发挥，在争议各方之间产生较强的说服力和证明力。

近年来，群众知法、用法的意识能力快速提升，其法律服务需求较为强烈。余杭区各级政府通过“一村一顾问”，让律师、法律顾问参与“网格化管理、组团式服务、片组户联系”等活动，参与村居管理，先行提供法律审查、法律建议、风险提醒等法律服务。其行之有效的工作机制包括：一是推行“一月一坐班”机制，法律顾问每月与结对社区、村联系，提供上门法律咨询服务；二是结合律师事务所的专业优势与社区、村干部的属地优势，组建法律服务联络组，负责社区、村和律师之间的沟通协调与信息反馈等工作；三是将村社区的有关情况通过法律服务联系卡发给群众；四是完善激励考核机制，对于工作不积极，未达到要求的律师进行批评教育，对年度考核低于60分的，取消其担任村社区法律顾问的资格。

通过提供法律服务提升村居民自治管理水平，是法律顾问进社区、进村工作的重要内容。自2011年起，余杭开展全区社区、村律师为基层换届选举提供法律服务活动，主动为结对社区、村宣讲换届选举的法律政策，协助审查、修订选举规则和村规民约，受邀见证监督选举过程，为选民和有关部门提供法律咨询。通过把法律服务贯穿社区、村换届选举工作的全过程，确保了基层选举工作的依法有序开展。这些做法使得政府主导的法务前置参与到基层自治中来，既大幅提升群众的民主法制意识，也有力增强了村居民自治管理的质量与水准，起到将基层行政与村居民自治管理良好衔接的效果。

针对基层政府自身法律力量较为薄弱的先天不足，余杭区政府注重整合市场资源、社会资源，多种力量形成合力，提升法务前置的实效。有观点认为，为加强基层政府依法行政的意识和能力，应当设置单独的法制机构。但是，这种做法一是需要法律专业水平较高的工作人员，二是与机构精简的大趋势存在冲突，三是编制问题难以解决，四是作为政府下属机构难以提出独立的法务建议。因此，这种“看上去很美”的方案在实践中被搁置。国内一些地方积极尝试通过政府购买服务，让专业人士介入，发挥市场作用，起到良好效果。

余杭区政府发现，在镇街是否设置专门的政府法制机构并非关键，关键要看能否发挥法律的功能，能否解决问题。就其功能而言，政府购买服务与专门机构设置，客观上具有替代效果。更进一步说，通过购买服务有利于提升法务前置的专业性，并确保法务审查立场的相对中立性，而非唯领导意志是从。2009年7月余杭区启动“律师进社区（村）”活动，全区共有317个社区（村）与律师“结对”，覆盖率为100%，在整个杭州市率先实现全区的律师进社区（村）全覆盖。

总体而言，余杭区注重让律师参与到镇街信访接待等事务中，共同化解重大、疑难纠纷①。在一些地方，律师被当地政府视为扩大纠纷的不稳定因素，而余杭区则注重发挥律师群体的“正能量”，通过律师的提前介入预防化解纠纷。根据余杭区《2012年律师进社区（村）工作总结》，2012年1～10月份，全区社区（村）律师接受委托办理法律事务233件，起草审查法律文书237件。比如，塘栖镇丁河村的一家小企业发生工伤事故后，受伤工人姚某在抢救无效后死亡，当天村里聚集以死者家属为主的30多人，死者家属情绪激动，如发生冲突极有可能引发群体事件。对此，丁河村的对口律师第一时间赶到进行调解，双方情绪有所缓和。对口律师在了解事实的基础上进行专业的法律分析和情理阐述，促成双方达成协议，产生良好的社会效果。

6. 创新制度机制，拓展公众参与协商渠道

《中共中央关于全面深化改革若干重大问题的决定》提出，要“构建程序合理、环节完整的协商民主体系，拓宽国家政权机关、政协组织、党派团体、基层组织、社会组织的协商渠道”。随着余杭区新型城市化的快速推进，其行政区划也相应进行调整，2011年有9个乡镇正式撤销乡镇建制设立街道办事处，但街道一级作为区政府的派出机构，在制度上并无党代会、人民代表大会的建制。在这种情况下，如何调动和发挥社会各层面的力量参与民主协商、民主监督，就成为一个现实问题。对此，经过反复酝酿与认真筹备，余杭区出台了《关于试行街道协商议事会议制度的实施意见》，探索建立街道协商议事会

① 律师参与处理纠纷是否属于“法务前置”，一度存在争议。有反对者认为，纠纷已经发生的情况下，律师的介入已经没有“前置”的色彩，属于律师日常业务。虽然表面上看律师参与纠纷解决，但在矛盾尚未扩大或诉至法院的背景下，在角色上律师并非作为当事人的代理人，在时机上较早，与通常的律师参与诉讼存在较大差异。为此，在纠纷发生第一时间的律师以非代理人角色参与，本报告仍将其作为“法务前置”的一部分。

议制度，为社会各阶层群体搭建参与街道重大事项的平台。南苑街道在举行协商议事会议时，各界议事代表听取街道党工委工作报告、区人大常委会街道工作委员会工作报告以及街道财政预决算报告，并就经济社会发展中党员群众关心的热点问题，向街道领导班子进行询问，每个议事代表都会收到年度南苑街道社会评价表。有别于一般评价表“满意”“不满意”的判断式选择，这张社会评价表从征地拆迁、楼宇发展、便民服务等十个方面，对街道工作进行阶梯式评价的同时，还设计了四大类开放式问题，广泛收集意见和建议。第一次代表会议就收到涉及党建、经济发展、城市管理、社会管理、民生保障等六大类意见和建议共 88 条[①]。

7. 重视发挥新闻媒体的作用，促进社会安定

与一些地方政府对新闻媒体避之唯恐不及的态度不同，余杭区注意发挥媒体在维护社会稳定中的作用。比如，乔司街道在胜稼村征地拆迁启动前，邀请 20 余家省市区媒体参加“聚焦乔司”媒体恳谈会，营造良好舆论氛围，对于消除群众思想顾虑起到了积极成效。

四　余杭区法务前置实践的启示

余杭法务前置工程，作为先行先试的探索，其经验做法有着强烈的示范意义。一方面，通过法务前置将法律专业知识、法律思维与法治观念导入行政过程中，具有强烈的理性增强效果。另一方面，法务前置对于法律自身功能的发挥有着创新效果。传统上对法律、法治的功能理解，往往以司法为中心，较为重视法律的事后作用，定位于权利救济与纠纷解决功能。这种定位显然并不适合于现代社会。余杭区的法务前置实践表明，重建社会秩序，应发挥法律制度、法治思维在事前、事中阶段的积极作用。具体包括以下方面。

1. 运用法治思维改变治理观念，将管理成本最小化，最大限度释放政策红利

正如孟建柱在纪念毛泽东同志批示“枫桥经验”50 周年的讲话中指出的，

---

① 参见王丽娟《广集民智　增进共识　余杭创新试行街道协商议事会议制度》，《杭州日报》2013 年 1 月 29 日 A09 版。

要“牢固树立依法治理的理念，把群众路线与法治方式有机结合起来”。其要求表现在两大层面。在客观层面，政府活动遵守法律规定，符合“形式法治”的要求。在政府管理手段措施的选择上，必须在现有法律框架内进行，制度创新不能超越现行法律法规。为此，应当强化法务前置的组织、人员建设，余杭聘请法律顾问规范政府权力行使的经验就值得肯定。《中共中央关于全面深化改革若干重大问题的决定》要求“普遍建立法律顾问制度”。在主观作风层面，政府监管与社会治理应当走群众路线，“以人为本”，其关键是“以民意为本”，要求通过一系列制度、机制的建构与完善，发掘民意，尊重民意，引导民意。

2. 从法治路径出发转变维稳观念，秉承预防优先理念，将维稳重心前移

社会稳定首先需要政府依法活动，不侵犯群众的合法权益。项目组在与当地部门的座谈中注意到，很多工作人员已经清醒地意识到，群体性事件与政府的行为违法或不当往往有着密切关联。如果政府重大决策、签订协议、征地拆迁的前端行为出现违法，损害到民众权益，事后再去抓纠纷解决、抓矛盾化解，则亡羊补牢悔之晚矣，在效果上也事倍功半。而在事前把工作做足做够，自身行为合法合理，充分考虑各方利益诉求，让群众充分知情、表达、参与，才是消除矛盾纠纷的最有效手段，进而达到群众满意、社会安定的理想状态。因此，各级政府及其工作人员必须在法治框架内行使权力，避免因超越职权、违反法定程序的行政管理活动导致纠纷的发生和扩大。

3. 注重运用法治思维和法治方式，预防化解各类矛盾冲突

余杭区注重提升各方群体的法治意识，进而营造全民守法的良好氛围，进而在法治渠道内形成良性循环，使得政府、各方当事人在产生争端时，第一时间想到法律，运用法律，将法律理念、法律专业知识和法律专业人员引入纠纷解决中，而非“大闹大解决”“小闹小解决”的恶性循环。

4. 坚持群众路线，凸显民意体现与权益保障

政府重大决策与行政管理应当充分体现和尊重民意。群众的法治观念变强时，政府机关的行为模式一定要相应跟上，充分体现民意、保障权益。《中国共产党第十八届中央委员会第三次全体会议公报》指出，“创新社会治理，必须着眼于维护最广大人民根本利益”。就其反面而言，正如当地工作人员所意识到的，在征地拆迁中如果政府获得的利益比被拆迁人多，一些被拆迁人不可能没有意见。体现民意与保障权益，还体现在制度层面的创新。乔司街道在胜稼村征地拆迁时，为推进强制拆迁工作的顺利进行，为农户提前办理养老保险，推进老年过渡房、安置房设计等惠民实事工程，深入田间地头逐一解决个性问题，并专门组建三个妇女沟通组去做家庭妇女的思想工作。这些做法既凸显了民众权益的维护保障，也体现了对民意的理解和尊重，有效预防和减少了官民冲突。

5. 重视社会力量与市场功能的发挥

法务前置并不是政府一家的独角戏，必须考虑到，越是较低级别的政府，特别是镇街层次，法律专门人员力量越相对薄弱，单靠政府并不能做好法务工作。在对外活动时，政府工作人员的法律素质也未必足以胜任实际需要。对此，余杭区在实施法务前置时，特别注重社会力量与市场功能的发挥，其引入“一村一顾问”等做法，让律师参与基层社会治理，既为普通公众和基层组织送去了专业的法律服务，也为律师锻炼提升自我水平提供了难得的舞台。

五　结语——让法治深入人们的思想和行动

当前，全国各地都在开展一些类似于法务前置的实践，余杭区是其中较为系统地将法务前置作为重建社会秩序重要抓手的典型。这些实践的共同特点是，让法律成为各类社会主体行动的基本指南，让法治深入人们的思想，渗透到社会活动的方方面面，最终实现用法治思维促进社会发展、解决社会问题。余杭区推行法务前置的实践也给其他地区加强法务前置、创新基层社会治理模式、重建基层社会秩序，提示了很多值得关注的方面。

首先，应当进一步明确法务前置的界限。法务前置的界定，应当从“公权相关”“法律相关事务”“前置性”三大特点展开。其核心内容是通过事前、事中的法务机制来确保政府活动规范合法。但法务前置并不是无所不包，凡是不具有“法律相关性”，或不具有“前置性”特征的，应当排除在外。比如，重大决策的问责机制就不应属于法务前置的范畴，因为其作为后端责任机制而发挥作用。又如，一些以决策方案的可行性、矛盾风险概率为主要内容的社会风险稳定评估，考虑到法律色彩并不浓厚，也不应当纳入。再如，政府出面聘请律师为企业进行法律体检，是否有越俎代庖之嫌？提出这些疑问，并非要否定法务前置。当前，各领域法治意识不是普遍很强，而是普遍还不强，因此，在很多活动中强调法治的作用不是多余，而是必须。此外，不少公众、企业还只顾埋头赚钱、法治意识淡薄，期望其自发提升法治意识也是不现实的。因此，照搬国外做法，盲目否定政府对其开展法务前置的意义，也就是彻底脱离中国国情。但可以预见，随着经济社会发展、市场经济的进一步成熟以及整个社会法治意识的提升，在推行法务前置过程中，政府与个人、企业之间的行为界限必定是动态发展的，有必要在此过程中逐步明晰法务前置的界限。

其次，创新普法形式，充实普法内容。对于中国这样一个缺乏现代法治观念和制度土壤的国度，普法宣传在相当长一个时期都是建设法治国家所不可或缺的。实行法务前置，归根结底就是要做到让“法”的理念融入人们的心理与行动，为此，必须不断创新普法形式。一是充分采用现代媒体形式普法，发挥好微博、微信等新媒体平台的普法功能。二是针对纠纷多发的现状，应当有意识地提升民众的契约意识和契约精神。三是针对各种群体的特殊状况与个性需求，进行针对性普法，如对外来务工群体的劳动社会保险普法，对儿童青少年的未成年人保护普法等。四是各种力量参与提升效能。普法绝非政府司法行政部门一家之事，在国家机关中需要民政、人社、法院、检察院等部门发挥作用，还要发挥社会力量、市场力量的作用，将政府机制、市场机制、社会机制三者结合起来，形成合力，提升普法的瞄准率与专业性。鉴于政府为主体的普法暴露出的种种弊端，应当有针对性地加以改进。一方面需要区分一般性普法与个别性普法，发掘出有特殊法制需求的群体并予以满足，以提升瞄准率；另一方面，应当区分面上普法与专业普法，专业性的需求更多通过市场方式来满足。

再次，加强基层组织建设，充实基层法治力量。基层稳，则国家稳。中国长治久安的根本在于基层社会的稳定和有秩序。为此，在较低层级的政府，特别是在乡镇、街道层次有必要加强政府法制的组织建设和人员力量。从长远看，应当从当地政府法务需求出发，考虑设置独立的政府法制机构并赋予独立编制，或者通过购买服务等方式，充分满足当地政府管理的法务需求。例如，可以在余杭区等地“一村一顾问”实践的基础上，进一步创新工作方式，改变“一对一”的单打独斗模式，将律师、法律顾问分成若干团队，灵活机动安排人员，实行团队式服务。

又次，强化外来群体权益保障，实现全社会的融合发展。随着经济的发展，无论是经济相对发达地区，还是仍处于欠发达阶段的地区，都正在面临着日益频繁的人员流动，大量的外来人员带来了新的文化、生产生活方式，也在为流入地的发展贡献着智力与人力。因此，在制度改革时充分考虑平等对待当地人与外来人员，让外来人员更好地融入当地。

最后，应当进一步规范公权力运行，妥善处理好稳定、发展与法治的关系。发展到今天，政府守法是可持续发展的根本保障，也是社会稳定的基础。牺牲法治换取经济发展，难免带来环境破坏、民众闹事等不利后果；而且，再大规模的普法宣传所取得的效果都不及政府机关及其工作人员的一次不守法所起到的负面宣传效果。各级政府及其工作人员都必须意识到，政府的各项职权都来自法律规定，政府的各种手段措施都不能超越法律的界限。特别是政府在“特事特办”时，在处置应急突发事件时，在平息群体性争议之际，都应当运用法治思维和法制方式，不能超越法律的边界。

地方法治调研报告
（浙江法院篇）

Rule of Law in Different Regions

B.23

创新法院内部管理　提升司法公信力

——法官均衡办案调研报告

张宏伟　郭文利*

摘　要：

法官资源配置不合理、庭长管理不科学等管理短板加剧了案多人少矛盾，不利于释放广大审判人员的能力与活力，制约了司法水平的提升，最终危害司法公信力。本文认为，应当引入结案均衡管理指标来合理调配案件与人员比例，以缓解案多人少矛盾。该管理指标既能准确反映一线法官均衡办案情况，又能引导法院管理者科学调整案件与人员配备模式。

关键词：

内部管理　司法公信力　均衡办案

* 张宏伟、郭文利，浙江省湖州市中级人民法院。

近年来，司法公信力正在遭受新中国成立以来最严峻的考验，其原因复杂，既有新媒体不断发展，某些司法不规范现象被放大的因素，也有司法公开不到位，公众对司法公正存在质疑的因素，更有司法机关自身能力有待提升，不能满足公众要求的因素。尤其是在当前案多人少的矛盾日益突出的情况下，如何挖掘人员潜力，提升人员水平，是各级法院在解决提升司法公信力这一课题时不可回避的关键问题。这就需要从根本上创新法院自身管理，以提升司法水平。湖州市中级人民法院（以下简称湖州中院）围绕提升自身管理水平，提出将推进法官均衡办案作为创新法院内部管理的突破口，并进行了一系列探索。

一　法院内部管理不科学加剧了案多人少的矛盾

案多人少是当前法院面临的普遍问题。浙江全省法院的法官2009年为7315人，2010年为7532人，2011年为7735人，平均增长率仅为2.9%，而同时期，法院案件的增长幅度分别为9.71%、2.99%、3.16%[①]。在湖州全市法院内，2012年新任命法官35人，2013年新任命法官39人，而同时期，案件量却分别增加了8967件和10633件。

社会转型期案件不断增加以及法官人数有限都是不争的事实。多重因素也加剧了案多人少矛盾，如法院承担了大量诸如宣传、调研[②]、社会治安综合治理等非审判性事务，但促使这一对矛盾越发突出的一个重要因素却是法院自身内部管理的不科学，对此应当引起重视。当前法院内部管理中存在法官资源配置不合理、庭长管理不科学等管理短板，加剧了案多人少的矛盾。

首先，法官资源配置不合理。法官资源配置的不合理导致法院的人员潜力未被有效挖掘，不能有效应对案件激增和人员编制受限带来的问题。这一方面

① 参见浙江省高级人民法院研究室《关于法院“案多人少”问题的调研报告》，http：//203.0.64.53/html//content/20060414000001/20120224000033.html，2013年1月6日访问。

② 法院调研工作本身即有培养年轻法官司法能力的效能，但调研过程必然也占用一定时间精力，本身又与办案之间存在一定张力。

表现为一线法官[①]与二线法官[②]配置不合理。以湖州市两级法院为例，虽已将法官资源尽量往审判一线配置，但结果仍不理想。截至2013年10月，全市两级法院共有法官资格者404名，其中一线法官274名，二线法官130名，约占所有法官总数的32%。湖州市两级法院的现象并非个案，甚至相当普遍，此种法官资源配置模式人为减少了办案人员数量。另一方面表现为配置到不同业务庭的一线法官不平衡。首先是静态不平衡，即未按照案件数量配置相应法官或者未按照法官数量分配案件。其次是动态不平衡，即特定案件由于受特定因素影响出现了激增现象，而未能及时增加相关业务庭法官数量。以上不平衡现象最终表现为不同业务庭的法官忙闲不均。

其次，庭长管理不科学。一是案件划分到业务庭后，部分庭长简单地以法官手中的案件数量为依据分配案件，越是结案迅速的法官往往越会被分配更多的案件，“鞭打快牛”“奖懒罚勤”。二是在合议庭组成上较为随意，偏重于按照工作年龄、资历、行政职务等标准确定审判长，而且在确定合议庭成员时存在随意性，未能充分关注法官禀赋差异、司法能力差异，进行合理搭配，实现“1+1>2”的效果。

二　法院内部管理不科学正在侵蚀司法公信力

法院内部管理不科学加剧了案多人少的矛盾，不利于释放广大审判人员的能力与活力，制约了司法水平的提升，最终危害司法公信力。

首先，案多人少导致大量案件积压在法院，不能及时审结。例如，2013年1~9月份，浙江省全省法院未结案件13.31万件，而同时期湖州全市法院未结案件也多达6400件。“迟来的正义非正义”，大量案件积压在法院，不能及时向诉请者提供司法产品使法院很难有公信力。

其次，为了缓解案多人少矛盾的压力，大部分法院以较低的任职门槛，匆忙任命法官以弥补办案力量的不足，司法审判已成为培养初任法官胜任司法工

① 指法院内部负责审理案件的法官。

② 指法院内部虽具有法官资格，但不审理案件的法官。

作的工具。在这种法官任命模式下，法官的司法裁判水平堪忧，当事人本身就易对法官的司法能力产生一种不信任感，再辅之以若干蹩脚裁判，很难撑起司法公信的大厦。

再次，为了缓解案多人少的矛盾，法官只能想方设法提高办案效率。为此，实践中，法官难免忽略程序公正，奉行“不管黑猫白猫，抓住老鼠就是好猫”的实用主义哲学，只要结案迅速即可，而程序公正的缺乏往往是实体不公正的肇始，且极易令人产生不公正感。而且，不少年轻法官正处于司法能力培养期，而庭长往往以锻炼新人为由，将大量案件分配给他们办理，他们不仅疲于应付，急于结案，而且身心健康受损，难以保证实体公正。

最后，为了缓解案多人少矛盾，司法实践中合议庭功能被弱化为一人实际负责，其他合议庭成员合而不议或者简单附议的模式，使大部分案件承办法官以一己之力定裁判之乾坤。这些管理漏洞，不仅使得人情案、关系案有机可乘，容易滋生司法腐败，而且由于个人能力的有限性也容易导致冤假错案的发生。

三　创新法院内部管理模式刻不容缓

就法院收案数量激增这一现状而言，一方面法治思维越来越深入人心，依法维权行为肯定呈上升趋势；而另一方面，其他社会纠纷解决机制不健全的情况短期内也难以改变，最终，大量案件仍将涌入法院。最近几年，浙江省法院收案数量持续增长，2008 年和 2009 年增幅分别达 23.83% 和 9.71%，2010 ~ 2011 年增势有所放缓，2012 年增长峰期再次显现，全省法院新收各类案件 97.66 万件，同比上升 17.02%，增幅比上年上升了 14 个百分点。2013 年 1 ~ 9 月份，全省法院新收各类案件 81.51 万件，同比上升 10.37%。故而，希冀从根源上减少法院收案数量的解决思路在短期内是不可行的。

就法院承担的其他非审判性事务而言，随着司法改革的渐次深入，应当会逐步减少，最终可望有较大的改观。然而，改革需要一个过程，不可能一蹴而就，短期内，这些非审判性事务仍将大量存在。

目前，缓解案多人少矛盾较为可行的选择是着手解决法院审判管理中存在的问题，通过一定的管理指标实现合理调配案件与人员比例的管理目标。

然而，现有管理指标难以承担这一重任。司法实践中，为更好地履行审判管理职责，最高法院设置了包括结案数波动指数、结案率波动指数等在内的8个均衡结案参考指标①。地方各级法院也制订了一系列包括同期结案率、结案率、存案工作量、结案均衡度等在内的管理指标。客观而言，这些管理指标对提高法院的总体结案效率是有意义的，但它们显然未能关注到案件如何在不同业务庭之间调配，不同业务庭中庭长如何科学调配案件、配置合议庭成员等。因此，尽管这些管理指标有指导意义，还是出现了本文提到的法院内部管理失之科学而加剧案多人少矛盾的现状。实践表明，已有管理指标在改观这些现状方面是失灵的。因此，我们需要引入新的管理指标。

四　一线法官结案均衡管理指标的引入

新引入的管理指标必须能够反映法院内部案件与人员调配情况，而法院内部案件与人员调配情况最终影响一线法官结案数量均衡情况，后者是前者的晴雨表。因此，可以从一线法官结案数量是否均衡的角度设置新的管理指标。

在同一业务庭内，如果一线法官在测评期内结案是完全均衡的，则每名法官的结案数量等于该庭在测评期内的平均结案数，无论该庭法官结案数量高于该平均数还是低于该平均数，均表现为结案数量的不均衡，其实质是对该平均数的偏离。而此处的结案平均数就是司法管理的目标数据，每名法官的实际结案数就是实际数据，此种均衡问题事实上反映的是实际数据与目标数据的偏离问题，于是，一线法官结案均衡管理指标的设定可以借助偏离度测评公式完成。

---

① 参见最高人民法院《关于加强均衡结案的意见》，http：//www. chinacourt. org，2012 年 12 月 10 日访问。

（一）一线法官结案均衡管理指标公式的设定

偏离度是指实际数据与目标数据相差的绝对值所占目标数据的比重。它的计算公式为：

$$|A-X|/A$$

其中 A 代表目标数据，X 代表实际数据。我们假设一线法官结案偏离度为 D（deviation），则：

$$D=|A-X|/A$$

其中 A 代表的目标数据就是一线法官结案数量的理想状态，即等于业务庭内法官结案的平均数。假设在测评期内业务庭法官结案总数为 M，业务庭法官人数为 N，则：

$$A=M/N$$

此时，

$$D=|M/N-X|/(M/N)=|M-NX|/M$$

我们需要在结合法院案件审理实际情况的基础上对基本测评公式进行调整。由于设置的测评指标与业务庭内各个法官的结案偏离度密切相关，因此，应当计算出业务庭内所有法官结案偏离度的总和，即：

$$\sum D=|M-NX_1|/M+|M-NX_2|/M+\cdots+|M-NX_N|/M$$
$$=(|M-NX_1|+|M-NX_2|+\cdots+|M-NX_N|)/M$$

司法实践中，不同法院之间、同一法院内部业务庭之间的法官人数存在差异，可能导致人数少的业务庭即使在每名法官结案偏离度均大于人数较多业务庭法官的结案偏离度时，其全庭结案偏离度总和也可能小于后者。为了消除此类误差，需要在业务庭法官结案偏离度汇总后除以该业务庭法官人数，计算出该庭以个人为单位的平均结案偏离度，如此才能客观反映不同业务庭法官结案偏离度的大小，该平均结案偏离度即是我们所需要的一线法官结案均衡管理指标，设该指标为 Y，则：

$$Y = \sum D/N = (|M - NX_1| + |M - NX_2| + \cdots + |M - NX_N|)/MN$$
$$= (|M/N - X_1| + |M/N - X_2| + \cdots + |M/N - X_N|)/M$$

该数值越大，则表明该业务庭法官结案数量越不均衡，进而反映出院长未合理配置不同业务庭案件与法官数量，或者庭长管理水平尚有待提高。

（二）影响一线法官结案均衡测评相关因素说明

一线法官结案均衡管理指标确定后，为便于司法实践测评，还应当对收存案件总量、一线法官流动情况、业务庭内的专业组织、测评期间跨度等影响测评结果的因素作出说明。

1. 收存案件总量

司法实践中，虽然分案是多次分配的动态过程，即使在一次分案中不能有效分配案件，在下一次分案中也可能寻找到平衡点，但是，也的确存在极端情况，此时待分配的案件总量难以满足庭长合理分配的需求。例如，在一个法官为 4 人的业务庭，在最终待分配的案件总量为 7 件时，即使庭长合理分配案件，最终也必然是 3 名法官各审理 2 件，1 名法官仅能审理 1 件。在该 4 名法官均结案的情况下，必然存在结案不均衡情况，但其形成与庭长的管理能力并无直接关系，而是由待分配的案件总量引起的。作为一项科学的管理指标，理应尽可能将导致考核不公正的影响因素剔除或者降至最低，而待分配的案件总量即为收案与存案的数量总和，它们对一线法官结案均衡的影响需要分析。

在以上极端情形下①，结案不均衡实际上系由收存案件总量不能满足合理的案件分配需求而引起，此时收存案件总量在分配中的偏离度就会对最

① 指在一定期间内，待分配的案件总量难以满足庭长合理分配的需求，而法官分得的案件均能结案。例如，假设某一业务庭法官人数为 6 人，在一定期间内的收存案总量为 303 件时，若庭长分配给其中 5 名法官的案件均为 10 件，而另外一名法官却分得了 253 件，在 6 名法官全部结案时，此时产生的结案偏离度就在很大程度上与庭长的不合理分案有关，不能体现纯粹收存案总量对结案偏离度的影响。在以上业务庭法官人数和一定期间内收存案件总量不变的情形下，若庭长合理分配案件，则应当是其中 3 名法官各分得 50 件，另外 3 名法官各分得 51 件，显然，在 6 名法官全部结案时，产生的结案偏离度与庭长分案无关，而仅与待分配的收存案件总量有关。

终的一线法官结案均衡产生影响。根据结案偏离度的测评公式，假设收存案件总量的分配偏离度为 Z，收存案件总量为 Q，法官分得的案件数量为 P，则：

$$Z = (|Q/N - P_1| + |Q/N - P_2| + \cdots + |Q/N - P_N|)/Q$$

在一线法官结案均衡管理指标设置中，只要将 Z 的峰值对结案偏离度的影响消除或者降至最低，则 Q 对法官结案均衡的影响随之消除或者降至最低。而在 Q 客观上不能满足庭长合理分配案件的需求时，Z 的峰值因业务庭法官人数的奇偶不同，其出现的节点有所差异，在法官人数为偶数时，该峰值出现于 Q/N 的余数为 $N/2$ 时，此时，（$|Q/N - P_1| + |Q/N - P_2| + \cdots + |Q/N - P_N|$）恒等于 $N/2$；在法官人数为奇数时，该峰值出现于 Q/N 的余数为（$N-1$）/2 时，虽然（$|Q/N - P_1| + |Q/N - P_2| + \cdots + |Q/N - P_N|$）随着奇数法官的人数增长略有变化，但在 $Q > 2N$ 时，Z 的峰值保留小数点后面两位，与法官人数为偶数时，Z 的峰值保留小数点后两位时的数值相同。因此，在 $N < Q < 2N$ 时，需要根据法官人数的奇偶情况分别计算出 Z 的峰值，而在 $Q > 2N$ 时，则可以按照法官人数为偶数的情形，以（$|Q/N - P_1| + |Q/N - P_2| + \cdots + |Q/N - P_N|$）的恒值 $N/2$，根据 Q 的变化计算 Z 的峰值。根据本文的计算，Z 的峰值随着 Q 的增大，逐渐减小，呈以下分布样态（见表1）。

表1　Z_{max} 随着 Q 变化的数值分布情况

Q 的变化范围	Z_{max} 的数值分布
$N < Q < 2N$	$Z_{max} = 0.33$（N①）或 0.34（N②）
$2N < Q < 3N$	$Z_{max} = 0.20$
$3N < Q < 4N$	$Z_{max} = 0.14$
$4N < Q < 5N$	$Z_{max} = 0.11$
$5N < Q < 6N$	$Z_{max} = 0.09$
$6N < Q < 7N$	$Z_{max} = 0.08$
$7N < Q < 8N$	$Z_{max} = 0.07$
$8N < Q < 9N$	$Z_{max} = 0.06$
$9N < Q < 11N$（Q③）	$Z_{max} = 0.05$
$11N < Q < 14N$（Q④）	$Z_{max} = 0.04$

续表

Q 的变化范围	Z_{max}的数值分布
$14N < Q < 20N$(Q⑤)	$Z_{max} = 0.03$
$20N < Q < 33N$(Q⑥)	$Z_{max} = 0.02$
$33N < Q < 100N$(Q⑦)	$Z_{max} = 0.01$
$100N < Q < 101N$	$Z_{max} = 0$

①N 为偶数。
②N 为奇数。
③Q 不等于 $10N$。
④Q 不等于 a_nN，$a_n = a_1 +（n-1）d$，$a_1 = 12$，$d = 1$。
⑤Q 不等于 a_nN，$a_n = a_1 +（n-1）d$，$a_1 = 15$，$d = 1$。
⑥Q 不等于 a_nN，$a_n = a_1 +（n-1）d$，$a_1 = 21$，$d = 1$。
⑦Q 不等于 a_nN，$a_n = a_1 +（n-1）d$，$a_1 = 34$，$d = 1$。

表 1 显示，在收存案件总量是法官人数的 100 倍以上时，Z 的数值为 0，收存案件总量不会对法官结案均衡产生影响，而收存案件总量是法官人数的 33 倍以上 100 倍以下时，其对法官结案均衡的影响最小，为 0.01。因此，为确保一线法官结案均衡管理指标测评的公平性，各业务庭收存案件总量与配置的法官人数之比应当保持在同一区间内，建议保持在 33～100 的同一比值区间。

2. 一线法官流动情况

司法实践中，出于种种因素，业务庭内一线法官数量可能有所增减，影响结案均衡管理指标的测评。对此，在一个测评期内，若一线法官增减平衡，则将增减法官在该业务庭的结案数量汇总，折合一人测评。若一线法官增减不平衡时，对于增减平衡部分的法官按照以上标准测评，其余法官及其结案数不计入测评。每一业务庭同时增加或者减少法官的数量为偶数时，每两名法官的结案数量汇总，折合一人测评。

3. 业务庭内的专业组织

司法实践中，有些法院在同一业务庭内指定若干法官组成审理某类案件的专业组织。此时，应将该业务庭各专业组织的结案均衡情况汇总后，按照专业组织的数量取其平均数作为该业务庭的最终均衡值。

4. 测评期间跨度

结案均衡管理指标测评期间的跨度既要关注案件的结案周期及可供庭长分

配的案件资源，又要关注测评结果能为调整审判管理思路提供参考价值。建议以半年为一个测评期间，不仅符合案件的一般结案期限要求、案件资源较为丰富的实际，而且，即使某一业务庭法官结案较不均衡，在下半年该庭庭长也有调整的余地。

五　一线法官结案均衡管理指标的应用

一线法官结案均衡管理指标引入后，只有应用到司法实践中才有价值，否则形同虚设。

为了验证一线法官结案均衡管理指标能否适应司法实践中的复杂情况，我们选取了湖州市吴兴区法院作为测评实验对象。该院地处城区，案件复杂多样，测评期间该院法官退休、挂职，上级法院法官下派现象并存，而且某一业务庭内还具有不同的专业审判组，具有代表性。按照测评公式能够测算出该院 2012 年度不同业务庭之间的结案不均衡情况，为法院管理者决策提供参考依据（见表 2）。

表 2　吴兴区人民法院一线法官结案不均衡情况

部　门		人　员	个人结案数(X)	人数(N)	部门结案总数(M)	结案不均衡值(Y)	
立案庭		戴法官	11	4	338	0.93	
		孙法官	170				
		吴法官	156				
		赵法官	1				
刑事庭		阮法官	52	6(折合 5 人[①])	(632 - 43)	0.24	
		黄法官	112				
		陈法官	43				
		张法官	137				
		吴法官	151				
		李法官	137				
民一庭	一般民事案件组	陶法官	32	7(折合 6 人[②])	650	0.35	
		沈法官	141				
		柯法官	13				
		施法官	87				
		钱法官	79				
		蔡法官	191				
		孙法官	107				

续表

<table>
<tr><th colspan="2">部　门</th><th>人　员</th><th>个人结案数(X)</th><th>人数(N)</th><th>部门结案总数(M)</th><th colspan="2">结案不均衡值(Y)</th></tr>
<tr><td rowspan="5">民一庭</td><td rowspan="5">交通组</td><td>章法官</td><td>81</td><td rowspan="5">5</td><td rowspan="5">777</td><td rowspan="5">0.39</td><td rowspan="5">0.37</td></tr>
<tr><td>黄法官</td><td>188</td></tr>
<tr><td>曲法官</td><td>226</td></tr>
<tr><td>吕法官</td><td>205</td></tr>
<tr><td>苏法官</td><td>77</td></tr>
<tr><td colspan="2" rowspan="4">民二庭</td><td>杨法官</td><td>93</td><td rowspan="4">4</td><td rowspan="4">673</td><td colspan="2" rowspan="4">0.24</td></tr>
<tr><td>胡法官</td><td>250</td></tr>
<tr><td>沈法官</td><td>168</td></tr>
<tr><td>潘法官</td><td>162</td></tr>
<tr><td colspan="2" rowspan="4">少年庭</td><td>蒋法官</td><td>67</td><td rowspan="4">4(折合3人③)</td><td rowspan="4">288</td><td colspan="2" rowspan="4">0.24</td></tr>
<tr><td>郭法官</td><td>16</td></tr>
<tr><td>王法官</td><td>130</td></tr>
<tr><td>王法官</td><td>75</td></tr>
<tr><td colspan="2" rowspan="2">审监庭</td><td>孔法官</td><td>18</td><td rowspan="2">2</td><td rowspan="2">26</td><td colspan="2" rowspan="2">0.38</td></tr>
<tr><td>钟法官</td><td>8</td></tr>
<tr><td colspan="2" rowspan="14">执行庭</td><td>朱法官</td><td>71</td><td rowspan="14">14(折合13人④)</td><td rowspan="14">2901</td><td colspan="2" rowspan="14">0.33</td></tr>
<tr><td>杨法官</td><td>22</td></tr>
<tr><td>沈法官</td><td>321</td></tr>
<tr><td>沈法官</td><td>7</td></tr>
<tr><td>钱法官</td><td>170</td></tr>
<tr><td>闵法官</td><td>280</td></tr>
<tr><td>刘法官</td><td>269</td></tr>
<tr><td>韩法官</td><td>204</td></tr>
<tr><td>张法官</td><td>311</td></tr>
<tr><td>张法官</td><td>300</td></tr>
<tr><td>张法官</td><td>311</td></tr>
<tr><td>潘法官</td><td>251</td></tr>
<tr><td>李法官</td><td>206</td></tr>
<tr><td>蒋法官</td><td>200</td></tr>
<tr><td colspan="2" rowspan="3">行政庭</td><td>盛法官</td><td>72</td><td rowspan="3">3</td><td rowspan="3">183</td><td colspan="2" rowspan="3">0.27</td></tr>
<tr><td>邱法官</td><td>36</td></tr>
<tr><td>施法官</td><td>75</td></tr>
</table>

①法院内部的人员变动情况以实际发生为准，本研究中所谓的人员变动情况系根据初步信息得出，并不一定能够完全反映实际情况，但不影响本研究的测评检验，下同。测评期内陈法官退休，不计入测评。

②测评期内柯法官、钱法官均退休，折合一人计算。

③测评期内郭法官借调至中级法院刑事庭，中级法院王法官下派至吴兴区法院，折合一人计算。

④测评期内杨法官调至办公室工作，不计入测评。

引入一线法官结案均衡管理指标后，通过测评，能够反映一线法官结案不均衡情况。将该管理指标纳入考核后，必将有助于改观法院内部人员与案件配备模式，有效缓解案多人少矛盾，从而最终有助于司法公信力的提高。那么，法院管理者通过何种管理措施才能实现一线法官结案均衡的管理目标呢？

首先，法院院长需要根据收存案数量合理配置不同业务庭法官。在一线法官结案均衡管理指标中，一个业务庭收存案件总量与该庭法官人数之比对结案均衡会产生影响。法院院长应当合理配置不同业务庭法官人数，合理调配不同业务庭审理的案件数量，以尽量消除由此产生的影响。根据上文说明，只有在收存案件总量是法官人数的 100 倍以上时，才不会对法官结案均衡产生影响，除此之外，收存案件总量对结案均衡产生的影响从 0.34 到 0.01 不等。为确保测评的公平性，各业务庭收存案件总量与配置的法官人数应当尽量保持在同一区间范围内，在法院案件总量不变时，不同业务庭收存案总数与法官的配比均应保持在 100 以上为佳。而在 33 ~100 的范围内，虽然也存在影响，但是微乎其微，仅为 0.01。考虑到司法实践中案件数量和法官的基本情况，以及因缺乏法官助理、法官负担较重的现状，各业务庭收存案件数量与法官人数以维持在该比值范围内的同一比值为佳。这就要求法院内部在案件数量和法官人数配备上进行综合平衡，不能出现案件数量大大超过法官人数的业务庭，也不能出现过于清闲的业务庭。

其次，庭长应当改观现有“鞭打快牛”的分案模式，实现随机分案。在此基础上，庭长不仅需要对独任审判员加强指导与督促，促使其提高司法效率，而且需要科学配置合议庭成员，尽可能考虑到每名法官的特质，做到老中青法官搭配，做到司法能力强弱搭配，以实现合议庭之间司法能力的整体均衡以及合议庭内部法官能力的扬长避短。

六　结语

创新法院内部管理以提高司法公信力是新一轮司法改革的必然要求。《中共中央关于全面深化改革若干重大问题的决定》即提出了深化司法体制改革，加快建设公正高效权威的社会主义司法制度，维护人民利益，让人民群众在每一个司法案件中都感受到公平正义。该决定不仅将改革的目光集中于影响法院依法独立审判的外部因素上，而且还将改革的目光转向法院内部，要改革法院内部危害司法公信力的管理现状。最高法院下发的《关于切实践行司法为民　大力加强公正司法　不断提高司法公信力的若干意见》也提出要通过全面提升审判工作质量与效率来提升司法公信力，强调要充分发挥评估体系在反映审判工作真实水平、引导审判活动公正高效运行、提高法院及法官工作积极性方面的作用。

湖州中院创新法院内部管理，引入一线法官结案均衡管理指标来提高司法公信力，是一种慎重的地方性司法改革试验。该管理指标能够充分关注法院内部科层制的管理现状，体现不同层级法院管理者的管理水平，适用性较好。它能够为法院管理者的审判管理提供决策参考，改观加剧案多人少矛盾并最终危害司法公信力的不合理管理方式。目前，该院按照半年度为一测评期间进行测评试验，并将该管理指标纳入年度岗位目标责任制考核办法中。湖州中院在试验过程中也发现该管理指标存在需要进一步完善的地方，如结案不均衡值在什么范围内是合理的，能否设置出合理区间，该管理指标和现有的管理指标之间的权重比值如何设定才更为科学等，这些问题均需要在积累一定数据后作出回应。

湖州中院创新审判管理以提高司法公信力的实验，符合最高法院在《关于切实践行司法为民　大力加强公正司法　不断提高司法公信力的若干意见》中提出的要求："在不违反法律和司法改革总体要求的前提下，鼓励地方法院就具体改革措施先行探索，积累改革经验。"它的试行成功，必将产生制度溢出效益，为正在进行的司法改革提供有益借鉴，需要引起关注。

B BLUE BOOK .24

关于温州金融改革司法保障情况的调研报告

温州市中级人民法院课题组*

摘　要：

自温州市金融综合改革试验区设立以来，温州法院立足审判职能，建立健全金融改革司法保障体系，依法规范民间金融健康发展，强力推进银行不良资产处置，积极探索风险企业处置模式，以创新的精神推进金融审判工作，形成了具有区域特色的金融改革司法保障模式。随着金融改革的推进，如何保障金融创新行为，保护金融债权，化解区域金融风险和企业风险等一系列问题，成为司法保障金融改革面临的难题。有鉴于此，本文认为法院应健全金融审判联动工作制度，完善案例指导制度，规范民间金融发展，扎实推进不良资产和风险企业处置，以服务保障金融改革。

关键词：

法院　金融改革　司法保障

随着金融市场的不断发展，各种各样的金融改革和创新行为不断涌现。在金融改革背景下，各种类型新颖、法律关系复杂、利益多元的金融纠纷案件大量进入司法程序，这对司法保障金融改革带来了巨大压力和严峻挑战。为此，本文以温州法院金融改革司法保障为研究对象，回顾总结温州金融改革司法保障工作情况，研究分析金融改革司法保障所面临的困难和问题，并对进一步强化金融改革司法保障工作进行了思考。

---

* 课题组成员：徐建新、陈有为、高兴兵、李德通、陈如良，温州市中级人民法院。

一　金融改革司法保障工作基本情况

（一）建立健全金融改革司法保障体系

在此方面，温州中院的做法，主要包括以下方面。

1. 健全金融改革司法保障机制

自金融综合改革试验区获批设立后，温州中院制定了《关于为温州市金融综合改革试验区建设提供司法保障的若干意见》，并以此为总纲，制定了金融改革司法保障“1 + X”规划。温州中院先后出台了《关于审理民间借贷纠纷案件若干问题的会议纪要》《关于试行简化破产案件审理程序的会议纪要》《服务保障实体经济发展十五条措施》等规范性文件。温州中院积极争取党政支持，在全市共设立 12 家金融审判庭。一些具备条件的人民法庭也设立了金融审判合议庭，鹿城、瑞安、龙湾等法院还设立了金融案件执行工作室。

2. 积极延伸审判服务职能

建立健全金融审判“白皮书”、司法建议和大要案报告制度，向市经济和信息化委员会、金融服务工作办公室报送金融审判信息专报 100 余期，向市人民银行、经济发展管理局等部门发送加大打击非法买卖银行承兑汇票等司法建议 20 余篇。推行新型金融组织法官联系点制度，编制金融法律风险防范宣传手册，开展“小微企业司法服务月”活动，教育和引导各类金融主体增强依法经营和风险防范意识，促进民间金融规范健康发展。

3. 完善多元纠纷解决机制

积极参与政府及相关部门牵头成立的民间借贷登记中心指导小组等专项领导小组，配合党委政府做好经济金融领域重大敏感案件的处置化解工作。积极整合解决纠纷的社会资源，支持仲裁机构依法开展金融纠纷仲裁工作，加大对公证债权文书的司法审查力度，联合司法局合力破解公证债权文书执行难题，积极试点与保险、担保等行业协会加强联合调解、委托调解和诉调对接工作，不断完善多元化的金融纠纷解决机制。

（二）依法规范民间金融健康发展

1. 建立民间金融纠纷协同处置机制

受2011年下半年局部金融风波影响，温州法院民间借贷案件数量在金融改革前后呈爆发式的态势。2012年，温州法院共受理民间借贷纠纷案件19446件，收案标的额220.76亿元，个案平均标的额113.52万元，较2010年分别上升136.22%、400.14%和382.65%。面对民间借贷纠纷案件集中高发态势，温州法院在采取推行院庭长带头办案、发动综合部门审判人员参与办案等措施，切实加大办案力度的同时，协同公安、国土、房管、人民银行和金融监管等部门建立联动机制，及时排查、化解各种不稳定因素，妥善处理群体性集资纠纷案件，建立了党委领导下的民间金融纠纷协同处置机制。

2. 积极创新“往息抵本”司法处置方法

在涉及受害人超5000人、集资标的达60余亿元、引起全国轰动的泰顺立人集团事件爆发后，考虑到大多数债权的月利息均高达2分至8分不等的实际情况，为最大限度地公平保护债权人的合法权益，温州法院根据《非法金融机构和非法金融业务活动取缔办法》（国务院令第247号）第18条和《中国人民银行关于取缔地下钱庄及打击高利贷行为的通知》的规定，参照非法集资相关法律法规规定，创造性地提出了“往息抵本”的清退原则，并被政府采纳施行，得到了众多债权人的认可，有效避免了群体性事件的发生。

3. 依法支持民间金融阳光化、规范化

金融改革推进过程中，温州市组建了全国第一家民间借贷服务中心，积极探索建立民间融资备案管理制度，并编制了“温州指数”，及时反映民间融资市场资金价格趋势和波动情况。为促进民间借贷的规范化、阳光化，温州法院明确规定，在不损害社会公共利益和违背法律禁止性效力规范的前提下，不宜简单否定新型金融组织的主体资格及其行为的效力。例如，对于经过备案登记的民间借贷，不仅一般应确认其证据效力、合同效力及合法性，而且一般不再作为涉嫌非法吸收公众存款罪的审查对象，等等。在利率约定不明、不合法或需要进行调节时，可将温州指数作为确定合理民间借贷利率的参考依据。

（三）强力推进银行不良资产处置

1. 创新审判工作举措

2012 年，温州法院共受理金融借款纠纷案件 6548 件，收案标的额 194.19 亿元，同比分别上升 350.96% 和 423.14%。面对金融类纠纷高发态势，温州法院积极推动温州市金融改革实施领导小组出台金融债权保护十点意见，创新金融债权保护工作机制，通过引导当事人对 20 万元以下的金融债权案件选择适用小额诉讼速裁机制，建立金融担保物权直接实现机制，支持民间资本参与银行不良资产转让等方式，尽力降低银行不良贷款率。

2. 完善执行工作方法

温州中院积极起草并推动政法委出台《关于办理银行金融抵押债权执行案件的会议纪要》，强化刑民交叉金融抵押债权执行案件的协调，促成龙湾海滨铜材厂等十余件涉刑民交叉的金融债权案件成功执行，处置银行不良贷款 8 亿余元。另外，对银行抵押财产首封法院为异地法院的案件，温州法院注重加强与异地法院的沟通协调，尽快启动抵押财产拍卖程序。2013 年以来，经多次到上海、苏州、无锡等地法院协调，成功取得了涉及 400 件案件、执行标的总额达 20 多亿元的 30 多处异地法院首封银行抵押财产的执行权。另外，温州中院还大力推进网络司法拍卖，依照能网拍的一律网拍的原则，借助淘宝网处置银行抵押房产，最大限度提高拍卖成交率。

3. 创新联席会议机制

温州中院积极争取党政支持，协调经信委、金融办和“一行三会”等金融监管部门及相关单位，召开金融监管与金融审判首次联席会议，出台《金融监管和金融审判联席会议制度》，搭建起为金融改革提供有力司法保障的工作平台，促进金融审判与金融监管、金融机构的业务交流和良性互动。2013 年以来，共借助联席会议平台召开各类专题会议 23 次，温州市金融改革实施领导小组共出台两个司法保障文件。

（四）积极探索风险企业处置模式

1. 加大破产审判力度

温州中院设立了审理破产案件的专门合议庭，建立健全破产案件集中审理、院庭长带头办案和破产审判听证机制，加强破产审判法官、管理人的业务培训。针对企业股东个人财产与企业财产混同现象严重的实际情况，积极创新企业和股东债权、债务合并清理的模式，使得具有300多年历史的老字号企业海鹤药业有限公司起死回生。温州中院出台了《关于试行简化破产案件审理程序的会议纪要》，明确一般的破产案件应在六个月内审结，无任何财产纠纷且符合条件的破产案件应在裁定受理后三个月内审结，最大限度压缩破产案件审理周期。2013年1～11月，共新收破产案件195件，审结150件。

2. 优化破产审判环境

温州法院建立健全政府主导风险处置工作与法院主导司法程序相结合的破产案件审理模式，推动党政成立专门领导小组，帮助协调化解破产审判工作难题。温州中院联合财政局制定了《关于破产援助资金的管理和使用办法》，设立200万元破产援助资金，推动苍南、乐清、瑞安党政设立破产审判专项基金，用于破产程序启动费用的垫付、破产管理人报酬的支付等。联合经信委等相关部门，搭建企业破产重整信息发布平台，及时向社会公布破产重整企业相关信息和法院破产案件审理情况，帮助浙江信泰集团等破产重整企业引进战略投资者，有效保障困难企业优质资产资源重组。

3. 强化风险企业帮扶

温州法院做好社会稳定风险评估工作，加强与当地党政以及稳定规范金融秩序、促进经济转型发展领导小组办公室的沟通协调，对政府已成立专门工作组进行清理、处置的企业，引导当事人由相关部门统一处置。对符合产业发展导向、有市场有前景，但因资金困难陷于不良经营状况的风险企业，注重通过慎用保全措施、调解、和解手段，帮助企业走出困境。积极搭建银企合作平台，通过建立应急转贷处置长效机制，规范临时解封转贷办理流程，以及保护借款展期后原抵押合同的效力，支持银行开展借款展期工作等方式，成功处置涉企风险事项，防止企业大面积涉诉情况的发生。

二　金融改革司法保障面临的困难和问题

（一）金融改革司法保障先行先试遇到的问题

金融改革先行先试的特性，必然伴随着各种各样的金融创新行为，而金融创新通常先于法律制度的建立和完善，如何对金融创新行为引发的金融纠纷进行认定，对偏离轨道的金融创新行为及时加以纠正，成为亟须破解的难题。例如，民间借贷登记服务中心成立后，运行过程中暴露的问题不断涌现。截至2013年10月，温州全市共有7家民间借贷登记服务中心开业运营，累计借出登记金额25.66亿元，成交金额达10.02亿元，成交备案登记的平均年化利率为14.5%。由于缺乏相应的配套措施及监管机制，民间借贷登记服务中心运行中存在以下几方面问题。第一，行业发展缺乏法律保障。民间借贷融资中介行业的蓬勃发展和民间融资法律体系建设滞后之间的矛盾，带来中介机构准入门槛缺失、机构发展乱象丛生、从业人员素质偏低等问题。第二，行业经营行为有待规范。部分中心间接参与民间借贷融资业务，通过股东名义（如融资性担保公司）直接受理民间借贷双方撮合业务，收取相关担保费用。部分场外民间融资对接中介机构在实际撮合借贷业务中，未依法合规经营撮合借贷业务，存在个别中介机构“法人”直接向借款企业及个人违规发放贷款的问题。

（二）民间融资规范过程中遇到的问题

1. 借贷利率标准存在非市场化缺陷

民间利率的“非市场化”缺陷造成了民间借贷的高利率特性。首先，民间资本利率尚未形成一个统一的基准利率，呈现一定的盲目性和随机性，整个民间金融市场被高利率诱导而使得整体民间利率都处于较高的水平上。其次，当前中小微企业融资难的问题十分突出，绝大多数中小微企业无法通过银行进行融资，因此它们对于资金的价格即利率的敏感性相对较低，利率弹性小意味着中小微企业可以接受相对较高的资金价格，即高利率。为遏制民间借贷市场的高利率，借贷利率市场化改革迫在眉睫。

2. 企业间借贷行为变形发展

对企业间借贷，不区分情形一律认定为无效的规定，导致了企业间借贷行为的变形发展。实践中大量存在企业间借贷的出借方或借款方名义为个人、实际为企业的情况，使企业民间借贷案件收案数量和诉讼标的额呈现整体上升态势。

3. “影子银行”监管不到位

典当行、小额贷款公司、融资性担保公司等金融机构的监管权分布在不同的部门，如典当行由商务部系统监管，小额贷款公司由金融办监管，融资性担保公司则由政府部门实行属地管理，等等。监管主体的多头运作造成了典当行、小额贷款公司、融资性担保公司等金融监管的混乱。

（三）银行不良资产处置过程中遇到的问题

1. 刑民交叉案件难以认定和处理

司法实践中，对于借款人涉嫌非法吸收公众存款等刑事犯罪的借贷案件，法院通常采取不予受理或驳回起诉的方式，由公安机关对案件刑事部分先行侦查。然而，由于涉刑民交叉借贷案件多有抵押担保，对担保人应承担多大比例责任的问题，有的法院援引担保法司法解释第 8 条，由担保人根据过错在借款人不能清偿债务的三分之一限额内承担相应责任；有的法院则认为担保人本身也是集资犯罪的受骗者和被害人，无须承担担保责任。由于缺乏明确的规范，部分法院内部在涉刑民交叉的有担保借贷案件认定处理上并不一致。同时，虽然部分法院如温州法院等已协调政法委出台刑民交叉金融抵押债权执行案件的会议纪要，但公安、检察机关和法院仍然由于认识上的不统一，致使涉及刑民交叉的金融债权案件抵押物、在建工程等的处置举步维艰。以温州为例，全市目前共有 155 件金融案件执行标的因涉及刑事犯罪被查封而无法处置，涉及不动产 182 处，涉案申请执行标的总额达 13 多亿元。

2. 不良资产核销程序过于繁杂

根据财政部 2010 年修订的《金融企业呆账核销管理办法》第 4 条第 1 款规定，借款人和担保人依法宣告破产、关闭、解散或撤销，相关程序已经终结，金融企业对借款人和担保人进行追偿后，未能收回的债权，以及法院依法宣告借款人破产后3年以上仍未终结破产程序的，金融企业对借款人和担保人进行追偿后，经法院或破产管理人出具证明，确实不能偿还的债权，可认定为呆账进行核销。事实上，法院对企业构成破产原因的审查系实体审查，一旦裁定受理破产案件，就意味着银行债权清偿困难，已然满足不良资产核销的前提条件。同时，不良资产呆账核销后，银行在破产程序中仍可按比例清偿，即所谓“账销案存权在”。现行关于破产核销程序的规定过于繁杂，不利于快速降低不良贷款率。

3. 民间资本参与不良资产转让困难重重

根据中国银行业监督管理委员会办公厅对广东银监局《关于商业银行向社会投资者转让贷款债权法律效力有关问题的批复》（银监办发〔2009〕24号），“商业银行向社会投资者转让贷款债权没有禁止性规定，转让合同具有合同法上效力”。从中可以看出，现有立法对银行向金融机构以外的社会投资者转让金融债权并没有禁止性规定。为加大不良资产清收力度，温州市政府出台了《加强房地产等财产抵（质）押登记管理工作补充规定》等规范性文件，对民间资本参与金融债权处置的行为予以认可和支持。工商银行温州分行也与瑞安华峰民间资本管理股份有限公司达成了2.7亿元的银行不良资产转让协议，试水推进民间资本参与不良资产处置工作。然而，民间资本参与不良资产转让的税费减免，转让后的抵押变更登记等问题，尚无统一的操作路径。

（四）企业破产审判推进中遇到的问题

1. 正确的破产理念还未形成

由于对破产的社会调整功能缺乏正确的认识，加上受错误的政绩观影响，一些地方政府认为破产有损政府声誉，而不愿让当地企业破产，更不愿承担职工失业救济、就业安置等方面的社会责任。债权人在债务人濒临破产时，通常首选抢先申请执行以获得最大利益，而不申请破产。债务人因财务账册不规范，甚至涉嫌偷税漏税，而千方百计逃避破产。这些因素都影响了破产审判工作的开展。

2. 破产财产混同现象严重

公私混合、家厂不分是中国绝大多数民营企业的特色。由于财务制度不规范，民营企业股东个人财产与企业财产混同，资金流向不明的情况极为突出。在个人举债与企业举债混在一起的情况下，如何界定破产财产和破产债务是当前面临的一个亟须破解的难题。

3. 政府配套公共服务不足

在破产审判推进过程中，政府配套公共服务的不足，也在一定程度上制约了破产审判的质效。比如，企业破产领导协调机制需要进一步制度化，“准破产企业”旧厂区产权区分、破产程序中企业相关税费的减免、无产可破“植物人”企业的破产费用以及破产企业档案的管理等缺少相应的规定，等等。

4. 成熟的管理人队伍尚未建立

管理人制度是2006年《企业破产法》立法时引入的舶来品，在制度运行之初，由于从业经验的缺乏，成熟的管理人队伍还未培养起来。浙江法院在2007年正式施行破产管理人名册制度，并印发了第一批管理人入册名单。2012年印发了第二批管理人入册名单。在第二批管理人名册中，温州有19家社会中介机构管理人和3名个人管理人。然而，由于管理人的素质和能力参差不齐，不少管理人甚至从未接触过破产案件，实务经验相当缺乏，管理人管理工作任重道远。

（五）企业风险处置过程中遇到的问题

1. 企业担保链风险蔓延扩大趋势明显

以龙湾法院为例，该院2013年1～11月受理的501件金融借款纠纷案件中，无担保人的为35件，有担保人的为466件。其中，1个担保人39件，2个担保人41件，3个担保人59件，3个以上担保人362件，共涉及担保人1853个；个人担保人1381个，企业担保人472个。比如致富集团案件中，与该公司互保的企业多达31家，关联资金高达100亿元。

2. 涉刑民交叉企业风险处置十分困难

风险企业相关案件经常涉及刑事犯罪，导致案件审理难度加大。若风险企业涉及非法吸收公众存款、集资诈骗，公安机关认为其财产可能与犯罪行为有关的，则会给法院发函要求暂缓对其财产案件的审理。即使风险企业涉及其他与犯罪行为无关的案件时，公安机关以目前正处于刑事侦查阶段为由，不同意法院在羁押场所会见发案风险企业的法定代表人，也不同意安排法院在看守所内开庭，致使风险企业的案件不得不中止审理。

三 强化金融改革司法保障的几点思考

（一）健全金融审判联动工作机制

建立健全金融监管和金融审判联席会议长效机制，加强与联席会议成员单位之间的信息交流、共享和对接，及时将失信被执行人信息纳入人民银行、工商、招投标等征信系统，进一步促进社会信用体系的完善；联合金融监管部门开展金融审判前瞻性调研，及时公布金融审判典型案例，发布金融审判系列白皮书，为规范市场主体行为、防范金融风险、加强金融监管提供针对性参考；充分吸纳和发挥中介机构、行业协会及监管部门的力量参与金融案件的调解，不断完善多元化、多方位、多渠道的金融纠纷解决机制。

（二）完善金融审判案例指导制度

随着金融改革的稳步推进，类型新颖、利益多元、纷繁复杂的金融纠纷案件将不断涌现，而现行法律法规通常只能解决常态经济形势下的金融纠纷案件，成文法的滞后给金融审判工作带来了相当大的难度。由于绝大多数地级市如温州等没有地方立法权，而地方法院也没有司法解释权，为切实履行好为全国金融改革创新探索路径、提供经验示范的使命要求，就需要切实发挥金融审判案例指导的作用。通过对金融审判典型案例思路的总结，统一法律适用，及时应对金融改革创新提出的司法挑战，对法律条文进行符合市场发展规律的解释，为立法和司法解释提供区域实践素材，为金融市场的规范有序发展发挥引导作用。

（三）促进民间金融规范健康发展

1. 健全民间融资相关法律法规

修改或废除不符合金融市场内在发展规律的相关内容，正确界定民间借贷中的合法与非法行为，保护非金融企业正常的资金拆借行为。加强民间融资活动监管的法律法规建设，及时总结借鉴《温州民间融资管理条例》实施过程中遇到的困难和问题，尽快出台保障和促进民间融资规范化、透明化发展的全国性法律法规。

2. 充分发挥“温州指数”的裁判参考作用

在民间借贷案件审判中，可在司法层面支持相关部门发布组合型的“温州指数”，在利率约定不明、不合法或需要进行调节时，尝试将“温州指数”作为确定合理民间借贷利率的参考依据。

3. 加大对民间借贷案件的审理力度

对民间借贷案件审判实践中发现的苗头性、倾向性信息，及时加强与党政部门的沟通交流，为地方和上级党委、政府制定科学的管理民间金融政策提供决策参考；对以民间借贷为名实施非法吸收公众存款、集资诈骗等犯罪活动的，及时移交公安机关处理；对转移、变卖、隐匿财产抗拒和逃避履行义务的，要采取相关强力措施，保护合法借贷关系和当事人利益。

4. 健全协同处置民间金融纠纷机制

进一步建立健全党委领导、政府主导、多方合作的民间金融纠纷协同处置机制，充分发挥政府部门在债务清理、风险处置、维护稳定等方面的重要作用，最大限度地整合各方力量和资源化解民间融资的风险与纠纷矛盾，有效处置各种可能引发群体性事件和激化社会矛盾的重大案件，使民间融资更好地发挥其服务实体经济的作用。

5. 规范民间借贷登记中心发展

根据《温州民间融资管理条例》，出台财政专项补贴资金、行业风险补偿机制等扶持政策，推动民间借贷登记服务中心及民间融资对接行业依法经营。加强民间借贷登记服务中心与人民银行等征信系统的对接工作，进一步完善民间借款人信用查询机制。通过司法裁判、发送司法建议等方式，加强对民间借贷服务中心及民间融资对接中介机构的监督管理，尽力防止非法集资、高息放贷、违规撮合等行为的发生。

（四）扎实推进银行不良资产处置

1. 创新不良资产处置机制

大力推行金融债权案件快立、快审、快执模式，全面开展金融债权案件小额速裁和金融担保物权直接申请执行工作。联合国土、房管等相关部门，商讨出台在建工程处置等规范性意见，进一步加快原有不良资产的处置进度。在统一法院内部关于金融债权刑民交叉案件处置化解思路的同时，加强与公安、检察机关的协调，加快推进金融债权刑民交叉案件的处置，切实降低不良贷款率。

2. 促进不良资产核销工作

严格落实温州市金融债权保护十点意见要求，明确在被执行人确无财产可供执行，且申请人对终结本次执行程序无异议，或者被执行人仅有的财产目前无法拍卖变卖的情况下，可先予裁定终结本次执行程序，便于银行根据相关规定及时核销坏账、呆账。同时，在确保金融安全的前提下，引导商业银行充分利用财政部门赋予的自主权，加快推进破产程序和银行不良资产核销的衔接工作，将受理破产程序裁定作为不良资产核销的依据。

3. 推动不良资产转让工作

一是积极建议地方政府参照四大金融资产管理公司剥离处置不良贷款的模式，组建市级政府性资产管理公司，以协议转让的形式优先购买以涉案企业为债务人的打包银行不良贷款，并配合法院统筹处置该企业，有效降低不良贷款率。二是支持民间资本参与金融债权的处置，允许民间资本在等价受让金融债权的前提下，以协议方式受让金融债权，并对受让人主张受让日之后的利息请求予以支持，以进一步拓宽金融债权处置的渠道，满足民间资本参与金融债权处置的现实需求。三是积极搭建联动平台，加强与房管、土地、工商、税务等部门的协调配合，建立相应的资产保全机制，减免相应的税费，不断优化不良资产转让的外部环境。

（五）扎实推进企业破产审判工作

1. 完善破产专业审判机制

一是加大破产审判宣传力度，引导企业主动申请破产。二是坚持“能活的依法帮扶，当死的有序退出”的差异化处置原则，引导落后企业和“植物人”企业走市场化破产道路。三是采取压缩破产受理通知、债权申报、债权人会议召集、终结破产程序审查和申请注销登记期限，限制破产宣告期限、和解次数，简化公告、送达方式和分配方案二次表决形式等，尽可能缩短破产案件审理周期，进一步建立健全“市场导向、司法主导、简易审理、执破结合”的企业破产审判新机制，优化社会资源配置效率，倒逼企业转型升级。

2. 健全社会综合管理机制

强化司法补漏职能，对于企业和股东财产混同，损害债权人利益的案件，在一定条件下采用企业资产、债务和股东个人资产、债务合并处理的思路，公平保障所有债权人的利益，减少破产程序的推进阻力。强化失信惩戒机制，充分利用司法资源，通过提供失信股东名单等方式，配合工商、税务、银行等相关部门健全失信惩戒机制。

3. 设立破产清算专项基金

积极争取党政部门设立破产清算维稳基金和破产管理人报酬基金，解决一些企业因无力负担职工安置等费用而难以申请破产的问题，以及大量“准破产企业”无法支付破产管理费用、破产管理人不愿接手的问题。

4. 加强破产管理人的管理

建立管理人考核考评和选择替换机制，通过业绩考核形成激励和淘汰机制，促进管理人队伍的专业化、精英化建设。建立管理人行业管理组织和管理人联席会议机制，加强对管理人的行业自律和自我管控。

（六）扎实推进企业风险处置工作

1. 审慎采取审判执行强制措施

一是坚持先对主债务人财产或抵押物采取财产保全或强制执行的措施，在主债务人财产或抵押物能够足额清偿的情况下，除非发现担保人有恶意转移财产的迹象，对其他担保人的财产原则上不予保全或强制执行。二是坚持财产保全不影响企业正常生产经营的原则，对正常经营的企业特别是担保企业的基本结算账户和尚未形成不良贷款的抵押物权，原则上不采取财产保全措施。三是坚持区别对待原则，对有市场有潜力、有订单和用工较多的企业慎用财产保全和强制执行措施，避免因财产保全和执行措施不当造成企业债务链风险进一步蔓延扩张。

2. 妥善化解企业联保互保风险

一是保护银行借款展期。在抵押物已因他案被法院查封，而企业与银行之间就抵押担保借款展期问题达成协议的前提下，依法保护原设定的抵押权效力，从而使企业可通过借款展期的方式维持现金流。二是支持临时应急转贷。在贷款企业的抵押物因他案被查封的情况下，对经企业申请、经信委审查和银监分局等部门协调，且转贷银行同意转贷的，可由查封法院发函给相关登记部门，准予临时启封，办理原抵押借款转贷手续，避免企业因现金流断裂问题而导致大面积涉诉情况的发生。三是支持国有担保机构“有条件”担保。为避免担保链上正常企业受出险企业的牵连陷入困境，可以支持国有担保机构“有条件”地为民营企业担保或改变其担保关系，以帮助有望脱险的风险企业恢复正常生产经营，待担保企业财务状况回归正常、担保合同期满或被担保企业破产清算时，依法保障国有担保机构退出。四是鼓励银行创新金融服务。支持银行适当改变当前的借贷模式，帮助企业挖掘抵押、质押资源，扩大抵押、质押资产范围，大力发展动产、应收账款、仓单、知识产权、商位使用权等抵押、质押贷款业务，利用人民银行应收账款质押登记公示等系统，逐步实现抵押从有形财产向无形资产领域拓展。同时，还可通过鼓励银行推广信用贷款业务等方式，减少企业之间的联保互保现象。

3. 建立风险企业协调处置机制

一是成立统一协调帮扶机构。由政府牵头成立统一的协调机构，组织法院、行业协会、银行等制定对涉诉风险企业的差异化处置标准，并拨付相应款项，建立风险企业帮扶基金，用于企业正常生产经营。二是推进刑民交叉案件处置。由政法委牵头，协调公安、检察机关和法院统一涉刑民交叉案件风险企业的处置标准，加强司法程序的衔接配合，有效推进涉刑民交叉企业风险的处置工作。三是建立行业协会救济基金。由行业协会、商会每年预留一定比例的基金，建立行业协会救济基金，作为支持会员企业应诉之用，有效化解企业风险。

B.25

涉村委会案件的概况、成因及应对

义乌市人民法院课题组*

摘　要：

本文通过对义乌法院近年来审理的涉村委会案件的专题调研，总结出了该类案件的特点，即“三多一集中”：案件数量多、村委会为被告多、判决结案多及案件类型集中。此类案件的处理存在“三难”，即法律适用难、审理难、执行难。课题组分析了涉村委会案件的成因，并从法院、村委会、镇街组织等多方位提出了该类案件处置以及村委会、基层政府完善相关制度、积极履行职能等的建议。

关键词：

义乌　村委会　审理

国家“十二五”规划明确指出，“全面开展城市社区建设，积极推进农村社区建设，健全新型社区管理和服务体制，把社区建设成为管理有序、服务完善、文明祥和的社会生活共同体”。因此，充分发挥审判职能作用，依法及时化解各类涉农涉村矛盾纠纷，更好地服务于社会主义新农村建设，已经成为当前基层人民法院面临的重要任务。义乌市人民法院（以下简称义乌法院）课题组以近六年来该院受理的涉村委会①民商事案件为样本，梳理了该类案件纠纷的特征，分析了纠纷产生的深层次原因，并从法院、村民委员会（以下简称村委会）、镇街组织等方面提出了问题解决框架。

---

*　课题组成员：李刚、李永群、楼伊丽、应金鑫、吴新辉，义乌市人民法院。

①　本报告中个别案件涉及居民委员会、经济合作社，为表达方便，统称“村委会”。

一 涉村委会纠纷案件基本情况

（一）案件数量居于高位

2007～2012年，义乌法院共受理涉村委会案件1020件，结案1030件（含旧存），平均每年收、结案总体数量一直居于高位，其中2012年收案270件（见图1）。然而，这些进入诉讼的纠纷仅仅是农村现实矛盾的一部分，不规范的土地承包、流转，不合理的集体经济组织成员利益分配，村党支部和村委会（以下简称村两委）关系不和谐等问题仍处于矛盾的积累潜伏期，一旦诱因出现，很容易引起群体性纠纷事件的爆发。

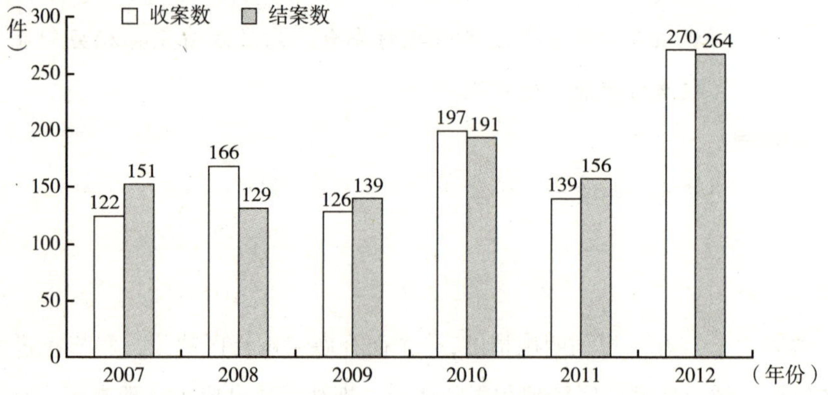

图1 义乌法院2007～2012年涉村委会案件收、结情况

（二）村委会多为被告，且相对集中

1020件案件中，村委会为被告的895件，占87.7%。涉案村委会主要分布在经济发展相对快速的中心镇街（见图2），且多数案件集中在少数村委会。以佛堂镇为例，该镇96个村委会中有52个涉案，而40%的案件集中在稽亭村、上叶村、王江村、倍磊二村、南王店村、张宅一村6个村委会。

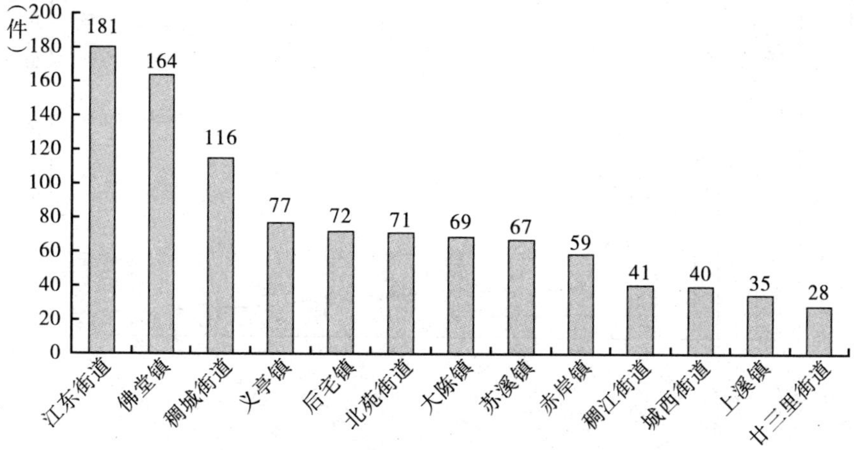

图 2　义乌市 2007～2012 年涉案村委会地区分布情况

（三）类型相对集中

六年间，义乌法院审理的涉村委会案件纠纷类型达 50 余种，但相对集中在建设拆迁、集体权益、村务管理等三类纠纷。其中，涉建设拆迁纠纷主要包括建设工程纠纷（建设工程施工合同、承揽合同及买卖合同纠纷）及旧房拆迁纠纷（房屋拆迁协议、拆迁安置补偿、房屋租赁合同纠纷）等；涉集体权益纠纷主要包括侵犯集体成员权益纠纷、征地补偿款分配纠纷、农村土地承包经营权纠纷等；涉村务管理纠纷主要包括健康权纠纷、雇员受损害纠纷等（见图 3）。近两年新增了环境污染侵权等纠纷。

（四）调撤率低，上诉率高，发改率低

涉村委会案件判决结案率始终处于 60% 左右的高位，相对应的调解、撤诉率偏低（见图 4）。涉村委会案件上诉率维持在 20% 左右，高于同期全部民商事案件的平均上诉率。但案件发回改判率下降明显，从 2009 年的 32.14% 下降到 3.57%，已明显低于所有民商事案件平均 10.51% 的发回改判率。

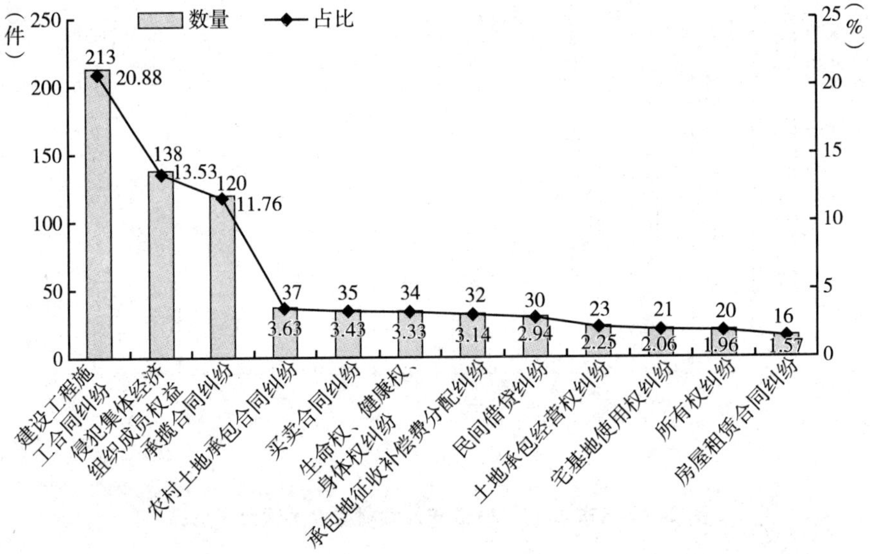

图 3　义乌法院 2007～2012 年涉村委会案件收案类型情况（前 12 类）

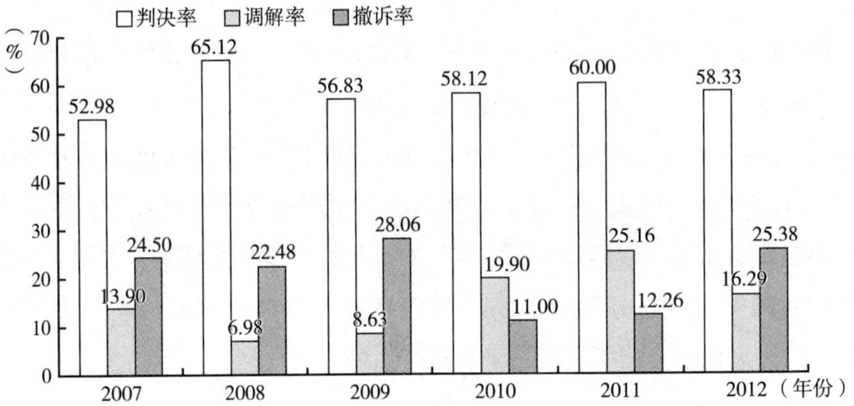

图 4　2007～2012 年义乌法院涉村委会案件结案方式

二　涉村委会案件纠纷的审理难题

（一）法律适用难

如前所述，涉村委会案件类型众多，且引起纠纷的原因多种多样。以农村土地承包合同纠纷为例，诉求包含确认合同无效、解除合同、恢复原状、继续履行等，但其产生原因则相当繁杂，如合同内容不完整、土地属性系农业用地或工业用地不明、承包土地上的权利负担不清、履行阻挠、承包人因身份变化被取消承包资格、承包土地被流转、征收等等，涉及法律法规、政策、村规民约等多个方面。这对法官审理案件提出了更高的要求，不仅要领会掌握相关法律法规，熟悉相关的地方政策、社情民意，还需具备较强的做群众工作的能力。例如，旧村改造拆迁，对于违法建筑、补偿数额的认定标准和程序，涉及面广，法律依据又不甚明确，一旦处理不当就有可能带来被动。

（二）案件审理难

1. 案件事实查明难

①必要证据材料缺失。有些村委会不重视保留、收集证据，如未保存集体款项的发放清册及相应的会议记录，增加了查明案件事实的难度。②后任村委会以其不知情为由否认或推诿，消极应诉，或否认前任签字、盖章确认的事实，并提出证据反驳。③案件事实数次变迁，查明困难。某些案件讼争标的物经过十多年的变迁，已完全改变了原貌，部分书证灭失，案件事实难以查明。例如，某物权纠纷案中，原告的林地十多年间被多次毁坏，诉讼时已难以明确原址地貌。④村委会不出庭应诉或仅委托不熟悉村务的律师出庭应诉的情况较为普遍。

2. 影响审理因素多

①哄闹法庭，扰乱庭审秩序。有些村委会组织村民到庭旁听，利用人数优势给己方造势，甚至谩骂、攻击对方当事人。②挂横幅，打标语，在庭外施加压力。例如，佛堂镇某村委会为争取胜诉，组织部分村民在法庭外举横幅、标语，向法院施压，造成很大的负面影响。③写“陈情书”、找法官反映情况。某些涉村委会案件，村民常出现在法官办公室，向法官表达“诉求”，提具体要求。虽经法官解释，仍不罢休，严重影响案件的审理。④经济合作社职能问题。各村设立经济合作社的时间不一致，且与村委会之间的职能划分不清，村委会、经济合作社法律主体资格混同，给涉村委会案件被告主体的确定造成了困扰，影响办案进程及当事人权益的实现。

3. 服判息诉难

①调解难，上诉率高。虽然法院对该类案件处理很慎重，做了较多工作，但因涉及集体利益，村干部怕担责任，甚至互相推诿、扯后腿，导致调解率低，上诉率高。②法律释明及判后答疑工作难。因缺乏法律知识，村民往往对村委会败诉有很大情绪，对法律释明不予接受。③群体性信访多。许多案件诉前即已信访，且大多为群体信访，法院受案后，部分村委会或当事人以信访为手段向法院施压，或于败诉后继续信访。2009～2011 年，义乌法院涉村委会纠纷的来信来访达 61 起，其中人数 10 人以上的来访 7 起。

（三）判决执行难

1. 村委会不予配合，干预保护多

法律意识淡薄，“村两委”相互推脱。村委会主任（以下简称村主任）作为村委会法定代表人，常以自己说了不算为由，要求法院找村党支部书记（以下简称村支书），而后者则常以自己不是法定代表人为由不予配合。有的村委会换届后，新班子对原村委会遗留下的债务拒绝接受，不愿拿出实际的履行方案。在执行涉及村委会案件时，有的“领导”会出面说情，以建起两委班子不容易、村委会困难等为由，干预正常执行。

2. 履行能力不足

有些村集体无任何经济收入来源，村委会拥有的动产往往是一些必需的办公用品，财产价值较低，执行这些财产是杯水车薪，且还妨碍村委会正常运作。

3. 法院措施有限

实践中，法院往往通过村委会或经济合作社账户上的存款来执行。但是从义乌实际情况来看，由于村集体款项由政府联管，银行存款的执行需要各镇街农村财会中心配合，先向镇政府财会主管部门请求准许查询各村财务的联管银行账号，由主管负责人了解村集体财务情况，沟通协调后由镇街农村财会中心开具票据支领款项或者查封账号、扣划款项，操作较为烦琐，效果不尽理想。而且村集体款项往往是专款专用，贸然查扣会造成农村工作的被动，易引起涉诉群体信访。

三 涉村委会纠纷的成因分析

（一）普遍性原因

涉村委会案件案由多样，纠纷原因不一，但是通过梳理，仍可发现其中一些共性的、普遍性的因素。

1. 镇街审批监管问题

镇政府、街道对村委虽有一定的管理规定，但大量案件表明，很大一部分纠纷是因为合同审批①、监管不到位。如对合同的内容、履行情况、监管、验收等只注重事后形式审查，在其履行过程中没有实时跟进。

2. 村两委等矛盾问题

村委会职能行使多涉及全体村民的利益，利益没有协调好，就极易引发纠纷。特别是村两委之间，村委会由村民直接选举产生，而村党支部往往由村内党员选举后经由上级镇街任命产生②。组织基础的不同使“村两委”各自依据不同的制度规则运行，村支书和村主任顶牛，彼此之间权力角逐、摩擦和冲突常有发生。此外，前后任村委会成员，若是出自不同“派系”，选举后往往矛盾较深，而村委会换届时审计不到位，致使工作上相互不配合，无故设阻。例如，现任村委会不承认前任村委会的签字、村主任不承认村支书的签字等等，导致村内工作无法正常开展。

（二）各类纠纷的成因

除上述共性因素外，各类纠纷又有不同的形成原因。

---

① 以往规模在 3 万元以上的村级建设工程需要上报镇街，由镇街审批后开展招投标（现上升为 8 万元以上），在此规模之下的村级建设工程由村自主负责工程的招投标，在工程完工后将合同及一应票据材料上报镇街审核后再发放工程款。

② 村党支部在 2011 年前由 1 名书记及 4 名委员组成，由村内党员投票产生 5 名成员后，由镇政府直接任命其中 1 名为书记，其余 4 名为委员；2011 年开始村党支部由 1 名书记及 2 名委员组成，由村内党员投票产生 3 名成员后，再次投票从 3 名中选举书记（投票方式为无记名投票，票由镇政府事先印好 1 个名字，若同意则打钩，若反对则另写 1 人名字）。

1. 涉建设拆迁纠纷的成因

（1）建设工程相关案件。94.67%的村委会作为被告参与诉讼，被要求支付工程款、货款、退还质量保证金、解除合同等，其中逾90%的村委会败诉，被判令承担相应责任。这类案件的败诉原因主要有以下几点。

其一，村财务管理混乱。主要包括：清单必须由村主任和村支书签字，一人签字无效；前后任村委会账目未交接；现任村委不承认前任签字；工程清单无监工签字、村委会换届资金冻结等。尽管大部分镇街制定了村级财务管理制度，对村级财务的收支、审批等作了相应规定，但现实中各村的财务管理并不统一，有些必须经“村两委”决定或村集体讨论决定的事项，却只有一张结算凭据，没有相应的会议记录、合同、审批单据。村级财务混乱，账目不全，有的村甚至没有账册。财务混乱导致该公开的没有公开或公开不全，村民产生质疑，从而阻挠部分款项的支付；有的款项被村干部挪作他用。

其二，合同管理不规范。义乌市对新农村基础工程建设项目，均实行“统一规划设计、统一预算、统一招标、统一监理、统一审核”，特别是工程款3万元以上的，必须进行招投标。部分村将一个工程分解成3万元以下的几个工程，暗箱操作，由村干部或熟人承建、参股、转包等，致使工程价超过预算、工程量虚报、工程验收不规范等问题，无法通过镇街代理中心审核拨款。

其三，工程监管不到位。在实际施工中，部分村委会监督工作没有及时跟上，有的则根本没有监工。例如，某村修建道路，村委会未派监工，村民质疑村委干部私拿材料，多次阻挠工程施工，造成施工方损失，要求解除合同。有的村委会怠于行使权利，对工程质量没有及时监督检查，有些已过了质量保修期，直至诉讼阶段才提出工程质量问题，往往难以查清。

（2）旧房拆迁相关案件。由于旧房拆迁政策规定较为笼统，而各村具体情况不一，由此产生诸多问题，涉及村委会的主要有以下问题。

其一，村民要求过高。有的村民提过高要求，不配合拆迁，成为“钉子户”；有的村民认为拆迁方案不合理，如子女即将满18周岁或外地就学子女户口尚未迁回，故意拖延拆迁。

其二，安置制度不健全。在旧村改造过渡安置中，主要实行货币补偿，如按每人每月100元，补偿12个月，但对申领条件没有细化，如部分村民原先就不住在村内，而有些村民经济困难，过了补偿期限则无能力续租住房。有些由村集体统一为被拆迁户租赁房屋作过渡安置，但因工期延长或村委会换届等原因，村委会拒付后续租金引发纠纷。

其三，村委会工作不够规范。在拆迁过程中，有的村委会急于赶进度，未对被拆迁房屋产权进行调查，在被拆迁人未依约拆除旧房时即先行为其新房定位、放样，最终旧房因产权纠纷无法拆除①；有的村委会越权承诺为村民安置约定面积、地段的建房用地，终因未获行政主管部门批准，无法兑现承诺而引发纠纷②。

其四，村委会缺乏法治观念。有的村委会明知村民违法建筑，不及时制止，反而收取“配套费”，默许村民私搭乱建，引发纠纷③；有的村委会对村民违反规划私自开挖地下室听之任之，最终因开挖地下室造成人身损害而引起纠纷④。

2. 涉集体权益类纠纷的成因

（1）侵害集体经济组织成员权益类纠纷的成因。

其一，部分款项分配方案违背法律规定。村集体款项的分配依法属于村民自治范畴，由村民自行决定。实践中，一般由村委会制订分配方案后发放。但因涉及利益之争，部分分配方案以各种理由剥夺或减少部分村民的权益。例如，外嫁女、在校大学生、现役士兵、嫁入后离异的妇女、幼童及本村因历史原因在册的非农业户口人员等，往往被按照老旧习俗或以非本村农业户口为由，享受不到村民待遇，必然引起这部分人员的不满，产生纠纷，影响稳定。

其二，议定程序不完善。多数涉案分配方案未经村民会议讨论，缺乏公示

---

① 如江东街道孔村村委会，明知旧房已经转让，仍将该房相关利益归于原房主，在旧房未拆除的情况下，为原房主的安置房进行定位、放样，导致旧房无法拆除引发纠纷，不考虑整体规划，仅临时用电一项就由村集体多支付巨额电费。

② 根据《土地管理法》第五条的规定，土地管理职权专属于县级以上人民政府土地管理部门，村委会作为群众性自治组织，仅协助报批，无权直接安置土地。该类纠纷具有民行交叉的特性，现阶段法律无针对性的适用规范与审理程序，对法院的审理、执行工作提出了挑战。

③ 如北苑街道何麻车股份经济合作社，明知村民在安置房之间的空余面积上所建房屋系违章建筑，无法通过审批，不加制止、上报，仍开会明确收费标准，在全村范围内对该类房屋收取“配套费”，默许村民私搭乱建，引发邻里纠纷。当村民拒交“配套费”时，该经济合作社竟诉至法院，让人哭笑不得。

④ 如后宅街道洪华居委会，旧村改造过程中听任村民私挖地下室，终因一名施工人员在开挖地下室过程中，被村内道路掉落的路测石砸中，造成二级伤残，而被告上法庭。

异议程序。依据《浙江省实施〈中华人民共和国村民委员会组织法〉办法》第10条的规定，村集体经济所得收益的使用及征收土地各项补偿费用的使用方案，村民委员会必须提请村民会议讨论决定。村民代表会议经村民会议授权方可讨论上述内容。但调查发现，部分分配方案仅由村民代表会议讨论决定，未有村民会议的授权，还有的村委会违反法律程序，在未经村民推选的情况下，以村民代表会议决议的方式增补村委会成员为村民代表，然后讨论村集体款项的分配方案。

其三，成员资格认定标准不明确。集体经济组织成员资格的认定关系到广大人民群众的切身利益，也是当前农村矛盾产生的源头之一。但立法将集体经济组织成员资格的认定问题限定于村民自治范畴，由村民自行民主议定，未对成员资格的认定作明确规定，这直接导致了成员资格认定及分配方案的混乱。义乌法院的司法实践中，村集体经济组织成员资格一般先由村集体组织（村委会或经济合作社）认定。但各村的认定标准不一，给审理与此相关的各类成员权益矛盾案件带来了诸多不便，隐藏在背后的村内矛盾仍然无法解决，长此以往，对农村及社会的稳定极为不利。

（2）土地承包类合同纠纷的成因。

其一，发包程序不完善。无论是《农村土地承包法》还是《浙江省实施〈中华人民共和国村民委员会组织法〉办法》，均规定涉及土地承包等重要事项的，必须经过村民民主议定程序，要求经村民会议三分之二以上成员或者三分之二以上村民代表的同意①。但在审理中发现，部分村未经民主议定程序，即将村集体土地发包给他人经营，最后导致合同无效。这种做法缺乏村民及行政监督，易导致个别人员暗箱操作，损害村集体及村民的利益，引起群众不满。也有的村委会未经民主议定程序，即将土地调整发包给他人，侵害了原承包人的合法权益，从而引起纠纷。

其二，基本法律意识欠缺。一是合同签订不规范，如有的村委会将土地出租的期限一次性定为50年，超过法律规定的最长承租年限，土地增值、重新

① 《农村土地承包法》第18条、第48条及《浙江省实施〈中华人民共和国村民委员会组织法〉办法》第10条第7款均有明确规定。

分配时易引发纠纷。而某些村委会在发包土地时，未仔细审查发包土地的性质，笼统地打包出租，擅自改变了基本农田的用途，进而导致合同无效，产生纠纷。二是履约意识不强，如义亭镇杭畴村的承租人，在村委会明确表示不愿意续租的情况下，仍然拒绝腾退，引发了大规模的村民上访、抗议。

3. 涉村务管理相关纠纷的成因

此类纠纷，有缘起于迎龙灯导致的人身损害赔偿，也有因拆除旧房引起的雇员受损害赔偿纠纷，还有因为溺亡引发的生命权、健康权、身体权纠纷。纠纷产生的原因，一方面是由于法律意识不强。例如，组织迎龙灯的多由“灯会”出面，而实际上负责“灯会”的也仅是一两个人，迎灯队员的招募工作也多由负责人通过个人关系进行。又如拆除旧房过程中大都未签订雇佣合同，导致雇佣关系不明确，纠纷发生时难以确认索赔对象。另一方面是由于安全意识不强。在迎龙灯、拆除旧房过程中，往往缺少必要的安全意识和基本的劳动技术，而且雇主很少对雇员进行上岗前的技术培训和安全生产意识教育。

四　涉村委会纠纷的化解建议

（一）法院方面

1. 健全审务管理机制

强化风险评估，案件承办人负责收集风险评估信息并向庭长提出初评意见，庭长经过指导分析形成明确的风险评估意见和应对方案后向分管院领导汇报；实施集中办理，指定审判经验丰富的资深法官办理；加强审核监督，裁判文书统一交由分管副院长签发。

2. 完善案件调解机制

坚持全程调解。首先，尝试建立涉村委会案件委托调解机制。对适合人民调解的案件，由法院出具委托调解函，委托人民调解委员会先行调解。其次，对委托调解未成功的纠纷，法官应针对案情特点有的放矢地开展调解工作。最后，仍未达成一致意见的，及时开庭审理，庭审后征求当事人意见，双方均同意调解的，还要及时组织调解，争取调解结案。同时要加强调研，及时系统总结涉村委会案件调解经验，提高调解结案率。

3. 建立联动处置机制

可以通过发送《辖区涉村委会案件白皮书》的方式，向辖区镇街通报情况，析成因、提建议，助力农村基层社会管理创新。同时可以与镇街建立联席会议工作机制，联动解决涉村委会纠纷，尽力将矛盾解决在基层。

4. 强化司法建议工作

在办案过程中发现可能影响农村社会稳定的苗头性、倾向性而又超越法院职权范围的问题，及时通过司法建议向村委会、镇街等提出加强和改进社会管理的意见建议。

（二）村委会方面

1. 健全财务制度

统一村内财务审批，特别是“村两委”之间，若有争议，需经村委会民主议定或村民会议商定。同时村内应指定一名责任心强、经过相应文书培训的村委会成员或村民负责村内台账的整理，对村委会的民主选举、政策文件、财务报告、建设工程（审批手续、设计图纸、预决算表、验收证明等）、各类经济合同、土地管理、村民婚姻信息等各类材料建立完整台账，并归档保存。

2. 提高法律素养

可由政府牵头，司法行政部门组织，安排律师、法律工作者担任农村法律顾问，开展法制宣传教育，帮助修订完善村规民约、合同，提供法律咨询和法律援助。有条件的村可设立专门的法律顾问工作室，方便村民进行法律咨询，开展普法工作。

3. 健全村负责人出庭应诉制度

建议出台“村负责人出庭应诉办法”，可规定涉村委会案件村主任、村支书或代理人必须到庭应诉，若有特殊情况无法到庭应诉的，应向镇街备案。法院制作季度报表送交镇街，由镇街进行核查，并将出庭应诉情况与个人考核或村级考核相挂钩。

（三）镇街方面

1. 强化联村干部职责

镇街设立联村日志，记录、总结联村干部日常工作活动。联村活动形成完整的台账交镇街专门部门保管，作为联村干部工作考核内容。镇街分管领导应定期召开会议，听取联村干部对各村的情况汇报。注重事前监管，设立风险预警表，计入联村台账，对村内出现的纠纷苗头，联村干部应及时填表报主管领导。

2. 注重事前监管审查及实地勘查

发挥法律顾问的作用，对辖区内村委会签订的合同预先进行法律及可行性审查，排除矛盾隐患，对新农村建设工程的验收应当落实专人实地勘查，明确职责，避免形式主义。

3. 加强对村委会的考核

镇街针对村委会的涉法涉诉情况制订具体的评分考核体系及奖惩措施。对村委会成员，每年举行一次民主考核测评，公示考核细则，各村委会成员在村民代表大会上述职，再由村民代表进行无记名民主测评。对考核优秀的予以奖励，不称职的可以取消其评先资格，并处以一定的经济处罚，考核两次不称职的，可以依法提请罢免其村委会成员资格。

Abstract

The Annual Report on China's Rule of Law No. 12 (2014) (the Blue Book of Rule of Law) analyzes various topical and key issues of the rule of law in the fields of legislation, protection of human rights, a government ruled by law, judicial reform, anti-corruption, criminal law, social law, and law of special administrative regions in China in the year 2013, covering the regulation of the securities sector, protection of intellectual property rights, regulation of industrial parks, environmental policy-making, disaster management and emergency response, public health law, and charities law.

The Blue Book of Rule of Law (2014) continues to feature a series of evaluation reports on the rule of law index in China, including investigation and evaluation on the basis of the information available at government websites, of disclosure of government information by 55 departments under the State Council, 31 provincial-level governments, and 49 governments of larger cities, investigation and evaluation on the basis of the information available at the websites of the courts, of the transparency of judicial affairs by the higher people's courts of 31 provinces, autonomous regions, and municipalities directly under the Central Government and the intermediate people's courts of 49 larger cities, as well as the first ever evaluation of judicial transparency of the Supreme People's Court, investigation and evaluation on the basis of information available at the websites of procuratorates, of the transparency of procuratorial affairs by the people's procuratorates of 31 provinces, autonomous regions, and municipalities directly under the Central Government and the people's procuratorates of 49 larger cities, as well as the first ever evaluation on procuratorial transparency of the Supreme People's Procuratorate; the launch of an index system for the evaluation of judicial transparency of maritime courts in China and the investigation and evaluation on judicial transparency of 10 maritime courts on the basis of information available at the websites of those maritime courts; the launch of a sunshine judiciary evaluation index system for Zhejiang courts and the investigation and evaluation on judicial transparency of 103 Zhejiang courts on the basis of information available at the websites of those courts.

The Blue Book of Rule of Law (2014) continues to present research reports on the situation of the rule of law nationwide and in local regions of China, covering the scale, triggering factors and trends in mass incidents, the supervision by the people's congress of Guangdong province, the exploration and practice of public participation in major administrative decisions in Guangdong province, the re-establishment of social orders at the grass-root levels by Yuhang District of Hangzhou, innovative internal administration by the courts, judicial protection of financial reform, and the trials of cases involving village committees.

Contents

B I General Report

Abstract: This report summarizes the progresses achieved by China in developing the rule of law in 2013 in the areas of legislation, a government ruled by law, judicial reform, legal institutions for a clean government, civil and commercial laws and regulations, social justice, and legal institutions concerning foreigners or foreign affairs, analyzes the existing issues, and forecasts the trends of the development of the rule of law in China for 2014.

Keywords: 2013; China; Situation of the Rule of Law; Forecast of the Situation

Ⅱ Special Reports

Abstract: The year 2013 was a new starting point for China's deepening reforms. Comprehensively complementary reforms need to go hand in hand with the building of a comprehensive rule of law regime. Therefore, the legislation in 2013 was primarily focused on the following areas: leading the reforms of the administrative system, advancing the transformation in the patterns of economic development, enhancing social welfare safeguard and social administration, encouraging science and technology innovations and cultural developments, enhancing the regulation of ecological environment and urban safety. In doing so, the new legislative developments not only spearheaded the relevant reforms, but also made substantial progress in the protection of rights and the enhancement of legislative quality and effectiveness. Legislative work in the future still needs to keep engaged with the real-time needs of the reform and development and the social realities, and prudently and steadily play a leading institutional role.

Keywords: Legislation; Reform and Development; the Building of the Rule of Law Regime

Abstract: In 2013, China achieved the relevant goals set out in the *National Human Rights Action Plan (2012 – 2015)* within the promised timeframe and made substantial progress in the protection of civil and political rights, economical, social and cultural rights, and the rights of special groups. China initiated and participated in international human rights dialogues, accepted the compliance reviews of the United Nations' relevant treaty authorities, and the general periodic reviews of the Human Rights Council. The reform goals and measures for key issues existing in human rights in China were set forth in the Chinese Communist Party (CPC) Central Committee's *Decision on Major Issues Concerning Comprehensively Deepening Reforms* (Decision), and the relevant authorities have started the reform progress based on the Decision.

Keywords: Human Rights; Civil and Political Rights; Economic, Social and Cultural Rights

B. 4 Evaluation of the Paths and Trends of Anti-Corruption in China in 2013

Tian He, Lyu Yanbin and Yao Dong / 052

Abstract: Anti-corruption is a global issue and is also an important mission of the CPC and China at present. After the 18th CPC National Congress, especially since the 3rd Plenary Session of 18th CPC Central Committee, the CPC Central Committee has developed new ideas and applied new measures for anti-corruption and the building of a clean government. This report incorporates the CPC Central Committee's spirit for anti-corruption and the building of a clean government. Through reviewing China's anti-corruption practices and features in 2013, this report analyzes the anti-corruption paths in China in 2013, the traditional "mass line" measures for anti-corruption, and the legal and institutional mechanisms for combating corruption and the building of a clean government, and assesses the situation faced by anti-corruption work in China for 2014.

Keywords: Anti-corruption; Institutional Innovations; Paths; Evaluation

B. 5 Analysis of the Crime Situation in 2013 and Trend Forecast

Ji Xiangde, Lyu Shengyun and Ji Fang / 071

Abstract: The general social environment in China in 2013 was stable and the general public's feelings of safety had increased. However, the crime situation was still grim, certain types of crimes that severely impact public security still had high levels of occurrence and in certain areas might have even intensified, and certain unstable factors in society remained unresolved. With the further establishment of "the rule of law in China", the enhancement of the judicial reform, and the impacts of certain other positive factors, it is expected that the rate of increase of total number of crimes in 2014 will start to be restrained; crimes such as bribery and corruption, dereliction of duty, sexual offences committed against minors, and spread of rumors will be deterred. However, the occurrence of crimes relating to violent extremism, the Internet, espionage and intelligence gathering, and violent terrorism may continue to be at high levels.

Keywords: Crime Situation; Status Analysis; Forecast of Trends

Abstract: This report reviews and summarizes the development of the implementation of the Basic Law of the Hong Kong SAR in 2013, especially providing objective analysis for several topical issues concerning core values. These issues include judicial independence and the rights of residency in Hong Kong, new developments of human rights protection, developments of democratic politics, corruption scandals, administrative meetings and administration according to law, "Occupy Central" and "the Rule of Law" concept, etc. Based on the aforementioned, this report predicts the rule of law situation in the Hong Kong SAR in 2014.

Keyword: Hong Kong; Basic Law; Implementation; Rule of Law

Abstract: The implementation and improvement of the legal liability system under China's securities law is the fundamental path for realizing the goal of regulating the capital market through the rule of law. The practical experience in the development of the Chinese capital market demonstrate that, from the designation of liabilities to the implementation mechanism, functional obstacles and structural gaps exist in the legal liability system of China's securities law, resulting in serious gaps between the institutional designs of the laws for the Chinese capital markets and the market realities. Rooted in the current situation of the realities and development trends of the Chinese securities market, this report aims to systematically analyze the discovery mechanism, the penalty basis, the procedural costs, the effectiveness of penalties of illegal acts and the internal connections of the aforementioned mechanisms. By so doing, this report provides legislative proposals for a scientific and rational design and establishment of the legal liability system of China's securities law in order for China to make full use of functions and mechanisms of the securities market.

Keywords: Legal Liability of Securities Law; Implementation Effectiveness; Improvement of Legislation

B. 8 Choosing the Proper Paths for the Establishment of Intellectual Property Courts in China *Yang Yanchao* / 120

Abstract: In the recent years, the cases for intellectual property rights (IPR) disputes have significantly increased in China. However, due to the lack of professional expertise in the trials of IPR cases, the jurisdiction of such cases had been chaotic at times. Chinese courts have been actively exploring the trial model reforms, combining the civil, administrative, and criminal IPR cases in a "Three-Trials-in-One" model. The CPC Central Committee's *Decision on Major Issues Concerning Comprehensively Deepening Reforms* has formally put "exploring the establishment of intellectual property courts" as part of the important agenda for deepening reforms. The establishment of intellectual property courts has substantial significance for the enhancement of the professionalism and efficiency in the trials of IPR cases. In the process of the reforms, the well-established models abroad for "specialized intellectual property courts", "intellectual property courts of appeal", and "trade practices tribunals" should be fully considered. However, in choosing the proper paths, practical circumstances such as the status of the protection of IPRs in China, the mechanisms of court trials, and

China's current legal regime, must also be taken into consideration.

Keywords: Intellectual Property Courts; "Three-Trials-in-One"; Model

Abstract: In China, there are many types of industrial parks, such as export processing zones, economic and technological development zones, border economic cooperation zones, high and new tech development zones, bonded zones, bonded port areas, comprehensive bonded zones, bonded logistic parks, logistic parks, cross-border industrial zones, free trade zones, etc. While the industrial parks have played an important role in advancing China's industrialization, promoting China's international economic cooperation and exchanges, and regional economic developments, there are also certain problems that need special attention. From the development and unique features of industrial parks, this report analyzes the current issues facing industrial parks and provides legislative proposals for the development of China's industry parks.

Keywords: Industrial Parks; Development and Administration; Industry Parks

Abstract: Public participation can impose positive impacts on legislation, public decisions, and public governance. In China, the rise of public participation in environmental decisions has unique historical background. Because administrative environmental decisions have high policy risks and involve widespread interests, the role of public participation cannot be missing. In the recent years, the process of public participation based on public incidents involving environmental decisions has very distinguishing features. While there has been significant progress in the standardization of environmental decision participation, there are also many unfavorable factors that function as obstacles. Incorporating public participation in the environmental decision making process in an orderly and effective manner requires the collective endeavors of the government, the society, and the public.

Keywords: Administrative Environmental Decisions; Public Participation; Environmental Social Organizations; New Media

Abstract: Facing increasingly serious trends of the occurrence of disasters, China's disaster management and emergency response has obtained significant achievements. However, various problems still exist, such as the weakness in comprehensive disaster relief capabilities, the unreasonable structure designs in rescue teams, the backwardness in risk prevention awareness, the imperfections of the resources reserve system, the low level of practicality of emergency response plans, and the lack of coordination and cooperation among different parties. Therefore, it is necessary to improve the legislative models for disaster management and emergency response, enhance the emergency response management mechanism, the coordinating and linkage mechanism, and the accountability mechanism, and standardize the emergency response planning process. At the same time, it is also necessary to enhance the training of professionals and improve the system for reserves of disaster relief resources, and strengthen the protection capability of disaster emergency management.

Keywords: Disaster Management and Emergency Response; Emergency Response Mechanism; Coordinating and Linkage Mechanism; Emergency Response Planning

Abstract: Public health concerns the core interest of every citizen and the degree of the rule of law means whether or not public health is effectively protected.

In 2013, public health management mechanism in China underwent significant reforms, the law and regulation for the prevention of infectious diseases and occupational diseases had relatively significant developments, food safety law and regulation made progress under the harsh situation, and the disclosure of public health information also progressed steadily. In order to effectively advance public health work, promoting the rule of law must be carried out through multiple perspectives, including legislation and enforcement, etc.

Keywords: Public Heath; Rule of Law; Citizen Rights

Abstract: The year 2013 has witnessed the flourishing development of charitable organizations, especially for the more active participations by private charitable organizations. This report summarizes the classifications of charitable organizations and management mechanisms, and further analyzes the development of charitable organizations and the legal environment. Additionally, this report investigates the launches of websites of 15 charitable organizations, and explores the situation of information disclosure of charitable organizations. Finally, this report offers proposals for the healthy and steadily growth of charitable organizations.

Keywords: Charitable Organizations; Rule of Law

B Ⅲ Reports on the Rule of Law Index

Abstract: This report investigates and evaluates the implementation of various systems relating to government transparency by 55 departments under the State Council, 31 provincial-level governments, and 49 governments of larger cities. Focusing on the implementation of the catalogues of government information subject to disclosure, disclosures upon application, and annual reports on the disclosures of government information, and on the situation of the disclosure of information concerning government work, normative documents issued by the government, environmental protection, food safety, and administrative approvals, this report investigates and analyzes the progress achieved and the problems currently existing in the implementation of the government information disclosure system and provides suggestions on the further improvement of the system.

Keywords: Transparency of Government; Government Websites; Disclosure of Government Information; Index

B. 15 Report on the Index of Judicial Transparency in China (2013): From the Perspective of the Disclosure of Information through the Websites of the Courts

Innovation Project Team on the Rule of Law Index, *Law Institute*, *CASS* / 205

Abstract: In 2013, the Innovation Project Team on the Rule of Law Index, Law Institute, CASS carried out a quantitative evaluation of judicial transparency of the Supreme People's Court, the higher people's courts of 31 provinces, autonomous regions, and municipalities directly under the Central Government and the intermediate people's courts of 49 larger cities. Based on the evaluation, this report applies objective data to directly demonstrate the situation of the transparency of judicial affairs, trials of cases, judgments, and execution of judgments, summarizes and analyses the progress achieved and the problems currently existing in the implementation of judicial transparency by the courts, and further explores the approaches to improve the system of judicial transparency.

Keywords: Judicial Transparency; Index; Websites of the Courts

Abstract: Entrusted by the Higher People's Court of Zhejiang Province, the Law Institute, CASS set up the "Project Team on the Index of Sunshine Judiciary of the Zhejiang Courts" and established the "Zhejiang Court Sunshine Judiciary Evaluation Index System". The project team focused on the openness of judicial work, case acceptance and court trials, court files and judgments, and execution of judgments as well as the relevant safeguard mechanisms, and applied the methods including visiting websites, gathering relevant statistical data, on-site investigations, random accessing of case files, verifications through telephone calls, and information supplied by the courts, etc. From April 2013 to September 2013, the project team conducted the sunshine judiciary index survey and evaluation for a total of 103 courts. Based on the results from the 5 blocks and using a weighted average, the project team evaluated and formulated the general survey and evaluation result for the 103 courts in the whole province, analyzed the achievements and the existing problems of Zhejiang courts' sunshine judiciary initiative, and offered suggestions to improve the sunshine judiciary work for the future.

Keywords: Zhejiang; Sunshine Judiciary Index

Abstract: In 2013, the Innovation Project Team on the Rule of Law Index, Law Institute, CASS developed an index system for the evaluation of judicial transparency of maritime courts in China and used the system to carry out a quantitative evaluation of judicial transparency of the maritime courts nationwide. Based on the evaluation, this report applies objective data to directly demonstrate the situation of the transparency of judicial affairs, trials of cases, court files, and execution of judgments, summarizes and analyses the achievements and problems currently existing in the implementation of judicial transparency by the maritime courts, and provides suggestions on improving the system of judicial transparency of maritime courts.

Keywords: Maritime Courts; Judicial Openness; Transparency; Websites

B. 18 Report on the Index of Procuratorial Transparency in China (2013): From the Perspective of the Disclosure of Information through the Websites of the Procuratorates

Innovation Project Team on the Rule of Law Index, Law Institute, CASS / 256

Abstract: Based on the first evaluation of procuratorial transparency in China conducted in 2012, the Innovation Project Team on the Rule of Law Index, Law Institute, CASS revised and refined the evaluation index system in 2013 and used the system to carry out a quantitative evaluation of the openness of procuratorial affairs of the Supreme People's Procuratorates, the people's procuratorates of 31 provinces, autonomous regions, and municipalities directly under the Central Government and the intermediate people's procuratorates of 49 larger cities. This report summarizes and analyzes the progress achieved and the problems currently existing in the implementation of the system of procuratorial transparency in 2013 and provides suggestions on promoting procuratorial transparency in China.

Keywords: Procuratorial Transparency; Procuratorial Openness; Websites

B IV Field Work

B. 19 Research Report on the Scale, Triggering Factors and Trends of Mass Incidents

Innovation Project Team on the Rule of Law Index, Law Institute, CASS / 270

Abstract: Through gathering information from accessible sources on mass incidents of China in the past ten years, this report assembles, compares, and analyzes the scale, features, and triggering factors of mass incidents, explores the issues of national development of the rule of law, government administration, dispute resolution reflected from mass incidents, and provides suggestions on the handling of mass incidents.

Keywords: Mass Incidents; Conflicts; Rule of Law

Abstract: In the process of advancement with times of the people's congress system, The "Guangdong phenomenon", representing the supervision of the people's congress, has been continuously enriched and interpreted and has begun to take shape as a model that worth adopting and promoting. Based on an in-depth investigation, this report points out that, by focusing on key concepts including "research and investigation", "experts", "whole process", the supervision by the People's Congress in Guangdong Province achieved innovations and breakthroughs regarding the concepts, forms, coverage, subject matters, and mechanism of supervision in 2013.

Keywords: Guangdong; Supervision of the People's Congress; Fiscal Supervision

Abstract: In recent years, Guangdong Province has made significant progress in relation to public participation in major administrative decisions. This paper discusses the specific practices and achievements of Guangdong Province in the mechanism construction of public participation in major administrative decisions, the institutional innovation of "Public Consultation Committee", and the experiment of "Participatory Budget". This paper points out that, in order to further improve public participation, the evaluation criteria of major decisions on people's livelihood should be clearly defined, the response to the political pursuit of the masses should be improved, and the government officials' awareness of the Mass Line should be enhanced.

Keywords: Guangdong Province; Public Participation; Major Administrative Decisions

B. 22 Exploring the Re-Establishment of Social Orders at the Grass-Root Levels in China: Research Report on the Prioritization of Legal Approach in Yuhang District

Abstract: Governance at the grass-root level is the foundation for the long term stability of society. After more than 30 years opening-up and reforms, economic and social developments have taken gigantic leaps in various regions in China. However, at the same time, a variety of conflicts and problems are obvious, posing significant challenges to the local governance and social administration. Under these circumstances, the government of Yuhang District used the rule of law concept as its guideline, explored the re-establishment of social order at the grass-root level, prioritized the legal approach as an important tool, changed the concept of governance and social stability maintenance, and utilized the rule-of-law thinking and measures to prevent and dissolve various conflicts and confrontations. Yuhang experiences may serve as a useful reference for various regions in China and may also set useful precedents for solving certain issues.

Keywords: the Prioritization of Legal Approach; Social Governance at the Grass-root Level; Rule of Law

V Rule of Law in Different Regions

Abstract: Administrative defects such as unreasonable allocation of judges and ineffective management by chief judges aggravate the tension between huge case numbers and limited human resources, constrain the improvement of juridical quality, and eventually impede juridical credibility. To relieve the tension between case numbers and human resources, the adoption of an index on balanced case management, is proposed. In the aforementioned formula, M means the total number of completed cases by judges of a particular division of a court, N means the total number of judges of the particular division, and X means the number of completed cases handled by individual judges of the particular division. Such index reflects the situation of balance judicial work by case handlers as well as guides the management of the courts to effectively adjust the allocation of cases to judges.

Keywords: Internal Administration; Judicial Credibility; Balanced Judicial Work

Abstract: Since the establishment of a pilot area of comprehensive financial reform in Wenzhou, the courts of Wenzhou have, based on judicial functions, set up and improved a system of judicial protection of financial reform, regulated the healthy development of private finance in accordance with the law, strongly advanced the disposal of non-performing assets of banks, actively explored the disposal model of distressed enterprises, and advanced trial works in relation to the financial sector based on the spirit of innovation. With the advancement of financial reform, how to protect innovative financial conduct, to protect financial creditors' rights, and to reduce local financial risks and enterprise risks have become difficult questions challenging the judicial protection of financial reform. In view of the above and in order to protect the financial reform, the courts should improve the linkage mechanism of trial works concerning the financial sector, prefect the case guidance system, normalize the development of private finance, and steadily advance the disposal of non-performing assets and distressed enterprises.

Keywords: Courts; Financial Reform; Judicial Protection

Abstract: Through special investigations and researches on the cases involving village committees adjudicated by the People's Court of Yiwu in the recent years, this report summarizes the characteristics for these types of cases, namely "3 'many' plus '1 concentration'", which means the number of cases are many, the instances where the village committees become the defendants are many, the judgments rendered are many, and the types of cases are concentrated. Handing these types of cases has three types of difficulties, including the difficulties in applying law, the difficulties in trials, and the difficulties in enforcement. The project team analyzed the causations for the cases implicating village committees, and offered proposals for the handing for such cases from the perspectives of the courts, the village committees, and the towns/streets/neighborhoods levels, and also provided suggestions to the village committees and local governments on how to improve the relevant systems and how to actively perform governmental duties.

Keywords: Yiwu; Village Committees; Trials

中国皮书网

www.pishu.cn

发布皮书研创资讯，传播皮书精彩内容
引领皮书出版潮流，打造皮书服务平台

栏目设置：

- □ 资讯：皮书动态、皮书观点、皮书数据、 皮书报道、皮书新书发布会、电子期刊
- □ 标准：皮书评价、皮书研究、皮书规范、皮书专家、编撰团队
- □ 服务：最新皮书、皮书书目、重点推荐、在线购书
- □ 链接：皮书数据库、皮书博客、皮书微博、出版社首页、在线书城
- □ 搜索：资讯、图书、研究动态
- □ 互动：皮书论坛

中国皮书网依托皮书系列“权威、前沿、原创”的优质内容资源，通过文字、图片、音频、视频等多种元素，在皮书研创者、使用者之间搭建了一个成果展示、资源共享的互动平台。

自2005年12月正式上线以来，中国皮书网的IP访问量、PV浏览量与日俱增，受到海内外研究者、公务人员、商务人士以及专业读者的广泛关注。

2008年、2011年中国皮书网均在全国新闻出版业网站荣誉评选中获得“最具商业价值网站”称号。

2012年，中国皮书网在全国新闻出版业网站系列荣誉评选中获得“出版业网站百强”称号。

皮书系列

“皮书”起源于十七、十八世纪的英国，主要指官方或社会组织正式发表的重要文件或报告，多以“白皮书”命名。在中国，“皮书”这一概念被社会广泛接受，并被成功运作、发展成为一种全新的出版形态，则源于中国社会科学院社会科学文献出版社。

皮书是对中国与世界发展状况和热点问题进行年度监测，以专业的角度、专家的视野和实证研究方法，针对某一领域或区域现状与发展态势展开分析和预测，具备权威性、前沿性、原创性、实证性、时效性等特点的连续性公开出版物，由一系列权威研究报告组成。皮书系列是社会科学文献出版社编辑出版的蓝皮书、绿皮书、黄皮书等的统称。

皮书系列的作者以中国社会科学院、著名高校、地方社会科学院的研究人员为主，多为国内一流研究机构的权威专家学者，他们的看法和观点代表了学界对中国与世界的现实和未来最高水平的解读与分析。

自 20 世纪 90 年代末推出以《经济蓝皮书》为开端的皮书系列以来，社会科学文献出版社至今已累计出版皮书千余部，内容涵盖经济、社会、政法、文化传媒、行业、地方发展、国际形势等领域。皮书系列已成为社会科学文献出版社的著名图书品牌和中国社会科学院的知名学术品牌。

皮书系列在数字出版和国际出版方面成就斐然。皮书数据库被评为“2008~2009 年度数字出版知名品牌”;《经济蓝皮书》《社会蓝皮书》等十几种皮书每年还由国外知名学术出版机构出版英文版、俄文版、韩文版和日文版，面向全球发行。

2011 年，皮书系列正式列入“十二五”国家重点出版规划项目；2012 年，部分重点皮书列入中国社会科学院承担的国家哲学社会科学创新工程项目；2014 年，35 种院外皮书使用“中国社会科学院创新工程学术出版项目”标识。

法律声明